中国关心下一代工作委员会教育中心
生涯教育师资培训指定教材

U0643472

生涯教育
基础知识

黄秀英 编著

山东城市出版传媒集团·济南出版社

图书在版编目（CIP）数据

生涯教育基础知识／黄秀英编著. —济南：济南
出版社，2023.10
ISBN 978 - 7 - 5488 - 5935 - 2

Ⅰ. ①生…　Ⅱ. ①黄…　Ⅲ. ①职业选择 — 基本知识
Ⅳ. ①C913.2

中国国家版本馆 CIP 数据核字（2023）第 194207 号

生涯教育基础知识　SHENGYA JIAOYU JICHUZHISHI
黄秀英/编著

出 版 人　田俊林
责任编辑　张慧敏　宋　涛
封面设计　陈致宇

出版发行　济南出版社
地　　址　济南市二环南路 1 号（250002）
印　　刷　济南万方盛景印刷有限公司
版　　次　2023 年 10 月第 1 版
印　　次　2023 年 10 月第 1 次印刷
成品尺寸　170mm × 240mm　16 开
印　　张　31.5
字　　数　480 千
定　　价　99.00 元

（济南版图书，如有印装错误，请与出版社联系调换。 联系电话：0531 - 86131736）

总　序

中国生涯教育，其思想的源头可追溯到先秦时期，在中国的历史长河中，一直缓慢却持续地发展着。从19世纪中期开始，我国的生涯教育进入探索时期（19世纪中期至1949年）；从新中国成立到1977年恢复高考前，经历了一个比较波折的跌宕期（1949至1977年）。随着高考和高校招生工作的恢复，我国生涯教育进入了恢复期（1978至2013年），逐步进入恢复和快速发展的阶段，生涯教育最先在高等院校、地方教育部门等得到推广，逐渐由点向面、由被动向自主探索转变。2014年，新一轮高考改革启动，生涯教育迎来了革新期（2014年至今），大中小学积极探索适应新形势的生涯教育模式，生涯教育实践呈现出百花齐放的景象：国家有意识、有规划地大力推动生涯教育发展，并有针对性地出台了各种有助于大中小学推进生涯教育的文件、制度等，行政统筹力度逐渐加强；生涯教育不断深化与细化，从主要关注职业指导到关注学生理想、信念、品德、心理、学业、就业、创业等多个方面的指导；生涯教育的课程与教学探索越来越丰富，现代化生涯教育体系基本形成。

随着生涯教育的不断发展，生涯教育师资面临的数量不足、专业性不足、系统培训不足、人员流动性大等问题，成为制约生涯教育高质量发展的重要因素。因此，设置我国生涯教育师资专业序列、提高生涯教育师资的专业胜任力、构建有针对性的培训及认证等支持系统，是生涯教育师资队伍建设的当务之急。

"生涯教育师资培训系列教程"力图研发符合我国国情的生涯教育师资培训内容，旨在助力生涯教育师资培训的专业化发展，促进生涯教育师资专业能力的提升，促进课程改革和职业教育的扎实推进，助力学生的全程生涯发展，助力培养"有理想、有本领、有担当"的德智体美劳全面发展的社会主义建设者和接班人。

"生涯教育师资培训系列教程"旨在为有志于从事生涯教育的学校教师和社会人士提供与生涯教育相关的学习和培训用书，助力更多的有志之士通过生涯教育的专业培训、考核和认证，成为合格的生涯教育师资，协助学校开展生涯教育，从而解决生涯教育师资人数不够、专业性和胜任力欠缺等实际问题。

"生涯教育师资培训系列教程"将本着"理论性、实践性、系统性、整合性、进阶性"的原则，根据学生生涯发展的需要，采用大中小学一体化设计师资的培训内容，为我国生涯教育师资专业发展提供一套专门的培训用书。"生涯教育师资培训系列教程"将根据生涯教育中不同的工作内容、胜任力需要、学生发展特点等，基于生涯教育基础知识、生涯教学设计与案例、生涯团体辅导理论与实操技能、生涯咨询基础知识与实操技能、师资培训与督导实操技能等内容编写不同的分册，供不同工作需要的生涯教育师资培训和自学使用。对于后续教程的编写，我们还将继续邀请国内外生涯教育方面的优秀工作者参与本套丛书的研发、编写等工作，使本套丛书更契合我国生涯教育新时代的需求。

参与"生涯教育师资培训系列教程"前期选题讨论及编写的人员分别来自北京大学、清华大学、北京师范大学、北京林业大学、北京化工大学、广西师范大学、西南交通大学等近30所高校或科研院所，以及北京师范大学附属实验中学、北京交通大学附属中学、广东实验中学深圳学校等60多所中小学。他们在生涯教学、生涯团体辅导、生涯咨询、就业指导、职业教育、生涯研究、师资培训等方面有着丰富的实践经验，不少教师有着丰硕的学术研究成果，是生涯教育领域的优秀践行者和引领者。这些践行者的参与，为本套丛书的内容提供了来自不同应用场景和视角的实践、观察和反思，带来了对理论的验证、深化和创新应用模式，确保本套丛书更贴近和契合我国国情和教育实际。

目前，我国在生涯教育师资的专业称谓、培训系统、准入认证等方面还处于探索阶段。本套丛书的编写是一次勇敢的教育实践和尝试，因编写团队知识和能力的欠缺难免会出现疏漏，恳请国内外生涯教育同行给予大力支持和帮助，提出宝贵的改进意见，更好地推进我国生涯教育的发展，本丛书的编写团队将不胜感激！

"生涯教育师资培训系列教程"编委会

2023 年 9 月 20 日于北京

前　言

　　《生涯教育基础知识》是"生涯教育师资培训系列教程"的基础知识培训用书。

　　一直以来，如何做好我国传统生涯发展思想与时俱进的传承和发展、如何做好西方生涯理论的本土化研究与发展、如何将生涯理论应用于不同的教育场景等，是我国生涯教育学界需要回答的重要议题。本书在编写中，努力尝试对我国优秀传统文化中生涯教育的思想进行挖掘，注重传承和创新；通过深入学习、理解国家对生涯教育的相关政策、规定和要求，结合实践需要进行了必要的整合和创新应用；注重对国外生涯相关理论的借鉴和本土化运用，将理论和实践相结合，发挥理论对生涯教育实践的指导价值和引领作用，力图为使用本书的生涯教育师资提供尽可能全面的理论基础知识，提高生涯教育师资的理论应用水平。

　　《生涯教育基础知识》分为六个单元，共15章。第一单元"生涯教育概述"，主要对生涯相关的重要概念、生涯教育体系及生涯教育的重要性、中国的生涯思想和理论、国外生涯理论等进行介绍，旨在帮助生涯教育工作者了解生涯教育的概貌、树立终生学习的意识。第二单元"身心发展及生涯任务",对幼儿园到大学阶段儿童青少年的生理发育、心理发展和生涯任务进行了简要介绍,旨在帮助生涯教育工作者在了解儿童青少年身心发展规律的基础上,更能理解不同阶段生涯发展任务和目标,树立尊重学生、尊重教育科学及规律的意识。第三单元"生涯课程的内容",对生涯课程的理念、目标、不同学段生涯课程的内容和学习要求做了系统介绍,旨在帮助生涯教育工作者了解大中小学一体化的生涯课程内容及阶段性目标,树立全人、全程生涯教育的意识。第四单元"生涯课程的实施及管理",从生涯课程的"教""学""评""资源"4个维度分别介绍生涯课程的教学、评价、资源开发和利用等实施和管理过程中的策略、途径、方法等,旨在为生涯教育工作者提供理论与实践相结合的生涯教育实施和管理策略。第五单元"生涯测评",从生涯测评常用工具及理论依据、测评工具的开发与应用、生涯测评的伦理及常见问题等方面进行了介绍,旨在帮助生涯教育工作者对生涯测评有全面的了解,树立正确、规范运用生涯测评工具的意识。第六单元"生涯教育的实践",结合理论和实践,分别介绍了生涯教育在校内、校外实践过程中常见的问题,建立家校社协同生涯教育机制的方略、途径等,旨在为生涯教育工作者提供可借鉴的实践途径和方法,拓展思路,树立资源整合意识、创新意识等。

本书的编写过程是一个集体智慧碰撞、结晶的过程。本书编委会早在2021年9月就开始酝酿本书的编写,从教程编写的可行性论证、教程名称到内容组成等,先后修改了十几稿。2021年11月到2022年7月,本书编委会先后召开了30多次线上、线下会议,进行了充分的论证、研讨、修改等。在大家的共同努力下，2022 年 10 月，各个单元的原始稿件素材基本完成，本书编著者黄秀英在此基础上对全书进行了重新编写，并完成最后的统稿、定稿、审稿等工作。陈宛玉、刘会金和周欣乐为本书提出了修改建议。

参与本套丛书编写可行性论证的有黄秀英、朱红、曹新美、李萍、刘会金、李罡、田双喜、鲁天龙、杨洪磊、宋涛、尹逊鲁、雷平等。参与本书内容框架结构设计论证的有黄秀英、朱红、曹新美、李萍、刘会金、陈宛玉、代智慧、欧阳彦琨、王乃弋、朱凌云等。

参与第一单元"生涯教育概述"编写的有黄秀英、王乃弋、吴晓雄、陈天洋、罗羽薇、杨馥蔓、王婉玉、刘欢、张韫琳、李心怡、公宇、谢颖、周欣乐。

参与第二单元"身心发展及生涯任务"编写的有黄秀英、边玉臣、张嘉江、张静、杨杨、曹娟、袁榕蔓、钱玉玉、王燕、何虹、夏建义、田光华、杨利华。

参与第三单元"生涯课程的内容"编写的有黄秀英、张静、白晔、向阳、刘硕、田光华、刘妍、李嘉雯、杨利华、刘雨可、周欣乐。

参与第四单元"生涯课程的实施及管理"编写的有黄秀英、林翔宇、王曦、罗锋、胡小勇、刘正华、宋飞、马惠珠、吴玉立。

参与第五单元"生涯测评"编写的有陈宛玉、欧阳彦琨、黄秀英、杨杨、邹梦雅、魏榕、陈立军、隋丽华、邵开旭、林莉婧。

参与第六单元"生涯教育的实践"编写的有黄秀英、马琼、曾于秦、周小伟、张静、冯灿、刘晓云、杨利华、朱元英、陆文、吴耀明、许楠。

本书在编写过程中得到了中国关心下一代工作委员会教育中心鲁天龙主任等领导的大力支持，使得本书能够从设想变成文字；得到了济南出版社宋涛主任等领导的大力支持，使得本书能够顺利通过审核，最终得以和读者见面；得到了来自全国高校和中小学众多一线教师的大力支持，使得本书含蕴如此丰富多样的理论和实践相结合的研究成果，最终得以呈现给广大生涯教育工作者。

本书在编写过程中，还得到了黄天中、曾维希、周宏岩、付文科、刘洋、张志坤、王笑梅、范为桥、宋春燕等老师的指导和帮助，在此一并感谢。

由于编写人员学识有限，本书中难免有不尽如人意之处，恳请有关专家和读者不吝赐教，以便不断提高本书的学术水平和实用性。

黄秀英

2023 年 9 月 20 日于北京

目 录

生涯教育概述

    人类关于生涯和教育的思考一直在持续，形成了很多著名的生涯教育思想，进而发展出不同的生涯及生涯教育相关理论。中国生涯教育的思想由来已久，可追溯到先秦时期，形成了具有丰厚文化积淀的生涯教育思想体系。西方生涯教育的概念是自 20 世纪 70 年代提出，随后相关研究进入了快速发展时期，形成了丰富的生涯教育理论，深刻地影响着生涯教育的发展。由于本书篇幅所限，本单元将对生涯相关的核心概念、生涯教育体系、生涯教育的重要性、中国的生涯思想及发展历程、国外生涯理论等进行简要介绍，旨在帮助生涯工作者对生涯教育思想和理论的主要内容及发展过程有初步了解，有助于统一思想、转变理念、提升理论水平、树立终身学习的意识，更好地指导生涯教育实践。

第一章
生涯教育及其重要性

    生涯教育是面向全体学生、贯穿整个学校教育阶段的教育活动，是学生综合素质、道德及心理等各方面教育的综合，关涉学生作为全人的发展，关乎"过一种怎样的人生"的思考，关乎国家建设和社会发展，因此具有十分重要的作用。本章将对生涯教育的相关概念、生涯教育体系的建立、生涯教育的重要性等进行阐述，旨在帮助生涯教育工作者对生涯教育有比较整体的了解。

第一节　　生涯相关概念

对于生涯、生涯发展、生涯规划、生涯教育等概念，不同的研究者有不同的论述和观点，学界目前没有统一的概念。为了避免相关概念界定的混乱，本书在综合参考各个理论学派的观点和诸多研究成果的基础上，对生涯的相关概念进行了梳理、整合，为生涯教育的开展做好概念界定的基础工作。

一、生涯

（一）中国传统文化对"生涯"的理解

在中华传统文化中，很早就出现了"生涯"一词，很多哲学家、文学家在他们的诗文中都用到"生涯"一词，有生命、人生、生活、生计、财产、生机等多种含义。

早在战国中后期，宋国的哲学家、文学家庄子（约前369～前286）就提出："吾生也有涯，而知也无涯，以有涯随无涯，殆已！已而为知者，殆而已矣。"（《庄子·养生主》）这里指生命有边际、限度，后指生命、人生。庄子的人生哲学是中国思想史上最早最全面的对生涯境遇的理性思索。

南朝沈炯的《独酌谣》："生涯本漫漫，神理暂超超。"唐朝刘禹锡的《代裴相公让官第三表》："圣日难逢，生涯渐短。"宋朝黄庭坚的《渔家傲》："荡漾生涯身已老，短蓑箬笠扁舟小。"这些表述中的"生涯"主要指生命、人生、生活等。唐朝刘长卿的《过湖南羊处别业》："杜门成白首，湖上寄生涯。"元朝马致远的《汉宫秋》："番家无产业，弓矢是生涯。"这里的"生涯"有职业、生计的含义。

从中国传统文化来看，"生涯"有两层含义，一是"生有涯"，是对人生短暂的描述，是对生命的敬畏；二是"知无涯"，知识、职业、工作、欲望等是无限的。人的生命是有限的，要用珍惜之心、敬畏之心去寻找生命的意义，发现职业的价值和工作的乐趣。

（二）国内外研究者对生涯的解释

关于生涯的学术定义，学界没有统一的认识，不同的研究者因其所处的年代、研究角度等不同，对生涯的理解和定义也不同，以下是一些研究者对生涯的定义。

沙特尔：生涯是指一个人在工作生活中所经历的职业或职位的总称。

舒伯：生涯是生活里各种事件的演进方向与历程，它统合了人的一生中各种职业和生活的角色，由此表露出个人独特的自我发展形态。

霍尔：生涯是人终其一生，伴随工作或职业的有关经验与活动。

韦伯斯特：生涯指个人一生的职业、社会与人际关系的总称，即个人终生发展的历程。

林幸台：生涯是一个人一生中所从事的工作以及担任的职务、角色，但同时也涉及其他非工作/职业的活动。

金树人：生涯的发展是一生当中连续不断的过程，包括个人在家庭、学校和社会中与工作有关活动的经验，这种经验塑造了独特的生活方式。

俞国良："生涯"就纵向而言，所关注的范围从幼儿园到退休甚至死亡。也就是人一生中各个阶段；就横向而言，其范围并不局限于职业选择和职业活动，而是覆盖到个体生活的方方面面。

黄天中：生涯是从生命开始到生命成长的最后，是一生全程的，涵盖学习、生活与工作。

（三）本书对生涯的理解

本书综合上述各位研究者的观点，结合时代发展、终生学习和生涯教育的需要，对生涯的定义为：从生命开始到生命成长的最后，涵盖每个人全部的生命历程，是个体在生活、学习和工作中的各种角色、经验、活动的总和。

二、生涯发展

发展有多重含义：（1）事物由小到大、由简单到复杂、由低级到高级的变化；（2）指变化的趋势；（3）扩大（组织、规模等）；（4）发挥，施展；（5）特指生产力、经济、政治、文化和社会的发展。不同研究领域对发展的定义有很多不同的理解。比如，生理学的发展是指身体的发育，心理学的发展是指心理的成熟，教育学的发展是指知识和技能的增长，社会学的发展是指社会化过程，政治学的发展是指青年政治意识的增强。

（一）中国文化中对生涯发展的理解

在中国生涯教育的历史进程中，儒家最早对个体之生涯历程进行了比较科学的阐述。如《礼记·曲礼上》记载："人生十年曰幼，学。二十曰弱，冠。三十曰壮，有室。四十曰强，而仕。五十曰艾，服官政。六十曰耆，指使。七十曰老，而传。八十、九十曰耄，七年曰悼。"古人大致以10年为一个节点，将人的生涯发展分割成了不同的阶段，每个发展阶段有不同的主要任务。

关于生涯发展，以孔子为代表的儒家和以庄子为代表的道家有着比较对立的观点。孔子的生涯发展重在规划，他提出："吾十有五而志于学，三十而立，四十而不惑，五十而知天命，六十而耳顺，七十而从心所欲，不逾矩。"其特征是：个体的生涯发展是以工作为主线的生涯历程，属于线性规划的发展模型。而庄子的生涯发展重在解构孔子的直线进取型生涯规划，他认为生涯发展重在"合乎道的自由生活"，从"人生如梦"与"命运无常"两个角度提出混沌生涯发展观点，其特征是：个体的生涯发展是非线性与不确定性的。庄子的生涯混沌思想提供了一个全新的生涯发展思想，是对儒家生涯发展之线性的、静态的、还原论和因果决定论的批判与超越。

（二）国内现当代研究者对生涯发展的理解

黄天中、占颖玉等认为生涯发展是从生命开始到生命成长最后阶段、贯穿一生的、动态的持续发展历程，是个体在终生发展的历程中，通过心智成熟变化、社会角色责任与义务的转换及其与环境之间的交互作用，在不同的发展阶段衍生出不同的生涯准备与生涯抉择，进而形成自己独特的，包含各种生活角色、工作职务与休闲活动的综合性生活方式。

尤敬党、吴大同、张孟思认为生涯发展是指一个人在自我成长的过程中，随着年龄的增长以及通过各种活动、学习和工作等积累的经验，会对自己的性格、兴趣、能力、价值观越来越了解，也越来越有能力去统整各种经验，透过工作的认同来实践一个有理想、有目标的人生，塑造自己独特的生活形态。

王亚歌、谢利民认为生涯发展是指一个人在自我人生发展过程中，尝试去整合各种生活、学习、工作的经验，并且通过工作的认同来实践一个有理想、有目标的人生。

王丹、郑晓明从大学生的生涯发展角度提出生涯发展需要具备三个核心要素，即职业认同、生涯适应力及生命意义感。

（三）国外对生涯发展的理解

生涯发展这个概念最初来源于哈维赫斯特提出的"发展任务"这一概念，是指个体在其特定年龄阶段所应完成的任务。如果个体能成功地完成其发展任务，则可以获得愉快和舒畅的体验，并且有利于下一阶段的发展；反之，如果个体这一阶段的任务没有完成，就会影响下一个阶段的发展。

从被称为"职业辅导之父"的弗兰克·帕森斯于1908年成立波士顿职业局，随后出版专著《选择一个职业》，提出"人职"匹配理论开始至今，生涯发展思想和各种理论成果层出不穷，涉及广泛的学科背景。其经典的理论流派大致可以归为两类：其一，从单一隐喻简化论的范例出发来考察个体的生涯发展，如认为生涯是机体、旅途、性格、学习等所谓的主流生涯发展理论；其二，从多重隐喻复杂论的范例出发来考察个体的生涯发展，如无边界生涯发展理论、多变性生涯发展理论、职业生涯发展的混沌理论等。

国外诸多研究者对生涯发展进行了研究，舒伯提出的"生涯发展理论"很有代表性，且影响颇为广泛。他将个体的事业、生活方式、价值观和休闲生活统一在生涯发展的框架下，将生涯发展的概念从个体从事的事业拓展到了生活中，从而形成了其"生活广度与生活空间"的发展观。他认为可以从三个方面来看待生涯发展，分别是时间、广度、深度。其中生涯发展的时间是指生涯发展的阶段或时期，包括生长、探索、建立、维持及衰退五个发展阶段；生涯发展的广度是指一个人一生所要扮演的各种不同角色，如儿童、学生、公民、员工和父母等；生涯发展的深度是指个体扮演每一个角色所投入的程度。

（四）本书对生涯发展的理解

综上所述，本书认为生涯发展是指个体一生连续不断的、从诞生到死亡的全过程；个体在一生的发展历程中，根据心智成熟变化、社会角色的转换及与环境之间的交互作用，在不同的发展阶段衍生出不同的生涯抉择、心理认知和生涯任务，进而形成自己独特的包含各种角色、工作与活动的综合性社会生活方式。

（五）生涯发展的特点

1. 发展性

生涯发展是由个人的生理、心理、社会、学习、教育和机会等因素相互作用的综合历程，在不同的阶段会有不同的变化，是终其一生动态的发展性历程。

2. 阶段性

生涯发展具有阶段性，每个人都会经历相似的成长、探索、建立、维持及衰退的生涯发展阶段，而在不同的生涯发展阶段，都有相应的生涯发展任务和生涯角色的转变。个体的生涯发展是在依序进行的，"现在"受到"过去"的影响，为"未来"做准备也决定着未来的发展。

3. 独特性

个体在应对每一次生涯发展任务和生涯角色的转变时，都体现了个人的价值观念与价值选择、心智成熟的变化过程、个人社会角色义务的转换、独特的生活方式及经验、工作职务与休闲活动的综合性生活方式等内容，极具个体差异性和独特性。虽然每个人都经历着类似的顺序、经历着类似的职位或角色，但每个人的价值观、人生经验等在每一个生涯角色上的表现方式都不尽相同，因而其生涯发展是独一无二的。

4. 复杂性

生涯发展受到个人心理、社会、经济、生涯机遇等内外部因素的综合影响，这些因素相互作用，共同形成个人终其一生的生涯发展历程。这些相互作用的因素，增加了个人生涯发展的复杂性。

5. 不确定性

当今社会正快速发展，外部环境的变化越来越迅速，"无边界生涯"时代的到来带给个体生涯发展更多的不确定性、复杂性。因此，在生涯发展过程中，不是确定的人职匹配，而是人与环境的交互作用。个体要发展和提升适应生涯变化与环境交互作用所需要的心理资源，在自身与所处环境之间不断寻求动态平衡。

6. 系统性

个体在发展过程中是能动地与周围的环境相互依存、相互关联、相互作用、相互影响的，影响个人生涯发展的因素分为内容因素和过程因素。内容因素包括三部分，即个人系统、人际社会系统、环境—社会系统。这三个内容系统都嵌套在时间的背景中，会随时间发生动态变化。过程因素包括三种，即循环性、变迁性、机会。上述内容要素和过程要素的系统内部及彼此之间对个体生涯发展的影响是持续的、相互作用的，如同人的生命系统。个体在生涯发展的过程中会以叙事的方式把这些要素联系起来，找到它们之间的关系，并建构意义，进而形成个体独特的生涯发展系统和样态。

总之，生涯发展是人生哲学的核心所在。本书立足于中国丰富的人生哲学思想，立足于中国优秀的传统文化和发展实际情况，提出中国本土化的生涯发展观点，这对于当前的教育改革和发展显得尤为重要。每个中国人都受到中国优秀传统文化的深远影响，包括其价值体系、行为模式。因此，在当今世界诸多不确定性因素存在的情况下，在不确定性中进行生涯规划，汲取西方的生涯理论中的精华，形成有中国特色的生涯发展理论，对生涯教育的开展具有重要的意义。

三、生涯教育

国内外研究者对生涯教育有不同的定义，存在着一定差异。大多数研究者都强调了生涯教育应促进个体获得谋生的技能，通过对环境和个人自身的了解，形成个人的生活方式。

（一）国内研究者对生涯教育的理解

尤敬党、吴大同认为生涯教育是有目的、有计划、有组织地培养学生规划自我生涯的意识与技能，是为帮助他们进行生涯设计、确立生涯目标、选择职业生涯角色、寻求最佳生涯发展途径的专门性课程与活动。他们认为生涯教育的内容是很广泛的，归纳起来主要有四个层面：一是学习如何生活，二是学习如何学习，三是学习如何谋生，四是学习如何爱。

金树人认为生涯教育是一种新的教育哲学，将生涯的概念统合在学习的历程中，由幼儿到成人，其内容包括生涯认识、生涯探索、价值澄清、决策技术、生涯定向及生涯准备等。

沈之菲认为，生涯教育是以个人的生涯发展为着眼点的，是一个牵涉面很广、内容很丰富的教育和指导活动，其内容包括认识和探索自我、认识和探索职业、提升生涯规划和抉择的能力。

黄天中认为，生涯教育的内涵和外延相对广泛，涵盖全程生涯发展教育、人生规划教育、职业规划教育。

王乃弋等人认为生涯教育应涵盖自我发展、生涯探索和生涯管理三大领域。"自我发展"包括认识自我，构建积极的自我概念，发展积极的人际交往技能和适应自我的改变与成长。"生涯探索"包括掌握知识技能与终生学习，学会获取生涯信息，掌握社会实践能力，了解社会的发展及其对个人发展的影响。"生涯管理"包括制订符合自己特点的生涯目标，掌握生涯抉择能力，根据社会环境的变化调整生涯规划，平衡个人、学习者、工作者、社会公民、家庭成员和休闲者等各种角色。

杨洋认为生涯教育指以发挥个体天赋才能为目标，通过生涯认知、生涯安置、生涯进展等步骤，使个体逐步明确自身兴趣和能力，明晰未来发展方向，形成自我引导和决策能力的一种有组织、有计划的教育活动。

（二）国外对生涯教育的理解

最早提出"生涯教育"的赫尔认为，所谓生涯教育就是围绕生涯发展而进行的所有正规的教育。美国联邦教育总署署长马兰德认为"所有的教育都是或都将是生涯教育"，强调生涯教育使每一个公民成为"自我认知、自我实现及自觉有用的人"，生涯教育的重点在于覆盖一生的教育，教育内容包含知识与职业技能、升学与就业准备，强调培养学生的谋生能力，在传统的义务教育中蕴含职业价值。随后，美国联邦教育总署将生涯教育定义为："生涯教育是一种综合性的教育计划，其重点放在人的全部生涯，从幼儿园直到成年，按照生涯认知、生涯探索、生涯定向与生涯准备、生涯熟练等步骤逐一实施，使学生获得谋生的技能，并形成个人的生活方式。"

霍伊特作为推广生涯教育的代表人物，他提出生涯教育是"公立教育和社区教育的共同努力，以便帮助所有个人熟悉以工作为导向的社会价值，把这些价值纳入个人的价值体系中，并应用到生活中去，使工作对每一个人都变得有可能有意义和感到满意"。霍伊特强调生涯教育的持续性，并且认为生涯教育必须融入社会以及学校教育的每一个部分，以促进学生对个人和环境的了解。这对于我们当今进行生涯教育具有很强的借鉴意义。

沃辛顿指出了生涯教育对于教育系统的革命性作用和意义，强调了生涯教育让每一位学生通过做好生涯准备、获取个人的经济独立、追求自我实现，最终享受成功与美满的生涯。

随着全球化、数字化时代的到来，以及终生学习等理念的广泛宣传，生涯教育的概念也在不断发展。数字化时代带来了外部环境的快速变化，"无边界生涯"时代的到来，让研究者们意识到传统生涯教育以静态的匹配论为理论依据，忽视了生涯的变化与不确定性，例如帕森斯的特质因素论、霍兰德的生涯人格理论。这表明生涯教育的内容不应仅仅局限在"认识自我""认识职业""职业抉择"的框架内，而应强调生涯发展的变化性、引导学生接纳不确定性、积极探索生涯、创造积极的生涯事件，识别机遇，以便为未来做更多的准备。

国际经济合作与发展组织把青少年生涯教育的目标确定为：作抉择的能力、个人反思的能力、分析信息的能力、正向态度、坚持和实践能力、应对未来生涯困难和变迁的能力、终生生涯规划和生涯管理的能力。

受世界范围内基于核心素养的教育变革趋势影响，多国把"生涯管理素养"作为生涯教育的目标，重新思考和建构生涯教育的路径。生涯管理素养的蓝图勾画最初来源于1989年美国国家职业信息协调委员会颁布的《国家生涯发展指导方针》。2005年，澳大利亚《生涯发展蓝图》提出了涵盖学习、生活及工作三个层面的生涯管理素养。这是生涯管理素养这一概念第一次以官方的形式被认可和定义。新西兰生涯服务中心于2009年修订并发布《新西兰学校的生涯教育与指导》，明确采用了生涯管理素养这一概念。2010—2013年，英国的学习与技能发展服务中心以澳大利亚《生涯发展蓝图》为基础，改进并发布了《生涯蓝图》，也确立了生涯教育要帮助学生探索和指引生涯发展的生涯管理素养框架。

（三）本书对生涯教育的理解

本书认为，生涯教育是指有目的、有计划、有组织地开展的涵盖个体自我认知与发展、生涯探索与准备、生涯管理与行动的综合性教育活动。通过涵盖终生的生涯教育，持续提升个体在生活、学习、工作方面的生涯管理素养，努力达到优秀做人、成功做事、幸福生活的人生最高目标。生涯教育要关注个体发展需求和环境变化，强调提升个体的生涯适应力和管理能力，促进个体实现更加幸福的生涯。因此，生涯教育的目标是培养个体积极的心理品质，树立理想信念，提高自我认识及反思能力、信息分析及生涯决策能力、劳动技能及实践创新能力、应对生涯不确定性的变迁和适应能力、终生学习和生涯管理能力。

（四）生涯教育的主要特点

1. 发展性

生涯教育是指向未来的，是促进个体更好发展的。生涯教育的实施必须遵循人的生理、心理、职业及社会发展的原理，对个体进行生涯意识培养、生涯认知建构、生涯探索和准备、生涯体验和规划、生涯抉择和行动、生涯实现和评估等一系列有步骤、有阶段的教育指导活动。生涯教育贯穿个体一生的各个发展阶段，是终生的，旨在对自我有清晰认知的情况下，设计符合个体需求的、具有前瞻性的、面向未来的生涯规划，为个体的生涯发展提供导向。

2. 全面性

生涯教育立足于人的全面发展。其内容包括生活价值、工作价值、职业价值及服务精神等的培养，个人志趣、潜能及性格特质的最大限度发挥，学业、职业、生活、休闲娱乐等各个方面的规划，个人发展与国家、社会发展的结合等，涉及人生发展的各个层面，是广泛而全面的。

3. 针对性

生涯教育是具有针对性的。每个学生的特点、性格等都不一样，每个学生的生涯也都不一样。即便是同一个学生，在其不同的发展阶段所面对的生涯发展任务和生涯困惑也都是不一样的。因此，生涯教育需要在遵循个人发展规律的基础上，针对每个人的特性选择恰当的发展路径、制定个性化的发展规划，不能搞"一刀切"。同时，人的一生是随着个人学识、社会经历以及社会发展而不断发展变化的，在各个阶段有不同的特点和形态。生涯教育也应随之变化，针对不同发展阶段的不同特点进行规划和设计。

4. 系统性

生涯教育是一项复杂而又系统的工作。生涯教育的开展需要政府、学校、家庭、社区的协同工作，涉及家庭、学校、社会和个人，需要多方的人力、物力、财力等资源的支持和配合。生涯教育的开展还需要政治、经济、文化、教育等方面的专家及学术团体、研究机构等的参与，需要学校管理者、教师、行政人员、辅导咨询人员、家长、学生团体、社区等互相配合，共同为生涯教育服务。

四、生涯规划

生涯规划这一概念的内涵非常丰富，研究者出于具体研究的考虑，从不同角度提出了不同的定义。

（一）国内研究者对生涯规划的理解

杨朝祥认为生涯规划是指对个人生涯过程的妥善安排。在这个安排下，个人能依据各计划要点，在短期内充分发挥自我潜能，并运用环境资源达到各阶段的生涯成熟，最终达成既定的生涯目标。

杨林认为生涯规划是以人的生涯发展为规划对象，它是以想望情形为目的（目标）的一个持续不断的探索过程，是有益于人的终生发展的战略设想和计划安排，其特征是达到某个生涯发展目的（目标）的一种构模、分析和抉择的迭代过程。

杜衡将生涯规划定义为个人在心理上对未来进行展望，并努力实现其生涯规划的理想和目标，以获得一种有意义的生活的过程。

林清文将生涯规划定义为个体对个人特质和外部环境进行探索，把握这些资源，发展个人生涯认同感，树立生涯目标，形成生涯抉择，在生涯选择中获得自我实现。

黄天中认为生涯规划不仅仅是职业生涯规划，还包括职业生涯规划前和职业生涯规划后，即生涯规划涵盖全程生涯发展、人生规划与职业规划，是从生命开始到生命成长的最后阶段，是全程的。

（二）国外研究者对生涯规划的理解

霍尔认为生涯规划是个体基于对自身能力、性格、爱好和外部环境的了解，进行生涯选择和抉择，确认与自己生涯有关的目标，进而对未来发展的规划过程。赫内玛认为生涯规划是个体根据外界机会，对个人生涯状态和发展的评估，并根据评估结果制订相应目标和行动的计划，使自己的未来可以按照其期望的方向发展。

克莱因克内希特和赫弗林将生涯规划定义为"生涯规划是一个评估自我、

11

制定目标，并需要不断完善的过程"。布鲁斯等人指出，生涯规划是一种具有个别属性的能力，是一个由模糊到清晰、明确、具体的发展历程。为了达到生涯目标，个体需要选择生涯机会，挖掘潜在的职业目标；需要提升相应的能力和资质（包括学习和培训等）。

美国管理学家罗斯威尔把生涯规划定义为职业规划，是指结合自身情况以及眼前的制约因素，为自己实现职业目标而确定行动方向、行动时间和行动方案。

赞克从个人特质的角度发展了生涯规划的概念，把个人的兴趣、价值、能力与就业相关经验作为探讨生涯规划的核心要素。在生涯规划中，一个潜在的目标是提高技能，通过技能的掌控来把握自己的未来。随着生涯规划的进行，个体习得了良好的筹划技能，而且会聚焦那些自己可以控制的变数。

巴克和凯勒的观点又进一步发展了这一概念，他们指出"生涯规划是为达到生涯目标，将自身的特点和有关职业的信息进行分析、匹配之后，做出学业、职业定向等生涯抉择，并做出相应的计划"。

随着对生涯规划的研究不断深入，有研究者认为，生涯规划不仅仅是职业规划，如蒙迪和诺厄认为，生涯规划是一个人由设定生涯目标，并找出达到这些目标的手段的过程，其主要的重点是在找到融合个人目标与实际存在的机会。

（三）本书对生涯规划的理解

在梳理了众多研究者对生涯规划的定义和理解后，本书认为，生涯规划是指个体运用相关知识、技能和资源，对自我和外部环境进行探索和了解，明确生涯角色、树立生涯目标、形成生涯抉择、促进生涯行动，在生涯发展中实现自我的一种安排过程。

五、生涯辅导

生涯辅导的前身是职业指导，职业指导的概念最早由帕森斯在1990年提出，这标志着生涯辅导的诞生。

（一）国内研究者对生涯辅导的理解

在我国，基于不同学科角度，研究者们对生涯辅导概念的理解也不尽相同。吴德明总结了不同角度对生涯辅导的解释：心理学角度认为，生涯辅导是指由辅导人员结合其专业知识提供一套有系统的计划，用来促进个体的生涯发展。教育学角度认为，广义的生涯辅导或生涯教育包括学校的一切课程与教育活动，因为其目的都是为了学生的终生发展；狭义上，应当是指为帮助学生进行生涯设计、确立生涯目标等开展的专门性课程与活动。思想政治教育学角度认为，生涯辅导是思想政治教育工作者根据国家、社会、学校以及家庭对学生的要求与期望，引导学生认清其人生发展的方向，树立人生发展的长远目标以及阶段性目标，树立职业生涯发展的意识，指导与协助学生解决自身成长成才中的实际问题。管理学或多学科角度认为，生涯辅导是以科学的人力资源管理理论为指导，在全面分析国内外政治、经济形势的前提下，了解和把握最新就业动态，预测社会对人才的需求状况。

黄天中认为，生涯辅导是指从事生涯工作相对专业的个人或团体，面对相对生涯缺失者进行生涯相关的教育、引导、指导、实践等活动。

金树人认为，生涯辅导是由辅导人员结合其专业知识，提供一套有系统的计划，用来促进个人的生涯发展。他将生涯辅导的服务方式分为六个层次：（1）信息提供；（2）自助式活动；（3）工作法；（4）生涯规划课程；（5）团体生涯咨询；（6）个别生涯咨询。

权福军、叶晓燕、邱烁和何玲等研究者都对生涯辅导做出过定义。传统的职业辅导大都以"帮助个人选择职业、准备就业、安置职业，并且在职业上获得成功"为主要的工作内容。而生涯辅导扩大了职业辅导的领域，特别强调六个主题：生涯抉择能力的发展，自我观念的发展，个人价值观的发展，选择的自由，重视个别差异，对外界变迁的因应。

陈宛玉等认为，生涯辅导应引导个体从更广泛的视角看待生涯，主动地承担生涯的责任，找到生涯前行的动力，多为自身发展提前准备好所需的知识、技能和资源。

（二）国外研究者对生涯辅导的理解

国外有关生涯辅导的实践及研究比较早，多以生涯辅导理论的形式呈现。"职业指导之父"帕森斯将职业指导工作发展为具体组织形态的专门性工作，指导人们不只是要找工作，而是要选择职业，这是早期的生涯辅导形式。

1927 年，标准化的职业兴趣量表——斯特朗职业兴趣量表诞生，为职业生涯辅导的发展奠定了基础。通过测验，职业指导人员可以更好地帮助人们选择合适的职业。

威廉姆斯在明尼苏达大学从事学生辅导工作，形成了一套独特的辅导方法，他将职业指导具体分为六步：分析、综合、诊断、预测、咨询和追踪，提出了指导咨询的三种方法：直接建议、说服和解释。

罗杰斯提出了以当事人为中心的方法，提倡采取非指导性的技术路线，即采取不主动、不判断、不指导的"三不原则"，使得职业指导理念实现了向职业辅导的转变。

国际经济合作与发展组织提出生涯辅导是指为协助个体在其一生的任何时段提供教育、培训、职业选择来管理他们的职业生涯的服务和活动。这些服务可以在中小学、高等院校、培训机构、公共就业服务机构、单位、公益或社区部门以及私立机构中设立。

（三）本书对生涯辅导的理解

本书认为，生涯辅导是指生涯教育专业人员制订辅导计划，运用专业知识为个体或团体提供帮助和指导，以协助个体或团体进行生涯管理的服务和实践活动。生涯辅导的目标是引导个人对自我和环境进行探索和了解，促进其确立生涯目标、进行生涯抉择、制订行动计划、积极因应外界变化等，进而促进其生涯顺利发展。

六、生涯咨询

（一）国内研究者对生涯咨询的理解

我国研究者也对生涯咨询提出了自己的看法。金树人认为生涯咨询纳入了关怀来访者心理健康、生活角色的主题。他认为生涯咨询是生涯咨询师协助来访者克服与生涯准备、生涯选择及生涯适应有关的困难和问题，消除情绪和认知上的障碍，达成工作角色与各种生活角色之间的融洽和谐，以增进个人的生涯发展与生活适应能力。

钟思嘉、黄蕊认为，生涯咨询是咨询师应用专业的咨询技术，与来访者建立关系，并在良好的沟通和合作下，帮助来访者澄清生涯问题、了解自我特质和外在世界、运用有效资源、做决定、制订行动计划，以及实现生涯目标。

黄天中提出，生涯咨询是咨询者与被咨询者就生涯相关疑问进行沟通，并共同成长的个人或团体的行为。

王槐银对大学生生涯咨询辅导进行界定，他认为大学生生涯咨询辅导是指辅导专家以当代大学生身心发展规律为依据，从大学生自身的能力、知识、体验等实际状况出发，运用专业的生涯咨询辅导知识，全面分析影响其生涯发展的主客观因素，协助前来寻求生涯咨询辅导的大学生克服生涯发展的难题，去除情绪与认知方面的障碍，帮助大学生厘清其"自我概念"、明确生涯发展方向，然后践行其"自我概念"，使大学生生涯得到健康的发展。

（二）国外研究者对生涯咨询的理解

克利特思是第一位提出"生涯咨询"名称的研究者，他认为生涯咨询是协助个人做出适当生涯决定的人际历程。

布朗和布鲁克斯更进一步地对"生涯咨询"进行了界定，他们将这种人际历程定义为帮助个人生涯发展和解决生涯难题。

希尔斯认为生涯咨询是咨询师与来访者一对一或小团体的方式，协助来访者统整与应用对自己和环境的了解，做出最适当的生涯决定与适应。

美国生涯发展学会于1988年也提出相类似的观点，认为生涯咨询是具有专业资格的人对另一群人提供或协助一些活动，帮助其解决职业、生活、生涯、生涯决定、生涯规划、生涯进展或其他与生涯有关的困扰或冲突。

1900年到1940年之间，心理测量运动的发展为生涯咨询的发展提供了样本分析基础，将生涯咨询提升到了一个更加专业的层次。系统的生涯咨询方法在心理测量工具出现的基础上产生，1939年"指导式咨询学派"代表人物威廉姆斯在其著作《怎样咨询学生》中系统地介绍了生涯咨询技术，他把咨询的过程分成了分析、综合、诊断、预测、咨询和追踪六个连续的步骤。

1942年"非指导式咨询学派"代表人物罗杰斯创新了生涯咨询的新内容，认为生涯咨询应具备"注重个体的情感与动机、个体的自我认可与自我认知、咨询师加强与个体的互动与了解"三个要点。现代生涯咨询或多或少地都会用到罗杰斯的"以当事人为中心"的理念，这一理念要求咨询师对来访者要平等相待，主动进入来访者的主观世界发现其中积极的因素，与来访者一起探索，最后获取积极的结果。

20世纪70年代以来，以指导式为主的指导方式不再扮演着唯一的角色，"生涯咨询"逐渐取代了"职业指导"，个体在咨询师的帮助下不再单纯被动地接受各类测评，而是主动地阐述自身需求，根据自身的个体特性构建生涯。

（三）本书对生涯咨询的理解

本书认为，生涯咨询是指具有专业资格的生涯工作者，如生涯咨询师，运用咨询知识和技能，为个体或团体提供与生涯发展相关的商讨、指导、援助等服务。生涯咨询的目标是协助来访者解决与生涯准备、生涯选择及生涯适应等有关的困扰或冲突，消除情绪和认知上的障碍，促进其生涯角色之间的融洽和谐，促进个人的生涯适应与发展并实现其生涯目标。

第二节　生涯教育体系

儿童青少年时期是形成世界观、人生观、价值观的关键时期，也是孕育职业理想的关键时期。因此，建立一体化的生涯教育体系很重要。

一、相关概念

（一）教育体系

教育体系是指由相互联系、相互制约的教育要素所构成的教育系统。狭义的教育体系仅指各级各类教育构成的学制，或称教育结构体系。广义的教育体系，除教育结构体系或学制体系外，还包括人才预测体系、教育管理体系、师资培训体系、课程教材体系、教育科研体系、经费筹措体系等服务体系。

（二）生涯教育体系

生涯教育体系作为一种教育现象是一个有机整体。祁春芳认为，生涯教育体系是由生涯教育活动、生涯教育体制、生涯教育机制和生涯教育观念这四个范畴组成的一个完整的统一体。刘春荣、林丹华、乔志宏认为，生涯教育体系是由国家、学校、社会等系统协同运转、以保障生涯教育的有效实施、以促进学生生涯良好建构的集合。

（三）本书对生涯教育体系的理解

由于生涯教育具有发展性、全面性、针对性和系统性的特点，本书将从广义的教育体系角度对生涯教育体系进行探讨。本书认为，生涯教育体系是指由生涯教育课程教材体系、生涯教育测评体系、生涯教育管理组织体系、生涯教育师资培训体系、生涯教育科研与实践体系、生涯教育制度体系、生涯教育资源体系等组成的一个完整的统一体。

二、国内生涯教育体系的探索

国内不同研究者对生涯教育体系范畴的划分有不同的观点。有的研究者从教育理论的视角将生涯教育体系分为生涯教育的主体、原则、内容等；有的从管理理论的视角将生涯教育体系分为生涯教育的目标、组织、内容、评估等；有的从教育管理现象的视角出发，认为生涯教育体系是由生涯教育体制、生涯教育机制、生涯教育活动、生涯教育观念四个范畴组成的一个完整的统一体。

国内研究者在建构生涯教育体系方面的研究大多是分学段进行的，以高校和高职院校居多，中小学比较鲜见。研究者提出建构生涯教育体系的对策主要有：生涯教育体系要与地方政府联合，出台生涯教育相关法律制度、建立管理组织机构、建立职业生涯教育中心、培养专业的生涯教育教师队伍，并建构生涯教育课程体系、毕业生就业服务机制等；同时要加强对职业生涯规划教育的宣传，加强法律法规的制订，加大课程开发的力度等。研究者们认为生涯教育是系统性的工程，需要学校、家庭、政府、企业等各方力量的有机合作、协同发展，建立包含大中小不同阶段的生涯教育体系，共同促进学生的发展。

三、其他国家的生涯教育体系

生涯教育在国外发展得比较成熟，并逐渐形成了适合本国的生涯教育体系及协调机制，尤其是一些发达国家，比如美国、英国、德国、加拿大、韩国、日本等国的生涯教育体系建构相对而言是比较完善的。有的国家甚至在孩子几岁时就开始引导其有意识地探索和规划自己的未来。在各个学段开展生涯教育已经成为国际共识，尤其以英国和美国为代表，其生涯教育体系的建构是很完备的。下面对美国和英国的生涯教育体系进行简要介绍。

（一）美国的生涯教育体系

美国是职业生涯教育的发源地，在美国的生涯教育体系中，政府的引导与支持是生涯教育发展的重要动力来源。美国联邦政府和各州都推出各自的生涯教育模式，20 世纪 80 年代通过国会立法，专门成立了国家职业信息协调委员会，并制定发布《国家职业生涯发展指导方针》，教育专家将 2 万多个社会职业划分成 15 个职业群，基本涵盖了工、农、商、学各行各业。美国生涯教育在内容方面包含了自我认知、生涯认知、生涯规划与管理，内容的组织呈现逐级递进、螺旋上升的特征。上述指导方针规定小学阶段 1 ~ 6 年级属于"职业了解阶段"，以与职业相关的娱乐游戏活动作为内容，使儿童对工作世界形成初步的认识；初中阶段 7 ~ 9 年级属于"职业探索阶段"，要让学生熟悉工作世界，熟悉职业的分类和职业群，更多地了解他们感兴趣的各种职业，而不是确定某一特定的职业；高中阶段 10 ~ 12 年级是"职业准备阶段"，为选择升学和选择就业的学生提供不同的职业准备，核心是培养学生的职业兴趣、职业能力和技巧。

美国的职业教育政策和生涯教育改革一直持续进行，其中《2006 年卡尔·珀金斯生涯与技术教育改进法》明确提出用"生涯与技术教育"取代"职业与技术教育"，之后美国联邦教育部于 2012 年颁布《投资美国未来：生涯和技术教育改革蓝图》对生涯与技术教育进一步完善，持续关注学生的职业生涯发展。美国的职业教育更关注学生整个生涯阶段的发展而不是特定岗位的培训。

除了政府的引导与支持外，美国在生涯教育实施方面具有多重实施路径，强调学校的认同与支持、多方力量共同参与、加强与工作世界的联系，强调生涯教育的公正性。在生涯评价方面，强调由多元评价主体对生涯教育的整体设计、过程以及结果进行评价，重视形成性评价与终结性评价，开发多样化的评价工具提高针对性。在师资培养方面，生涯教育的师资构成具有多样化的特征，其角色内涵也由单一走向了多元，对生涯教育服务人员的要求较高，要求这些工作人员要有专业技能、较好的人际交往能力、责任心等。在学校内外有专门的就业指导服务机构，有专兼职人员，设有中心主任、就业顾问、对外联络员等工作岗位。

（二）英国的生涯教育体系

英国政府高度关注生涯教育的建设与发展，形成了独具特色的英国生涯教育体系。由政府提供生涯教育的政策、生涯教育质量评价标准和资金保障；

建立国家生涯服务平台，为英国 13 岁以上青少年及成人提供生涯咨询、指导、学习等丰富的服务包，覆盖从技能评估、职业探索到课程学习等全方位系统化服务，是各类信息集中和发布的平台，是生涯信息高度融合的数字化窗口，旨在为个体建立寻求生涯服务信息的窗口。国家生涯服务平台在政府资助下，联合多家服务承包企业、社区和其他地方组织、校外生涯服务机构等，从多种渠道汇集就业市场信息，帮助使用者获取职业信息与个人发展支持，为使用者提供从测评到抉择全覆盖的一站式生涯服务，是开展生涯教育的有效补充。英国的生涯教育是在政府、学校、企业和社会力量形成的合力下共同开展的。英国政府设立了独立的全国职业委员会，以确保国家生涯服务平台能够及时提供职业信息、建议和指导方面的最新进展。英国生涯教育课程的内容丰富并成体系、形式多样，根据学生不同年龄段和身心发展特征设置不同难度的生涯教育课程，实施生涯教育的途径主要是渗透学科课程和生涯实践活动来予以开展。英国重视生涯教育教师的队伍建设，从事生涯教育的工作人员主要有：学校管理生涯教育与指导的生涯协调员；校外提供生涯指导服务的生涯顾问；具备领导技能、行政能力和职业知识的生涯管理专员，负责与学校高层领导共同制定战略及与外部利益相关者的沟通与合作。

总之，英国通过政府干预、立法保障、标准建立、管理机制、贯通式的生涯教育课程体系、师资培养体系等措施，形成了独具英国特色的生涯教育体系，有效地保障了生涯教育在英国的有效实施。

四、本书对建构生涯教育体系的观点

综合国内外关于建构生涯教育体系的相关研究，结合我国生涯教育发展的需要，本书认为，我国生涯教育体系的建构需要政府、学校、家庭、企业、社区协同工作，从政策保障、制度完善、标准建立、管理机制等方面进行顶层设计，形成适合中国国情的、有中国特色的生涯教育体系，更好地发挥生涯教育应有的作用。根据学生身心发展的规律，形成结构合理、层次渐进、各有侧重的大中小学贯通式的生涯教育课程体系，开展形式多样、内容丰富的生涯教育活动。大力培养专业化的生涯教育人才队伍，开展生涯教育理论与实践研究，组建校内外结合的生涯教育服务机构，整合利用学校、企业、社会等生涯教育的专业人才资源。组建专门的生涯教育专业委员会和生涯教育质量监管组织，建立生涯教育的评价标准，建立全国和各省市联动的生涯教育咨询服务平台，为学生就业提供全方位的信息服务。建立校内外结合的生涯教育专业服务机构，为学生提供生涯实践、辅导、咨询、升学指导、就业和创业指导等服务。

第三节　生涯教育的重要性

中国古代的传统教育极其重视德育、重视价值观对人的影响，强调教育由对外在的规范向人的心灵深处追寻意义。中国近代的著名教育家们秉持了中国传统教育理念，注重对学生成为完人的培养。如今，我国教育进入新的发展时代，更加强调遵循教育教学规律，落实立德树人的根本任务，聚焦学生核心素养的发展，注重培养学生良好的政治素质、道德品质和健全人格，培养学生适应未来发展的正确价值观、必备品格和关键能力，引导学生明确认识发展方向，成长为德智体美劳全面发展的社会主义建设者和接班人。生涯教育的目标与此是完全契合的，因此，生涯教育对学生、对社会、对国家而言，都具有十分重要的作用。

一、促进个体健全人格的发展

（一）健全人格的标准

1. 健全人格的概念

健全人格，也称健康人格，是各种良好人格特征在个体身上集中体现的心理状态。健康人格是个体健康心理、积极心理品质和良好心理特征的集中反映，具有和谐性、适应性、自主性、发展性四个基本属性。

2. 健全人格的标准

李春秋认为，健全人格的标准包括：（1）有适度的安全感，遇事沉着自若、泰然处之，具有自尊心、自信心，遵守社会道德规范，能恰当估计自己的力量，努力奋斗，做出成绩；（2）能正常地进行人际交往，能适应环境的变化，经受得住生活中遇到的挫折和打击，保持心理稳定；没有不切实际的幻想，没有超出社会所允许的欲望和要求；（3）能从社会的需要出发，把个人的能力服务于社会的需要，促进社会的发展，适当地满足个人的正当的需要；（4）保持人格的独立性和协调性。人格的独立性是指具有时代特点的个性特点。人格的协调性是指个人的行为应具有弹性的特点，要发展人的多种才能，促进人格弹性地发展。一个具有健康人格的人，能够正确协调个人与他人、个人与社会的关系，能够正确认识自己，最大限度地发挥个人的潜力，为社会做出贡献。

3. 健全人格的作用

建立社会主义和谐社会，其根本是人的心理和谐，而这是以人的人格健康作为基础的。因此，培养健全、和谐的人格是建立和谐社会的第一要义。人格健全有利于认知活动的开展、对情绪动机的调节和增强学生的能力，只有这样学生才能保持心理健康，正确处理好自我、他人和社会的关系，才能适应生活，才能实现全面发展和终生发展。所以说，社会群体的人格健全有利于社会的和谐和发展。

（二）生涯教育对培育健全人格的作用

生涯教育的最终目标是帮助学生探究生命的意义，获得生命的成长，而要实现这一目标，就要求学生具有健全、健康的人格。生涯教育指导学生加深对自我和人生发展的认识，促进其提高主动适应变化、进行生涯规划和管理的能力。同时，生涯教育注重培育学生拥有积极的心理品质和正确的价值观念、态度，并认识自己、适应社会，因此，生涯教育是学生形成健康人格的重要教育手段。

1. 有利于锻炼积极的心理品质，培育良好的价值观念与态度

生涯教育通过课程学习、团体活动、生涯辅导、社会实践等方式，促进学生进行自我探索，能够帮助学生掌握自我认知、人际交往、情绪调节等的方法，培育乐观、自信、好奇等积极的心理品质；通过社会实践与生涯探索，树立理想信念，形成正确的价值判断和观念态度等，这对于促进学生心理健康、提高其生涯适应能力、实现自我、更好地发展等具有重要的作用。

2. 有利于提高认识自我的能力，引导形成积极的自我认知

生涯教育的首要目标是帮助学生提升认识自我的能力。自我认知对自我

认同、自我价值发掘、尊重自己与尊重他人、树立自信、自我管理与发展、自我实现、个人幸福等都具有重要的作用。生涯教育通过各种教育和实践活动，促进学生探索自身的兴趣、性格、能力、优势与不足，能对自身的素质和技能、角色和责任、需要和兴趣、才能与成就等进行正确的评估，以实现自我内部的统合，形成客观、正确、积极的自我认知，促进学生获得自我发展。生涯教育还通过指导学生将自我认知融入生活和生涯规划当中，促进学生明白个人特质与生涯目标之间的关系，利用客观的自我认识来进行生涯探索、生涯规划，促进学生生涯目标的达成。

3. 有利于提高生涯适应能力，实现个人与社会的和谐发展

生涯适应力作为生涯教育所要培育的核心能力之一，是指学生面对生涯任务、生涯角色转变和生涯问题时的准备程度及应对能力，突出了学生和现实环境的互动，是学生要获得生涯成功所需的一种重要心理资源。在快速变化和发展的今天，职业发展、外部环境都具有高度不确定性，生涯教育通过培育学生对生涯变化的适应能力，在生涯转衔时的探索能力、自信态度，以及对自我生涯的控制感、责任感，使得学生能够更好地适应社会，并通过社会适应促进健康人格的形成和发展。

生涯教育提供了多种形式和机会，让学生了解社会、了解职业和工作世界，包括认识自我能力与未来职业需求的匹配度、体验职业生活、学习工作方法、了解不同职业和行业、研究劳动力市场信息、为提升就业能力做准备等。通过系统的生涯教育，学生能掌握有效的沟通技巧、提升人际交往能力，在尊重个体和群体差异的基础上与他人进行互动，以此较好地适应并融入社会。这些教育活动能有效地促进学生生涯适应能力的提升与社会需求的和谐发展，有助于提高学生的社会参与程度和社会适应性，有助于学生健康人格的发展。

4. 有利于培育积极参与的态度，提升学生的实践活动能力

健全人格包括内隐的人格心理特质和外显的人格行为特质。外在的行为特征是内在心理特征和外界环境相互作用的结果，能够在教育活动和社会实践中得到锻炼。健全人格反映一个人在社会实践活动中表现的行为方式是合目的性和合社会性的。生涯教育在形式上需要学生在人际交往、职业体验和社会实践中认识自我、探索社会、规划人生；而在内容上，生涯教育鼓励学

生积极参与社会实践，培育学生在面对生涯困难时能够具有心理调适力和应对挑战的实践能力，有助于提升积极参与的态度和实践活动的能力，从而促进学生健康人格的形成。

二、促进个体核心素养的发展

核心素养是学生应具备的能够适应终生发展和社会发展的必备品格和关键能力。中国学生发展的核心素养以培育全面发展的人为目标，基本内涵包括了文化基础、自主发展、社会参与三方面（见表1-1）。对学生而言，核心素养的培育以学生为中心，真正利于其综合能力的提高与获得全面的发展；对国家而言，核心素养从教育顶层设计回答了"培养什么人、怎样培养人、为谁培养人"的问题，是落实立德树人任务和提升国家竞争力的着力点。

表1-1　中国学生发展核心素养

自主发展		文化基础		社会参与	
学会学习	健康生活	人文底蕴	科学精神	责任担当	实践创新
信息意识	珍爱生命	人文积淀	理性思维	社会责任	劳动意识
勤于反思	健全人格	人文情怀	批判质疑	国家认同	问题解决
乐学善学	自我管理	审美情趣	勇于探究	国际理解	技术应用

生涯教育也是要对学生进行自我认知与自主发展、文化基础知识与能力提升、社会理解与社会参与方面的教育，强调从受教育者的角度出发，引导学生将自我价值和社会需要相结合，促进学生全面而有个性的发展。生涯教育的目标是培养和提高学生的生涯管理素养，与核心素养是联系紧密、任务一致、目标高度契合的，因此，生涯教育能促进学生核心素养的发展目标。

（一）培育人文底蕴和科学精神，夯实文化基础

文化是人类存在的根和魂。文化基础，重在强调能习得人文和科学等各领域的知识和技能，掌握和运用人类优秀智慧成果，涵养内在精神，追求真善美的统一，发展成为有宽厚文化基础、有更高精神追求的人。学生是否具有良好的文化基础，不仅体现在文化储备、科学知识的高低中，还蕴含于人文底蕴与科学精神之中。

生涯教育在夯实学生的文化基础这个维度上与核心素养是一致的，十分

重视学生的人文底蕴和科学精神的培育。生涯教育中非常重要的实施途径是与各个学科的教学活动、知识学习、学科探究活动、综合实践活动等相融合，通过以各学科课程为载体、以各学科课堂教学为主阵地、以学科教师为主力军，开展内容丰富、形式多样的生涯教育，培育学生的人文底蕴和科学精神，为学生未来的生涯发展打下必备的文化基础，做好知识和技能的准备，提高学生的生涯适应能力、就业能力和职业竞争力，促进学生生涯目标的实现。

（二）学会学习和健康生活，促进学生自主发展

自主性是人作为主体的根本属性。自主发展，重在强调能有效管理自己的学习和生活，认识和发现自我价值，发掘自身潜力，有效应对复杂多变的环境，成就出彩人生，发展成为有明确人生方向、有生活品质的人。学生的自主发展表现在学会学习和健康生活两个方面。

生涯教育的重要内容之一是培养学生主动学习及健康生活的能力，这与核心素养的自主发展维度是一致的。生涯教育重视引导学生珍爱生命、明晰生命存在的意义与价值，培养健全的人格、形成积极健康的生活态度，提升自我管理能力，为学生未来的职业生涯奠定强健的体魄和健康的生活方式。生涯教育还很重视学生学会学习素养的培养，促进学生明了学习的价值、树立自主学习的意识、形成积极的学习态度、掌握有效的学习方法等，这是衡量学生是否具备核心素养并且助推他们快速适应社会变化、迎接多方挑战的关键，也是学生未来增强就业能力、谋生能力、竞争力等所必备的。

总之，生涯教育重视培养学生的自觉性、自主性，提升其生存力、管理力、适应力、抉择力、规划力、行动力等。生涯教育通过唤醒学生的生涯意识，培育其生涯探索、规划的能力和行动力，增强自主发展的意识和能力，进而为学生的终生发展做准备。

（三）强化责任担当和实践创新，促进良好的社会参与

社会性是人的本质属性。社会参与，重在强调能处理好自我与社会的关系，养成现代公民所必须遵守和履行的道德准则与行为规范，增强社会责任感，提升创新精神和实践能力，促进个人价值实现，推动社会发展进步，发展成为有理想信念、敢于担当的人。

生涯教育中一个非常重要的内容就是指导学生通过职业体验、社会实践等体验式、沉浸式的教育活动，深入地了解自己、了解他人、了解社会和职

业世界。生涯教育在认知层面提供给学生了解职业分类、需要与发展的机会，并通过多种方式使其逐渐形成更准确的"自我—职业契合度"的认识，为未来就业做好准备。在实践层面，生涯教育让学生通过各种职业体验活动和深入的社会实践，体验不同的工作环境与状态、了解不同职业的特点和意义、发现自己的专长和职业兴趣，从而综合地对学生进行职业启蒙，帮助学生树立正确的职业理想和职业价值观，培育职业精神。

生涯教育着力培养学生的责任担当意识和正确的职业价值观念，提升社会参与的相关经验和职业能力，理解生活和工作的意义与目的，树立人生理想，激发内在动力并为此不断奋斗，最终使学生形成正确的生涯价值观，能够在个人与社会的统一中实现自我价值。这些是学生成功进行生涯规划和获得发展的先决条件，与核心素养的社会参与维度是一致的，是培养学生核心素养良好的载体。

三、促进个体各阶段生涯发展核心任务的达成

我国古代大致以 10 年为一个节点，将人的生涯分割成了不同的生涯发展阶段，每个发展阶段有不同的主要任务。舒伯的生涯发展理论认为，人的生涯发展分为成长期、探索期、建立期、保持期和隐退期五个阶段，每个阶段有其发展重点。无论哪种划分方法，都表明生涯教育是以促进和帮助个体完成整个生命过程中不同阶段的生涯发展任务为目标的，因此，生涯教育的受众不限于在学生阶段，而是涵盖人的生命全程。

（一）促进生涯启蒙和生涯探索任务的达成

生涯启蒙和生涯探索是个体从出生至 14 岁左右（也称成长期）核心的生涯发展任务。主要通过开展生涯教育促进这个阶段的个体逐渐真实、客观地了解自己，形成更贴近真实的、客观的自我概念；鼓励和引导个体进行兴趣爱好的探索，注重对个体广泛兴趣爱好的培养，引导个体对职业世界和社会有初步的了解，逐步明确职业的喜爱倾向，有意识地进行能力培养，为今后的职业生活打下基础。因此，这个阶段积极开展生涯教育，将对个体的生涯启蒙和生涯探索提供重要的知识和经验储备，为个体的职业发展奠定良好素质和能力基础。

25

（二）促进生涯抉择和生涯准备任务的达成

生涯抉择和生涯准备是个体发展到 15 岁至 24 岁左右（也称探索期）核心的生涯发展任务，主要通过在学校学习、社会实践等积极进行自我探索和职业探索，增进学生对自我的认知和角色鉴定，引导学生做好学业、职业的规划和生涯抉择，完成学业或职业培训，提升就业能力，为开启职业生涯做好准备。

在探索阶段，学生将进行各种各样的生涯抉择和准备：初中生面临着职业教育、普通高中教育还是就业的选择及准备；高中生面临着高考选科、选专业、升学还是就业的选择及准备等；大学生面临着专业的确定、继续深造还是就业的选择及准备等；即将就业的个体面临着就业地区、就业领域、职位等的选择及准备等。每一次选择和准备对于学生职业发展都至关重要。处于这一阶段的青少年对于自己是谁、将来要做什么、需要做哪些准备、自己人生的价值是什么等问题充满困惑，进而在面临重要的生涯选择时常常会犹豫不决，容易出现生涯抉择困难等问题。随着社会的发展和无边界职业时代的到来，就业市场愈发复杂，是否应该继续深造、如何提高自己在就业市场中的竞争力等问题给学生带来了极大的生涯发展压力。因此，处于这个阶段的学生，迫切需要接受生涯教育，以便明确自己的未来发展目标，进行合理的生涯规划，为达成自己的生涯目标做出适合的、正确的生涯抉择和生涯准备。

（三）促进生涯适应和生涯胜任任务的达成

生涯适应和生涯胜任是个体发展到 25 岁至 44 岁左右（也称建立期）核心的生涯发展任务。这一阶段是绝大多数人职业生涯周期中的核心部分，也是其家庭生活建立的关键期。在 25 岁～30 岁最初的尝试期时，个体初入职场，需要快速熟悉工作，将学校中学习的知识迁移到工作场域，不断学习新技能，提高自己的工作能力；需要学习处理新的人际关系、积极应对工作中的竞争、学会调整心态以应对工作挑战压力等。当个体由职业不稳定期到职业稳定期过渡时，主要面临的挑战是职业选择和职业适应。因此，初入职场的学生亟须进行生涯培训以帮助自己快速、平稳地度过职业适应期，提高职业胜任力，从学生蜕变成一名合格的员工。随着工作时间和资历的积累，个体将在不断的调适和转变中寻找到最适合自己的工作。整个建立期也是个体从恋爱到结婚组建家庭、胜任家庭角色、承担家庭责任的重要时期。如何更好地适应家庭生活、承担家庭责任，如何更好地胜任职业角色和家庭角色，如何在家庭和职业两方面做好平衡等，是这个阶段个体需要积极应对的生涯发展任务。因此，生涯教育并不止步于学校教育，进入职场、步入家庭的青年人仍需要接受生涯教育，以明确职业选择，促进自己实现从职业适应期向职业稳定期的过渡，平衡好事业和家庭的关系，致力于职业目标和家庭目标的实现。

（四）促进生涯尊严和生涯服务任务的达成

生涯尊严和生涯服务是个体发展到45岁至64岁左右（也称维持期）核心的生涯发展任务。在这个职业的维持阶段，个体在选定的工作中不断前进，逐渐在职场上取得一定的专业技能、社会地位和尊严，此时期的主要任务是维持既有的地位、成就与尊严，寻求晋升机会或平台，发挥更多的服务社会和家庭的作用。知识经济时代的到来对人的终生学习做出了要求，个体需要不断地跟随时代的进步更新自己的知识技能。伴随个体的职业发展、工作晋升的，还有家庭责任重大带来的压力感或精力不济，个体可能会逐渐感觉到一种停滞感、压力感，似乎自己的职业生涯已经发展到了峰点，感觉职业难以再继续前进等，这便是"职业高原期"。处于"职业高原期"的个体一方面积累了丰富的工作经验和工作资源，另一方面也会形成一些守旧的观念和固有的思维模式，缺乏职业进一步发展的能力和动机，不利于个体在信息爆炸的时代精进自身的专业能力。因此，为了应对"职业高原期"和保持终生学习的态度，仍需要开展生涯教育，一方面进行职业信念教育，激发个体的工作热情，唤起工作动机，另一方面开展专业技能培训，帮助个体认识到瞬息万变的世界并分析自身应如何迎接其带来的挑战。

（五）促进生涯退出和生涯关怀任务的达成

生涯退出和生涯关怀是个体发展到65岁之后（也称衰退期）核心的生涯发展任务。到了65岁，个体的体力、精力及身心健康状况逐渐衰退，离开工作岗位，结束职业生涯，迎来了退休后的生活。从员工转变为退休老人，从职业角色转变为家庭角色，甚至是需要其他家人照顾的弱者，这对于个体而言是一次重要的角色转变。有研究表明，我国有将近20%的老人无法适应退休生活，认为自己的退休生活单调乏味，甚至出现了抑郁、身体不适等"退休综合征"。因此，生涯教育应关注临近退休的老人，帮助他们做好退休的心理准备。此时期的主要任务为发展工作之外的新的角色，平稳地度过退休过渡期；同时，通过生涯教育，鼓励老人做好自我关怀，帮助退休老人开发个人爱好，鼓励老人探寻和参加有意义的活动，或发挥余热，开拓新的生活，维持生命的活力，安享幸福充实的晚年生活。

四、促进国家建设和社会发展合力的形成

当今世界，科技是第一生产力，人才是第一资源，创新是第一动力。人力资源是国家的核心资源，在经济全球化和日趋激烈的市场竞争形势下，建立具有核心竞争力的专业人才队伍是一项具有战略意义的重要工作。专业人才作为国家创新创业的重要力量，对国家的经济贡献非常突出，因此，人才强国建设对于中国实现高水平科技自立自强和国际影响力提升具有重要意义，是中国特色社会主义现代化建设的需要，是实现中华民族伟大复兴的需要。

（一）有助于实现社会主义现代化强国梦

《中国教育现代化2035》指出："到2035年，总体实现教育现代化，迈入教育强国行列，推动我国成为学习大国、人力资源强国和人才强国，为到本世纪中叶建成富强民主文明和谐美丽的社会主义现代化强国奠定坚实基础。"现代化教育强国需要培养具有责任担当、爱国精神、国际视野的学生，这是适应世界教育改革发展趋势，也是提升我国教育国际竞争力的迫切需要。最近十年以来，国家先后出台了一系列相关政策，要求加强对学生的发展指导，加强对学生理想、心理、学习、生活、生涯规划等方面的指导，开展职业体验，为学生提供选课、选考、专业选择、职业发展等方面的咨询和帮助等，要进行生涯规划以及适应社会生活等方面教育，培养学生健全的人格、积极的心态和良好的个性心理品质。通过生涯教育，引导学生将个人的生涯发展与国家的发展融合起来，使学生深刻意识到：个人的发展必须植根在国家的发展基础上，国家的发展也需要每个学生的发展，因此，生涯教育对实现强国梦是非常重要与必要的。

积极开展生涯教育，培养与新时代相适应的具有文化自信、民族自信和个人自信的德智体美劳全面发展的中国特色社会主义事业建设者和接班人，将有助于推动我国成为学习大国、人力资源强国和人才强国，满足国家和社会发展对人才的需要，有助于实现中国特色社会主义现代化强国梦。

（二）有助于高素质人才的培养

目前，我国国家级的生涯教育体系亟待建立，就业指导服务体系还不够完善，这使得对学生的培养和就业指导与用人单位的需求匹配性不够，进而出现学生难以寻求合适的岗位，用人单位招聘不到对口的专业人才的现象。

生涯教育是学校教育中的重要部分，是面向学生未来发展的教育活动，是教育与社会、学业与职业、现在与未来的连接点，具有独特的育人功能。将生涯教育融入国家人才培养课程体系设计和专业技能差异化培养之中，能够在最大程度上缩小用人单位对人才的需求与学校人才培养之间的差距。

学校教育和用人单位交互式生涯教育体系的建立和完善，将有助于培养学生的综合素质、工作技能和实践能力以适应工作岗位，满足用人单位和社会对综合型、复合型高素质人才的需求，有助于破解结构性就业矛盾的难题、优化人才配置。一方面，学校可以制订符合用人单位聘用标准的课程体系、教学措施和人才培养方案，合理优化配置教学资源，通过系统的专业教育，促进学科教育和技能培养，为提升学生就业能力服务，帮助学生扎实掌握学科门类的知识和技能，适应用人单位对人才知识技能的需求。另一方面，学校可以针对时代的变化、新岗位、新兴职业和用人单位的需求，不断开设新的专业课程、专业门类、职业种类等，满足社会的不断发展和用人单位的新需求。除了专业知识和技能的学习，生涯实践和体验活动也是交互式生涯教育体系中非常重要的部分。要强化学生在企事业单位等真实的场景中了解社会和职业世界、进行自我和职业探索，这将有利于帮助学生更好地了解国家发展需求、产业结构调整、科技发展与职业变化对人才需求的影响，促进学生结合自身特点和社会发展需求做好个人的生涯规划，提高主动适应能力；也有助于学生在实践中提升运用专业知识解决实际问题的能力，真正做到学以致用，最终达到用人单位对人才素质能力的要求。

（三）有助于涵养健康的社会心态

当前，中华民族伟大复兴战略全局和世界百年未有之大变局同步交织、相互激荡，中国正经历着一场广泛而深刻的社会变革。国家各个领域重大政策的出台，行业产业的分化、优化与调整，职业种类的迭代变迁等给国家带来挑战，也给个体的生涯发展带来了新的挑战。任何社会和时代的变迁不仅反映在经济关系重塑和社会结构的变化上，也必然会影响到具有充分主体性的个人，影响其价值观、生活态度和行为模式等。社会心态源于特定时期内大多数人具备的宏观、变动与突生性的社会心理，是社会存在的公众意识反映。社会心态会在重大社会变革背景下发生演化，会持续影响着公众的社会行为，并呈现出整体性、大众性等特征，进而对时代变革发挥着能动作用。

生涯教育旨在培养个体终生学习的自觉性、适应社会变化和挑战的能动性、适应生涯发展的主动性，是贯穿个体终生的综合性教育，在引导个体以积极乐观的态度去接纳人生发展阶段中的各种变动，敏锐感知并应对现代社会和职业环境的不确定性，树立将个人发展融入国家建设的家国情怀，树立正确的价值观念等方面都具有十分重要的作用。生涯教育指导个体要积极应对新技术带来的各种不确定性和挑战，主动调节内外部环境、进行人力资源的自我开发，不断更新知识、技能，以使自己能够更好地适应职业时代的变迁与发展，实现职业发展，获得美好生活。良好的适应能力、快速的学习能力、深厚的家国情怀、正确的价值观念等能够帮助个体应对不稳定职业生涯环境带来的危机感和不安全感，在时代变化和职业变迁中掌握主动权。社会是由众多的个体组成的群体，因此，对众多个体开展生涯教育，有助于改善群体的社会心理预期，在社会参与的摸索与实践中形成正确的群体规范，达成广泛的社会共识，涵养群体的积极心态；有助于培育"自尊自信、理性平和、积极向上"的社会心态，推动社会公众以更加踏实进取、积极主动、自信开放的社会心态紧密团结在一起，凝聚起推进国家现代化建设的强大合力。

总之，当今世界对个体的要求是在不断发生变化的，通过生涯教育不断提升个体生涯适应、生涯决策与生涯管理等核心能力，有助于个体在日益变化的社会中做出有目的的、明确的生涯发展规划，把自己培养成合格的社会主义建设者与接班人。

第二章
中国的生涯教育思想及理论

中华文明源远流长、博大精深。中华民族世世代代在生产生活中形成和传承的宇宙观、天下观、社会观、道德观、世界观、人生观、价值观、审美观等，其中最核心的内容已经成为中华民族最基本的文化基因，是中华民族独特的精神标识，是维系全世界华人的精神纽带，也是中国文化创新的宝藏。这些最基本的文化基因，是中华民族和中国人民在修齐治平、尊时守位、知常达变、开物成务、建功立业过程中逐渐形成的有别于其他民族的独特标识，成为中华民族特有的生涯价值观念系统。

"生涯"这个词，在中国古代既有生命、人生的意思，也包含着生活、生计，与职业戚戚相关。中国生涯教育的源头可追溯到先秦时期，一直在中国的历史长河中缓慢却持续地发展。关注人生是中国古代哲学思想和教育思想的核心内容，并从不同的视角探讨人生价值、人与外界的关系、人的生存、人的发展等，形成了极其丰富的具有中国特色的生涯教育思想。在进行生涯教育及研究的过程中，以中国文化本位的立场来探究中国人的生涯观，更易于理解中国人的生涯发展模式。因此，我们要坚守中华文化立场，对中国特色的生涯教育思想进行挖掘和整理，取其精华、去其糟粕，融入新的时代精神，建立符合我国文化背景、能促进学生健康成长的生涯教育思想体系、理论体系和技术手段。引导学生不仅要努力学习科学知识和专业技能，还要从中国传统文化中汲取精神力量，认真思考文明发展之道、人生之道与生命的本真，强化生涯发展意识，树立远大理想，培植人文精神、道德规范、价值信念，最终做到道器相济，兼济天下。

中国生涯教育的发展历程可以划分为五个时期：生涯教育启蒙期、生涯教育探索期、生涯教育跌宕期、生涯教育恢复期与生涯教育革新期。本章将对我国古代的生涯教育思想和近现代的生涯教育理论及发展历程进行简要介绍。

第一节　中国古代的生涯教育思想

生涯教育的启蒙期主要指的是公元前 21 世纪至公元 19 世纪初，也就是从中国有朝代划分的夏、商、周开始，就有了生涯教育思想的萌芽，直至 19 世纪初，在这个长时间的跨度里，生涯教育思想缓慢且持续地发展。在生涯教育启蒙期，生涯教育以国学（大学、小学）、乡学（庠、序、校、塾）等形式开展，从世袭制到科举制、从子承父业到师徒相传或自学等。在生涯教育启蒙期，教育的对象主要面向贵族子弟，后发展为平民百姓。生涯教育的主要目标是为了改变环境，走仕途、求生活等。生涯教育主要的内容涉及提升个人的道德规范和修养，文武、礼仪、乐舞，天文、历法，农耕知识、工匠技艺、商品交换、商业活动等。个人的生涯发展方向有士、农、工、商等。生涯教育的教学方式主要是阅读、吟诵、经典、实际操作、领悟思想精髓等。

一、先秦时期的生涯思想

先秦时期一般指自中国进入文明时代以来，直到秦王朝建立这段历史时期，主要包括夏、商、西周、春秋、战国这几个历史时期。在长达数千年的历史中，中国的祖先创造了光辉灿烂的历史文明。尤其是以春秋战国为主的轴心时代，这一时期，学术思想自由、文化繁荣，产生了如孔子、老子、韩非子、墨子等"诸子"，儒家、道家、法家、墨家、刑名等"百家"，史称"百家争鸣"。

战国时期社会历史发生巨大变动，王权衰落，诸侯争霸，社会由奴隶社会向封建社会转型，带来一系列新的问题和矛盾，以"诸子"为代表的知识分子面对社会转型中产生的各种现实社会问题、人生问题等，提出了自己的思想认识和解决办法。他们将个人的生存发展与国家、社会问题紧密联系，提出了大量关于人生的哲学思想和学说。先秦时期诸子的生涯历程及其思想，尤其是孔子与庄子的生涯发展思想，至今还闪烁着理性的光辉，值得我们借鉴。

（一）先秦时期生涯思想核心是关注人的发展

先秦时期，迸发了众多的思想流派，如道家、儒家、法家、墨家等，他们有着不同的思想方法，并从不同的视角探讨人生价值、人与外界的关系、人的生存、人的发展，实际上就是关于人的生涯发展的问题。不断发展和完善的思想体系长期引领着人的成长和发展，对中国社会发展有着重要的作用。

孔子从时间现象学的角度提出了"生涯历程"与"职业锚"思想；庄子最早提出生涯混沌发展思想，生涯混沌之特征表现在"人生如梦"与"命运无常"。这一时期，诸子百家都发展形成了各自不同的关于人生的哲学，并按自己的思想体系对人的生涯发展做出了诠释，指出了方向。法家的人生哲学强调个人奋斗、自我扩张、坚强的毅力与意志，以实现既定的目标。所谓吃得苦中苦、方为人上人，便是法家哲学人生的真实写照。道家的哲学人生，以阴柔为主，强调因循自然、清静无为，不要追名逐利，不汲汲于富贵，人生的目的是逍遥与自在。儒家的哲学人生，以阴阳协调、刚柔并济为重，讲究中庸之道，强调以仁爱与礼节完善自我，走修身、齐家、治国、平天下之路。墨家则提出"非命"观点，认为命运不能主宰人的富贵贫贱，强调只要通过后天的努力就可以改变。兵家尽管提出的主要是军事思想，但其正确对待战争的观念、全胜的信念、充分的战备、"知己知彼，百战不殆"的灵活用兵艺术，将军事与政治、经济、心理等因素连接的整体观，以及关于战争的十大原理：先知、计划、自然、求己、全存、主动、利动、迅速、秘密和变化等，无不对人的生涯发展包括生涯认知、自我探索、环境探索、目标、计划、抉择、行动、调整等带来十分有益的启发。先秦时期诸子百家的关于生涯发展的许多思想给后代留下了深刻的启示，有的至今还发挥着重要的作用。

（二）先秦时期详细规范的职业分类

自原始社会开始，随着人类社会生产生活活动的频繁开展和技术的进步，最早的社会分工产生了。畜牧业、农业、手工业等不同类别的行业应运而生，其中畜牧业和手工业很快发展为农业之外的两种主要技能和生活必需品的来源。夏、商、西周时期，我国总体上处于氏族社会开始瓦解、奴隶社会开始形成和发展的时期，社会开始出现阶级分化并产生了不同的职业。到春秋战国时期，我国由奴隶社会向封建社会转型，社会发生了剧烈变革，社会分工不断分化完善。随着科学技术的空前繁荣，逐渐产生了一些技术含量更高的专业生产，手工业技术更加规范、细化，新的职业不断产生，职业分类也随之进一步发展、规范。

我国作为最早有职业分类记载的国家，早在《周礼·考工记》中就对相关职业分类有着较详细的记载，书中说国有六职，即王公、士大夫、百工、商旅、农夫、妇功，这便是当时的六大职业类别。这六大职业中每一类别又包含了更细的职业分类，甚至是具体的工种。从《考工记》的记载来看，先秦官府手工业的一些主要类别大体都已列入，不仅记录了每一工种，还针对有关产品的形制、结构和工艺技术规范进行了介绍，其中还涉及大量的物理、化学、天文、数学、生物等问题，从多方面反映了先秦时期科学技术的发展状况和先进水平。

随着夏商周时期国家的建立，官僚制度也随之建立，继而出现了相应的社会职业——官吏。类似百工的分类，官职也有其分类。《周礼》一书就曾有"六官"的记载，即"天官家宰""地官司徒""春官宗伯""夏官司马""秋官司寇""冬官司空"，又称为"六卿"。这"六官"相当于隋唐以后统称的吏、户、礼、兵、刑、工六部尚书。对应于官职的划分，也有"民"这一阶层的职业划分问题。"官"与"民"，既是政治身份，也是职业身份。《春秋谷梁传》记载："古者有四民，有士民，有商民，有农民，有工民。"《管子》也说："士农工商，四民者，国之石民也。"这表明在先秦时期，已基于社会分工将"民"的职业分类为"士、农、工、商"四种类型。

（三）先秦时期的职业价值观

随着职业活动的发展，职业价值观也在先期时期的生涯发展思想中有所体现。

1. 胸怀天下，把国家、民族利益放在首位

个人修养、家庭幸福的目的都是为了实现国泰民安这个终极目标。如《礼记·大学》开篇所言的"修身齐家治国平天下"。有研究者认为儒家"平天下"的终极目标，就是要达到天下均平的社会理想状态，其中包含合理、平衡、公正、公平、秩序、和谐等丰富的内涵。

2. 讲求职业道德，提倡谋职要有道、立业要有德

《论语·泰伯》："天下有道则见，无道则隐。邦有道，贫且贱焉，耻也；邦无道，富且贵焉，耻也。"在这里，孔子对职业的态度明显超越了"谋食"的要求，而把职业看成是"谋道"的载体。受孔子这种职业观念的影响，当时的社会形成了一种"渴不饮盗泉水，饥不受嗟来食"的士人气节。这种固穷守志的品格，赋予了从业者一种社会良心和道德力量，从而形成了诸如有教无类、诲人不倦的"师德"；一视同仁，以治病救人为天职的"医德"；清正廉洁，无愧于俸禄的"官德"；守信重义、诚实经商的"贾德"等各行各业的职业道德。这些职业道德至今仍具有重要的现实意义，影响着现代人的职业道德和操守。

3. 恪守职分，执事而敬

战国时法家慎到在《慎子·佚文》提出了"定分"的概念，就是每个人要明确自己的社会地位和本职职责，各守其分，互不相侵。慎到还进一步提出"士不得兼官，工不得兼事"等具体的职守之分。《韩非子》也曾说："夫礼，天子爱天下，诸侯爱境内，大夫爱官职，士爱其家，过其所爱曰侵。"《论语·泰伯》中的"不在其位，不谋其政"，强调个人要专心本职工作，不得越位。孔子说"敬事而信"，就是表明要有尽职尽责的工作态度。东汉郑玄在《周礼注疏》中注："敬，不懈于位。"对此，南宋朱熹解释为"专心致志以事其业"。从事一定的职业，就要全身心地投入其中，古人倡行恪尽职守、专一敬业、精益求精的精神，至今仍有现实的借鉴意义。

由于时代的局限，先秦时期职业价值观也难免带有强烈的等级观念。王公贵族、士大夫与农、工、商之间由于社会等级不同，在身份地位上存在显著的尊卑贵贱之别。儒家思想主张"农贵商贱"，各朝代统治者都重农轻商，工商业的发展不受重视，对我国古代科学技术及社会发展都造成了一定阻碍。因此，先秦的职业定位的倾向是以国家为本位的，在农贵商贱的职业结构面前，"民"的自由空间很小，其创造力也很难发展。相比于儒家的过分讲求"礼"，来自社会中底层的墨家更能体会到动荡时期中下层劳动人民的困苦，因此墨家更加不吝于做低层的劳动工作，并致力于科学技术在实践中的运用，被儒生辱为"淫巧之技"。但因墨家的思想并未得到统治阶级的支持，以致日后没有大的发展。这种有等级观念的职业价值观至今仍然影响着人们的职业选择，有悖于如今倡导的"职业平等观"，需要在生涯教育中予以关注和纠正。

二、《周易》中的生涯思想

《周易》是我国一部古老的经典著作，其成书经历了漫长的历史年代。历伏羲、文王、孔子"三圣",经上古、中古、下古"三古",是中华民族智慧与文化的结晶。《周易》可以说涵盖万有,纲纪群伦,是中国优秀传统文化的杰出代表;广大精微,包罗万象,亦是中华文明的源头活水。它本是一部筮书,但它反映的道理博大精深,如《系辞》所言,"《易》之为书也,广大悉备。有天道焉,有人道焉,有地道焉"。因而它不仅被用于占筮、预测未来,而且也被广泛地运用到社会生活的各个层面,成为人们道德修养、开物成务的指南。经过历代思想家的阐释,《周易》发展成为一部博大精深的哲学著作,奠定了中国优秀传统文化的根基,延续了中华上下五千年文明的脉络。同时,它也是我国古代一部关于自然哲学与伦理实践的经典,对中国文化产生了巨大的影响。它被誉为"群经之首,大道之源",是儒道两家共同尊奉的经典。

(一)《周易》是生涯哲学思想的源头

《周易》堪称我国文化的源头活水,历经数千年沧桑,对中国历代政治、经济、文化等各个领域都产生了极其深刻的影响,已成为中华文化之根。无论孔孟之道,还是老庄学说,抑或是其他各家人生哲学思想,无不和《周易》有着密切的联系。可以说没有《周易》就没有中国的文明。《周易》中的人生哲学和关于生涯发展的思想,至今仍对中国社会的发展和人的成长、进步发挥着重要作用。《周易》中蕴含着深刻的哲理和朴素的辩证观,以其为基础形成的世界观和方法论,是后世生涯发展哲学思想的重要开篇。其从整体的角度去认识和把握世界,对天道与人理的有机探索,凝聚着中国古圣先贤的高深智慧,即"天人合一"。其对对立统一、阴阳互应、刚柔相济、此消彼长、物极必反等客观规律的总结认识,以及自强不息、厚德载物、居安思危、乐天知足等思想,数千年来对人的生涯发展有着重要的启迪。

《周易》哲学的中心是人生论,它把对宇宙本体及其属性的形上体察作为人类安身立命的最高依据,在宇宙与人生的密切关系中确立人类的精神家园。其关于生涯发展思想最精辟的概括是人天关系中的天人合一。《周易》认为处世有三大法宝:第一是"守正",就是天地万物各有其位,人也不例外,不能无视个体的社会属性,每个人都应在世界上找准自己的位置;第二是"中孚",就是对他人的诚信要发自内心;第三是"和",就是与他人的关系要保持和谐、顺畅。《周易》还强调人的主观能动性,认为人要把自己的命运牢牢地掌握在自己手里，要豁达地面对人生，努力追求自己的理想力求达到目的。其"自强不息""厚德载物""君子藏器于身，待时而动""君子居易俟命，与时偕行"等思想至今仍是很多人的座右铭。《周易》以人生必变、所变、不变的规律，阐明人生知变、应变、适变的法则，并以此规范人们的行为，指导人们的成长和进步，倡导个体面对生涯的变化性、不确定性时要发挥个体的主观能动性，提高个体的生涯适应能力，可谓生涯发展的圣典。这远比西方的生涯发展理论、生涯适应力理论等理论更早。

（二）《周易》中人生预测与生涯规划

《周易》认为宇宙万物都存在内在的、本质的、必然的联系，因此宇宙万物都可以纳入"易道"体系。阴阳的对立、互依、互化、互生即为"道"。通过"易道"，我们可以揭示宇宙万物运动变化的规律，做到仰观天象、俯察地理、中通人事，对天地人三才的时空关系和相互作用有着整体的认识。《周易》由两大主体构成：一个叫"义理"，即人生的意义和道理；另一个叫"象数"，主要包括六十四卦体系，跟占卜预测相关。人生每个阶段的走势，以及人生重大事件的发生，都有其产生、发展和运行的规律，这里面都有数、有理、有象。《周易》通过全局思维帮助个体体察自身所处境况，并指导适时调整或节制自身行为，以利个体顺利发展；通过对不同时位的义理与象数进行综合分析、解读，可以对人生发展做出预测，并为下一步的行动提供相应策略。这与如今生涯规划强调的知己、知彼、抉择、行动的方法是非常契合的，"预则立，不预则废"早就道出了生涯规划的重要性。

《周易》的原理是"观天道以立人道"，即由天道推导出人道。天道统领地道与人道，天道是变化的，万物也是变化的，个体生涯发展的好坏吉凶，实际上都是个体对时位如何把握以及怎样处理所造成的。如乾卦象曰："天行健，君子以自强不息。"就是说天的运动刚强劲健，相应于此，君子处事应像天一样，自我力求进步、刚毅坚卓、发奋图强、永不停息；坤卦象曰："地势坤，君子以厚德载物。"就是说大地的气势厚实和顺，君子应增厚美德，容载万物。可以说"自强不息"与"厚德载物"是个人生涯发展修行的两大主轴。

《周易》从自然万物的生生不息推导出积极的人生观。宇宙与人生处在不断的流变中，无不蕴含着未来变化发展的可能性，《周易》正是对这种变化进行了揭示，为个体的生涯发展调整提供行为依据。所以《周易》的核心是讲述人的生命发展过程，其中有大量的生涯发展思想值得借鉴。呼应《周易》哲学，生涯发展就是在趋吉避凶的基础上进德修业，活出天道。换言之，生涯或生命的发展具有两个相互依存之面向：一是安生，指世间具象人事物的处理，在顺境要守正防凶，在逆境要趋正求吉；二是立命，指借由修养来达成世间事物的趋吉避凶以及理想人格的实践，也就是借由元亨利贞进德修业、活出天道。

（三）《周易》中生涯困境因应之道

面对生涯中各种变化和不确定性，《周易》中古人的智慧能够给我们有益的启迪。在《周易》六十四卦中，有所谓四大"难卦"，也叫四大"困境之卦"，分别是屯卦、坎卦、蹇卦、困卦。《周易》对这四大"难卦"象数义理的分析，对我们破解生涯发展的困境有着很好的启示。

屯卦：屯，艰也，像草木之初生，是讲学业开始之际、事业初创时期或事业奠基时期的艰难情景和状况。屯卦给我们的启示是，万事开头难，在学业、事业刚起步的时候，要有平和的心态，主动适应，按部就班地来，不要想着一步登天；虽然前方有一个一个的艰难险阻，但只要我们勤劳、守正，一点一滴地付诸行动，最终都会化险为夷。度过开始的危机，便能迎来转机，拥有一个好的未来。

坎卦：坎，陷也，低陷不平的地方、坑穴，是讲人生事业遇到重重险阻时如何化险为夷。坎卦给我们的启示是，要在变化莫测的环境中坚守正道，在生涯发展的各个阶段无论遇到多少艰难险阻，都要"行险而不失其信"，要有战胜困难的顽强意志，处险不惊，沉着应对，适时变通，最终化险为夷。

蹇卦："蹇"是跛脚的意思，引申为行动不便，是讲在行进道路上，或事物发展到一定阶段后遇到的艰难险阻。蹇卦给我们的启示是，遇到困难要勇敢地面对和突破，但同时又提醒我们，必要的时候也要见险而止，要衡量自身的力量，绝不意气用事、盲目行动，做到知进知退、知行知止。遇险时能够适当地停止下来，不是消极逃避，而是冷静分析，反省补过，寻找对策，再主动出击，做到越挫越勇、慎始善终，化解生涯发展各阶段遇到的危险。

困卦："困"是困难、穷困的意思，是说随着事物的不断上升，亢极力竭而处于穷困境地。困卦给我们的启示是，顺境与逆境是生涯发展的必然规律，当境况不佳、遭受很大困难、人生面临巨大的考验时，如果不采取断然措施，就会愈陷愈深，遭受很大损失。如何在困境中学会趋利避害，逢凶化吉，找到脱困之道？这就要求我们做到君子临难，不失节操，自勉自坚，泰然处之，顺天应人，适时而动，不失其志，终能成事。成功的人总是变逆为顺、变困为达、变不利为有利。困境反而能成为激发一个人走向成功的动力。

从《易经》四大"难卦"中我们知道，"天无绝人之路"，关键是我们在困难面前要保持信心和平和的心态，坚持守正，积极应对，行止得当，择机而动，这样就一定会守到柳暗花明的那一刻。人生道路上总是充满各种艰难险阻。按照《周易》的观点，事物总是存在两面性，阴阳互化，辩证统一。困境既是危机，也是机遇，我们可以审时度势，把握时机，以越是艰险越向前的气概化危为机，突破生涯发展的障碍，实现人生更高层次的发展。

生涯发展没有终极稳态，变化随时产生。相较于传统职业的稳定性和安全性，现代社会职业越来越多变，组织的兴衰迭代也越来越频繁，不可预测性和不确定性已成为生涯发展的重要特征。生涯发展的不确定性，不可避免地会带来新的问题和挑战。在每个人的生涯发展中，我们经常会遭遇到各种困境与艰难险阻。如何化险为夷，成功脱险，使个体生涯走上平安、顺利的发展轨迹，《周易》中古人的智慧至今仍然在给我们足够多有益的智慧和启迪。这些中国先贤丰富的生涯智慧，需要在当前的生涯教育中予以传承、守正和创新。

（四）《周易》的命运观

命运是一个既古老又现代的话题。中国古代哲学中关于"命运"的观点源远流长，早在关于夏商时期的记载中就已出现。在先秦时期古人的思想观念中，人们普遍认为富贵贫贱、吉凶祸福、死生寿夭、穷通得失等，并非由个人力量所能决定的，而是取决于冥冥之中上天的安排，这种安排即是"命"。

《周易》认为命虽不可改，运却可以转。《周易》中有一个核心思想即"天人合一"，这是一种整体思维。把宇宙万物与人有机地联系在一起，通过天道推理人道，即把人的命运放在"天人合一"这个整体系统中来考量，"命"也就不再是一个抽象的概念，而是与"运"一起构成了具有现实价值与意义的"命运"。命运的本质其实就是作为主体的人与环境的相互作用，及在此实践过程中的存在状态、发展历程和结果。《周易》的占卦既讲求客观也讲求主观——知命不认命，我命在我不在天。命运既是原因与结果的辩证统一，也是必然与偶然的辩证统一。《周易》强调人的主观能动性，既然环境对人的制约是不可避免的，那么人们就应该在尊重客观规律的前提下，充分发挥人自身的主观能动作用。《周易》通过义理象数告诉人们如何趋吉避凶，有所为有所不为的抉择智慧；还通过"君子以自强不息""君子藏器于身，待时而动""君子居易俟命，与时偕行"等，告诉人们要把命运牢牢地掌握在自己手里，豁达地面对人生，勇敢追求自己的理想。这些都是《周易》对于生涯教育的重要启示。每个人的命运都掌握在自己手里，个人的生涯发展是可以通过自己的选择、努力进而得到改变的。

三、 儒家的生涯思想

孔子创立的儒家学说以及在此基础上发展起来的儒家思想，对中华文明产生了深刻影响，是中国优秀传统文化的重要组成部分，其中最核心的内容已经成为中华民族最基本的文化基因。儒家学说博大精深，包括了政治、经济、哲学、伦理、教育、艺术等方面的思想和主张，构成了中华民族传统文化的基础，对于中华民族的形成、繁衍、统一、稳定和自立于世界民族之林都起到不可替代的作用，对于人类文明的进步和发展做出了极其重要的贡献，有着超越时代、超越国界的深远影响。儒学的许多重要论著，特别是做人、处事、立国、安邦的至理名言，至今仍影响着人们的生涯价值观念。

儒家继承、发展和完善了《周易》的人生哲学思想，在中国古代哲学思想方面长期处于主导地位。其对建立社会主义核心价值体系，维护中华民族统一，建立和谐的人际关系，增强历史使命感和责任感，谋求社会和谐发展等至今都有着重要的借鉴意义。儒家生涯发展思想中的生涯伦理道德、生涯探索、生涯路径、生涯阶段任务、生涯目标、生涯智慧和生涯价值观等，对当今社会人的生涯发展仍然具有重要的现实指导意义。

（一）儒家生涯思想之生涯伦理道德

在中国封建社会，统治阶级往往通过儒家的三纲五常来教化、维护社会的伦理道德、政治制度。在儒家文化中，"三纲""五常""四维""八德"等构成了儒家思想的重要内核，为历代社会士人儒客所尊崇。抛开这些思想中的糟粕，儒家的伦理道德注重个人气节、品德，主张仁爱诚信、自我节制，重视人的主观意志力量，强调人的社会责任和历史使命等，对我国社会的进步产生了重要影响，对个体的生涯发展也起到了十分重要的作用。

"五常""八德"这些都是儒家提倡的做人的起码道德准则，为人应该遵守的为人之道。孔子最先提出"仁、义、礼"，"仁"以爱人为核心，"义"以尊贤为核心，"礼"就是对仁和义的具体规定。孟子补充"智"，董仲舒又加入"信"，并认为"仁、义、礼、智、信"是与天地一样长久的经常法则，即为"常道"，号"五常"。无论是"五常"中爱人的"仁"、仗义的"义"、尊礼的"礼"、明智的"智"、诚信的"信"，还是"八德"中的孝敬老人、悌睦兄弟、忠于国家、诚信社会、以礼待人、正义有为、廉洁守正、知耻之心等，这些伦理道德不仅是国家、社会运行的基石，更是人们事业进步、人生成功、生涯发展的重要基础。

儒家还提出了"正名"的观点："名不正，则言不顺；言不顺，则事不成；事不成，则礼乐不兴。"（《论语·子路》）这个观点说明"名"和"实"之间存在必然的逻辑联系。"正名"正是一种建立为人处事伦理道德的重要方法，名实相符也是个体生涯发展的基本要求。除了这些基本的伦理道德，儒家还提倡在平时与人相处时要有"温、良、恭、俭、让"的品德，提醒人们在职场上应当平易近人、以诚相待、主动热情、尊重他人、不骄不奢、谦虚有礼、严以律己、宽以待人，这也是帮助人们尽快适应社会、适应工作、实现良好的人际交往的必备美德。

随着时代的进步，儒家生涯发展思想中的伦理道德愈发显示出其强大的生命力，对于生长于新时代的个体仍然具有重要的指导和借鉴意义。同时，儒家"五常""八德"也被赋予了新的历史使命和含义，例如，"广大知识分子要坚持国家至上、民族至上、人民至上，始终胸怀大局、心有大我，始终坚守正道、追求真理，立足我国国情，放眼观察世界，不妄自菲薄，不人云亦云。要实事求是、客观公允，重实情、看本质、建真言，多为推进党和人民事业发展献计出力"，"核心价值观，其实就是一种德，既是个人的德，也是一种大德，就是国家的德、社会的德。国无德不兴，人无德不立"。（习近平）这些都是对儒家"五常""八德"的古为今用、守正创新，进一步丰富和挖掘了其深刻的生涯价值意蕴，继承并发展了中华优秀传统文化育人的智慧，实现了中华优秀传统文化与现实问题的相互贯通。

（二）儒家生涯思想之生涯探索

现代生涯发展理论认为生涯探索包括对自我的探索和对外部环境的探索。自我探索就是在生涯发展过程中个体对自身客观条件和主观愿望等的认识；环境探索就是个体对影响生涯发展的外部环境因素（包括社会、经济、文化、地域、职业等）以及相应的机会与威胁的了解把握。生涯探索是生涯抉择的前提，也是生涯发展的基础。只有在对自身和客观环境有充分、完整认识的基础上，个体生涯才可能得以顺利地发展，就如《孙子兵法》所说的"知己知彼、百战不殆"。

1. 儒家生涯思想中的自我探索

自我探索也就是所谓的"知己"，在儒家来说就是"自觉"，相当于"自我觉悟"和"自知之明"的意思。其含义是指个体主体对知觉客体自身的"自在的事实世界"与"自为的价值世界"的理解和把握。只有在"自觉"之后，知彼才会有理性的意义，才能在此基础上做出正确有效的抉择与行动。中国台湾研究者吴鼎先生在《辅导原理》中把儒家自我探索概括为十个程序，即自省、自修、自新、自助、自得、自强、自反、内自讼、自谦、自立。在这十个程序中，又以"自省"最为关键。研究者洪云等认为"自省"是"自觉"的初步，也是"自我探索"的基本功；"自省"之后，继以"自修"，充实知能，增进经验，以达"自新"；复由"自新"以谋"自助"，能"自助"即能"自得"，能"自得"即能"自强"；使其对人对事，皆有良好的适应，这是"自我指导"的功夫；唯"自强"易流于"自矜"，"自得"易流于"自傲"，所以施以"自反""自讼"，使其产生"自谦"，这是"自我统整"的功夫；最后达到"自立"，这是"自我成就"的表现，也是"自觉"的最终目的。所以儒家对个体生涯探索的"知己"是有程序的，是由"自省"而"自助"，由"自助"而"自反"，由"自反"而"自立"。

2. 儒家生涯思想中的自我教育

"自省"既是儒家的道德修养方法，也是个体自我教育的基本手段。《论语》中有不少这方面的表述，如"内省不疚，夫何忧何惧?"（《论语·颜渊》）"见贤思齐焉，见不贤而内自省也"（《论语·里仁》）等。"吾日三省吾身"（《论语·学而》），曾子每日能以"治事""待人""为学"三件事自省。孔子提倡"内自省""内自讼"，要求人们自觉反省、自我教育、积极改过。《礼记·大学》中所说的"君子必慎其独"，也要求人们在独处时要严于律己，突出践履道德的自觉和主动。自我修养、自我教育成为儒家立身处世、实现人的价值的前提，成为理想人格的写照。

自省，能够促使个体在生涯发展中理性地、自觉地同于道而不违道，牢记"从善如登，从恶如崩"的道理，始终保持积极的人生态度、良好的道德品质、健康的生活情趣，最终实现安身立命的"自立"。

3. 儒家生涯思想中的环境探索

在环境探索的"知彼"方面，儒家也非常重视生涯个体对社会环境的考察，如孔子强调"多闻阙疑，慎言其余，则寡尤。多见阙殆，慎行其余，则寡悔。言寡尤，行寡悔，禄在其中矣"（《论语·为政》），即是要求弟子在求职时要多听、多看，充分了解工作环境，做出合适的表现。另外，儒家思想主张积极入世，要求具有强烈的社会责任感，非常强调个体的生涯发展要与社会责任联系在一起，这就需要生涯个体必须充分地了解社会、贴近社会，这与当今生涯教育要培养中国特色社会主义事业的建设者和接班人的教育目标是一致的。

（三）儒家生涯思想之学思行统一的生涯发展历程

在生涯发展规划中，个体需要在生涯觉知和生涯探索的基础上做到知己知彼，并综合分析生涯发展目标和各种影响生涯发展的因素，完成生涯抉择，采取生涯行动，不断评估调整，并最终实现个体的生涯发展。儒家思想中的"博学，审问，慎思，明辨，笃行"很好地体现了这一生涯发展的过程和路径。《礼记》中有相关表述："博学之，审问之，慎思之，明辨之，笃行之。有弗学，学之弗能，弗措也；有弗问，问之弗知，弗措也；有弗思，思之弗得，弗措也；有弗辨，辨之弗明，弗措也；有弗行，行之弗笃，弗措也。人一能之，己百之；人十能之，己千之。果能此道矣，虽愚必明，虽柔必强。"（《礼记·中庸》）这说明"学、问、思、辨、行"在儒家的生涯发展历程中是相互关联、紧密相连的，为个体提供了一种重新认识自己、评估自己及环境的行之有效的思想方法和工具，帮助个体在不同的生涯发展阶段进行有效的规划，进而掌控自己的前程。因此，儒家生涯发展历程包括以下五个阶段：

1. 博学：生涯觉察阶段

学习可以说是生涯发展的关键环节，儒家历来十分重视学习的作用。《论语》开篇第一句话就是"学而时习之，不亦说乎"，可见"学"在儒家思想中处于何等重要的地位。再如"君子博学于文，约之以礼"（《论语·雍也》），"博学而笃志，切问而近思，仁在其中矣"（《论语·子张》），"博学而详说之，将以反说约也"（《孟子·离娄下》），"君子博学而日参省乎己，则知明而行无过矣"（《荀子·劝学》）等。所谓博学，就是要广泛地从书本和生活实践中学习各种知识，提高自身的生涯发展技能和生涯智慧，为个体生涯发展打下良好的基础。这个阶段是"志于学"的生涯觉察阶段，通过用整体性、发展性的眼光来审视自己的成长经历，形成客观的自我概念，提升自我觉察与辨识能力。

2. 审问：生涯探索阶段

"审问"就是要详细、周密地追问，打破砂锅问到底。在博学的基础上，有所不明就要追问、探索、细究到底，要对所学加以怀疑。例如："入太庙，每事问"（《论语·八佾》），"敏而好学，不耻下问"（《论语·公冶长》）。审问的目的就是要通过释疑解惑，不断对自己的性格、才能、兴趣爱好、社会环境进行深入的探索和了解，以便有更加清楚的认识，做到知己知彼，熟悉内外环境。

3. 慎思：确立生涯目标阶段

探问过以后还要认真仔细地对所学知识和问题进行思考分析。儒家对"学"与"思"的关系做出过精辟的解释："学而不思则罔，思而不学则殆。"（《论语·为政》）孔子还提出九思："视思明，听思聪，色思温，貌思恭，言思忠，事思敬，疑思问，忿思难，见得思义。"（《论语·季氏》）通过"慎思"的推理过程，才能由视或听的感性认识阶段达到"明"与"聪"的理性认识阶段，认识才进一步上升，分析、判断才更趋理性，才能确定清晰正确的生涯目标，以便更好地指导我们的生涯行动。

4. 明辨：生涯抉择阶段

要达到"明辨"，必须以博学、审问、慎思为前提与基础，才能辨得明白，抉择才正确。"有弗辨，辨之弗明，弗措也"（《中庸》），这是"明辨"

的标准。面对纷繁复杂的现实社会和丰富多彩的职业世界，以及自己的各种兴趣爱好、能力特长，我们需要认真进行甄别和遴选。通过博学、审问和慎思，了解社会现象、经济发展等变化的规律，达到对事物本质的认识，才能做到明真理、辨是非，才能做出正确的生涯抉择。

5. 笃行：生涯行动阶段

"行"是生涯发展的最终实践阶段，儒家注重知行合一，尤其强调"行"的重要性。"笃行"就是要忠贞不渝、踏踏实实、一心一意、坚持不懈地去做，强调做事的意志力和控制力，它是抵御外在世界各种诱惑的重要条件，也是取得生涯成功的保证。要将"学、问、思、辨"中的收获、体会努力付诸实践，做到学有所用，"知行合一"。只有目标明确、意志坚定的人，才能真正做到"笃行"。

博学、审问、慎思、明辨中的每一个步骤，都需要笃行，都需要脚踏实地去做才行。所有知识想要转化为能力，都必须躬身实践，要坚持知行合一，注重在实践中学真知、悟真谛，加强磨炼、增长本领。所以一个人的生涯要想获得大的发展，就必须要付出很多的艰辛与汗水。

（四）儒家生涯思想之生涯发展阶段与任务

现代生涯发展理论研究表明，个体生涯发展有着不同的发展阶段，并对应着不同的生涯发展任务。早在中国先秦时期，儒家就对个体的生涯发展阶段任务有过比较科学系统的阐述。如《礼记·曲礼上》记载："人生十年曰幼，学。二十曰弱，冠。三十曰壮，有室。四十曰强，而仕。五十曰艾，服官政。六十曰耆，指使。七十曰老，而传。八十、九十曰耄，七年曰悼。"孔子曾说："吾十有五而志于学，三十而立，四十而不惑，五十而知天命，六十而耳顺，七十而从心所欲，不逾矩。"（《论语·为政》）上述记载基本上是按每十年一个阶段来划分人生的，并且每个阶段都明确了相适配的任务或心理状态。中国人生学创始人辛立洲教授认为孔子的这一思想将人生分为了七个阶段：

第一阶段：从学前期。即从出生到 15 岁。这段时期人的心智开始形成，开始学习生活中的基本知识。这一时期的学习主要是靠家长的安排或外界环境的影响，通常并非主动学习。

第二阶段：志于学时期。即从 15 岁到 30 岁。与从学前期相比，这一阶段的学习更为主动、积极，并已与个人志向相结合，是有目的的、主动的学习实践阶段。

第三阶段：自立时期。即从 30 岁到 40 岁。这一时期人的心智已完全成熟，懂得了许多道理，并且在经济上和人格上实现独立，具备了安家和立业的能力。

第四阶段：不惑时期。即从 40 岁到 50 岁。经过多年的学习与实践，已形成完整的个人见解或观点，事业上有了一定的建树，不被外界事物所迷惑，办事不再犹豫，行为果断。

第五阶段：知天命时期。即从 50 岁到 60 岁。经过丰富的人生经验积累，这个阶段的人更能懂得各种自然、社会、人生等发生发展的规律，懂得或者清楚自己的人生使命，并能为之付出努力、投入精力。

第六阶段：耳顺时期。即从 60 岁到 70 岁。处于这个阶段的人往往能够总结经验，冷静地倾听别人的意见，能够分真伪、辨是非，具备辩证地看待人、事、物的能力。

第七阶段：从心所欲、不逾矩时期。即 70 岁以上。处于这个阶段的人能够做到遵循自己的内心、言行自由，同时不违背客观规律和道德规范。从心所欲并非为所欲为，更不是为非作歹。

孔子的生涯发展阶段、任务和心理状态比舒伯提出的生涯发展理论要早两千多年，而且更为哲学思辨和全面系统。他将人的一生看作是随着年龄的增长，思想道德境界和能力逐步提高，最终顺应天命达到"天人合一"的人生最高境界，体现的是一种终生学习、终生发展的理念。这是对人生过程深刻的阐释，是最早的关于生涯发展阶段的论述。所以说，孔子是世界上最早的生涯发展思想的建立者。

（五）儒家生涯思想之生涯目标

生涯发展终归是要实现一个有理想、有意义的人生目标。生涯个体首先通过学习和自我修炼、从事不同职业谋求生计、担负养育家庭的责任，并找到在社会中的定位来寻求"安身"，然后再进一步通过这些职业和社会角色来实现自己的人生价值，以追求"立命"，最终实现自己的人生理想。不同社会阶层肯定有不同的人生追求，不同的思想流派也有不同的人生主张。

长期以来，儒家的哲学思想是中国占主导地位的思想流派，其哲学人生主张是这四个目标：修身、齐家、治国、平天下。这既是一个渐次递进的实践过程，也是不同阶段的人生目标。在中国人的精神谱系里，个人与社会、家庭与国家都是密不可分的。"只有把自己的小我融入祖国的大我、人民的大我之中，与时代同步伐、与人民共命运，才能更好实现人生价值、升华人生境界。离开了祖国需要、人民利益，任何孤芳自赏都会陷入越走越窄的狭小天地。"（习近平）国家的命运决定了家庭的命运和个人的前途，个人的奋斗也联系着家庭的幸福与国家的兴盛。家国情怀自古至今已经深深地融入了民族的精神道统，成为我们民族奔腾不息的血脉。尽管春秋时代的"家国天下"概念与后世有着很大不同，但随着时代的变迁、社会的进步，人们不断赋予其更贴合现实的含义，使其变得更具时代意义。

"修身"是做人的根本。一个人要想有所作为，做出一番事业，就一定要从自身做起，严于律己，提升道德品行，并努力提高自己的思想、学识、才能等，只有这样才能为今后的人生道路、工作事业打下良好而坚实的基础。

"齐家"是成长的关键。所谓齐家，就是要扮演好在家庭中的角色，尽到自己对家庭的责任，孝敬父母，和睦夫妻，养育子女，与家人一道共同经营，兴家乐业。幸福美满的家庭，是个人事业兴旺发达的基础。

"治国"是成熟的标志。一个人能够通过自己的努力做到"修身""齐家"，同时能更进一步走向社会，发挥自己的才智，为社会、为国家做出有益的贡献，使得人生价值得以充分体现，这便是事业成功、人生成长成熟的标志。

"平天下"是终极目标。一个人要有理想、有抱负，既立足把自己的事情做好，又要更多地服务社会、服务人民；坚持以天下为己任，追求一个公平、公正、和谐的社会目标；始终把人民利益放在前面，要有家国情怀和济世救民、匡扶天下的使命担当。

总而言之，"修身、齐家、治国、平天下"这种宏观的理念，既是中华民族思想界的一大结晶，也是古代有志之士对于国家和天下的责任感的体现，是一种非常难能可贵的民族精神，象征着一个民族的强大凝聚力。数千年的文化积累和信仰传承，共同造就了这一宏大的人生目标，并且值得所有人去传承和延续。当今经济飞速发展，科技进步深刻改变着人类的生活方式，全球一体化、人类命运共同体越来越成为共识，"修身、齐家、治国、平天下"

的人生目标对于今天的人们具有更强的现实意义。

（六）儒家生涯思想之生涯智慧与价值观

中庸是中国儒家道德智慧之精髓，出自《论语·庸也》："中庸之为德也，其至矣乎。"中庸之道，意思是指不偏不倚、折中调和的处世态度，其中的智慧对于人的生涯发展、事业成功、生活与健康都有着很好的启示和指导作用。

"中"是不偏不倚，即自然适度，是事物的自然法则。"庸"是平常、平凡之意。中庸可以有两种解读：一是指恪守中道。个人去实践所能实现的平常行为，也即无过度或者不及的行为，能坚持自己的目标和主张，不左右摇摆，不受周遭的影响。"中庸"看似平凡，却最能体现儒家的伦理道德，是善与适度的表现。恪守中道，是个人持之以恒的成功之道。二是指中正、平和。《中庸》曰："喜怒哀乐之未发，谓之中；发而皆中节，谓之和。中也者，天下之大本也；和也者，天下之达道也。致中和，天地位焉，万物育焉。""中"与"和"是天下的根本和共同遵循的自然规则，"中和"之德使万物各得其所。对于人，遵循自然规律，不出位、不强求，控制好自己的情绪，保持良好的心态，不偏不倚，不卑不亢，内心有敬重和敬畏，中正、平和就得以存在，人生就能平稳、平安，生涯发展就会顺利，生活便可以变得和顺，身体健康就能得以保障。

相比于法家的偏重阳刚，道家注重阴柔，儒家立足中庸之道，讲求阴阳并重，刚柔相济，均衡地对待对立统一的矛盾双方，这对维护社会的稳定和个体生涯的均衡发展都起到了重要的作用。如儒家的"仁者爱人"（《孟子·离娄下》），即是以仁厚的心去爱每一个人，这样就能促进各阶级、各阶层之间的融合沟通，避免社会矛盾的激化；"礼之用，和为贵"（《论语·学而》），就是说，礼的作用，贵在能够和顺。人和人之间的各种关系能够融洽和谐、互敬互爱，是事业亨通、社会发展的催化剂，也是修身、齐家、治国、平天下的基础。

除了中庸的生涯智慧，儒家还提倡积极的"入世"，"国家兴亡，匹夫有责"就很好地阐释了儒家积极投身社会的入世情怀。这是中华民族最宝贵的精神财富，更是"以天下为己任"的最高价值追求，也是中华民族生生不息、百折不挠、走向繁荣和富强的不竭的动力源泉。

儒家积极入世的价值观提倡生涯个体要有坚韧的毅力和高远的志向。如

"士不可以不弘毅，任重而道远"（《论语·泰伯》），"博学而笃志"（《论语·子张》），"自任以天下之重"（《孟子·万章下》）等论述，都体现了儒家坚毅、积极的人生观和匡扶天下的雄心壮志。儒家倡导健全的精神人格，其"富贵不能淫、威武不能屈、贫贱不能移"（《孟子·滕文公下》），不仅体现了士人的浩然正气，更成为全民族强健的精神支柱，融入了民族的性格。在面对困难时，"知其不可而为之"（《论语·宪问》），"君子不怨天，不尤人"（《孟子·公孙丑下》），反映了儒家锲而不舍、顽强奋斗、绝不妥协的追求精神和不怨天尤人的积极心态。在面对人生与理想的道德困境时，儒家提出"舍生取义""杀身成仁"，这种为大义和理想而献身的精神，激励了后世无数的仁人志士。儒家认为一个人要想担当起重任，就必须要学会在逆境中奋斗，经历各种考验，克服各种艰难困苦，磨炼坚强的意志，学会战胜困难的本领。"故天将降大任于斯人也，必先苦其心志，劳其筋骨，饿其体肤，空乏其身，行拂乱其所为，所以动心忍性，增益其所不能。"（《孟子·告子下》）孟子还提醒人们"生于忧患、死于安乐"。

总之，儒家思想中的忧患意识、奋斗精神、献身精神、家国情怀、社会责任感、坚强的意志、积极的人生态度等，无不是个体生涯发展的核心力量和崇高价值追求。相比于西方生涯发展理论，中国传统文化中关于人生目标和以天下为己任的价值观，高下立分。

四、道家的生涯思想

道家思想是中华民族传统文化的杰出代表，更是人类文化古老而重要的组成部分。道家与儒家文化一道成为中国传统文化的主要支柱，占有重要的地位。道家在哲学、政治、道德、人生观、美学、宗教等各方面都对中国思想文化史产生了深远的影响。道家哲学思想关心宇宙和人生的根本问题，主张"天地合一"的哲学观。道家认为宇宙万物皆由"道"而生，而"道"则是超越时间和空间的。道家的哲学人生关注人的精神自由，主张自立自强。道家追求伦理道德的精神内在，对中华民族传统美德和人生观有着重要的影响，如老子的虚怀若谷、宽容谦逊的思想，恬淡朴素、超然物外、助人为乐、不争名利、独善其身的追求，以柔克刚、以弱胜强的智慧等。道家还主张人与自然的和谐相处。道家文化与其他中华优秀传统文化精髓的发扬，形成了中华民族开阔的文化襟怀，使民族古老的传统文化能够经久不衰，历久弥新。古老的道家文化不仅在中国传统文化中占有着重要的地位，而且对现代社会的发展有着巨大的启示作用，在世界范围内受到不少哲学、科学、政治、文学、商业等各界精英追捧，如康德、莱布尼茨、爱因斯坦、里根、卡夫卡、托尔斯泰等。《道德经》在世界上已有500多种外文译本，道家思想已成为世界文明发展的重要精神财富。

（一）道家的自我中心生涯思想

道家一向远离世俗，主张以自我为中心的生涯发展，其思想千百年来备受推崇。道家始祖老子的《道德经》，其主要论述的"道"，不仅是宇宙之道、自然之道，也是个体修行之道；其论述的"德"，是指特殊的世界观、方法论以及为人处世之方法。书中许多关于人及人与天地、自然关系的思想，对人的生涯发展有着重要的参考意义。

道家以自我为中心的生涯发展思想主要体现在自我主体性原则中。这种自我主体性有别于儒家的"生死由命，富贵在天"的观念，认为人们可以在"道"的引导下，通过与自然的和谐相处，从而达到把握人类自己命运的目的。"我命在我不在天"（《抱朴子内篇·黄白》）、"我命在我，不属天地"（《老子·西升经》）都是道家在长期与自然互动的过程中，提出的积极改变人生、把握人生命运的口号。道家向来都是超然世外、无拘无束、逍遥处世、远离现实政治的，所以道家的自我主体性并不是要去与自然抗争、与社会抗争，因为自然与社会都有它自己的运行规律，这些规律都属于"道"的范畴。人们真正要斗争的对象是自己，要去解决人与自己的疏离问题。这种疏离来自外界虚幻荣华的扰乱和对自我本真的疏失。因此老子力倡"处其实，不居其华"（《老子·第三十八章》）、"见素抱朴，少私寡欲"（《老子·第十九章》）。因此人要真正把握自己的命运，实现生涯发展，就要遵循"道"，守住朴素本真，不为外界虚华所诱惑，顺其自然，实现"天人合一"的最高境界。与法家、儒家更加关注社会现实相比，道家的哲学人生更加关注人的精神自由，对社会来说是超然的，这恰恰是道家人生哲学独立存在的价值。所以，道家的自我主体性，更加强调的是人在精神方面的独立性，这往往是儒、法两家容易忽视的东西。但这种所谓对精神自由的追求，也往往成为社会失势者与失意者逃避现实的借口。

老子还提出："知人者智，自知者明。胜人者有力，自胜者强。知足者富，强行者有志。不失其所者久，死而不亡者寿。"（《道德经》第三十三章）说明人要把握自我主体性原则，就要充分发挥自己的主观能动性，不仅要知人、胜人，而且要自知、自胜。知人告诉我们要理智地认识复杂的客观环境，自知是指在面对外界纷繁复杂的诱惑时能保持镇定、守住本真、做到知足常乐。只有做到知己知彼、守朴归真，才能真正发挥人的主观能动性，激发出全部的聪明才智，做到自立自强。能够战胜自己的人，才是生涯路上的真正的强者。

（二）老子的"无为"生涯思想

道家以"道"为世界本原，提出"大道无为"。而"无为"则是道家哲学思想中的重要概念，其丰富深刻的思想内涵，使其成为道家强大的思想武器和行动指南。道家的哲学人生，是一种以退为进的人生观，是一种以无为而为、不争为争的人生观，他告诉人们面对困难和失意不必灰心沮丧，应该自尊、自信，追求精神的自由和独立。面对人生和社会，要通过"无为"不断探索和靠近真正的"道"，达到"天人合一"的人生境界。

道家认为"道法自然"（《道德经》第二十五章），"道"就是"自然而然"，揭示了天、地、人乃至整个宇宙万事万物的根本属性。"无为"就是"替天行道"，是实现"道"的途径，也是"道"在实践中的表现。道家的"无为"思想并非无所作为，而是效法"道"的顺应自然，不刻意做作，以平常心来对待所有的事情。就是要让自己的思想、言行遵从自然规律和社会运行的法则，不做任何违反自然规律、社会法则，以及有违道德、有害众生的事情。要做到"清静无为"，对外就要尊重自然规律、因势利导、豁达大度、循序渐进；对内要摒弃外界纷繁世界各种物质利益的诱惑和功名利禄的困扰，消除内心的私欲杂念，正本清源，返璞归真。

"无为"不是"不为"，而是不妄为、不乱为，这里的"为"可以相通为"违"。只要不违背客观规律，遵循客观规律而为，就可以有所作为，甚至大有作为。所以老子说"无为而无不为"（《道德经》第四十八章），只要顺其自然，就没有什么事情是做不成的。"无为"是一种为人处世的态度和方法，"无不为"则是"无为"所追寻的效果。老子还提倡"为无为，事无事，味无味"（《老子》第六十三章），即以无为的态度去有所作为，以不生事的方法去处理事物，以恬淡无味当作有味，从中可以看出"无为"并非消极被动地等待，而是一种积极主动的追求。同时，"无为"是"为而不恃""为而不争"，是一种平和、恬淡、清静、俭约，超越功名与利禄的生活态度。以"无为"的态度去"为"，顺应规律，尊重事实，不强求，不退避，就能充分发挥人的主观能动性，一切事物就会向着好的方向发展。以超然的姿态对待社会人生，不折腾，不妄为，有所不为才有所作为。

面对变幻莫测不确定的未来，遵循客观规律，顺应时代变化，发挥自己的主观能动性，"无为而无不为"。这就是道家"无为"思想对人的生涯发展的重要启示，至今仍然具有重要的现实意义。

（三）庄子的混沌生涯思想

混沌是中国古代传说中天地初开一片朦胧的原始景象，在世界各地的神话传说中也有类似的情景。庄子的生涯混沌发展思想主要体现在"人生如梦"和"命运"两个方面。"混沌"的特征是宇宙这个系统表面看似杂乱无序而实则是有序和谐的。在社会系统中，个体的生涯发展受到多重因素影响，任何一个初始条件的细微改变都会导致个体生涯的巨大变动。这就是生涯的混沌性特征。

《庄子·齐物论》载："昔者庄周梦为胡蝶，栩栩然胡蝶也，自喻适志与！不知周也。俄然觉，则蘧蘧然周也。不知周之梦为胡蝶与，胡蝶之梦为周与？周与胡蝶，则必有分矣。此之谓物化。"这就是成语"庄周梦蝶"的由来。在自己与蝴蝶之间，在现实与梦境之间，在人与物的转化之间，一切变得迷惑茫然，借此暗喻了人生的变幻无常。"人生如梦"的思想阐释了庄子对人生的省察与体认。梦与人生的最大特征是都具有不确定性和混沌性，庄子的混沌生涯发展思想是对儒家生涯发展思想线性的、静态的、还原论的和因果决定论的批判与超越。

对"命"的探讨也是中国古代哲学的重要命题。"泰初有无，无有无名。一之所起，有一而未形。物得以生谓之德；未形者有分，且然无间谓之命。"（《庄子·天地》）事物在无形体时却有阴阳之分，且阴阳流行无间，这就叫作命。庄子认为"命"是先天形成的，即形成于混沌之中，且"命"是一种不可知的力量。"命"与"时"都是不确定的、混沌的，人的命运无从把握，是非线性的，任何一个细小的状态都可能改变一个人的命运。庄子十分明确地指出："知吾所以然而然，命也。"（《庄子·达生》）"命"又是不能改变的、不得不然的一种趋势。庄子认为"命"具有绝对的必然性，它排斥偶然，但在庄子看来偶然也是必然。个体的生涯发展之所以千差万别，都是命运使然。人们的任何遭遇都是由一种与生俱来的必然性所左右、所决定。正因为"命"具有绝对的必然性，在自然的造化面前，人们对于先天之"命"无法抗拒，所以庄子要求人们对于生涯发展的一切变化、际遇都应当"安之若命"。要达到这样的生涯发展境界就是要回归到混沌状态。庄子认为，人的生成毁亡，生涯发展的高低穷达，种种的遭遇都是事物的变化、"命"的运行，人们无法明了其起始，也无法预测其变化，所以只好顺其自然。懂得了这个道理，就不会因此而扰乱了本性的平和，侵入人的心灵。心灵能与外界产生和谐感应，这就叫作"才全"（《庄子·德充符》）。《庄子·人间世》说："自事其心者，哀乐不易施乎前，知其不可奈何而安之若命，德之至也。"既然人的主观努力不能改变自己的境遇，那就安心顺命，就必须保持内心的安静。庄子认为能具备顺其自然、维持初心、保持内心安静的精神状态，就是最高的道德修养。

庄子的混沌生涯发展思想揭示了人的生涯发展是一个动态的、开放的复杂系统，同时也是适应性的。非线性、不确定性是庄子混沌生涯发展思想的主要特征，即所谓"人生若梦""世事无常""命运莫测"。尽管生涯发展看似不确定，但其实质上又是有序且符合自然规律的。因此面对生涯发展的不确定性，道家并不是一味提倡人们消极避世，而是要求人们要依道而行、顺其自然、无为而治，在遵循客观规律的情况下，去发挥个人的主观能动性，实现生涯发展。

在西方后现代生涯发展理论中有"生涯混沌理论"。该理论认为生涯是一个复杂开放的系统，一个非线性变化的过程，微小的差异可能导致巨大的变化，看似无足轻重的事件却可能会对个体的生涯发展产生巨大的影响。因此，生涯没有终极的稳态，变化是随时在产生的。与西方强调接纳偶然性的生涯混沌理论相比，庄子站在更高的角度指出偶然性也是"道"这个复杂系统中的必然性，要求人们要依"道"而行、顺其自然、无为而治，可见其思想更加深刻。

五、释家的生涯思想

佛教自公元前 6 世纪由释迦牟尼创建于古印度，到公元前 3 世纪开始广为传播，对亚洲及世界各地许多国家的社会政治和文化生活产生重大影响。佛教自汉代开始进入中国，从那时它就开始演化并融入中国文化。从东汉到魏晋南北朝直至隋唐，佛教逐步完成了本土化，发展到了顶峰，分化出多个不同宗派，呈现出蓬勃的发展景象。经过长期的发展，佛教逐渐融合了儒、道等本土哲学思想，至宋元明清时期已确立了其在中国三大传统文化之一的地位，最终以其独特的文化思想成为中华文明的重要组成部分，深植于中国人的社会文化和日常生活之中。佛教传入中国本是作为一种宗教，但其思想体系不仅在佛教徒中传承，而且随着其本土化的不断发展，在世俗社会中也得到了广泛的传播，成为佛家思想，也称释家思想或佛教思想，至今对中国社会思想和人的发展仍然发挥着重要的影响作用。下面就其与人生哲学和生涯发展有关的部分进行简述，并用"释家思想"统称。

释家思想学说是一个博大精深、具有浓厚神秘主义色彩的理论体系，它所包含的内容极为丰富复杂。释家思想的人生观是建立在对人的本体自主性自我否定基础上的，并构想了一个超现实的涅槃境界当作真实永恒的存在和最高理想来追求，以真为幻、以幻为真，形成了一个神秘严整的唯心主义思想体系。但从它的基本出发点和精神实质来看，释家思想学说是一种以幻想的方式构筑的、以人生痛苦的生存价值判断为出发点、以解脱出世为归宿的人生哲学。

佛教最初是以对现实人生痛苦的体验、认识、思考为基础，并寻求解脱痛苦的途径而创立的。经过两千余年的发展和融合，释家思想经典中蕴含着许多丰富的人生哲理，它企图通过唤起人内心的自觉，将人们从苦痛的现实世界中拯救出来，渡到"柏拉图"似的彼岸世界，解决人生的"苦"与"难"。它主张在参透顿悟中获得超然入世的人生态度，从而直面现实人生。佛教倡导"上报四重恩，下济三途苦"。"报国土恩"是"四重恩"的重要内容，"不作国贼，不谤国主""不漏国税，不犯国制"，报效国家、遵守国法、履行义务等既是对佛教徒修学佛法的要求，也是对普通大众的要求。因此，释家思想具有深厚的现实基础，仍然深深地扎根在现实社会中。虽然其在认识论方面认为人生虚幻，鼓励人们超脱世俗，追求理想涅槃境界，但其根源也是因为意识到了作为主体的人与现实的矛盾对立，并试图通过注重道德修养、提升个人心性、依法修持、澄清妄念、端正行为、明心见性，解决这种矛盾对立，达到消除人生痛苦的目的，在一定程度上标志着人的主体意识的觉醒。

抛开释家思想学说中的神秘主义色彩和宗教迷信内容，释家思想作为一种文化现象，深植于社会，对世俗社会人们的生活、职业及人生成长都有着潜移默化的影响，对现代社会仍然有着强大的教化作用。通过与儒家、道家思想的相互渗透和补充，其在解决人的心灵和人生问题方面有着独特作用。释家思想关注人类心灵和道德的进步觉悟，主张超脱物质的欲望，追求精神的安宁，对于现代社会的物欲横流和职场竞争压力无疑是一剂很好的解救良方。释家思想的心性和谐与众生平等思想，"降魔救世"为国家民族繁荣、为世界正义和平而遏止罪恶、反对战争的和平思想，普度众生、大公无私的以国民的苦乐而苦乐、"我不入地狱谁入地狱"的奉献牺牲精神，诸恶莫作、众善奉行、慈悲为怀、方便为门、宽容善良的美德善行，反对个人贪欲、倡导节俭简朴的生活方式等，对维护世界和平、社会的公平和谐、人与人之间的宽厚包容、环境资源的节约保护等，都有着积极的促进作用。同时，对提升个人精神道德修养，净化心灵，调适身心，提升职场与人生智慧，形成奉献社会、利他主义之价值观，倡导健康文明的生活方式等，均具有十分积极的意义，对人的生涯发展起到良好的指导借鉴作用。

六、宋明理学的生涯思想

宋明理学是中国哲学思想史上十分重要的发展阶段。其理论体系完备，且延续了七八百年，对中国近古时期的社会政治、文化教育以及伦理道德、人生发展等均产生了深远的影响。宋明理学以阐释义理、兼谈性命为主，推重孟子的心性义理之学，思想极为丰富，流派众多，其中最具影响力和代表性的有"程朱理学"和"陆王心学"。

程朱理学认为"理"是宇宙万物的起源，是哲学思辨结构的最高范畴，万事万物皆各有其理，如朱熹所说："未有天地之先，毕竟也只是理"（《朱子语类》卷一）；"宇宙之间，一理而已，天得之而为天，地得之而为地，而凡生于天地之间者，又各得之以为性"（《御纂朱子全书》卷六十）。程朱理学以儒家的伦理道德为本位，认为"理"体现在社会上就是儒家的伦理道德，体现在人身上就是人性，"天理只是仁义礼智之总名，仁义理智便是天理之件数"（《朱子语类》卷四十）。"三纲五常"是天理在社会规范上的体现，要想达到"天人合一"的人生最高境界，就需要做到"存天理、灭人欲"，使人的伦常道德成为一种理性约束，实现朱熹眼中的"圣人境界"。"做到圣人，方是恰好。才不到此，即是自弃"，在他的人生哲学里，圣人既是一种理想人格，也是一种崇高的精神境界。朱熹认为，努力成就圣人人格或境界的过程，也就是实现人生价值的过程。实现人生价值就要做到"内圣外王"，不仅要独善其身，实现自我价值，同时还要兼善天下，担负起自身的社会责任和历史使命，把自我价值与社会价值统一起来，实现完整的人生价值。居敬、穷理则是成就圣人境界的必要方法。通过恭敬自持和穷究万物的道理，克制非分邪恶的"人欲"，遵守善良仁义的"天理"，最终通往从心所欲不逾矩、道德修养至高的圣人境界。要穷究万物的道理，就要努力格物致知，"人心之灵莫不有知，而天下之物莫不有理，惟于理有未穷，故其知有未尽也"（朱熹《补传》）。理没有穷尽的地方，便是人们认知没有达到的地方。物理穷尽之时，便是人心知致之时。格物致知就是通过穷客观事物之理，达到沟通人类心灵的目的，做到明理以修身。这是朱熹理学思想中积极探索事物真理，追寻事物本源的认识论、方法论。

"陆王心学"在明中期以后得到广泛传播。针对朱熹等人的"理"在心外，"理"是客观世界的本体，"即物"才可"穷理"的观点，南宋陆九渊提出"发明本心"的主张，认为"心即理也""明心见性"。到明代中期，王阳明（王守仁，世称"阳明先生"）进一步提出"心外无物""心外无理"的观点，在认识论、实践论上主张"致良知"和"知行合一"。王阳明所说的"良知"，是指人所固有的善，也是指儒家的道德主体性，即理学家所宣扬的"天理"。与"程朱理学"客观本体论不同的是，"陆王心学"则认为"理"是主观本体，天理本在人心，不假外求。王阳明认为，良知就是天理，发自内心，人人具有，个个自足。只要遵从内心的良知，每个人都可以做圣人。既然良知在人们心中，那我们需要做的就是去实践运用，来印证心中的天理，而不需要去外面寻找。"致良知"即是要将良知付诸实践，在实践中深化对事物伦常道理的认识，同时还要运用良知来指导实践，做到"知行合一"，在实践中实现人生价值，通达圣人境界。知为行之始，行为知之成，知和行是密不可分、并行不悖的。王阳明的"知行合一"思想深化了道德意识的自觉性和实践性的关系。这和朱熹等人所主张的格物致知，先穷尽物理，再通达心灵，知先行后，从外部世界去寻找天理等观点，是相对立的。王阳明还勉励门生要"好学""达德""老而不倦"，主张重德行、志于学，倡导终生学习的理念。

宋明理学是在新的历史条件下儒家思想体系进一步完善的过程中产生的，又以"程朱理学"和"陆王心学"为代表。理学家们积极思考人生的意义和价值，以及人在宇宙间的位置，探讨人与人、人与自然、人与社会的关系，不仅对中国社会的政治、文化、伦理道德等产生了深远影响，而且对个体的生涯发展也起着重要的促进作用。首先，理学继承和发展了儒家传统的人生价值论，进一步系统地阐释了格物、致知、诚意、正心、修身、齐家、治国、平天下的《大学》"八条目"的精神内涵，把实现内圣与外王、独善其身与兼善天下、修己与治人、明明德与新民这些对立统一体作为人生目标，把人的自我价值和社会价值统一起来，以完整地实现人生价值。宋明以来，历代文人志士大都有着积极入世的人生态度，关注现实生活，他们既怀有远大的理想，又具有强烈的社会责任感和历史使命感，正如北宋理学家张载所说的"为天地立心，为生民立命，为往圣继绝学，为万世开太平"。如苏轼、文天祥、陆游、辛疾弃、林则徐等，他们的理想情怀、民族气节和爱国精神，激励了一代又一代后人，强化了中华民族坚韧不拔、自强不息的文化心理，融入了时代的精神脉络，这与当今我国生涯教育要立德树人、培养有家国情怀、将个人价值和社会价值相统一的现代化建设者的目标是相契合的。其次，理学主张追求理想人格，圣人境界是朱熹人生哲学体系的核心，为了实现"内圣"的人格，宋明理学家特别重视自我修养，讲求立志、修身、涵养德性。无论是程朱理学的"格物致知"，还是陆王心学的"致良知""知行合一"，都是鼓励人们投身实践、探求真理，通过知与行来加强个人道德修养，实现内圣与外王，做到理想与现实的统一，这和生涯教育要培养健全人格的目标是一致的。再次，宋明理学对人性的全新阐释丰富了对人的认识，也为人的生涯发展要在道德修养上主动修为提供了理论的依据。"收拾身心，自作主宰"的精神更是极力张扬道德主体的能动性，从而为个体的道德完善积蓄能量。

总之，程朱理学重点倡导"心统性情"，陆九渊力主"心即理"，王阳明倡导"致良知"，有些观点在今天看来缺乏合理性甚至是错误的，我们需要对不适应现代化的因素进行批判性的剔除；对于经过历史和时代的选择机制所保留的积极思想，如以人性善为基础的成圣成贤的理想追求、对道德必然性的论证、尊重个体道德主体性、自我价值和社会价值统一成完整人生价值等思想，应该继续传承并发挥宋明理学中积极的生涯思想精髓的作用，这对当今的人的生涯发展仍具有重要影响，具有其时代价值。

七、对中国古代生涯思想的客观认识

中国古代的生涯思想，起源于人类对自身发展的自觉意识，形成于中国历史悠久的发展过程之中。其中既包含了"仁义礼智信"等道德主体性思想，也包含了中华传统文化中"民惟邦本"的民本思想，"天人合一""天下为公""和而不同"的和谐大同思想，"修身齐家治国平天下"的理想担当，"先天下之忧而忧，后天下之乐而乐"的政治抱负，"苟利国家生死以，岂因祸福避趋之"的报国情怀，"富贵不能淫，贫贱不能移，威武不能屈"的浩然正气，以及自强不息、仁者爱人、扶贫济困、不患寡而患不均、居安思危等思想，这些都体现了中华民族的优秀传统文化和民族精神，都应该继承和发扬。这些思想已经潜移默化于中国人的精神血脉中，融于中华民族长期不屈不挠、奋勇拼搏的历史进程中，表现出中华文明特有的精神内涵、品格风貌和价值观念，深刻地影响了人们的生活和行为，进而影响着当代中国人的生涯发展状态。

同其他中国传统文化一样，生涯发展思想有其传承千年的优秀理念，但也难免有一些消极、落后、不健康、不科学思想的存在，比如，儒家"三纲"的伦理道德成为束缚人们思想和行为的精神枷锁；过分强调中庸，不利于培养人的冒险精神、创新精神，易陷入宿命论；道家的"出世"主张，容易让人脱离现实，甚至成为消极避世的借口；"男尊女卑""农贵商贱""万般皆下品，唯有读书高"等不正确的人生观、职业价值观不仅阻碍了人的生涯发展，还对社会发展产生消极影响。因此，在发扬中华优秀传统文化生涯发展思想时，还要加强文明互通、交融。除中华文明外，自人类文明产生以来，世界不同地域、不同时期也都产生过各具特色的哲学思想，同样都把人、人生作为核心的研究内容，涌现了不少关于生涯发展的思想、观点，包括西方现代生涯发展理论体系，有些至今依然拥有强大的影响力，这些都是人类生涯发展历史上宝贵的财富。

我们在运用和发展中国传统文化生涯思想时，要客观认识、理解其思想的博大精深，加强理论挖掘和对其精髓要义的阐释，取其精华、弃其糟粕，兼收并蓄、取长补短，古为今用、洋为中用；加强守正创新，与时俱进，结合时代需要，发展本土化的、创新的生涯发展理论，赋予传统文化新的生命，创造新的生机；使中华优秀传统文化中的生涯发展思想更好地服务现代社会、服务新时期中国特色社会主义政治、经济、文化等的建设，促进人类文明发展，促进个体生涯的持续健康发展和社会的全面进步。

第二节　中国现当代的生涯教育发展概况

中国生涯教育的发展历程经过了漫长的生涯教育启蒙阶段，从 19 世纪中期至今，又经历了生涯教育探索期、生涯教育跌宕期、生涯教育恢复期与生涯教育革新期这四个时期。

一、生涯教育探索期（19 世纪中期～1949 年）

（一）中华职业教育社的创立和探索

19 世纪中期中国开始了洋务运动，主张"中学为体，西学为用"，向西方学习，在学校教育中开展职业生涯教育。到了 20 世纪初，受西方思想影响，大批教育家和进步知识分子将职业指导引入了中国。到了民国时期，随着教育、经济、文化等的改革，传统的毕业生根本无法满足民族资本主义经济发展对人才的要求，以及经济发展的需要。1917 年，黄炎培、蔡元培、梁启超等人发起成立了"中华职业教育社"，第一次在我国大力推动生涯教育，一些就业指导机构相继成立。

中华职业教育社是倡导、研究和实施职业教育的全国性群众团体。1918 年，黄炎培在上海创设中华职业学校，培养技术及管理人才；1919 年起，在上海、昆明等地开办各种类型的职业学校、职业补习学校、职业指导所等，同时展开中小学毕业生的升学和就业职业指导，对社会失业人员提供就业咨询与帮助。中华职业教育社的宗旨是为了促进个性的发展，为个人谋生做准备，为个人服务社会做准备，为国家及世界增加生产能力做准备。中华职业教育社遵循的是帕森斯的"人职匹配"学术主张。

但由于战乱的开启和社会剧烈动荡变革，生涯教育的发展夭折了。这个阶段生涯教育的动力主要是为了获得支持与职业技能，大规模工业化生产的发展需要培养大量熟练操作的产业工人。这个时期，为了顺应当时的需求，生涯教育的主要内容是制造技能、科学知识、人文素养等。生涯教育教学方式主要是听讲、记忆，答疑解惑，掌握学习等操练和标准化。

（二）陶行知的生活教育理论

陶行知是中国现代教育史上的一代教育大师。他既有深厚的国学根基，又曾受西方文化教育的洗礼。他在 20 世纪 30 年代提出教育与生活结合的观点，并提出"终生教育"的概念，创立了"与人生为始终"的生活教育理论，包括"教学做合一""生活即教育""社会即学校"等观点。他倡导在尊重儿童中心的同时强调教学的主导作用，倡导"实践—认识—实践"。他认为在教育中主体应该是"生活实践"，使教育扎根于生活之中，以此形成经验的连续性循环，同时体现了"教学做合一"与"行知行"的教育哲学。他认为有生活便有艺术教育，提倡将家庭、学校与社会作为一个生活艺术教育场域共同体进行建设，强调社会的生活教育职能，批判"鸟笼"式学校教育。他的"社会即学校"观点强调还原社会的本来面目，让教育走出学校，真正延伸至社会，并通过适合实际生活的教育改造社会。

1945 年，陶行知用英文撰写的《全民教育》文本表述了对终生教育的定义，即"Education for the whole life"，翻译为"生命全程的教育"，并表述其含义是"培养求知欲望。学习为生活，生活为学习。活到老，学到老。只要养成学习习惯，个人就能终生不断进步"。他提出全民的、全面的、完整的终生教育，其含义是"心、脑、手并用。学政治、学经济、学文化相结合。健康、科学、劳动、艺术及民主将构成和谐的生活"。可以说，陶行知的生活教育理论既是教育终生化理论，也是中国早期的生涯教育理论。

陶行知提出的生活教育理论演化为以人生为始终的"整个寿命（陶行知口头上常讲的）"的终生教育。1965 年 12 月，联合国教科文组织在巴黎召开第三届促进成人教育委员会，时任于秘书处的官员朗格朗在会上做了《与生命一样长久的教育》的报告，引起广泛关注，比陶行知提出的终生教育、生命全程的教育这一概念和思想晚了整整 20 年。因此，终生教育这个概念不是舶来品，而是根植于中国的生涯教育思想。陶行知的生活教育理论和教育终生化思想，既传承了中国古代思想家、教育家思想之精华，又集西方思想家、教育家思想要义之大成，对当下的生涯教育仍然具有重要的指导意义和作用，值得继续借鉴、研究和实践。

二、生涯教育跌宕期（1949 年～1977 年）

从新中国成立到改革开放前，由于政治历史等原因，大陆的教育经过了动荡发展的历程，彼时，基础教育学制频繁改变，教育方针强调"教育必须为无产阶级政治服务，必须与生产劳动相结合""以学为主，兼学别样，即不但学文，也要学工、学农、学军，也要批判资产阶级"。在当时的时代背景下，生涯教育被视作实施劳动教育、思想政治教育的手段之一。这个时期，学生的生涯发展受制于政治局势，主要由集体意志主导，缺乏个人规划空间；生涯教育意识存在，但行动条件缺乏，并未形成体系；生涯教育的主要目的在于服务国家发展和政治运动需要，个人发展被忽视。

中国台湾省的生涯教育起源于留学生到美国学成之后将生涯领域的相关知识带回台湾，包括职业训练与就业服务和中学的学生辅导工作两部分。其中，职业训练与就业服务效法美国劳动部的体制与做法，由官方机构出资建立起官方自己的职业训练与就业服务体系，以服务人们的就业、转业与再就业等需要，并逐渐建立起就业服务员与技术士证照的资格制度。生涯领域的学者则协助于就业服务的考试培训与工具研发等业务。学生的辅导是从国中开始，再推广至高中，最后到大学。

三、生涯教育恢复期（1978 年～2013 年）

在 1978 年改革开放以后，大陆高校招生恢复，社会秩序逐渐恢复，思想逐渐开放，在党中央和政府的领导下，生涯教育复苏，并逐渐进入快速发展期。2007 年，教育部发布《大学生职业发展与就业指导课程教学要求》，生涯教育实践在地方教育部门、高等院校等有组织的积极推动下逐渐由点向面、由被动向自主探索转变。恢复期的生涯教育取得了令人欣喜的进展，一是政府有意识、有规划地推动生涯教育发展，行政统筹恢复并逐渐加强；二是生涯教育逐步深化与细化，从主要关注职业指导到关注学生理想、心理和学业等多方面；三是自下而上的课程与教学探索逐渐丰富，现代化生涯教育体系初具雏形。

中国台湾省的生涯教育起步较早，从 1968 年台湾省实行九年义务教育后开始进行生涯教育，到 1980～1990 年代时已经有了比较系统的生涯辅导计划。1998 年 9 月，台湾省教育管理部门公布了《国民教育阶段九年一贯课程总纲纲要》（以下简称《纲要》）。《纲要》正式确定将"生涯规划与终身学习"作为学生十大基本能力之一。高中阶段系统性推动生涯辅导则是在 2002 年台湾省启动大学多元入学考试改革之后才开始，直到 2005 年起设立高中生涯学科中心。大学阶段的生涯辅导的推动是在 2008 年金融风暴之后，逐渐推动系统性的生涯教育与辅导。

中国香港特别行政区学校的生涯教育最早可追溯至 20 世纪 60 年代出现的中学职业辅导，但只是作为一项微小的边缘化服务。经过教育工作者长久的探索和努力，在全方位辅导体系下，2002 年香港将生涯纳入个人成长课的一环，包括生活计划、处事态度及职业资讯等内容。香港的高校根据自己的办学特色及风格为学生提供生涯规划服务，提供服务的范围和力度都非常大，其内容和形式呈现百花齐放的状态。2009 年的新高中课程改革直接推动了中学职业辅导的进程，这次改革让学生可以根据自己的兴趣和能力来做学业规划，极大地推动了香港的生涯教育。

中国澳门特别行政区学校的生涯教育大致起步于 20 世纪 70 年代中期。

四、生涯教育革新期（2014 年至今）

2014 年启动的新一轮高考改革是大陆生涯教育发展的重要契机。随着《中华人民共和国职业教育法》的颁布、政府各项促进生涯教育的政策的出台，这一时期我国生涯教育实践逐渐呈现出百花齐放的景象：高校生涯教育普及提高，成果显著；以率先启动高考改革的上海、浙江以及生涯教育意识较强的海南、广东等为代表的地方学校纷纷摸索适应新形势的生涯教育模式；区域教育行政管理部门、教育研究部门积极统筹生涯教育，推动区域生涯教育发展；高校、学术团体、媒体、生涯教育专门组织等力量积极介入，通过师资培训、课程合作、专业指导等路径协同推动生涯教育发展。

中国台湾省在 2014 年将九年义务教育延长至十二年，规定前 9 年仍然是强制、普及和免费的义务教育，后 3 年的中期教育不具有强制性，主要为了培养学生较好的适应力，旨在提升学生素质、发展学术理性、培养谋生技能。同年，还出台了相关文件，提出以"成就每一个孩子——适性扬才，终身学习"为课程愿景，制订了四项课程目标：启发生命潜能、陶冶生活知能、促进生涯发展、培育公民责任。从这之后，台湾省的生涯教育进入成熟期，现已逐渐发展成为由区域教育行政管理部门、社区及民间单位、企业界等合力构建的完整系统。

中国香港特区政府在《2014 年行政长官施政报告》中，正式发布了加强年轻人职业生涯教育的政策，支持职业教育与学术教育并行发展。并且，自 2014 学年起每年总投放 2 亿多元，向每所公立高中学校提供生涯规划津贴，以加强生涯规划教育和升学就业辅导的人员及服务。香港特区政府还为中学生涯教育提供了一个《生涯规划推行指南》，其中将职业生涯教育作为一种独特而重要的课程服务，视为所有中学课程中不可或缺的一部分，标志着香港中学生涯教育正式启动的里程碑。

总之，中国教育进入新时代，生涯教育的区域统筹逐渐加强、生涯模式初步形成、专业水平不断提升、学习交流日渐频繁，呈现可喜的发展景象。

第三章
国外的生涯教育理论

生涯理论是有关个人成长、职业发展和社会角色等以心理学研究为基础理论的总称。生涯教育相对成熟的理论大多源自西方，这与西方强调"个人"的思想是息息相关的。西方的生涯思想及理论与中国强调集体、强调"修身齐家治国平天下"、为了国家和民族可以牺牲自我的思想有着很大的区别。西方的生涯发展思想从古希腊时期开始，一直持续缓慢地发展。到近现代之后，生涯教育理论得到快速发展。一般认为，现代生涯理论始于20世纪50年代，后现代生涯理论始于20世纪80年代晚期至20世纪90年代早期。现代生涯理论主要受逻辑实证哲学的影响，认为人们可以透过科学分析的方法客观地观察并测量出所谓的现实。后现代生涯理论强调没有绝对的客观现实，人通过生活经验赋予客观事物意义，主观解释大于客观现实。后现代主义拥护多元文化观点，强调没有单一不变的真理，只有由个体自己建构的现实及真理；强调接纳不确定性和片段性，尊重多样性和差异性。本章将分现代和后现代两部分，对国外有代表性的生涯理论分别予以简要介绍。

第一节　国外现代生涯教育理论简述

从20世纪初期美国的职业指导运动开始以来，生涯的概念和理论不断地拓展和延伸，被看作是个体按照自己想成为一个什么样的人的方式，处理一系列发展问题的成长历程。西方生涯各种理论的共同点在于强调自我了解：尊重个人的独特性；强调了解工作环境：兼顾现实性；强调人与环境的互动。生涯理论对指导生涯教育的开展有一定的启示，一系列动静结合的职业生涯理论模型为个人和团队做出有关生涯发展的正确选择提供了支持。

一、生涯特质理论

生涯特质定向（匹配）理论包括特质—因素理论和人格类型理论。帕森斯提出的特质—因素理论强调人与职业的匹配，霍兰德的人格类型理论强调的是人与环境的匹配。

（一）特质因素论

1909 年，帕森斯在《职业的选择》中提出特质—因素理论。这个理论将差异心理学的研究成果和心理测量学的技术手段结合起来，指导了二十世纪三四十年代的职业辅导实践。

特质因素论认为每个人都有其独特性，反映在兴趣、能力、需要、价值观和人格特质上。与此同时，每个职业也有其独特性，反映在工作项目、所需能力、提供的报酬等方面。那么，个人特质与职业类型越匹配就越可能获得职业成功。因此职业辅导就是帮助个人将其个人特质与职业类型进行科学的匹配。帕森斯提出了职业辅导的三要素：

（1）借助心理测验、观察、访谈等手段，了解和评估当事人的人格特质；

（2）搜集和分析职业信息，如职业的性质、工资待遇、工作条件以及晋升、培训等发展机会、供需状态、资质条件等；

（3）帮助当事人分析和比较个人和职业的关系，促进人职匹配。

例如，咨询师首先通过明尼苏达多相人格测验和求职者的背景情况了解和评估来访者的人格特质，接着参考《职业词典》特定职业的要求、政府或机构的相关文件与来访者的情况进行比对，最后咨询师通过建议、说服或者解释的方法帮助来访者选择适合的职业。

特质因素论具有较强的操作性，能够帮助求职者了解自身，也能帮助用人单位找到更合适的人才，但也存在一些不足：第一，特质因素论以静态的眼光看待职业发展，不适应时代的特点；第二，特质因素论忽视了当事人的主观能动性，也忽视了社会和经济因素；第三，一些职业要求与人格特质很难较好地匹配，特质因素论显得不够灵活，过于机械化。

（二）人格类型论

20 世纪 50 年代，霍兰德在帕森斯人职匹配理论研究成果的基础上提出了人格类型理论（也称职业性向理论）。霍兰德在《职业抉择》一书中提出了RIASEC 模型，将人划分为六种基本类型：实用型（Realistic type）、研究型（Investigative type）、艺术型（Artistic type）、社会型（Social type）、企业型（Enterprising type）和事务型（Conventional type）。RIASEC 模型不仅包含人格类型与职业类型的对应关系（如图 1-1），还包含人格类型之间、职业类型之间的相互关系。在六角形上，两种类型之间的距离越近，其人格特征和职业环境的相似程度就越高。处于六角形的对角位置的两种类型距离最远，其人格特征和职业环境被认为是对立的。他认为，划分的每种人格类型都有特定的职业类型相匹配，匹配度越高，越努力工作证明自己的人生价值，而越努力工作的个体就越喜欢自己的工作，会有较高的职业满意度以及职业成就，即职业选择理论的核心就是个体的个人爱好兴趣、能力等类型与职业的相结合。

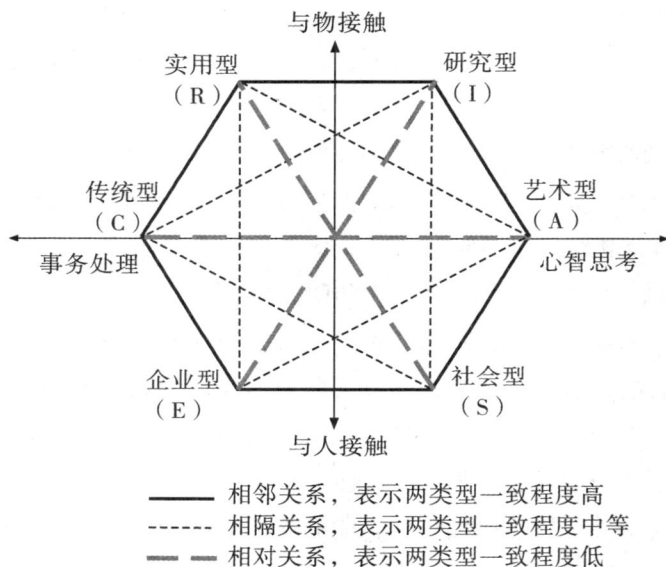

图 1-1 霍兰德职业兴趣六角模型

霍兰德的人格类型理论更加关注个人与环境的交互作用，强调了人的主动适应能力。相比特质因素论，人格类型论更加灵活，扩大了当事人职业选择的范围，具有较强的实用性。但是霍兰德将职业兴趣作为个人稳定的人格特质来看，忽略了个人成长和学习经验的重要性。此外，当今社会的发展变化导致职业的边界逐渐模糊，复合型人才的需求越来越强烈，霍兰德的人格类型论的应用性会受到限制。

（三）职业锚理论

施恩提出职业锚理论。他给职业锚的定义是：当一个人不得不做出选择时，无论如何都不会放弃的那种至关重要的东西，它是人们内心深层次的价值观、能力和动力的整合体，它体现了真实的自我。施恩认为，职业生涯发展实际上是一个持续不断的探索过程，在这一过程中，每个个体都在根据自己的天资、能力、动机、需要、态度和价值观等慢慢地形成较为清晰的与职业有关的自我概念，即"职业自我观"，也称为"职业定位"。他指出，职业锚，即职业自我观，是由三个部分组合起来的：

（1）自省的才干和能力：以个体在各种工作环境中的实际成功为基础；

（2）自省的动机和需要：以实际情境中的自我测试、自我诊断的机会，以及他人的反馈为基础；

（3）自省的态度和价值观：以自我与雇用组织和工作环境的准则及价值观之间的实际遭遇为基础。

施恩将职业锚分成八种不同的类型，分别是自主独立型、创业型、管理型、技术职能型、安全稳定型、生活型、挑战型、服务型职业锚。其核心观点是：当个体面临择业必须做选择时，无论如何都不会放弃的职业中那种至关重要的东西或价值观，这是施恩的职业锚理论最精髓的地方。但施恩的职业锚理论在实际应用中操作性差。

二、生涯发展理论

生涯发展理论认为人的生涯是终生发展的，个体的职业经历在不断发展，职业选择与不同的发展阶段有着密切的关系。它将职业与人生共同探讨，从纵向的角度考查个体的职业发展以及职业之外的人生要素与职业的关系。生涯发展理论包括金兹伯格的职业发展理论和舒伯的生涯发展理论。

（一）金兹伯格的职业发展理论

金兹伯格较早提出了生涯发展理论。他认为人的职业是个体从懵懂憧憬的幼儿阶段到成年后的连续发展过程，每个阶段个体面临的任务对职业发展的影响都不同。他将生涯规划划分为三个阶段：第一个阶段是幻想期（0岁~11岁），个体对职业憧憬抱有幻想，对自我充满好奇；第二阶段是尝试期（11岁~17岁），个体通过不断学习了解自己与社会，并开始懂得将自身条件与职业结合；第三阶段是现实期（17岁以后的青年阶段），个体能够客观地评价自己，开始考虑现实环境，有明确的奋斗目标。他还提出"职业发展是一个与人的身心发展相一致的过程"。

金兹伯格理论中最引人注目的核心概念有三个：（1）个体从青春期到成年早期做出从事某种职业决定的"过程"；（2）这个过程具有"不可逆性"；（3）职业选择更多地显示出个体需求与社会现实的磨合，即"妥协"。

1972年，金兹伯格对他的理论进行了重要修正：一是职业抉择不限于青春期到成年初期，而是贯穿整个人生；二是不可过于强调职业发展阶段的不可逆性，应该承认后来存在回转的可能；三是职业选择中的"妥协"用"适应"替代更好，自我志趣和现实状态都应充分考虑，两者要相互适应，以寻求最优搭配。

（二）舒伯的生涯发展理论

舒伯集人格心理学、发展心理学、差异心理学、现象学和职业社会学之大成，提出了生涯发展的观点。他用生涯发展的概念取代了职业辅导，是职业辅导领域的里程碑式的人物。他的理论主要包括十四项基本命题、生涯发展分期理论、生涯发展彩虹理论、职业发展成熟度。

1. 十四项基本命题

舒伯提出了十四项基本命题，构成了生涯发展理论的基本主张：

（1）在能力、人格、需求、价值、兴趣、特质和自我概念等维度上，普遍存在着个别差异。

（2）基于这些个人独特的本质，每一个人都适合于从事某一些特定的职业。

（3）每一项职业均要求一组特定的能力和人格特质；因此，每一个人可以适合不同的职业，而且每一项职业可以适合不同的人。

（4）人们的职业偏好与能力，人们生活和工作的情境以及因此形成的自我概念，都会随着时间的推移而改变。然而，自我概念会在青少年晚期之后逐渐稳定和成熟，在生涯选择与适应上持续发挥影响力。

（5）上述的改变历程，可归纳为一系列的生命阶段（称为"大循环"），包括成长、探索、建立、维持、衰退等五个阶段。而探索期可细分为幻想期、试验期、实际期，建立期可细分为尝试期、稳定期。每一个阶段之间有"转换期"（称为"小循环"），转换期通常受到环境或个人各种不稳定因素的影响。然而，转换期的不确定会带来新的成长、再探索、再建立的历程。

（6）生涯组型的性质包括从事职业的阶层水平、经过尝试和稳定地进入工作世界的经历、频率和持久性等。这些均受到个人父母的社会经济地位、心理能力，教育、技巧、人格特质（包括需求、价值、兴趣与自我概念），生涯成熟及生涯机会的影响。

（7）在任何生涯阶段能否成功地因应环境需求和个体需求，取决于个人的"准备度"或"生涯成熟"。生涯成熟是由个人生理、心理和社会特质等组成的整体状态，包括认知与情意。它是指能成功地因应早期至最近一期生涯发展阶段的程度。

（8）生涯成熟是一假设性概念，如同智力的概念一样，很难界定其操作性定义。但可以确定的是，生涯成熟并非单一维度的特质。

（9）生涯阶段中的发展是可被引导的，一方面促进个人能力和兴趣的成熟，一方面协助其进行现实考验和自我概念的发展。

（10）生涯发展历程，基本上是职业自我概念的发展和实践的历程。自我概念是"遗传性向、体能状况、观察和扮演不同角色的机会、评估角色扮演、与他人互相学习"等交互作用历程中的产物。

（11）在个人和社会因素之间、在自我概念和现实之间的心领神会或退让妥协，是角色扮演和反馈学习的历程。这些学习的场所包括游戏、生涯咨询、教室、打工场所以及正式的工作等。

（12）工作满意度和生活满意度取决于个人如何为自身的能力、需求、价值、兴趣、人格特质与自我概念寻找适当的出口。

（13）个人从工作中所获得的满意感，取决于个人实践其自我概念的程度。

（14）对大多数男人或女人而言，工作和职业的经验提供了组成其人格核心的焦点。但是对有些人来说，工作与职业在生命经验中处于边缘位置，甚至是微不足道的；反而是其他的角色，如休闲活动和家庭照顾居于核心。社会传统，诸如性别角色的刻板印象、楷模学习、种族偏见、环境机会结构及个别差异等，决定了个人对工作者、学生、休闲者、家庭照顾者及公民等角色的偏好。

2. 生涯发展分期理论

舒伯认为职业生涯发展覆盖了人的整个生命过程，具体可分为五个阶段：

（1）成长阶段（0 岁 ~ 14 岁）：认同并建立起自我概念，对职业好奇占主导地位，并逐步有意识地培养职业能力。成长阶段又可分为三个时期：

幻想期（4 岁 ~ 10 岁）：儿童从外界感知到许多职业，对于自己觉得好玩和喜爱的职业充满幻想并进行模仿；

兴趣期（11 岁 ~ 12 岁）：以兴趣为中心，理解、评价职业，有初步的职业喜爱倾向；

能力期（13 岁 ~ 14 岁）：开始考虑自身条件与喜爱的职业是否相符合，有意识地进行能力培养。

（2）探索阶段（15 岁 ~ 24 岁）：主要通过学校学习进行自我考察、角色鉴定和职业探索，进行各种各样学业、职业的规划和生涯决策，完成择业及初步就业。探索阶段又可分为三个时期：

试探期（15 岁 ~ 17 岁）：综合认识和考虑自己的兴趣、能力、职业社会价值、就业机会等，初步明确专业和职业方向，进行生涯实践和探索，或者开始进行择业尝试；

转换期（18 岁 ~ 21 岁）：进行专业学习或专门的职业培训，明确某种职业倾向，或者正式进入职业；

试验期（22 岁 ~ 24 岁）：选定工作领域，开始从事某种职业，对职业发展目标的可行性进行试验，并试探其成为长期职业的可能性。必要时会再次重复探索的具体过程。

（3）建立阶段（25 岁 ~ 44 岁）：获取一个合适的工作领域，并谋求发展。这一阶段是大多数人职业生涯周期中的核心部分。确定阶段又可分为两个时期：

修正期（25 岁 ~ 30 岁）：对自己的职业领域进行自我修正和调整；

稳定期（31 岁 ~ 44 岁）：个人在所选的职业中安顿下来，重点是寻求职业及生活上的稳定，随着职业的明确化，致力于实现职业目标，这是个体最富有创造力的时期。

（4）维持阶段（45 岁 ~ 64 岁）：个体已逐渐在职场上取得相当的地位，此时期的主要任务为维持既有的地位与成就，倾向于保持现状，而对开拓新领域的兴趣下降。

（5）衰退阶段（65 岁以上）：个体的体力和精力下降，工作力不从心，进入衰退之中。此时期的主要任务为发展工作之外的新的角色，维持生命的活力，开拓新的生活。衰退阶段又可分为两个时期：

减速期（65岁～70岁）：工作节奏变慢，退居二线，也有人找到兼职工作；

退休期（71岁以上）：个体离开工作，进入休闲期，扮演其他生活角色。

3. 生涯发展彩虹理论

舒伯将角色理论引入生涯发展研究，发现了个体的社会角色与生涯发展各时期任务的交互影响，由此描绘出"生涯彩虹图"（如图1-2）。彩虹的跨度代表个体的生命全程或者生活广度。彩虹的外层注明了人生的发展时期和对应年龄。彩虹的层次代表个体的社会角色。舒伯认为，人在一生当中最重要的六种主要角色是儿童、学生、休闲者、公民、工作者、持家者（夫妻、家长、父母）。此外，角色也构建出四种主要的生活空间：家庭、社区、学校和工作场所。角色突显表示一个人在各种角色位置上的投入程度。每个年龄阶段突显的角色组合都不同，反映出个体当时的价值观。

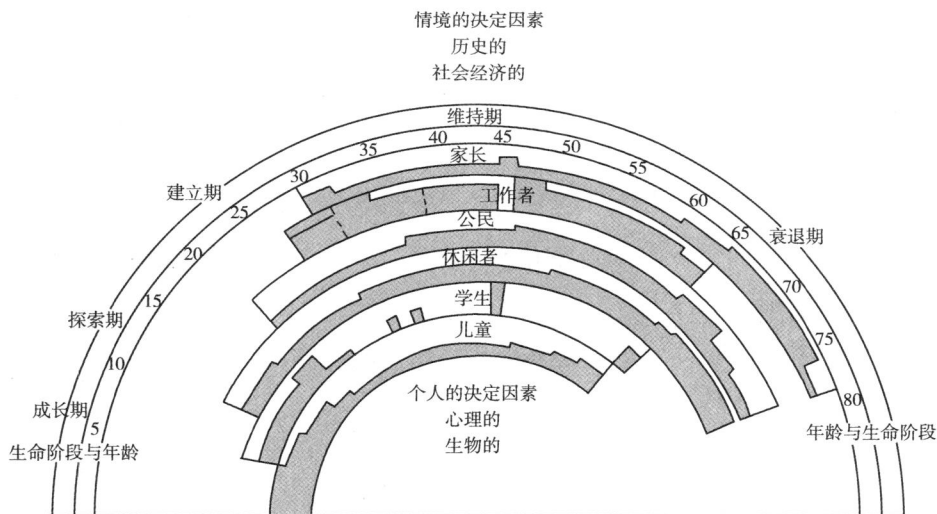

图1-2　生涯彩虹图

4. 职业发展成熟度

舒伯及其同事在生涯模式研究中提出了生涯成熟的概念。他认为，一个人的职业心理和职业行为的发展程度或水准应该与其所处年龄阶段和社会期望相适应。由于种种原因，个体的职业成熟度可能低于、等于或高于其所处年龄阶段和社会期望。

个体的生涯成熟可以从以下五个方面去衡量：

（1）职业选择的取向性，具体表现为个体对职业选择的关注程度以及选择取向的合理程度；

（2）职业选择的计划性，具体表现为收集职业信息和制订相关计划的能力；

（3）职业选择的一致性，具体表现为个体在人生不同发展时期选择的职业在范围、层次和性质方面的一致性；

（4）职业选择的人格化，具体表现为个体在职业选择中充分体现了自己与职业相关的人格特点，例如匹配的职业兴趣、定型的工作价值观、稳固的责任感和事业心；

（5）职业选择的明智性，具体表现为个体的职业选择与其特质、能力、职业兴趣、社会支持系统等的吻合程度，也被称为生涯抉择的妥当性。

金兹伯格和舒伯的生涯发展理论扩大了个体职业发展的视野，将人生发展与职业发展整合起来，具有较强的指导性。但生涯发展理论相对忽视中年期、老年期的研究，忽略经济、社会因素对生涯发展方向的影响，且学习的因素与职业发展历程的关系也有待进一步深入研究。

三、生涯决定理论

描述性生涯决定理论主要是由个人主义的生涯决定理论和积极不确定的生涯决定理论构成。个人主义的生涯决定论注重探讨个人生涯发展的独特性，而积极不确定的生涯决定论则强调以积极乐观的态度面对生涯发展过程中的不确定性。

（一）个人主义的生涯决定理论

个人主义的生涯决定理论是由安娜·特德曼和戴维·特德曼提出，以存在主义哲学和现象学为基础。个人主义的生涯决定理论按照顺序分为两个阶段，第一阶段是选择的预期，第二阶段是选择的调适。

1. 选择的预期

选择的预期可以细分为四个基础阶段，分别为探索期、具体期、选择期和澄清期。这四个阶段在实际的生涯抉择过程中会因各当事人的经验不同，顺序也可能会有出入。

探索期是指当事人面临生涯抉择时，会感到有压力和迷茫，不知道下一步前进的方向。探索阶段的主要活动是收集各行各业的相关资料，向专家、重要他人询问意见，但暂时不做出最后决定。这一阶段当事人的内心是由稳定的统整状态开始分化，将自己过往的经验进行拆解，并产生焦虑不安、混乱的情绪。

具体期的主要特征是情绪和思维逐渐稳定。这一阶段当事人对各种选择的优缺点的认知已逐渐清晰。当事人会做出暂时决定，但随时会进行更改，最终选择有待确定。

选择期是指当事人做出生涯抉择，确定适合自己的选择。

澄清期是指当事人做出决定之后，可能会产生后悔、挣扎等想法。在这一阶段当事人会格外关注已经选择目标的缺点，而未选择目标的优点也会被放大。当事人会纠结是否需要更改目标或选择。生涯指导者需要明白这一认知过程很正常，应该容许它的存在。若这种挣扎的情绪一直不能消除，当事人需要重新探索与选择目标。如果这一情绪逐渐平稳，则意味着目标已经正式确定，之后将进入生涯决定的第二阶段——选择的调适期。

2. 选择的调适

特德曼认为做出决定并不意味着生涯抉择过程结束，在确定目标之后还需要进行调适，才能达到再统整。选择的调适分为三个阶段：入门期、重整期和统整期。

入门期代表当事人正式进入新的生涯环境。这一阶段当事人会面临新旧经验冲突的挑战，处于自我分化过程。一方面旧经验仍然占据主导地位，影响着当事人的思维和行动；另外一方面新经验带来的挑战需要当事人调整自我。这一阶段是当事人能否完整进行生涯抉择的重要时期。

重整期是指当事人翻修旧经验，并与新经验进行融合，发展新的思维方式和行为。

统整期是由重整期进一步发展产生。这一阶段当事人对环境已经逐渐适应、游刃有余，并且自我状态趋近于自信与成熟。

个人主义的生涯决定理论强调个体的主动性和独特性，人们在做决定的过程中经历着统整、分化和再统整的历程。生涯指导者需要注意的是上述阶段无固定顺序，两两之间可逆，需根据当事人实际情况及时调整。

（二）积极不确定的生涯决定理论

吉雷特指出积极不确定是以积极乐观的心态面对生涯抉择中的不确定以及成功概率的不确定，以自觉、开放的心态面对职业抉择。抉择是一种非序列性、非系统性、非科学性的人类历程。他把作抉择重新定义为："抉择是一种将信息调整再调整，融入抉择或行动内的历程。"依据这一定义延伸出抉择的三个要素：信息、调整再调整的历程、行动的决定。

第一个要素：信息。信息对于抉择而言至关重要，如果了解全面和准确的信息，那么就可以轻而易举地做出抉择。但是当今社会信息繁多，更新速度快，主观信息多，客观信息少，信息的不确定性增加。因此，当事人应建立积极面对信息的态度，即对信息保持一定的怀疑态度，并主动思考和求证或求助，而不是一味地接受所有信息。

第二个要素：调整再调整的历程。生涯抉择是希望帮助当事人确定目标，但当事人找到某一个确定的目标之后，其他的目标和学习经验可能会被其忽视。积极不确定的生涯决定理论认为新的目标态度是让目标保持不确定性。目标随时会根据内外环境的改变而改变，并且调整目标也会带动新经验、新知识和新观点的产生。

第三个要素：行动的决定。积极不确定的生涯决定理论指出抉择者不应该游离于情境之外，而应该参与到抉择中。在进行抉择时，当事人要左右脑并用，要同时兼顾理性思考和感性思维。在进行生涯抉择时，理性抉择可以帮助当事人进行客观分析，但同时非理性（感性）思维也可以帮助当事人灵活应变环境。

四、生涯决策理论

生涯决策理论几经变迁、流派纷呈，至今仍处于不断的发展和完善之中，一些新的生涯决策理论越来越受到重视。这些新兴的理论更加全面、灵活、动态、趋向于整合，其自身的理论优势也愈加突出。

（一）认知信息加工理论

20世纪末，佛罗里达大学研究团队的彼得森提出认知信息加工理论，简

称 CIP 理论。该理论关注生涯问题的解决和
生涯决策，吸收了认知行为干预、决策制订
策略等方法，提出了认知信息加工金字塔模
型和 CASVE 循环这两个核心观点（如图 1 -
3、图 1 - 4）。该理论认为在生涯决策过程
中，个体会应用两类不同的知识，即关于自
我的知识和关于职业的知识，通过对这两类
知识的综合分析，最终才能做出有效的职业
决策。该理论将生涯决定看作是生涯发展的
关键，并用 CASVE 循环，即沟通（Commu-

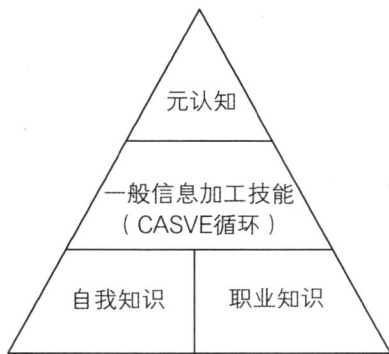

图 1 - 3

nication）、分析（Analysis）、综合（Synthesis）、评估（Valuing）和执行（Ex-
ecution）来表述个体做出决策的过程。通过改进这五种认知信息加工技能，
个体可以改善其职业生涯决策的能力。元认知，即思考自己如何做决定，位
于认知信息加工金字塔的顶层，包括自我谈话、自我意识等模块，是个体做
出决策的执行层面。

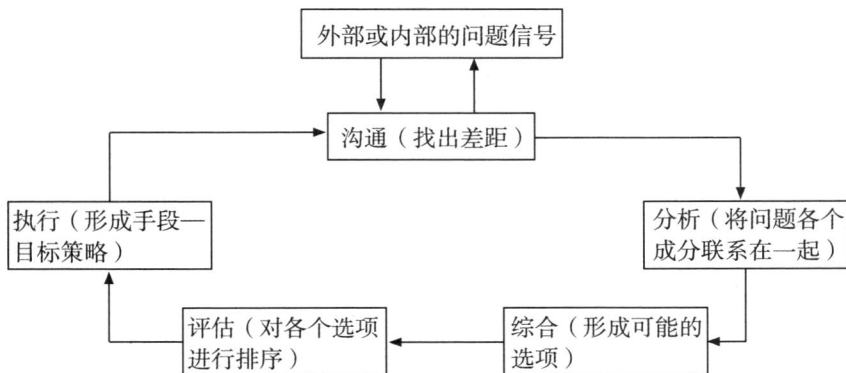

图 1 - 4

（二）发展系统理论

　　福特和勒纳提出发展系统理论。该理论认为个人的职业发展方向是开放
的、不可预测的，而且发展的道路在一生中会有显著的变化，该理论强调解
释每个人的、每一个具体的职业行为。它包含了两个子理论：一是个人的活
动过程理论，主要思想体现在福特的生活系统理论（简称 LSF）中，LSF 注

重个人功能和发展的整体性，将对人的一般特点的认识与特定个人的活动整合起来，认为没有对特定个人的准确认识就不能形成有用的关于职业发展阶段的认识；二是个人活动的动机理论（简称 MST），体现在福特提出的动机系统理论中。MST 认为动机影响人们决定是否努力维持、恢复已有的状态，为更高的结果而奋斗。福特确定了三个动机成分：个人目标、个人力量、信念和情绪，并认为这三个成分在现实生活中是一起发挥作用的。

（三）生涯决策的 PIC 模型

加蒂和亚瑟提出职业生涯决策的 PIC 模型。该模型的理论基础是方面排除理论。加蒂等人认为职业生涯决策过程的本质是找到与个体的偏好和能力最兼容的可选职业，在多数情况下，个体广泛尝试所有潜在的职业方案是不实用的。他们将职业生涯决策过程划分为具有不同目标、过程和结果的三个主要阶段：（1）排除阶段，通过对关于个人偏好的搜索，排除掉一些选择方案，得到一组少量的、可操作的"可能方案"，此阶段主要使用结构化信息；（2）深度搜索方案，通过对"可能方案"的深度搜索，产生一些适合的方案，此阶段主要使用非结构化信息；（3）选择阶段，基于对所有合适方案的评估和比较，挑选最合适的方案。PIC 是一个动态的、灵活的决策过程，对个体在决策过程的所有阶段都有积极作用，同时个体也可以随时从不同阶段进入决策过程，它可以解释个体决策的动态发展和变化。

总之，现代生涯理论多是以逻辑思考、人职匹配、预测、确定性和控制为目标的。这些生涯理论通常线性化地看待人们的职业选择，用静止、孤立的视角来看待个体生涯心理和生涯发展。在生涯规划、生涯辅导和生涯决策中，过多地依赖生涯测量工具，过分强调测量的作用，会出现"唯工具化"的生涯规划和辅导模式。随着研究深入，研究者们发现，即便是具有相同的霍兰德职业人格类型的人群，在经历一段时间后他们的生涯路径和职业发展也会出现很大的不同，而这种变化用最初职业人格类型的测试结果是无法解释的。在对一个大样本的大学生群体的研究中发现，认为自己的职业发展很大程度上受到意料之外的事件影响的人占到 70%。这些事件包括意想不到的会议、疾病、意外事件、精神开悟等。实际上，大多数人的职业并没有呈现出经典生涯理论所期待的匹配的、确定的、线性的发展模式。比如，通过生涯测评，测出某种职业跟某人的特质相匹配，并不等于这个人最终就要从事这种职业。或者测出某职业跟某人的特质不相符合，但只要这种职业具有吸引他（她）的某些重要因素，他（她）也会违背自己的特质去从事这种职业。

随着全球化、信息化、智能化的发展，当今职业世界发生了巨大变化，带来了职业的多变性和组织的流动性。职业世界的变化，增加了当代人生涯发展路径的不确定性，个体生涯发展呈现不可预测性和非线性发展的趋势。经典生涯理论强调的确定和可预测的生涯路径不符合当代生涯发展的特征，凸显了现代生涯理论的局限性。

第二节 国外后现代生涯教育理论简述

随着 20 世纪的结束，现代纪元成为历史。研究者们将 21 世纪称为后现代纪元。世纪交会之际，西方后现代的世界观和方法论被引入生涯发展研究领域，给生涯理论带来新的研究范式、新方法论、新变化和新观点，生涯理论出现了重大革新。

严格来讲，生涯界研究者没有明确提出"后现代生涯理论"的观点，也没有统一的后现代生涯理论流派。本书所提的"后现代生涯理论"，是国内外研究者根据后现代主义的特征提出的。后现代主义的特征有：接纳不确定性和片段性；反对绝对唯一的真理，尊重多元事实；不要求一致性，而强调多样性和差异性；重视主观解释，而非客观经验；认为语言不仅反映事实，更能创造事实；强调创造意义等。这些特征与当代生涯特征的多变性和不确定性是相吻合的，引起许多生涯理论研究者的注意。在这些观点和新理论影响下出现的生涯理论和研究有：社会认知生涯理论、生涯建构理论、生涯混沌理论、无边界职业生涯理论和生涯咨询领域的叙事取向咨询、生涯教练技术等。

一、社会认知生涯理论

1994 年伦特等提出社会认知生涯理论（如图 1 - 5）。该理论以班杜拉的社会认知理论为基础，将个人、行为和环境等因素相互影响的机制引入生涯领域，目的是建立和扩展社会认知理论，从而理解生涯发展的过程。该理论主要围绕认知变量、个人特质与环境因素三者间的互动关系来分析个体生涯发展进程。认知变量主要指自我效能、结果预期与目标，这三个变量之间相互作用；个人特质包括个体的个性心理倾向、性别、民族等特点；环境因素包含了个体早期的成长背景与影响当下职业选择行为的近期环境因素两个方面。社会认知生涯理论重点研究自我效能感、结果预期、个人目标这三个变量与个人因素、环境因素及学习经验的关系，因此又提出了三个模型：职业兴趣发展模型、职业选择模型及结果表现模型，它们共同影响职业发展，形成了社会认知生涯的核心模型。

认知变量是社会认知生涯理论的核心成分。自我效能感指个体对于是否有处理某一件事情以达到具体目标的能力的信念；结果预期是个人对从事特定行为所带来的结果的认知；目标是个体参与某项活动或表现特定行为的意图。自我效能感和结果预期能够有效激发个体的兴趣，是最核心的变量。个体的自我效能感及结果预期来源于学习经验。学习经验是促进个体生涯兴趣发展的关键因素，是环境因素促进个体生涯兴趣发展的主要媒介，也是生涯兴趣发展的根本动力。学习经验主要来源于四个方面：成败经验、替代经验、社会支持以及情绪唤醒，其中成败经验是最主要的来源。

社会认知生涯理论认为，生涯兴趣、自我效能感以及结果预期的生涯目标会影响生涯选择，从而决定了后续的成就表现。该理论强调社会认知，这使人们能够在自己的生涯发展中发挥主观能动性；该理论也关注怎样发展职业兴趣，做出并重塑职业选择，获得不同程度的职业成功和稳定性，如何在工作环境中体验满意度或幸福感；该理论还关注个人和环境因素如何帮助塑造个体的职业道路。

社会认知生涯理论认为，自我效能感和结果预期直接影响职业兴趣的形成，进一步决定了后续的成就表现，因此提升自我效能感和结果预期能够有效激发职业兴趣。学习经验等因素对个体的自我效能和结果预期产生重要作用，它的形成也同时受到个体因素和环境因素两方面的影响，这种学习经验会影响个体的自我效能感和对未来行为结果的预期。个体可以通过四个主要信息源获取或改变自我效能感，包括成就经验、替代经验、社会鼓励和情绪状态。这些信息源对自我效能感的影响取决于多种因素。在这些影响因素中，一般来说，成就经验对自我效能感的影响最大。在某一特定任务或绩效领域

的成功经验往往会提高与该任务或领域相关的自我效能感，反之，失败往往
会降低自我效能感。

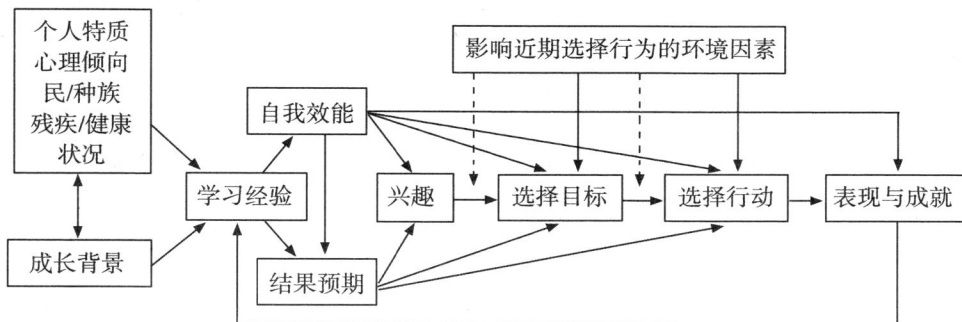

图 1-5　社会认知生涯理论模型

说明：图中单向箭头表示某因素对另一因素的直接影响；双向箭头表示两个因素间的
相互影响。

　　社会认知生涯理论较好地回答了"人们的兴趣是如何发展起来的、人们
如何做出职业选择、人们如何获得不同程度的生涯成功和稳定性，以及在工
作环境中人们是如何体验满意度或幸福感的"等生涯问题。最初该理论旨在
解释学业、职业兴趣和选择的过程，后来研究扩展到教育和工作满意度领域，
它综合了以往生涯理论的长处，其对个体职业生涯进程的描述也更贴近现实，
因此，对开展生涯教育具有重要的现实指导意义。

二、生涯建构理论

　　生涯建构理论是由萨维科斯于 2002 年提出。生涯建构主义以个体建构主
义、社会建构主义和后现代主义为理论基础，给传统的职业人格理论和终生
职业理论赋予了后工业时代内涵。生涯建构理论是目前生涯领域的重要理论
之一。生涯建构主义强调主观、独特地推进过程。

　　生涯建构理论主要探讨三个方面问题：不同个体间的特质存在差异；个
体在不同生涯阶段所面临的任务和应对的策略具有承前启后的发展性；生涯
发展是一个充满内动力的变化过程。因此生涯建构理论分别用职业人格、生
涯适应力和人生主题回应了个体生涯发展中"是什么""怎么样"和"为什
么"的问题。

1. 职业人格

生涯建构理论讨论的职业人格包含个体能力、价值观、兴趣等多个维度。该理论认为个体的性格、兴趣等基本特征是生涯发展的基础，但又不能仅关注这些"表象"。

2. 生涯适应力

这是生涯建构理论的关键概念，是指个体在应对各种工作任务及角色转变中进行自我调整的准备状态或社会心理资源。生涯适应力是一个四维度二阶概念，由生涯关注、生涯控制、生涯好奇和生涯自信构成。

生涯建构主义的框架指出个体想要在各生涯阶段达到适应状态，应该包含适应动机、生涯适应力、适应行为和适应结果四个环节，并且四个环节受到情境因素的影响（如图 1-6）。适应动机包含个体主观上的适应意愿和适应力产生的内在动力，例如人格特征等。适应性动机较强的个体更愿意主动地适应外界的变化。生涯适应力是一种自我调节能力，能够激发个体产生相应的适应行为，例如主动进行生涯探索或生涯规划等。适应行为可以促使个体产生相应的适应结果，评价适应结果的指标有很多，例如工作满意度、工作绩效等。生涯建构理论具体框架如图 1-6 所示：

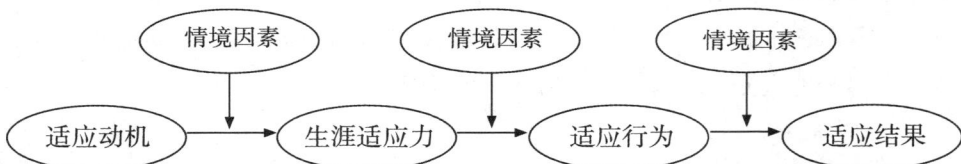

图 1-6 生涯建构理论框架

3. 人生主题

这同样是生涯建构理论的重要概念。霍兰德相关理论注重人职匹配，个体的性格和兴趣与相应的职业匹配；生涯建构理论的人生主题则强调在主观和客观世界建立关联，并通过工作体验帮助个体实现自我价值。

三、生涯混沌理论

混沌理论起源于 20 世纪 60 年代，最初诞生于物理学、数学等自然学科。布洛赫明确将混沌理论的观点引入生涯研究，认为生涯发展是一个复杂适应体。布赖特和普赖尔在前人研究的基础上提出了生涯混沌理论。该理论认为当今这个时代是多变的、充满着不确定性的，因此个体的生涯发展是一个混沌状态的动力系统，具有非线性、初值敏感性和不可预测性等特点，主张个体要充分认识到社会的多变和不确定性，要对个体的职业心理进行定性分析，促进其学会应对"生涯不确定感"，提高生涯适应能力。

研究者们基于生涯混沌理论，归纳出生涯发展的 11 个本质特征。

1. 自我更新

自我更新的观点表明生涯发展是一个主动建构的历程，是由当事人主导的主动适应和自主塑造的发展历程，每个人都是自己人生剧本的导演。也就是说，生涯发展具有内在的驱动力，每个人都是一个自动的、自发的生涯创造者。

2. 开放与交换

生涯发展是一个开放的系统，个体主动或被动地接受来自环境的影响，因此个体要保持开放的态度，不断与所处环境进行物质、能量、信息和意识的交换。在与环境交换的过程中，个体与周围环境建立的连接越多，沟通和交流的质量越高，其发展就越快。

3. 置身于网络

每个个体如同网络中的某个节点，与其他个体有着连接。这表明生涯发展离不开积极的社会互动，建立良好的社会关系网络将有助于个体生涯发展的顺利推进。

4. 分形

生涯发展中存在着阶段性重复，每个小阶段都会经历盛衰演变，和整个生命历程的兴衰过程具有相似性。表面上看似杂乱无章的生涯轨迹，常常具有自相似的特征。局部与整体的相似性源于某种稳定的运行规则。例如，人们新到一个环境，一般会经历无知、陌生、兴奋、压力、适应、厌倦、转换、再适应的心理历程，再遇到另一个新环境或者新朋友、新职业、新事务等也都会有这样的心路历程。这种相似的心路历程结构，为人们提供了可把控的、稳定的生涯发展模式。

5. 有序与混沌之间的转换

在生涯发展过程中，个体要经历诸多变动。例如，从一所学校到另一所学校，从一份工作到另一份工作，从一种适应状态到另一种适应状态等。人们会致力于获得某种稳定的生涯平衡状态，然而稳定与平衡都是暂时性的，变动总是会不可抗拒地发生，因此，当事人应该保持思想开放和极极应变，不断提高自身的适应能力。

6. 寻找最适合状态

生涯发展是一个动力系统，总是在运动中寻找一个暂时的稳态或平衡态。当外部条件变化后，平衡会被打破，个体又会寻找新的平衡态或稳态。

7. 非线性动力

生涯动力系统的运作大多数时候不会像线性规则那样简单，不存在明显的或单一的因果链，其变化遵循非线性模式，难以准确预测。

8. 初值敏感性

生涯发展的初值敏感性特征是指初始条件的微小变动都可能引起生涯路径的巨大变化，也就是"蝴蝶效应"。生涯发展是一个复杂适应体，兴趣、能力、性格、个人形象、健康状况、种族特征等内部因素和历史、地理、经济、科技、人脉等外部因素，以及一些难以预估的突现因素，都在一定程度上影响着个体的生涯发展。这些因素以各自的节奏变化着，其发挥作用的方式和力道在时间轴上依循非线性规则演变。并且，各种因素相互缠绕，存在于一个网络结构中，以网络传播的方式影响着个体的生涯发展。生涯发展是一个动态叠加的过程，个体每一次小小的努力，经过长时间的积累酝酿，会收到意想不到的巨大回报。

9. 吸引子的制约

生涯发展过程中存在一些约束性因素，使得个体的生涯轨迹收敛于某种形态。这种动力机制在生涯发展中就是外部环境的压力和内部动机过程的合力，它以吸引子形式存在。也就是说，生涯发展并非完全无序，是受各种吸引子支配的自适应实体的运转，其活动限制在一定的时空范围内，表现出一定的可预测性。吸引子这个概念比较形象地描述了生涯发展中的牵引动力，识别各类吸引子是生涯咨询的重要方向。

10. 奇异吸引子与机遇涌现

生涯发展过程中存在一些突变的因素，它会打破收敛性吸引子对个体的束缚，带来改变的契机。奇异吸引子是突变的推手，机缘巧合就属于这类吸引子，它使自适应实体超越现有的状态获得新的平衡状态。因此，在生涯发展过程中要对各种机遇抱有开放的态度，要有效地创造机遇、识别机遇和抓住机遇等，充分利用奇异吸引子推动跨越式的生涯发展。

11. 精神性

超越逻辑，寻找生涯中的各种意义连接，注重精神性和心灵的提升，这会给个体带来开悟、心安，可以更好地应对生涯中的不确定感。

生涯混沌理论批判了简单的、静态的、线性的、因果的生涯观，而赞成复杂的、非线性的、动态的系统生涯观，认为生涯系统充满着运动、变化和突发性事件。在现代的生涯世界中，人与环境的互动不再是稳定的，而是充满了复杂与变化。因此，生涯混沌理论对生涯教育提供了很好的思考框架，提出了诸多理解生涯的观点和教育理念，这些理论与方法对于透视生涯发展特征、解释并指导个体做好生涯规划、提高生涯适应力等具有重要意义。生涯混沌理论更强调对生涯的个性化阐释与理解，而非预测与决定。在生涯教育和辅导中要客观看待生涯规划的作用，关注并积极接纳生涯的不确定性，引导学生不断提升内部心理水平以应对生涯挑战，提升生涯适应、生涯管理、生涯决策等生涯能力，结合不同的生涯影响因素有针对性地开展指导，要多从系统的视角来整体理解并解决青少年的生涯困惑。

四、无边界职业生涯理论

无边界职业生涯的概念最早出现于 20 世纪 90 年代，由阿瑟在 1994 年《组织行为杂志》的特刊上首先提出，是指"超越单个就业环境边界的一系列的就业机会的职业路径"。无边界职业生涯预示着个体不再是在一个组织中度过终生职业生涯，而是能够跨越组织边界，在不同的岗位、专业、职能、角色和组织之间流动，就业能力的提升成为无边界职业生涯理论所强调的重要方面。

无边界职业生涯作为一种职业生涯发展趋势，打破了组织能提供终生雇佣的假设，彰显了个人职业生涯发展的不确定性、不稳定性、易变性和动荡性。"无边界职业生涯"中的"边界"，可以理解为工作的边界、组织的边界、工作关系的边界、雇佣关系的边界、工作角色的边界等。亚瑟和瓦尔德洛姆将无边界职业流动分成了物理职业流动和心理职业流动，提出了"无边界职业生涯双维度模型"。通过该理论模型，无边界职业生涯可以根据在物理和心理的统一范围内对职业行为人展示出来的流动性的程度进行观察和运用。

"无边界"的内涵应理解为组织边界的可穿越性和可流动性，而不是字面意义上的边界被消解。无边界职业生涯是一种基于物理—心理流动性，由个人主观意愿与组织外部环境的二相结构共同制约的新型职业生涯模式。这种二相结构既体现了职业生涯主体的某种独立性，也彰显了外部环境的重要性。在未来的职业世界中，心理流动性成了无边界职业生涯时代的核心特征。

无边界职业生涯理论具有以下特征：

（1）职业边界跨越组织。无边界职业生涯的职业生涯边界由传统的一个或两个组织边界转变为多个组织边界，或者由一个职业转变为多个职业。也就是说，个人可以隶属于多个组织或者行业。

（2）职业能力是能转变的。个人工作能力由适应某组织、某职位的能力转变为适应多组织、多职位的可迁移能力。个人具有可迁移的知识或技能，不再单一化。

（3）职业生涯管理责任转变。由组织负责员工的个人职业生涯管理转变为个人承担职业生涯管理责任，而组织也更重视个人对组织的价值。

（4）职业生涯目标转变。个人职业生涯目标由加薪和晋升转变为自身可雇佣性及就业能力的提高、工作—生活的平衡、身心平衡、个人发展及自由等。

（5）职业生涯成功标准转变。个人职业成功的标准由薪水增加、职位晋升、地位提升转变为个人心理意义上的成就感、工作的趣味性、自主性、职业发展机会、个人健康与幸福等。

（6）职业发展与学习相关。个人的职业发展阶段或者职业转折点与学习相关；个人参与培训方式以在职培训、即时培训为主；个人的职业生涯发展方式呈现跨边界、短暂和螺旋的特点。

随着无边界职业生涯时代的到来，核心能力将成为无边界职业生涯模式下个人职业生涯成功的关键。个体面临着更为激烈的就业竞争和更为频繁的工作变化；个体将在多个组织、多个职业、多个部门、多个岗位实现自己的职业生涯；多变、不稳定的就业环境要求个体具备较高获取职业的能力，快速适应新岗位的能力，以及在不同职业间平稳转换工作的能力。这既为个人职业发展设置了障碍，同时也为个体核心能力的培养和发展提供了方向。因此，要通过生涯教育帮助青少年清醒地认识到无边界职业生涯模式对未来就业会产生重大而深刻的影响。他们不再可能基于一个长时段来规划自己的生涯，也很难再将自己的工作与生活机会定位于单个组织机构稳定的环境中。因此，生涯教育的重点在于培养和提升青少年的核心能力，既要提升青少年的核心素养，又要培养青少年良好的个性品格，还要提升青少年身体素质、思想品质和文化科技素质三个方面的就业能力、生涯适应能力、终生学习等能力，为迎接无边界职业生涯时代做好准备。

五、生涯适应力理论

舒伯于 1955 年提出了用生涯成熟度（最初叫职业成熟度）来划分个体在生涯发展中任务的完成。随后，舒伯和纳赛尔在完善生涯成熟概念的基础上提出"生涯适应力"，指个体在其职业过程中，能够成功地面对生涯改变或生涯情境中那些复杂的、结构不良的或不可预测的生涯问题的自我调整的能力。

萨维科斯在 1997 年提出生涯适应力理论。他认为生涯适应力是指个体对于可预测的生涯任务、所参与的生涯角色与面对生涯变化或生涯情境中不可预测的生涯问题的准备程度与应对能力。简单来说，就是个体要具备应对生涯角色变化并与之保持平衡的能力。

2005 年萨维科斯对生涯适应力的理论建构做了进一步的修正和完善，提出了一个更为完整的建构模式（见表 1-2）。他提出具有可操作性的生涯适应力"4C"模型：生涯关注（Career concern）、生涯控制（Career control）、生涯好奇（Career curiosity）和生涯自信（Career confidence），四个结构维度贯穿于个体生涯发展始终，每一个维度都有一个核心问题需要个体做出具体回答。生涯关注引导个体关注未来，为今后可能面临的生涯任务未雨绸缪，对应的核心问题是"我有未来吗"；生涯控制促使个体为满足日后的生涯发展议题有意识地营造内外部环境，对应"谁拥有我的未来"；生涯好奇激发个体对自身内外部环境进行探索，对应"未来我想做什么"；生涯自信帮助个体在探索过程中更加自信地进行人生设计，对应"我能做到吗"。个体生涯适应力的发展贯穿于上述这些阶段，最终形成其与生涯规划、抉择和调整有关的独特的态度、信念和能力。萨维科斯将此三个因素称之为生涯建构的 ABC 理论，其中"态度"是指引起行为的情感变量或感觉，"信念"是指引领个体行为想要改变的意向，而"能力"是指理解力和解决问题的能力。这三个因素对生涯适应力的四个维度均具有调节功能，会影响个体在面对生涯发展任务、生涯转换或生涯困境时的生涯适应行为，进而促使个体将他们的生涯自我概念整合到生涯角色中去。

表1-2　生涯适应力的四个发展路线

向度	生涯问题	态度与信念	能力	生涯问题	因应行为	生涯干预
关注	我有未来吗	计划的	计划	不关心	觉察、投入、准备	生涯导向练习
控制	谁拥有我的未来	确定的	做决定	不确定	自信、有条理、执着	抉择训练
好奇	未来我想做什么	好奇的	探索	不真实	尝试、冒险、询问	从事信息收集
自信	我能做到吗	有效的	问题解决	阻碍	坚持、努力、勤奋	建立自尊

国内研究者赵小云等对生涯适应力理论做了本土化研究，在萨维科斯的生涯适应力四维模型的基础上，编制了我国大学生生涯适应力测评问卷并检验了其信效度。该问卷新增"生涯人际"和"生涯调适"，共同组成我国大学生生涯适应力的六维结构模型。

生涯适应力作为一种独特的心理特征，跟一般的人格特质和生涯探索行为是不同的，它居于二者之间。生涯适应力是生涯发展的核心概念，是衡量青少年"生涯准备"是否充分的核心指标，是个体应对生涯中的任务、问题、转折甚至是重大事件时的心理资源，也是个体在快速变化的现代社会中获得成功的职业生涯关键能力。

生涯适应力理论具有以下的特征：

（1）生涯适应力是一种独特的心理特征，是一种可以发展的社会心理建构，是个体的心理胜任力资源，有助于个体实现生涯目标的适应策略和适应行为的形成。在个体遇到生涯困境或危机时，更能显现出生涯适应力的重要心理胜任力。

（2）生涯适应力是一种可以通过培养得到提升的能力，是一种能够帮助个体"前进"的能力，尤其体现在升学、职业转换、职业发展任务、职业困境、职业危机等情境中。这种能力能够帮助个体充分调动适应当下情境的一切内在和外在资源。

（3）生涯适应力是个体与环境交互作用的结果。环境可以触发生涯适应力，生涯适应力是受环境因素的影响和制约的；个体的生涯适应力发展也可能影响和改变周围的环境。

（4）行动是发展生涯适应力的必备要素。生涯适应力虽然不是行为，却需要通过个体与环境的互动行为才能得以发展。也就是说，越能调整自身行为与环境融合的个体，越能更好地发展生涯适应力。

（5）生涯适应力是动态发展的。个体生涯适应力的发展贯穿于对生涯的关注、好奇、控制、自信、人际、调适的过程中，并最终形成与生涯规划、生涯抉择和生涯调整有关的态度、信念和能力。这些因素影响着个体在面对生涯发展任务、生涯转换和生涯困境时的因应行为，进而促使个体将其生涯自我概念整合到生涯角色中去。

生涯适应力理论对于开展生涯教育具有非常重要的指导和借鉴价值。生涯适应力是动态发展的，个体生涯适应力的发展贯穿于个体整个生命过程中，贯穿于对生涯的关注、好奇、控制、自信、人际、调适的过程中。社会是不断发展变化的，一些传统行业和领域不断消亡，新兴行业和领域不断出现，社会分工越来越细化。个体面对的升学就业、角色转换、生涯发展任务、生涯困境、多重角色等贯穿其生涯全程。因此，对青少年生涯适应力的培养，不能局限于其中的某一两个或几个方面，也不是某个学段的任务，而是贯穿于青少年整个成长和未来职业发展全过程中的。要从小就培养青少年良好的人际关系、沟通表达能力、团队合作精神、面对挫折时的心理调节能力等，提升其生涯人际和生涯调适能力。通过校内外结合、理论知识和实践体验相结合，不断培养和提升青少年的生涯关注、好奇、控制和自信，从而持续提升青少年的生涯适应能力。

总之，不同的生涯理论对生涯教育具有一定的指导作用与借鉴意义，为生涯教育的研究、实践提供了理论工具，有利于指导生涯教育的持续深入开展。作为生涯教育工作者，需要打好理论基础，要在批判中学习和借鉴，在实践中应用和创新，逐渐形成有中国特色的生涯理论体系，不断总结中国特色的生涯教育实践经验，为生涯教育更好地开展、为青少年的幸福生涯奠定坚实的基础，为社会主义现代化建设培养更多德才兼备的优秀人才。

身心发展及生涯任务

　　个体在从诞生到死亡的不同年龄阶段有其需要完成的生涯发展任务，如果个体能成功地完成其发展任务，则可以获得愉快和舒畅的体验，并且有利于下一阶段的发展；反之，则会感到不愉快和受到障碍，行为不为社会所认可，并且有碍于下一阶段的发展。生涯教育的目的是要帮助个体明确不同年龄阶段的发展任务，并促进其尽可能成功地完成发展任务，以便顺利地进入下一阶段。因此，了解并掌握人在不同阶段的生理功能、心理功能和社会功能的发展规律、发展程度和水平，将有助于师生共同明确学生在不同阶段的发展任务和目标。这是生涯教育高质量开展、个体生涯顺利发展的重要前提。

　　本单元将简要、系统地介绍儿童青少年的生理功能发育和心理功能发展的特点、生涯发展任务，便于生涯教育工作者系统地了解并掌握不同阶段学生的生理和心理发展特点。这将有助于生涯教育正确、科学地开展，帮助学生找到适合自身身心发展特点的、符合社会和时代发展需要的、开放和灵活的生涯管理策略和生涯发展路径，自觉主动地培育学生终其一生的生涯建构力和生涯适应力。

第一章
儿童青少年的生理发育

　　人体的结构和功能是按照一定的规律分化、发展、统合的，是一个多样化、复杂化、逐渐成熟的过程，涵盖了人体的发生、发育、成熟、衰退至死亡。生理发展是指个体身体各部及各种组织、器官、系统的结构和功能的生长发育过程。生长是指量的增加，如身高、体重和各器官的增长；发育是指质的变化，如各器官、系统的组织结构和功能的不断分化、成熟等。生理功能的发育是个体心理功能、社会功能等发展的基础。本章将按照儿童青少年生理功能发育的规律，主要介绍神经系统、心血管系统、消化系统、呼吸系统、运动系统、泌尿系统、生殖系统等的发育。

第一节　幼儿的生理发育

幼儿期是指个儿童从 3 岁到 6 岁、7 岁这一时期，通常是儿童进入幼儿园的时期，所以叫作幼儿期。

一、幼儿的身体形态特征

幼儿期是个体迅速生长发育的时期，身体各部分的比例发生明显变化，逐渐接近于成人水平，头、躯干、四肢发育速度差异较大，下肢发育较快，体格发育速度跟婴儿期比相对减慢，但仍保持稳步地增长，身高年均增长 5cm～7cm，体重年均增长 2kg～5kg。同年龄、同性别的儿童体重差异一般在 10% 左右。

二、神经系统

神经系统是指机体内神经细胞形成的各种组织与结构的总称。人类神经系统包括位于颅腔和椎管内的脑和脊髓以及与脑和脊髓相连接的分布在全身的周围神经。脑和脊髓构成中枢神经系统，脑和脊髓以外的神经组织形成周围神经系统，包括脑神经、脊神经和内脏神经。神经系统控制和调节着各个系统的活动，使机体成为一个有机的整体，以适应多变的外环境。

脑是优先发育的。新生儿的脑重量已达到成年人脑重的 25%，神经元超过 1000 亿个，数量已与成人相同。儿童脑的重量随着年龄以先快后慢的速度增长，第一年的脑重量增加最快，2.5 岁～3 岁时脑重发展到成年人脑重的 75%，3 岁时神经细胞的分化已基本完成。

幼儿期是儿童大脑发育最快的时期。3 岁儿童的平均脑重为 1000g，7 岁儿童的平均脑重为 1280g，基本上接近成人的脑重（平均为 1400g），此后儿童的脑重不再有明显的变化。儿童脑重的增加是由于神经元结构的复杂化及神经纤维分支增多和长度增加。幼儿期的神经纤维继续增长，额叶表面积的增长率在 2 岁左右达到高峰后，在 5 岁~7 岁时又有明显加快，此后维持在一个稳定水平；同时，神经纤维的髓鞘化也逐渐完成，这就使得神经兴奋的传导更加精确、迅速。

三、心血管系统

心血管系统是循环系统的一部分，包括心脏、动脉、毛细血管和静脉。心脏是血液运行的动力，血液自心脏搏出，经动脉到全身毛细血管，在此进行物质交换以后毛细血管汇集成静脉，血液沿静脉返回心脏。循环中的血液，将从外界摄取的营养物质和氧，以及内分泌腺分泌的激素及某些细胞产生的各种调节物质输送到全身各部的组织和细胞；又将这些组织、细胞的代谢产物带到排泄器官，排出体外，从而保证机体的生长发育及新陈代谢。

心脏重量并非匀速增长。新生儿出生后 6 周内心脏重量增长很少，此后心脏重量的增长速度呈持续性和跳跃式增长。幼儿期心脏形状近似于成人，多为椭圆形。5 岁儿童心脏的重量为出生时的 4 倍。心脏容积小，7 岁时为100mL~120mL。幼儿的动脉内径相对比成人大，肺动脉直径较主动脉宽，因此幼儿的心输出量比成年人少，心脏收缩能力差，平均心率为 90~110 次/分钟，血压较低，但随年龄增长而逐渐升高。6 岁~7 岁以后，幼儿心肌收缩力和弹性有所增强，但由于自主神经对心脏的收缩控制能力发育不成熟，稍做剧烈运动心率就会明显增加，所以此期儿童不宜做需要长时间屏气或静止性用力的运动，如拔河、举重等无氧运动。

四、呼吸系统

呼吸系统由鼻、咽、喉、气管、支气管和肺组成。从鼻到支气管是气体的传送通道，并有温暖吸入的空气和清除空气中的灰尘及细菌的作用。肺的作用是完成机体与外界之间的气体交换，即肺毛细血管内的二氧化碳与吸入肺的空气中的氧进行交换。呼吸系统尚包含一些执行特殊机能的结构，如喉部含有能够发声的声带，鼻腔含有嗅觉感受器等。

幼儿鼻腔比较狭小，鼻毛不发达，鼻黏膜非常柔嫩，且有丰富的血管，因此鼻黏膜容易受到感染，并且轻微的感染就会引起黏膜充血、肿胀及流涕，造成鼻阻塞，甚至呼吸困难。幼儿的喉腔狭窄、黏膜柔弱，并且血管丰富，因此当喉部发生炎症时，也很容易造成呼吸困难。

幼儿肺组织弹性纤维发育差，肺间质发育旺盛，血管丰富，肺泡数量少，使肺部含血量多而含气量少，容易发生肺部感染。儿童胸廓左右径短，呈桶状，肋骨呈水平位，呼吸肌较弱，主要依靠膈肌升降辅助呼吸，且胸腔小，肺体积相对较大，呼吸时胸廓活动度小，呼吸表浅，肺不能充分扩张。幼儿发生病变时，容易发生通气、换气障碍，导致缺氧和二氧化碳潴留。因此，要注意幼儿呼吸系统的保护。

幼儿呼吸频率要比成人快，但由于呼吸中枢发育不完善，容易出现呼吸节律不齐、深浅交替、间歇性呼吸或呼吸暂停等，所以儿童不宜进行较大强度的运动。

五、消化系统

消化系统由消化管和消化腺组成。消化管包括口腔、咽、食管、胃、小肠和大肠等一系列管道。消化腺包括唾液腺、胰脏及肝脏这些大消化腺以及位于消化管管壁内的小消化腺，如胃腺、肠腺等。消化系统的主要功能是摄取和消化食物、吸收营养及排泄食物残渣和部分代谢产物。

幼儿的牙齿根据其位置、形态和功能可分为切牙（门齿）、犬牙（尖齿）和乳磨牙（臼齿）。婴儿乳牙在出生后 4 个月 ~ 10 个月开始生长，乳牙出齐共 20 颗，大约需要一年半到两年的时间才能出齐。6 岁左右，乳牙开始脱落，并长出第一颗恒牙，之后乳牙按照萌出的次序依次脱落萌新，大约每年更换 4 颗乳牙，直到 12 岁左右更换完毕，共 28 颗。女童通常出牙略早于男童。换牙期常出现牙齿排列不齐，容易嵌塞食物，引发牙齿疾病。4 岁 ~ 8 岁是儿童龋齿高发期。

幼儿胃壁肌肉薄，伸展性差，胃的容量小，且消化能力较弱。幼儿 3 岁时，胃容量约为 600mL，6 岁时约为 900mL。幼儿胃容量变化较大，且与体重、年龄、发育情况、个体差异等均有一定关系，难以准确得出具体数值。

幼儿肠管相对较长，小肠黏膜有丰富的毛细血管和淋巴管，吸收能力较强。幼儿肠肌肉组织发育不完善，肌层薄，肠道蠕动能力较成年人弱。幼儿自主神经的调节能力差，易发生肠道功能紊乱，引起腹泻或便秘。幼儿肝脏分泌胆汁较少，对脂肪的消化能力较差。

六、运动系统

运动系统由骨、骨连结和骨骼肌三部分组成。骨骼肌在神经系统支配下，能够收缩，牵动所附着的骨，使人体产生各种动作。由全身骨通过骨连结构成的骨骼是人体体形的支架，具有保护内部器官、供肌肉附着和作为肌肉运动杠杆的作用。此外，红骨髓有造血功能。所以，运动系统具有运动、支持和保护等功能。

幼儿的骨中含有机物相对较多，无机物相对较少，所以骨的弹性大而硬度小，不易骨折而易变形。幼儿的关节间隙较大，关节面软骨较厚，而关节囊较薄，囊周围的韧带伸展性较大，关节周围的肌肉较细长，不太发达。因此，幼儿关节的伸展性和活动范围都大于成年人，但关节牢固性相对较差，有时在用力过猛或不慎摔倒的情况下，可能会使关节头从关节窝中脱出来，从而造成脱位。

幼儿的肌肉较柔嫩，富有弹性，肌纤维较细，肌力较弱，肌肉的耐力差，容易疲劳和受损伤。幼儿身体各部分肌肉的发展是不平衡的，一般身体浅层的粗大肌肉发育较早，深层一些的细小群发育较迟。5岁以后肌肉发育开始显著。

七、泌尿系统

泌尿系统由肾脏、输尿管、膀胱及尿道组成，是机体代谢废物排出的器官之一。机体代谢的废物，特别是蛋白质代谢产生的含氮废物，主要由血液运到肾，在肾脏形成尿液后经输尿管导入膀胱，当膀胱内的尿液达一定容积时引起排尿反射，尿液即经尿道排出体外。另外，肾脏还有重要的内分泌功能。

幼儿的膀胱容量较小，黏膜柔弱，肌层和弹力组织也较弱，中枢神经系统发育不完善，睡前饮水过多、精神刺激以及过度疲劳等容易引起幼儿不自主地排尿，即夜尿。学龄前幼儿每日尿量约600mL～800mL，3岁以后幼儿的排尿机制发育逐渐完善，能控制排尿。幼儿输尿管长而弯曲，管壁弹力纤维和肌肉发育不完善，容易受压扭曲而导致梗阻、尿潴留及继发感染。女童尿道较短，外口接近肛门，易受粪便沾染；男童尿道较长，但常因包皮过长或包茎积垢而导致感染。

八、生殖系统

生殖系统指人体与生殖有关的各器官的总称，其主要功能是产生生殖细胞、繁殖后代，并分泌激素，参与体内代谢活动。生殖系统分为男性生殖系统和女性生殖系统，主要包括生殖腺和一系列附属器官。生殖腺是产生生殖细胞与性激素的器官，男性为一对睾丸，女性为一对卵巢。附属器官有输送生殖细胞的管道及附属腺，其按部位不同又分为内生殖器与外生殖器。男性内生殖器包括附睾、输精管、射精管、前列腺、尿道球腺及精囊腺；女性内生殖器包括输卵管、子宫、阴道。男性的睾丸和女性的卵巢均属内生殖器。男性外生殖器包括阴茎与阴囊；女性外生殖器包括阴阜、大阴唇、小阴唇、阴蒂、阴道前庭与前庭大腺等。

幼儿期生殖系统发育很缓慢，受褪黑激素的作用，生殖系统处于被抑制的状态，要到青春期中期才会迅速发育成熟。

第二节　小学生的生理发育

小学生是指6岁或7岁至12岁或13岁在小学进行学习的儿童。在小学低年级，儿童还具有明显的学前儿童的身心特点，而小学高年级儿童则随着生理年龄的变化，逐渐步入青春发育期。因此，小学时期往往被称为前青春发育期。小学生的身心处于快速协调发展的过程中，小学阶段是人身心发展的一个重要转折时期，是促进身体和智力发展，形成和谐个性、培养良好身体素质、心理品质与行为习惯的好时机。

一、小学生的身体形态特征

小学生的体格处于相对稳定增长的阶段，最大特点是变化不明显，多数儿童的发展经历着一个相对平缓的阶段。7岁时，男生平均体重约20.91kg，平均身高约为 119.5cm；女生平均体重约为 20.11kg，平均身高约为 118.47cm。小学时期，儿童身高每年增加 4cm～5cm，体重每年增加 2kg～3kg。6 岁～8 岁的女生比男生略矮，体重略轻。进入青春期后，男女生会出现性别发育趋势的反转，女生青春期身高生长突增一般比男生早约 2 年，所以在 10 岁左右，女生身高由以前略低于男生开始赶上男生，并超过男生。12 岁左右，男生身高生长突增开始，而此时女生的生长速度已开始减慢。到 13 岁～14 岁，男生身高生长水平又赶上女生，并超过女生。由于男生增长幅度较大，生长时间持续较长，所以到成年时绝大多数男性身体形态指标均比女性高。

二、神经系统的发育

小学生的神经系统结构发育基本成熟，神经细胞之间的突触数目增长持续到 10 岁～11 岁，以后逐渐减少，达到成人水平。6 岁时脑重约 1200g，左右大脑半球的一切传导通路几乎都已形成。7 岁～8 岁大脑继续发育，脑神经细胞的体积加大，脑重量达 1280g，相当于成人脑重量的 86%～90%。9 岁～12 岁小学生脑的重量增加不多，大脑皮层的内部结构和功能进一步复杂化。12 岁时脑重量约 1400g，已经接近成年人 1450g 左右的脑重。

大脑功能的单侧化在小学阶段逐渐完成。小学生的视觉输入、大脑信息加工的传导通路发育更加成熟，传入和传出的协调性更好，因而精细运动的反应速度更快，精确性更高。神经细胞之间的轴突和树突间的联系更加密集，出现了许多新的神经通路，使小学生的运动更加协调和准确。额叶发育比较成熟，接近成人，大脑皮层的抑制能力和分析综合能力加强，能对自己的欲望和情感进行自我控制，能进行复杂的联想、推理、概括、归纳等抽象思维活动。

小学生大脑兴奋与抑制的平衡性差，兴奋通常强于抑制。为了促进小学生神经系统正常发育，增强其灵敏性、协调性，应注意加强感觉器官的训练，加强体育活动及适当的劳动锻炼。此外，还需确立良好的学习和生活制度，以促进神经系统的正常发育。

三、心血管系统的发育

小学生的心脏和血管不断均匀增大或增长，心肌加厚，但机体代谢相对比成人旺盛，心跳比成人快、比婴幼儿时期慢。小学生的心率低于新生儿时期和幼儿期，约为 80~85 次/分。小学生心血管系统的功能逐渐增强，因此能更好地进行生机勃勃的运动而无疲劳感。

四、呼吸系统的发育

小学生肺的功能进一步发育完善，肺活量也明显增加，使儿童能在每次呼吸中大大增加空气的交换量，能够为其比较剧烈的运动提供充足的氧气。小学生对各种呼吸道传染病的抵抗力也有所增强。

五、消化系统的发育

儿童一般在 6 岁左右开始有恒牙萌出，乳牙按一定的顺序脱落，逐一由恒牙替代。到 12 岁、13 岁时乳牙即可全部被恒牙替代，进入恒牙期。替牙期是龋齿病的高发期，因此小学生要注意口腔卫生。与成人相比，小学生消化能力比成人差，肠道的吸收功能比成人强。9 岁以前小肠和大肠均衡地生长，以后小肠的生长落后于大肠。消化腺分泌的各种消化酶接近成人，有助于营养物质的消化和吸收。

六、运动系统的发育

在生长激素、甲状腺激素等内分泌激素的协同作用下，小学生的身高增长加快，主要表现在身体的下半部分生长较快，所以腿显得比幼儿时期更长。

小学生的骨逐渐骨化，骨骼的有机物和水分多，钙等无机成分少，所以骨骼弹性大而硬度小，韧带和骨骼结构还不牢固，不易发生骨折，但容易发生变形，不正确的坐立行走姿势可以引起脊柱侧弯（表现为一肩高一肩低）、后凸（驼背）等变形。小学生肌肉虽然在逐渐发育，但主要是纵向生长，肌肉纤维比较细，肌肉的力量和耐力都比成人差，容易出现疲劳。因此，在劳动或锻炼时不应该让他们承担与成人相同的负荷，以免造成肌肉或骨骼损伤。写字、画画的时间也不宜过长。

七、泌尿系统的发育

小学生的肾功能发育还不健全，尿液的浓缩与稀释能力比成年人弱得多，因此不宜吃过多的咸食。小学生膀胱壁较薄、储尿功能差、小便次数较多，尤其是小学低年级学生。

八、生殖系统的发育

小学生的生殖系统发育速度增快，第二性征发育开始。

女生在 8 岁以前卵巢很小，表面光滑。到 8 岁～10 岁，卵巢开始发育，以后发育迅速。子宫在 10 岁左右开始迅速发育，在 10 岁～18 岁期间，子宫长度大约增加一倍。女生第二性征发育顺序为乳房、阴毛、腋毛。乳房的发育是第二性征中最早出现的，为青春期始动的标志。女生多在 9 岁～11 岁青春期始动后 2.5 年～3 年月经初潮来临，这标志着女性生殖功能发育成熟。

男生在 9 岁以前睾丸较小，阴茎和阴囊为幼儿型，第二性征不明显。9 岁～11 岁，睾丸增大为 2.5cm～3.2cm，阴茎开始增长，开始长阴毛。11 岁～14 岁，睾丸增大到 3.3cm～4cm 以上，阴茎明显长大增粗，阴囊增大，阴毛稠密而长。男性第二性征发育顺序为睾丸、阴茎、阴囊、阴毛、腋毛、胡须、喉结、变声。男生以睾丸的增大作为青春期始动标志。一般来说，睾丸和阴囊通常是在 10 岁～13 岁之间开始生长发育。

青春期开始、持续的时间及第二性征出现的顺序有很大的个体差异。性早熟指女生在 8 岁前、男生在 9 岁前出现第二性征，为青春期提前。多数性早熟为特发性性早熟，部分与肿瘤有关。

第三节　中学生的生理发育

中学阶段一般从 11 岁或 12 岁开始到 17 岁或 18 岁结束，历时 6 年，是个体身心发展的加速期和向成人发展的过渡期。11 岁或 12 岁到 14 岁或 15 岁这段时间，可称为青春期、少年期。这个阶段的个体正处于初中阶段，这三年时间是个体身体发展的一个加速期。青春期个体身体的各个方面都在迅速发育，并逐渐达到成熟。从 14 或 15 岁到 17 或 18 岁也可称为青年早期，这个阶段的个体正处于高中阶段。经过前几个阶段的连续发展，青年早期的个体在生理发育上已达到成熟，在智力发展水平上也接近成人水平。

一、中学生的身体形态特征

在神经内分泌作用下，中学时期体格出现快速成长，逐步脱离了儿童的特征而逐渐成熟起来，更为接近成人。快速成长开始于性成熟之前，或者与性成熟同时开始，终止于性成熟后的半年到一年。中学时期进入快速成长阶段，高峰年龄男生为 11.5 岁~15.5 岁，女生为 9.7 岁~14 岁，以后逐渐减慢，到 18 岁~20 岁时，身高便达到充分发育水平。初中阶段平均每年长高约 6cm~8cm，甚至达到 10cm~12cm 之多。初中生身材迅速长高的主要原因是由于他们腿骨和躯干的变化。青春发育期激素活动增强，促进软骨的生长，从而导致身高的增长。身高增长存在着个体差异，这种个体差异在男生和女生中都很明显。

进入初中阶段，个体的体重平均每年增加 4.62kg。体重的增加也存在着性别差异，这种差异也表现在快速增长时期开始的早晚以及增加速度和增加量上。

身体各部位的发育时间与速度不同。肢体生长早于躯干，其突增顺序是脚→小腿→大腿；上肢稍晚于下肢，突增顺序是手→前臂→上臂；最后是躯干加速生长。身体各部突增顺序是从远端到近端，被称为青春期生长的向心律。

进入高中阶段后，个体身体的发育基本达到稳定状态，身高体重增长速率减慢。18 岁以后个体的身高增加得很少，其他生理结构和机能也在此阶段发展减缓，并在不同的时段进入成熟状态。

二、神经系统的发育

中学时期个体神经系统的结构和功能趋于成人化，为逻辑思维逐渐占主导地位和整个心理机能的大发展奠定了基础。青春期个体脑重及脑容量的增长不明显，这种增长存在着性别差异。女生在 10.5 岁左右时，其脑容量增长达到最高值，而男生脑容量增长的最高值出现在 14.5 岁左右。

中学生的神经系统基本上与成人没有什么差异，大脑皮质沟回组合完善，大脑中的沟回增多、加深，神经纤维完成髓鞘化，机能趋于成熟，第二信号系统占据优势地位。随着神经系统的发育成熟，中学生的兴奋和意志也逐渐趋于平衡。中学生的神经系统处于缓慢持续的发展过程中，要到 20 岁 ~ 25 岁才达到完全成熟。

三、心血管系统的发育

进入中学阶段，个体心脏的重量大大增加。10 岁时心脏重量增长为新生儿的 6 倍，青春期后心脏的重量增长为出生时的 12 倍 ~ 14 倍。心脏密度成倍增长，心室壁的肌肉增厚，心肌纤维更富有弹力，心脏的每搏输出量增多，心率、脉搏减慢。心脏收缩力的增强以及内分泌系统变化的影响使血压升高，中学生的收缩压（也叫高压）一般为 90 ~ 110mmHg；舒张压（也叫低压）为 60 ~ 75mmHg，已接近成人水平。9 岁 ~ 10 岁时，血压一般为 100/66mmHg，脉搏约为 84 次/分钟。到 14 岁 ~ 15 岁，血压为 110/70mmHg，心率为 70 ~ 80 次/分钟，基本与成人相同。女生在心脏重量、大小、每次收缩所排出的血量和血压方面，均比男生低 10% 左右，心率和脉搏则比男生快 8 ~ 10 次/分钟。

四、呼吸系统的发育

中学阶段，肺又进入一个快速生长发育期。肺的横径和纵径先后增大，肺泡的体积也扩大，肺的功能也随之增强，并大大完善。10 岁时个体的肺活量约为 1800mL，到 15 岁时可以达到 3000mL 以上。12 岁时，肺的重量为新生儿的 9 倍。

按体重计算的最大吸氧量的相对值，男生在 13 岁前呈增长趋势，19 岁前稳定于 55mL／（kg·min）左右；女性在 13 岁以前比较稳定，约 45mL／（kg·min），13 岁 ~ 19 岁呈下降趋势。最大吸氧量在青春期前性别间差异不大；青少年阶段，随着年龄增长，性别间差异逐渐增大，以后一直维持在这一水平。一般情况下，女生的肺发育比男生要早 1 年 ~ 2 年，但男生肺的功能最终会平均比女生强。

五、消化系统的发育

中学生的消化系统功能逐步完善，消化能力逐渐增强，营养物质的吸收能力接近成年人。由于此时的肝对肝糖原储备能力较弱，中学生耐饥饿能力差，容易发生低血糖；同时消化酶中对脂肪、蛋白质等的消化能力较成人弱，容易出现消化不良、厌食、腹泻等。

六、运动系统的发育

中学生体重的增加主要由于骨骼和肌肉的迅速生长。中学时期，身体其他部位骨骼迅速增长，头颅骨的增长速度却在显著减慢，逐渐向成人的头小身大特征发展。女生 15 岁～16 岁、男生 17 岁～18 岁时，长骨骨干与骨骺完全愈合，椎骨体与骨骺要到 20 岁以后才能完全愈合，身高增长完成。14 岁～16 岁时，足弓发育成熟，具有良好的弹性，使站立、走路保持平稳，并具有保护和缓冲作用。脊柱的腰曲需要到 14 岁以后才固定，要防范脊柱侧弯、后凸等变形的发生。

中学时期是肌肉发育最迅速的时期。女生 12 岁～15 岁、男生 15 岁～16 岁有了明显的肌肉组织，肌肉越来越发达，中学生体重的增加约有一半是由于肌肉的增长。肌肉的运动功能迅速提高，以肌力为代表，男女在握力、拉力、耐力等都有一个突增阶段。在肌肉力量的快速发展水平上，男女之间也存在着明显的差异，女生为 10 岁～11 岁，男生比女生晚 2 年，突增幅度则是男生明显高于女生。

从发育高峰开始，男生的脂肪层渐进性减少，发育更好的是肌肉，所以更强健；而女生的脂肪在这一阶段没有减少，积存在臀部、髋部、骨盆、胸部等处，显得日益丰满起来。

七、泌尿系统的发育

中学生泌尿系统的形态发育接近成人水平，肾脏的泌尿和回收能力以及调节机体内环境的能力更趋成熟。随着膀胱形态的生长发育，中学生对尿液的存储量明显增加，控制膀胱积存尿液和随意排尿的神经反射控制机能也日趋完善，膀胱的排尿活动受意识控制的特征发育成熟，因此，婴幼儿时期的遗尿现象在中学生时不再出现。若仍然遗尿，就需要找医生诊治。中学生的肾脏比较稚嫩，加上机体免疫系统机能不健全，容易受到病原微生物、毒物的侵袭而患肾小球肾炎等疾病。女生的尿道比男生短且直，所以容易发生泌尿道感染，约 3%～5% 的女生发生过泌尿道感染，因此要注意个人卫生防护。

八、生殖系统的发育

中学时期是性器官快速发育的阶段。在青春期之前，女性的性器官发育缓慢，8 岁～10 岁发育加速以后的发育速度则直线上升。子宫的发育从 10 岁开始到 18 岁时，长度增加了 1 倍，其形状及各部分的比例也有所改变。内分泌腺分泌的促进生长发育的生长激素、性激素、甲状腺激素等在 14 岁～15 岁发育最快，机能达到高峰，共同作用，促进个体的性发育。

性器官的迅速发育使青春期的女生出现月经。月经初潮的年龄一般在 10 岁～16 岁。月经初潮后由于卵巢发育尚未完全成熟，因而在一个阶段内月经周期并不规律，一般在一年内可达到正常。

男生的性器官发育比女性要晚一些，在 10 岁以前发育很缓慢，进入青春期以后发育加速。男生首次遗精的时间也有个体差异，一般发生于 12 岁～18 岁。

第四节　大学生的生理发育

大学阶段是个体接受基础高等教育或专业高等教育的阶段，一般在 18 岁到 22 岁或 25 岁期间完成，属于青年中期。本书中大学生是指正在接受高等教育还未毕业的学生，包括在大学、专门学院、专科学校、研究生院、开放大学等基础高等教育或专业高等教育进行专修课、本科、研究生或继续教育等不同层次学习的学生。到了大学阶段，学生的生理发育已逐渐成熟，能承受较大的负荷，为担负繁重的脑力和体力劳动、适应各种环境变化和挑战、心理素质的健康发展等奠定了物质基础。

一、大学生的身体形态特征

低年级大学生（18 岁～19 岁）已经经历了人生最后一个生长发育的高峰期，身高、体重、胸围、肩宽、头围、骨盆等外部形态已逐渐转入缓慢发展阶段。男女学生在外部形态上出现了明显的差异：男生变得喉结突出，声带加宽，发音低沉，肩部增宽，胸部呈现前后扁平，须毛丛生，显得壮实；女生乳房突出，声带变长，嗓音尖细，臀部增大，肢体柔韧而丰满。中高年级的大学生（20 岁以后）面部皮肤饱满滋润，头发浓密，牙齿整洁，体格健壮，骨骼坚强又柔韧，肌肉丰满且富有弹性，脂肪比例适中，身高体貌基本定型。

二、神经系统的发育

大学生脑的形态和功能发育成熟、完善。大学生正处在脑细胞建立联系的上升期，大脑皮层活动速度和数量迅速增加，神经元联系扩大，脑回深化，大脑发育逐渐成熟，第二信号系统最高调节能力大大增强，第一和第二信号系统的联系完善起来，为思维发展创造了良好的物质条件。所以，大学时期是智力水平增高、记忆功能增强、抽象思维获得重大发展、分析综合能力明显提高的时期。

三、心血管系统的发育

大学生的心脏发育成熟，收缩能力强，心率慢、每搏输出量增大。大学生心脏的形态结构和功能均已达到成人水平。大学生的心脏重量约为 300g ~ 400g，心脏容积达到 240mL ~ 250mL，心跳频率每分钟 65 次 ~ 75 次，脉搏强而有力，且节律正常，血压正常，心脏功能达到最强状态；血液量占体重的7% ~ 8%，每搏输出血液量约为 60mL。对绝大多数男女生来说，心脏系统可以承受各项激烈的体育锻炼活动或比较重的体力劳动。

四、呼吸系统的发育

大学生的呼吸系统已接近和达到成人水平。大学低年级阶段，心肺的结构和机能迅速生长发育，呼吸频率逐渐减慢，呼吸深度相应增加。大学阶段呼吸频率为每分钟 16 次左右，男女大学生平均肺活量分别是 4124 ± 552mL 和 2871 ± 390mL。大学阶段肺功能达到最强状态，肺活量达到最大值；且呼吸肌增强，频率减慢，深度加大，肺活量增大，最大吸氧增大，运动时承担氧债的能力也有了提高。

五、消化系统的发育

大学生的消化系统功能发育完善。大学生的口腔、食管、胃、小肠和大肠等方面的运动功能强健，牙齿坚固，咀嚼能力强；胃张力强、排空速度快、食欲好；食管、胃肠的蠕动及输送食物的功能强；小肠、大肠肌层厚实，收缩力强，消化能力和营养吸收能力强。完善的消化功能使大学生在食物选择上几乎不受限制，有利于营养物质的充分摄入，为身体健康和承担一定负荷的运动与劳动提供了充足的营养物质。

六、运动系统的发育

大学阶段骨骼已基本骨化并坚固，骨骼坚强柔韧，肌肉丰满且富有弹性，运动功能强健。在此年龄阶段，由于性激素的作用，人体肌纤维变粗，向横径发展；肌肉中的水分逐渐减少，蛋白质、脂肪、糖和无机物含量逐渐增多；肌肉的横断面、肌肉重量和肌肉力量都明显增加，承受重力、强度、速度、耐力等能力增强，接近成人水平。大学生可以通过针对性的体育锻炼进一步增强身体运动功能，为后续的生涯发展打下坚实的身体健康基础。

七、泌尿系统的发育

大学阶段泌尿系统功能发育成熟，膀胱的形态和功能发育成熟，对尿液的储存量达到成人水平，膀胱容量为 350mL～500mL，女性略小于男性；控制膀胱积存尿液和随意排尿的神经反射控制机能完善，膀胱的排尿活动受意识控制的特征发育成熟。肾脏功能发育成熟，排泄体内代谢废物、维持机体电解质的稳定及酸碱平衡的功能、维持机体内环境稳定等功能完善，为身体进行比较强的运动、学习和工作任务等提供生理保障。

八、生殖系统的发育

在大学低年级段（18岁～20岁）时，大学生的性功能和第二性征发育成熟，生殖器官和性机能趋于成熟和完善；男、女生的性别特征都很显著；开始对异性产生好奇、爱慕、关注和吸引。

第二章
儿童青少年的心理发展及生涯任务

个体心理发展的过程是一个社会化的过程。社会化过程包括学习、适应、交流等人类个体借以发展自己的社会属性、参与社会生活的一切过程。通过社会化，个体获得在社会中进行正常活动所必需的品质、价值观、信念以及社会所赞许的行为方式。在社会化的过程中，个体在生理和心理两方面的发展为生涯发展奠定基础，促进个体形成适应社会的人格，学会基本的生活技能，掌握社会认可的行为方式、社会规范，确立生涯发展目标，完成生涯发展任务，形成多种社会职能，胜任各种社会角色。社会化的过程是人类学会共同生活和彼此有效交互作用的过程，也是个体与社会环境交互作用、不断适应社会的过程。本章将对儿童青少年心理发展规律及该段主要的生涯发展任务进行简要介绍。

第一节　幼儿的心理发展及生涯任务

幼儿时期是个体迅速生长发育的时期，在环境和教育的影响下，在以游戏为主导的各种活动中心理发展异常迅速，与婴儿期相比发生了质的飞跃。幼儿大脑皮层的结构和机能的不断成熟和完善，为幼儿心理的发展提供了物质基础，也为幼儿完成生涯发展任务提供了生理和心理基础。

一、幼儿心理的一般特点

（一）认识活动的具体形象性

幼儿的思维主要是凭借对事物的具体形象的联想来进行的，而不是凭借概念、判断和推理等对事物的内在本质和关系进行理解的。思维的具体形象性还派生出幼儿思维的经验性、表面性、拟人化等特点。这些特点是与儿童知识经验贫乏和儿童第一信号系统活动占优势分不开的。

1. 幼儿主要通过感知，依靠表象来认识事物

直观、具体、生动的形象容易引起幼儿的注意，也容易在他们头脑中留下痕迹。幼儿认识活动的具体形象性更多地表现在他们的思维活动中，他们的思维活动常常难以摆脱知觉印象的束缚。这种现象一直持续到幼儿晚期，因此具体形象是贯穿整个幼儿期认识活动的一个主要特点。

2. 具体形象的表象左右着幼儿整个认识过程

表象是从前感知过的东西在头脑中再现的形象。幼儿表象具有以下特点：（1）幼儿凭借表象进行思维操作；（2）幼儿的表象语词在心理操作中是双重编码，其言语能力的发展主要是依赖表象；（3）表象是幼儿进行词的思维操作的支柱。

（二）心理活动和行为的无意性

幼儿心理活动及行为容易被外界环境左右，在行为的过程中会经常被外界刺激、吸引而改变自己的活动方向。

1. 幼儿有意控制和调节心理与行为的能力差

幼儿以无意记忆、无意注意、无意想象为主。幼儿心理活动的各个方面都可以发现这种无意性，尤其在兴趣方面表现突出。幼儿的活动更多地受兴趣支配，而较少有意地控制，同时，兴趣又直接影响幼儿智力活动的效果。

2. 幼儿心理活动和行为的稳定性差

无意性的特点使幼儿心理活动及行为显示较强的冲动性和较少的稳定性。随着年龄的增长，在正确的教育条件下，到幼儿晚期，幼儿心理活动及行为的有意性开始发展，稳定性逐渐增强。

3. 开始形成最初的个性倾向

3岁前，幼儿已有个性特征的某些表现，但这些特征是非常不稳定的，容易受外界的影响而改变；幼儿个性表现的范围也有局限性，很不深刻，一般只在活动的积极性、情绪的稳定性、好奇心的强弱程度等方面反映出来。随着年龄的增长，幼儿个性表现的范围比以前广阔，无论是在兴趣爱好、行为习惯、才能方面，还是对人对事的态度方面，都会开始表现出自己独特的倾向，这些个性倾向与以后相比虽然还容易改变，但是已成为一个人一生个性的基础。

幼儿的社会性也有了进一步的发展。随着幼儿自由活动能力大大增强，各方面知识不断增多，逐渐表现出独立的愿望，虽然能力不强，也要自己动手、自己干，变得不太听话。这是一种意志的自我表现，心理上称此为第一反抗期。

婴儿出生时就有着不同的气质类型，这种先天的差别在幼儿社会化过程中又进一步扩大。幼儿在有选择地接受外界信息的过程中形成独特的个性。个性与社会性紧密地交织在一起，可以说，社会化的过程就是儿童个性形成和社会性发展的过程。儿童在与周围环境的相互作用中逐渐显露出个性倾向，其社会发展也在各个领域全面展开。

二、幼儿游戏的发展

游戏是幼儿的基本活动，是有益于幼儿身心各方面的发展、适宜于幼儿身心发展特点的活动。在游戏中，幼儿积极主动地探索周围环境，并与人交往，形成和发展着各方面的能力。游戏就是幼儿的学习与工作，游戏活动最充分地反映与体现了幼儿学习与发展的主体性。

（一）游戏是儿童内部需要的反映

儿童游戏的动机是由遇到适当的对象（刺激）而产生的，它是客观要求和外界影响在儿童头脑中的反应。游戏是满足学前儿童的需要，解决主客观之间的矛盾，并促使矛盾转化的主要活动。儿童借助游戏可以满足以下三种需要：（1）符合幼儿的心理发展需要和重复练习的需要；（2）满足幼儿直接兴趣和愉快情绪的需要；（3）促进良好的自我意识以及社会性发展的需要。

（二）游戏最适合幼儿的心理特点

游戏产生于儿童身心发展的一定阶段，它最适合本年龄段儿童的生理和心理特点，反映他们的发展水平。首先，游戏适合幼儿的心理发展水平。幼儿期最显著的心理特点是具体性和不随意性，游戏的组成元素适应了幼儿心理的这一发展特点。其次，游戏促进幼儿能力的发展。游戏的内容反映了幼儿对现实生活的模仿能力和想象能力，游戏的形式反映了幼儿认知水平的发展，在游戏的过程中幼儿的组织能力得到发展。

（三）游戏的种类及发展

幼儿游戏是多种多样的，分类的方法也各不相同。按照游戏的目的性分类，幼儿游戏主要分为创造性游戏、教学游戏和活动游戏。

1. 创造性游戏

创造性游戏是指幼儿以想象为中心，主动地、创造性地反映现实生活的游戏，是学前期幼儿典型的、特有的游戏，包括角色游戏、结构游戏和表演游戏等。创造性游戏是由儿童独自想出来的游戏，有利于发展儿童的自主性和创造性。创造性游戏通过多种形式为儿童提供了能够激发创造性思维的适宜氛围，有利于培养幼儿创造性的人格特征。

2. 教学游戏

教学游戏是结合一定的教育目的而编制的。它有助于增长儿童的知识，发展儿童的言语能力，提高儿童的观察、记忆、注意和独立思考的能力，培养儿童优良的个性品质。教学游戏是儿童对于未来生活所做的准备，以及适应现实的一种手段。

3. 活动性游戏

这一类游戏能发展儿童的体力，使儿童掌握各种基本动作，还可以提高儿童的身体素质，并培养其勇敢、坚毅、合作、关心集体等个性品质。

儿童游戏的时间随年龄的增长有所变化。一般由几分钟或十几分钟延长到 40 分钟或 50 分钟，甚至更长。游戏的集体性也随年龄的增长而增强，从独自一人的游戏发展为合作游戏。总之，儿童在游戏的内容、形式和时间上的变化，都反映了其身心发展的连续性与阶段性，以及量变与质变的统一。

三、幼儿学习的特点

（一）无意性

幼儿的自我抑制能力较弱、坚持性差，容易受客观外界的影响而改变自己的活动方向，因而行为表现出很大的不稳定性，所以，他们的学习处于无意注意阶段。

（二）模仿性

幼儿通过观察他人所表现的行为及结果进行学习，也是以旁观者的身份来学。幼儿的行为都是通过日常生活中的观察、模仿得来的。

（三）具体形象性

幼儿是从对客观事物的触摸、摆弄、操作中认识周围事物和获取感性经验的，是在与成人、同伴进行交流和相互作用的过程中，借助观察、模仿等习得社会性行为。

（四）直观性

幼儿认识的规律是由表及里、从现象到本质、从具体到抽象。他们的思想离不开动作和实物，他们的注意容易被新鲜、强烈、多变的刺激物所吸引。因此，在学习中，色彩鲜艳、形象生动、具体的直观教具，活动多变、方式新颖的教学手段，抑扬顿挫的声调，富有表情的讲述等最容易吸引幼儿的注意。

总之，幼儿的学习是在做中学、玩中学、错中学，是以直接和间接体验为学习途径的。

四、幼儿认知的发展

（一）幼儿言语的发展

1. 语音的发展

幼儿语音的发展有以下特点：3 岁～4 岁为语音发展的飞跃期，幼儿对韵母的发音比较容易掌握，社会语言环境及家庭教育对于幼儿语音的发展有重要影响。

2. 词汇的发展

幼儿词汇的发展主要表现在：词汇的数量不断增加，词汇的内容不断丰富和深化，词汇的范围不断扩大，积极词汇不断增加。

3. 语法和口语表达能力的发展

幼儿在掌握词汇的同时也开始学习语法，口语表达能力随之得到提升。

（1）语法的掌握

幼儿语法结构的发展有如下趋势：

①从简单句到复合句。幼儿主要使用简单句，2 岁前儿童虽已能够使用复合句，但比例相当小，随着年龄的增长复合句所占的比例逐渐增加。

②从陈述句到多种形式的句子。幼儿最初掌握的是陈述句，对某些比较

复杂的句子尚不能完全理解。

③从无修饰句到修饰句。幼儿最初的简单句是没有修饰语的，以后便出现了简单修饰语和复杂修饰语。幼儿还不能把语法当作认识对象，他们只是从言语习惯上掌握了它，专门的语法知识的学习要到小学才能进行。

（2）口语表达能力的发展

3岁前儿童主要掌握对话言语，到了幼儿期，幼儿的独白言语得到发展。幼儿初期，儿童言语表达具有情境性特点，往往想到什么说什么，缺乏条理性、连贯性，言语过程夹杂着丰富的表情和手势，听话人要边听边猜才能明白。连贯言语和独白言语的发展是儿童口语表达能力发展的重要标志。口语表达能力的发展既有利于内部言语的产生，也为幼儿进入学校接受正规教育、掌握书面语言奠定了基础。

（二）幼儿注意的发展

注意的发展是幼儿心理发展的一个重要方面，注意的发展水平直接影响着幼儿认知活动的效果。幼儿注意的发展突出表现在注意的目的性及注意品质的发展两方面，其特征是无意注意占优势地位，有意注意逐渐发展。

1. 幼儿的无意注意占优势

（1）幼儿以无意注意为主

幼儿的注意是无意注意，而且已经相当成熟。幼儿无意注意的诱因有以下两个：一是刺激物本身的特点。在整个幼儿期，刺激强烈、对比鲜明、新颖的事物对引起幼儿的注意有重要作用；二是与幼儿兴趣需要和生活经验有关的事物。

（2）幼儿的有意注意初步发展

有意注意主要表现在幼儿能自己控制自己的注意，其特点是有目的和需要意志努力。幼儿的有意注意还处于初步发展之中，是在一定的活动中实现的，而且幼儿有意注意的目的性和自我控制力主要还是依赖于成人的组织与提醒。

无意注意和有意注意对幼儿的认知活动都具有重要作用，因此在教学过程中应该充分利用幼儿的无意注意，同时注意培养幼儿的有意注意。

2. 注意品质的发展

（1）注意范围不断扩大

注意范围（注意广度）是指同一时间内能清楚地把握的对象的数量。幼儿注意范围较小，随着年龄的增长，其注意范围逐渐扩大。

（2）注意稳定性不断提高

注意的稳定性是指注意能较长时间地保持在某种事物上的一种品质，常用保持在对象上的时间长短来衡量。幼儿注意的稳定性较低，但在游戏条件下幼儿的注意稳定性会出现增高的现象。

（3）注意分配和注意转移能力不断增强

注意分配是指人在进行两种或多种活动时，能把注意同时指向不同对象的现象。幼儿由于掌握的熟练技巧较少，对注意的分配比较困难，常常顾此失彼。简单的活动中，大中班幼儿，特别是大班幼儿可以分配其注意，但对于较复杂的活动则几乎不可能。

注意转移是人能够根据一定目的主动地把注意从一个对象转移到另一个对象上。幼儿注意转移能力差，年龄越小越明显。

（4）注意策略的使用

幼儿期已经开始使用注意的策略，较大的儿童（比如 5 岁儿童）已经能有计划地确定注意目标，分配自己的注意力；较小的儿童在完成任务时则显得漫无目的，无从下手。学前末期的幼儿，他们计划自己注意目标的能力虽然发展，但是还不大会运用注意的策略指导自己的观察活动，在观察事物时还是会忽略许多重要的细节。

（三）幼儿记忆的发展

由于幼儿活动的复杂化和言语的发展，其记忆也在不断发展着。与婴儿期相比，幼儿的信息存储容量相应增大。对信息的接收和编码方式也在不断改进，记忆的策略和元记忆初步形成。幼儿的记忆发展遵循幼儿心理发展的一般规律，即从不随意向随意方向发展，从具体向抽象方向发展。

1. 记忆容量的增加

一般认为，儿童的记忆容量随年龄的增长而增加。幼儿的短时记忆容量、再认和再现的保持量都随幼儿年龄的增长而递增。

2. 无意识记和有意识记的发展

幼儿初期的无意识记占优势，凡是幼儿感兴趣的、印象鲜明强烈的事情就容易记住，但让记忆服从于一定的目的还有困难。

在教育的影响下，幼儿晚期的儿童有意识记和追忆的能力才逐渐发展起来。有意识记最初是被动的，记忆的目标通常是由成人提出的，而后儿童才能主动确定目标，进行记忆。有意识记的出现，标志着儿童记忆发展上的一个质变。

3. 形象记忆与语词记忆的发展

形象记忆是根据具体的形象来记忆各种材料。幼儿初期儿童的记忆还带有很大的直观形象性，但词的逻辑识记能力还很差。随着言语的发展，儿童的语词记忆也在发展，但在整个幼儿期，形象记忆仍占据主要地位。随着年龄的增长，形象和语词都不是单独在儿童记忆中起作用的。形象记忆中物体或图形起主要作用，语词在其中也起着标志和组织记忆形象的作用；在语词记忆中，语词所标示的事物的形象也起一定的作用。

4. 机械记忆为主，意义记忆开始发展

机械记忆是指学习材料本身缺乏意义联系，或者学习者不了解材料的意义，不理解其间的内在联系，单靠反复背诵达到记忆目的，它是幼儿的主要记忆形式。随着幼儿知识经验的增多，幼儿记忆中的理解成分也增多，幼儿的意义记忆开始发展。意义记忆比机械记忆效果好，在幼儿期两者都在不断发展，而且相互渗透，二者间的效果差异逐渐缩小。

5. 记忆策略和元记忆的形成

记忆策略是人们为有效地完成记忆任务而采用的方法或手段。一般来说，儿童在 5 岁以前没有策略，5 岁 ~7 岁处于过渡期，10 岁以后记忆策略逐步稳定发展起来。

元记忆就是关于记忆过程的知识或认知活动。5 岁儿童已知道记住一个短的词要比记住一个长词容易，记住熟悉的物体比记住生疏的物体容易，记住昨天发生的事情比记住上个月发生的事情容易。

（四）幼儿思维的发展

1. 幼儿思维的特点

幼儿思维的主要特点是它的具体形象性，以及进行初步抽象概括的可能性。

（1）思维的具体形象性是主要特点

随着年龄的发展，具体形象思维成了幼儿思维的主要方式，其思维主要凭借思维的具体形象或表象来进行。幼儿思维的具体形象性还派生出幼儿思维的经验性、表面性、拟人化等特点。幼儿的这些思维特点是与儿童知识贫乏和儿童第一信号系统活动占优势分不开的。

（2）思维的抽象逻辑性开始萌芽

在整个幼儿期，儿童的思维水平是在不断提高的。幼儿初期，儿童更多地运用直觉行动思维、具体形象思维；幼儿中期以后，则开始出现抽象逻辑思维的萌芽。

（3）言语在幼儿思维发展中的作用日益增强

言语在幼儿思维中的作用最初只是行动的总结，然后能够伴随行动进行，最后才能成为行动的计划。与此同时，思维活动起初主要依靠行动进行，后来才主要依靠言语来进行，并开始带有逻辑的性质。

2. 幼儿思维发展的形式

思维形式是指思维的逻辑形式——概念、判断和推理。幼儿思维形式的发展也遵循着从直觉行动到具体形象，再到抽象的发展趋势。

（1）最初概念的掌握

概念是人脑对客观事物的一般特征和本质特征的反映。概念是在概括的基础上形成和发展起来的，是用词来标志的。儿童概念的掌握水平与儿童的概括水平相适应。儿童掌握一个概念往往不是一次完成的，它要随着儿童知识经验的丰富和思维水平的发展不断充实和改造。因此，每个儿童对同一概念所掌握的深度和广度是不同的，同一儿童在不同发展阶段对同一概念所掌握的深度和广度也是不同的。这个概念掌握的过程，也就是从具体形象思维向抽象逻辑思维发展的过程。

（2）抽象逻辑思维的初步发展

抽象逻辑思维是在感性认识的基础上，通过概念、判断、推理来揭示事物的内在联系、本质联系的过程。幼儿的思维带有极大的具体形象性，但由于经验的积累，特别是第二信号系统的发展，到幼儿晚期，在其经验所及的事物的范围内也开始能初步进行抽象逻辑思维。

五、幼儿的个性和社会性发展

人是个性与社会性的对立统一体，每个人都有独特的个性，个性使人各具特色；人又有社会性，生活在同一社会或同一阶层的人的基本社会行为、价值观念往往是相似的。

婴儿出生时只是一个生物个体，无所谓个性和社会性。婴儿的心理活动还是片段的、无系统的、易变的，仅有自我意识和社会性的萌芽。个性的初步形成是从幼儿期开始的，这时社会性也有了进一步的发展。

（一）自我意识的发展

在教育的影响下，幼儿的自我意识有了进一步的发展。幼儿自我意识各因素（自我评价、自我体验、自我控制）发展的总趋势是随着年龄的增长而增长的。

1. 自我概念的发展

7 岁之前，儿童对自己的描绘仅限于身体特征、年龄、性别和喜爱的活动等，还不会描述内部心理特征。

2. 自我评价能力的发展

自我评价的能力在 3 岁儿童中还不明显，自我评价开始发生的转折年龄在 3.5 岁~4 岁，5 岁儿童绝大多数已能进行自我评价。幼儿自我评价的特点是：

（1）从依从成年人的评价发展到开始有独立的评价；

（2）从对外部行为的评价发展到对内心品质的评价；

（3）从比较笼统的评价发展到比较细致的评价；

（4）从带有极大主观情绪性的评价发展到初步比较客观的评价。

总体来说，幼儿的自我评价能力还很差，成人对幼儿的评价在幼儿个性发展中起着重要的作用。因此，成人必须善于对儿童做出恰当的评价，对儿童行为做过高或过低的评价对儿童都是有害的。

3. 自我情绪体验能力的发展

自我情绪体验发展水平不断深化，在 3 岁儿童中表现还不明显，发生的转折年龄在 4 岁，5 岁~6 岁儿童大多数已表现有自我情绪体验。

　　幼儿自我情绪体验由与生理需要相联系的情绪体验（如愉快、愤怒）向社会性情感体验（如委屈、自尊、羞愧感）不断深化发展，同时又表现出易受暗示性。成人的积极暗示能促进幼儿良好道德情感的发展，因此，一定要注意消极暗示对幼儿行为的不良影响。而社会性较强的自我体验，如委屈感、自尊感与羞愧感的自我体验从 4 岁以后明显发展。4 岁和 7 岁是儿童自尊以及自信心发展的关键年龄。总体来说，随着年龄的增长，3 岁~9 岁儿童的自尊呈波浪式发展的趋势，且男生自尊发展水平显著。自尊感、自信心与儿童的能力和对自身能力的认识有关，受到父母的育儿风格和对儿童有重要意义的他人评价的影响。因此，培养富有建设性的未来公民应从幼儿着手，培养自尊感、树立自信心非常重要。

　　4. 自我控制能力的发展

　　幼儿期自我控制能力薄弱，但在整个幼儿期自我控制能力随年龄增大而迅速增长。幼儿自我控制活动类型有四种：

　　（1）运动抑制，即学会抑制某些行动，学会停止动作；

　　（2）情绪抑制，即幼儿开始能够控制自己的情绪；

　　（3）认知活动抑制，即能够按问题的难易程度做出适宜的反应；

　　（4）延缓满足，即抑制欲望的及时满足，学会等待。

　　由于幼儿大脑皮质兴奋机制相对抑制机制占有较大优势，他们个人调整自己的情绪和行为以符合特定目标、需要的能力较低，所以他们的自我控制能力处于较低水平。

　　（二）同伴交往的发展

　　儿童的同伴关系是儿童在交往过程中建立和发展起来的一种儿童间，特别是同龄人间的人际关系，它存在于整个人类社会。儿童实际上生活在两个世界，一个是包括父母和其他成人在内的成人世界，另一个就是同伴世界。同伴关系在儿童生活中，尤其是在儿童个性和社会性发展中起着成人无法取代的独特作用。

　　1. 同伴关系的作用

　　儿童间的交往是促进儿童发展的有利因素，同伴关系有利于儿童社会价值的获得、社会能力的培养以及认知和健康人格的发展。具体表现在：

（1）同伴交往促进了儿童的社会认知和社会交往技能的发展；

（2）同伴交往有利于儿童自我概念的形成；

（3）同伴可以满足儿童归属和爱的需要，以及尊重的需要；

（4）同伴交往可以培养儿童良好的人格。

同伴关系不良的儿童往往由于与同伴交往机会有限，他们的发展会受到影响。早期同伴关系不良的儿童，以后会出现社会适应困难。比起其他儿童，这类儿童更易出现以下问题：退学或逃学，孤僻、退缩、冷漠、压抑或其他心理障碍，加入不良团体乃至犯罪。

因此，成人，尤其是父母，一定要珍惜儿童的伙伴关系，千万不能阻止或粗暴干涉。必要时成人要努力为幼儿创造建立适宜伙伴关系的条件，积极地予以协助和引导。帮助儿童建立良好的伙伴关系，是家长和老师不可轻视、更不能推卸的责任。

2. 同伴关系的发展

进入幼儿园，儿童与同伴的接触次数增加，他们不再把成人作为唯一的依靠对象，而是开始主动寻求同伴，喜欢和同伴共同参与一些活动，与同伴的交往比以前密切、频繁和持久。从3岁起，儿童偏爱同性同伴，经常与同性同伴一起游戏活动。在3岁~4岁，依恋同伴的强度、和同伴建立起友谊的数量有显著增长，语言的发展也使同伴间的交往更加有效，儿童从事社会性程度较高的合作性游戏次数大大增加。

当然，儿童早期的友谊一般是脆弱、易变的，很快形成又很快破裂。幼儿的友谊多半建立在地理位置接近（如邻居）、有共同的兴趣和喜爱的活动，以及拥有有趣的玩具的基础上。

（三）道德行为的发展

道德发展指个体在社会化过程中逐渐习得道德准则，并以道德准则指导行为的发展过程，包括道德认知发展、道德情绪发展和道德行为发展。

亲社会行为是指对他人或社会有利的积极行为及趋向，也称利他行为，表现为分享、合作、帮助、救助等。4岁~6岁儿童的分享、助人行为能力都随年龄增长而提高，7岁儿童能识别他人潜在的困难线索等。

攻击行为是指针对他人的具有敌视性、伤害性或破坏性的行为，也称侵犯行为，表现为身体的侵犯、言语的攻击以及对他人权利的侵犯。对儿童攻击行为的控制需要多方面的措施，常用的控制措施有：改善儿童所处的环境条件；教给儿童减少冲突的有效策略；增加对攻击行为有害后果的了解；发挥榜样的作用等。

（四）第一反抗期

随着自我意识的发展，儿童自主欲求也逐渐提高。进入幼儿期，幼儿逐渐拉开与母亲的距离，他们的活动范围日益扩张，从对母亲的全面依赖状态向一定程度的自立发展，对周围的事情都想"我自己做"，对父母的帮助、指示、阻止总要用"不"来反抗。这就是第一反抗期，大约在幼儿 3 岁～4 岁时出现。"反抗期"是孩子正常发育的必然阶段，是幼儿发展中的正常现象，成人不能因为受此烦恼而祈求没有反抗期。有研究表明，经过反抗期的幼儿，成人以后自主性强；而那些未表现出反抗期的幼儿，在成人以后有自主性和主动性缺乏的倾向。

六、幼儿的生涯发展任务

幼儿阶段生长发育迅速、各种心理能力快速发展，模仿力强、想象力丰富，是人一生中智力和才能发展的最佳时期，也是人格形成的关键期。幼儿的行为习惯、知识技能、言语思维、态度情感等都在此阶段打下基础。幼儿阶段是生涯的起点，是人生最重要的时期之一。幼儿生涯发展的核心任务是生涯启蒙：幼儿在学习和生活当中、在无意识的状态下开始接受生涯意识启蒙，培养良好的情绪，发展自我概念和亲社会行为，促进语言、动作等能力提升等；要养成良好习惯与行为，了解自我与社会环境的关系；学会尊重他人，增强人际交往的意识与能力，并将其内化为内在的生涯驱动力，发展生涯潜力，赋能生涯行动，为以后的生涯发展、实现其生涯使命等奠定坚实的基础。

幼儿时期生涯发展中有九个促进其生涯意识和决策制订的概念。这九个概念分别是：好奇心、探索、信息、关键人物、控制、兴趣发展、时间透视、自我概念及计划。好奇心和探索是幼儿时期最为显著的特征，信息的获取、关键人物的学习、自我控制和计划都是幼儿期所应该重点培养的良好行为习惯，是其重要的生涯发展任务。这些生涯任务的顺利完成，将为幼儿未来的生涯发展铺好第一块基石。

第二节　小学生的心理发展及生涯任务

在小学时期，儿童神经系统的发育表现出均匀和平稳的特点，学习成为儿童的主导活动，其认知能力、个性特点、社会适应等方面都在迅速发展，思维开始从以具体形象思维为主要形式过渡到以抽象逻辑思维为主要形式，实现了思维过程中的质变，为小学生完成生涯任务、胜任学习者角色提供了坚实的基础。

一、小学生心理的一般特点

小学时期，儿童的心理发展特点表现在以下几个方面。

（一）心理发展是迅速的

10 岁以前是儿童心理发展、个性形成的关键期，也称最佳期。小学生的认知能力不断提高，其感知觉逐渐完善，观察事物更加细致有序。小学生的记忆能力迅速发展，从以机械记忆为主逐渐发展到以意义记忆为主，从以具体形象记忆为主发展到对词的抽象记忆为主，从不会使用记忆策略到主动运用策略帮助记忆。小学生在言语上也有很大发展，能比较熟练地掌握和运用口头语言，逐渐掌握书面语言，学会写字、阅读和写作。小学生的逻辑思维发展迅速，可完成由具体形象思维向抽象逻辑思维的过渡。

（二）心理发展是协调性的

小学生心理发展的各种因素是协调的。这种协调性表现在儿童大脑内部各个神经系统之间的协调性，大脑综合处理不同感觉器官传来的信息的协调性，大脑指挥具体行动时的协调性，还表现为脑、眼、耳、四肢、躯干等的协调性。

（三）心理发展是开放的

小学生的心理活动是比较开放的，心理活动纯真、直率，没有明显的闭锁性，其情绪情感的表达比较外显，不善于修饰和控制，没有显著的动荡性。因此，成人与儿童容易沟通，师生之间、亲子之间的关系比较融洽。整个小学时期是成人了解儿童真实心理活动，从而进行有的放矢的教育的最好时机。

（四）心理发展是可塑的

小学生精力旺盛，活泼好动，言与行、动机与行为相对一致，个性、社会性和品德易于培养。但同时因为他们自制力不强，意志活动的自觉性和持久性都比较差，在完成某一任务时常靠外部的压力，而不是靠自觉的行动。不同的教育方式会形成他们的性格，因此小学阶段是培养良好心理品质和行为习惯的关键时期。

总之，小学生的心理处于快速、协调发展的时期，小学阶段是促进小学生智力发展、形成和谐个性、培养良好心理品质与行为习惯的好时机，也是生涯启蒙的重要时期。

二、小学生学习活动的发展

儿童进入学校以后，学习活动就逐步取代游戏活动成为儿童主要的活动形式，并对儿童的心理产生重大的影响。

（一）小学生的学习动机

学习动机是分层次、成系统的，其中有一种起主导作用的动机，往往决定或支配着儿童的学习活动，影响着儿童的智力发展。

小学生的学习动机包括回报动机、求知动机、交往趋利动机、利他动机、学业成就动机、生存动机、实用动机等，这些动机在我国小学生中广泛存在，并对学生的学习有着一定的影响；在小学生的学习动机中，外部动机始终占据主导地位，内部动机还处在不断发展的过程中；四、五年级小学生的学习动机结构基本上没有差别，六年级小学生则开始形成具有长远社会意义的自我实现动机。

小学生学习动机的总强度随年级升高呈下滑态势，年级越高，表层动机、深层动机和成就动机越低。小学高年级学生学习内容增多、任务加重、外部压力较大，这也是导致动机强度减弱的原因。因此，在培养与激发小学生的学习动机时应该充分考虑到其发展变化的规律。一方面，小学生的学习动机以外部动机为主，因此教育工作者在教育过程中应大量采用合理奖赏、及时反馈、定期考察、适度竞争等教育方式，激发其学习动机；另一方面，教育工作者要有意识地引导学生，培养学生的求知欲和学习兴趣，增强学生的自我效能感，促使其学习动机从外部动机向内部动机转化，调动学生自觉主动学习的积极性。

（二）小学生的学习兴趣

小学生的学习兴趣是促使其自觉地从事学习活动的一种重要推动力。小学生的学习兴趣是不断地发展变化的，既有明显的个别差异，又有共同的年龄特征：

（1）小学生最初对学习的过程、学习的外部活动更感兴趣，以后逐渐对学习的内容、需要独立思考的学习作业更感兴趣；

（2）小学生对不同学科的学习兴趣从不分化到初步分化。学科兴趣的分化时间一般从三年级开始，这种分化是很不稳定的。引起小学生学科兴趣分化的原因既有客观的（如教师的教学水平），也有主观的（如觉得有用）；

（3）小学生对有关具体事实和经验的知识较有兴趣，对有关抽象因果关系的知识的兴趣在初步发展中；

（4）游戏因素在小学生学习兴趣上的作用逐渐降低；

（5）小学生在阅读方面的兴趣，一般从课内阅读发展到课外阅读，从童话故事发展到文艺作品和通俗科学读物；

（6）小学生对社会生活的兴趣逐步扩大和加深。

（三）小学生的学习态度

在小学段的学习活动中，小学生初步形成了一定的学习态度。

1. 对教师的态度

低年级小学生对教师怀有特殊的尊敬和依恋之情。由于小学生尚不理解学习的社会意义，因而教师对待小学生的态度是影响小学生学习态度的主要因素。研究表明，一年级小学生对教师和学校的态度与其学业技能高度相关。中年级小学生逐渐对教师产生选择性的、怀疑的态度，只有那些思想作风好、教学好、对小学生有耐心、公正的教师，才能赢得小学生的信任，对小学生的学习产生重大影响。

2. 对集体的态度

初入学的小学生还没有形成班集体概念，同学之间很少互相关心。中年级开始，小学生在比较有组织的、自觉的班集体生活中，逐渐对集体产生责任感。

3. 对作业的态度

初入学的小学生还未把作业看成是学习的重要组成部分，还不能经常以负责的态度来对待作业。在教师正确的教育下，小学生逐步形成对作业自觉负责的态度，表现为能用一定的时间来完成作业，能按一定顺序认真地完成作业，并排除外在诱因的干扰。

4. 对评分的态度

从小学开始，小学生已经认识到评分的意义。在正确教育的影响下，低年级小学生逐渐了解分数的客观意义，并树立对分数的正确态度。从中年级起，小学生开始了解学习是一种社会义务，因而把优良的分数看成是高质量地完成这一社会义务的客观表现。

（四）小学生的学习能力

影响小学生能否在学校中成功地进行学习的因素主要有两个方面：一个是学习的积极性方面，包括学习动机、学习态度和学习兴趣等；另一个是学习能力方面，即顺利进行学习所必需的技能技巧。小学生的学习能力是在教师的影响下逐渐形成和发展起来的，同时又有一定的发展过程。

1. 使学习变成小学生的独立活动

小学生还不善于进行真正的学习活动，他们往往还像在幼儿时期那样把学习和游戏或实际活动混在一起，或者说主要通过游戏或实际活动来进行学习，还没有把学习区分出来作为一个有目的、有系统的专门活动来看待。因此，要注意发展小学生心理的有意性和自觉性，向小学生提出明确的学习任务。例如，指导小学生应当怎么观察、怎样思考、怎样记忆、怎样应用知识去解决问题等。

2. 使小学生学会进行智力活动

初入学的小学生还不善于进行智力活动，因此，常常遇到学习上的困难，以致学习能力得不到正常的发展。因此，使小学生学会进行智力活动是小学生学习能力发展的另一个重要因素。

（五）小学生的学习策略

随着年龄的增长，小学生的学习策略不断丰富，他们逐渐学会使用有效的策略。但小学生的策略使用具有不完善、不稳定和刻板的特点。研究发现，在获得策略的早期阶段，小学生多使用单一的策略；当学习任务从非技能性向技能性过渡时，策略运用的多重性表现得特别明显。

三、小学生的认知发展

（一）小学生的注意发展

1. 小学生注意发展的一般特点

初入学的小学生仍带有幼儿注意的特点，无意注意还占很重要的地位，有意注意正在发展，但还没有达到完善的程度。

（1）无意注意的发展

小学一年级到五年级的学生，无意注意基本处于同一水平。

（2）有意注意的发展

随着年龄的增长，尤其是大脑机能系统的进一步完善，小学生的有意注意也逐步发展起来。童年期小学生的有意注意不是一下子形成的。对于低年级小学生来说，无意注意仍占主要地位，有意注意还在形成和发展之中；到高年级时小学生的有意注意才逐渐占主导地位，但还没有达到完善的程度。

2. 小学生注意特性的发展

无论是有意注意还是无意注意，都表现出集中性、稳定性、广度、分配、转移几种特性。在小学阶段，这些特性得到不断发展。

（1）小学生注意集中性和稳定性的发展

在整个小学时期，学生注意的集中能力是逐步发展的。低年级小学生注意的集中水平较低，主要表现在注意的深度不足。他们能观察形象具体的事物，而不善于观察抽象、概括的教材；能集中注意事物的外表现象，不善于专注事物的本质联系；同时，注意集中的时间较短，而且注意的稳定性较差。

心理学实验表明，在一般情况下，7 岁～10 岁的小学生可以连续集中注意 20 分钟左右，10 岁～12 岁的小学生在 25 分钟左右，12 岁以上的小学生在 30 分钟左右。如果教材新颖、教法得当，小学高年级学生保持 40 分钟的注意是完全可以做到的。

这一集中的时间不是一成不变的，它往往受许多因素的影响，如年龄、个性、兴趣、理解能力、智力水平、教材性质等。有意注意和无意注意两者有节奏地交替调节，有利于注意稳定性的提高。在高度集中注意之后，应该允许有意注意短暂地休息，或者代之以无意注意，这样注意的稳定性就可以保持几个小时之久。

（2）小学生注意广度（范围）的发展

一年级小学生在阅读时常常是一个字一个字地念，注意的范围很有限；四年级之后随着知识经验积累的增多，以及思维的发展和阅读技巧的形成，一次能看到整个的句子；再往后，同时注意到句和句之间的联系，注意的广度随之发展。

注意的广度不是绝对的，它受许多因素的影响，例如材料的系统性、条理性、可理解性，以及观察对象的光亮度、色彩、呈现速度等。

（3）小学生注意分配和注意转移能力的发展

一年级小学生在学习过程中一般不善于分配自己的注意，让他们一边听讲一边抄写，或者让他们一边抄算数题一边思考解题方法是很困难的。只有到抄写熟练以后，才能逐步要求他们把注意同时分配到听讲、抄写和思考上。

注意的转移是学生根据新的需要有目的地将注意转向新的对象，是一种活动为另一种活动所代替。注意转移的快慢、难易与原来注意的紧张度、引起注意转移的新事物或新活动的性质有关。原来注意的紧张度越高、新事物或新活动越不符合引起注意的条件，转移注意就越困难。注意一经转移，原来注意中心的对象便转移到意识中心以外，新对象就进入意识中心。小学生注意转移的综合反应时间随年龄的增长而呈下降趋势，有研究发现，五年级学生综合反应时间比二年级学生平均少了 2.1744 秒，差异非常显著，这种差异表明五年级学生注意转移的速度相较于二年级学生明显变快。

（二）小学生的记忆发展

童年期小学生的记忆是在幼儿期记忆发展的基础上，在教学条件下发展起来的。小学生进入学校后会学习系统的科学文化知识，必须有良好的记忆能力。小学生记忆发展主要体现在：有意记忆逐渐占主导地位；意义记忆在逐步发展；在形象记忆的基础上抽象记忆迅速发展。在良好的学校教育和教学条件下，童年期小学生的记忆发生了深刻的变化，具体表现在以下几个方面：

1. 记忆容量的发展

小学生记忆能力的发展表现在记忆容量的变化方面。比起幼儿，小学生由于加工速度更快、更有效，可以留出有限的工作记忆容量去存储信息和执行其他的认知过程。成人的短时记忆容量为 7 ± 2 个单元，小学生的短时记忆与成人有很大不同。一年级与三年级、五年级小学生数字记忆广度差异明显，三年级与五年级小学生数字记忆广度则无差异，这表明 7 岁 ~9 岁是小学生短时记忆容量迅速发展的时期。

2. 记忆策略的发展

记忆策略是个体为了有效地记忆而对输入信息采取有助于记忆的手段和方法。个体的记忆策略是不断发展的，小学生运用记忆策略经历了从无到有的发展过程。这一过程被分为三个阶段，一是没有策略，一般为 5 岁以前；二是过渡阶段，一般为 5 岁 ~7 岁，其特点是自己不能主动运用策略，但经过诱导可以运用；三是主动而自觉地采取策略，10 岁以后幼儿记忆策略稳定发展。

（1）复述策略的发展

复述是指主体在记忆过程中对目标信息不断进行重复，以便能更准确、更牢固地记住这些信息。小学生复述策略的发展主要有以下几个特点：与学龄前儿童相比，小学生开始逐渐有效地采用复述策略；随着年龄的增长，小学生复述的质量不断提高，主要表现为复述方式由被动的复述模式向主动的复述模式转变；小学生使用复述的灵活性随年龄的增长而不断发展。

（2）组织策略的发展

组织策略是指识记者在识记过程中，根据记忆材料不同的意义，将其组成各种类别，编入各种主题或改组成其他形式，并根据记忆材料间的联系进行记忆的过程。

小学生在进入学龄期后，其记忆的组织策略开始明显地发展起来。9 岁 ~10 岁的小学生在使用记忆策略方面的能力明显高于 5 岁 ~6 岁的儿童，这种年龄差异体现在使用组织策略的数量和质量两方面。

（3）精细加工策略的发展

精细加工策略是改善回忆成绩的记忆策略。具体是指当主体识记一些很难归类的材料时，在这些材料中创造出某种联系，赋予它们一定的意义，以便提取存储在长时记忆中的内容。自动使用精细加工策略能力发展较迟，小学生很少使用这种策略。

（4）提取线索能力的发展

在识记过程中，总会有些线索伴随着，这些线索使我们能找到存储的信息，如果提取线索不足的话，很多信息将会在记忆中保持而提取不出来。六年级的学生回忆成绩比一、三年级学生好，在有线索条件下的回忆成绩比无线索条件下的回忆成绩好，而一年级和三年级的学生在这两种条件下的回忆成绩差异不大。这说明六年级的学生比其他两个年级学生更会通过线提取信息。

随着年龄的增长，小学生逐渐获得了较强的信息加工能力，并能利用更有效的记忆策略去编码、存储和提取信息。信息的获取和存储能力在个体12岁已基本稳定，当然这要依赖于材料的性质。这种信息提取过程的发展要持续到成年。

3. 小学生元记忆能力的发展

小学生对自己记忆估计的准确性，反映小学生的元记忆能力。小学生关于元记忆的自我知识是随年龄增长而发展的，幼儿的估计远高于真实结果，学龄前小学生对于自己记忆的预言逐渐接近实际，四年级之后的认识基本上达到了成人水平。

（三）小学生思维发展

小学阶段是个体思维发展的一个重大转折时期。从进入小学起，小学生就开始正规的学习活动，系统地掌握人类关于自然和社会的知识经验，自觉地服从和执行集体的行为规范。在学习过程中，小学生的各种心理过程的有意性和抽象概括性也随之获得发展。

新的学习活动、集体活动等对小学生提出了新的要求，从而引起小学生思维发展的种种新的需要，并和小学生已达到的原有心理结构、思维水平之间产生矛盾，构成小学生思维发展的动力。在教育影响下，这些矛盾的不断产生和解决，推动小学生的思维不断地向前发展。

1. 小学生思维发展的基本特点

（1）逐步过渡到以抽象逻辑思维为主要形式，但仍带有很大的具体性入学以后，教学以及各种日益复杂的新的实践活动向小学生提出了多种多样的新要求，这就促使小学生逐渐运用抽象概念进行思维，促使他们的思维水平开始从以具体形象思维为主要形式，逐步向以抽象逻辑思维为主要形式过渡。

（2）由具体形象思维到抽象逻辑思维的过渡存在着明显的关键期

一般认为，这个关键期在四年级（10 岁～11 岁），有的认为在高年级。也有的教育性实验报告指出，如果有适当的教育条件，这个关键期可以提前到三年级。有关研究认为，小学生思维发展的转折点在何时实现，主要取决于教育的效果。在注重思维的智力品质的教学影响下，小学生在三年级就可以实现数的概括能力的飞跃。

（3）思维结构趋于完整，但有待完善

进入小学后，小学生逐渐具备明确的思维目的性，表现出完整的思维过程，有着较完善的思维内容、思维材料和思维结果，表现出个体思维品质发展的显著差异性，小学生思维的监控或自我调节的能力也在日益加强。这表明，小学生思维的过渡性显示出思维结构从不完善向完善过渡。

（4）思维发展过程的不平衡性

在整个小学时期，小学生的抽象逻辑思维水平在不断提高，小学生思维中的具体形象成分和抽象成分的关系在不断发生变化，这是一般趋势。但是，具体到不同的思维对象的时候，这个一般的发展趋势又常常表现出很大的不平衡性。

2. 小学生思维基本过程的发展

（1）概括能力的发展

一般来说，小学生逐渐从对事物外部的感性特点的概括转为对事物本质属性的概括。小学生概括的水平大体上经历如下三个阶段：第一阶段是低年级段，直观形象水平；第二阶段是中年级段，形象抽象水平；第三阶段是高年级段，初步本质抽象水平。

（2）比较能力的发展

一方面，小学生比较能力的发展随年龄和年级的增长而不断提高；另一方面，小学生比较能力的发展具有一定的情境性。在教学中，教师引导小学生从相异点开始，然后过渡到相同点。进行比较时，应从较为鲜明的特点入手，然后再比较细微的差异。

（3）分类能力的发展

多项研究证实：不同年龄组的小学生表现出不同的分类水平，年龄特点是明显的，三、四年级是字词概念分类能力发展的一个转折点。

（4）解决问题的能力

小学生的问题解决能力表现出随年龄增长而不断提高的趋势，不仅表现在解决问题成绩的提高上，还表现在解决问题所采用的方法上。

总之，小学生思维的基本过程在逐渐发展，并日益完善。分析、综合及其派生的抽象、概括、比较、分类、具体化和系统化等思维过程最初只能在直接观察事物的条件下进行，而且也很简单，之后逐渐能在过去的知识经验和表象的基础上进行，最后向以概念为材料的理性过程较全面、深入、广泛地进行。言语在小学生基本思维过程的发展中起着重要的作用，它使其思维的深刻性、广阔性、批判性、自我监控的水平获得迅速的发展。

3. 小学生概念的发展

小学生掌握概念是一个主动的、复杂的过程。低年级小学生和高年级小学生对同一概念的掌握水平是不一样的，小学生和中学生在同一概念的掌握广度和深度上也是不同的。

（1）小学生概念的逐步深刻化

小学生逐渐从事物的直观属性中解放出来，而以本质的、一般的因素为基础，逐步形成深刻而精确的概念。起初，由于生活经验的缺乏以及智力发展的限制，小学生往往不能从事物的本质属性出发来认识事物、掌握事物的概念。小学生虽然可以说出某一概念，实际上并不能真正理解这个概念。在经验增长和智力发展的条件下，小学生掌握的概念才逐步深刻起来。

（2）小学生概念的逐步丰富化

心理学家对小学生的各类概念（如数概念、空间方位概念、自然概念、社会概念、时间概念、科学概念、自我概念、美学概念、幽默概念等）发展的特点及他们掌握各类概念的趋势进行了研究。结果表明，随着年龄的增长，小学生所掌握的这些概念不断丰富。

（3）小学生概念的逐步系统化

在教学的影响下，一方面，小学生所掌握的概念总是在不断变化、不断充实、不断地加深本质特征并舍弃非本质特征；另一方面，小学生所掌握的概念不是各自孤立、互不相关的。任何一个概念总是与其他有关概念既有一定区别，又有一定联系。掌握有关概念之间的区别和联系，也就是使掌握的概念系统化。

4. 小学生推理能力的发展

推理是由一个判断或许多个判断推出一个新的判断的思维过程。比较完善的逻辑推理能力是小学生智力发展的重要环节和主要标志。

小学生的推理能力，是随着小学生掌握比较复杂的知识经验和语法结构而逐渐发展起来的。董奇、林崇德基于全国代表性数据的研究结果发现，小学生和中学生的推理能力在 11 岁之前随着年龄的增长而逐步提高，11 岁以后发展变缓。

小学生推理能力的发展趋势表现为：（1）小学生的归纳和演绎两种推理能力的发展既存在着年龄差异，又表现出个体差异；（2）随着年龄的增长，小学生推理的抽象程度也在加深，推理的步骤愈加简练，推理的正确性、合理性与推理品质的逻辑性和自觉性也在加强；（3）在运算能力的发展中，小学生掌握归纳和演绎两种推理形式的趋势和水平是相近的。小学生的抽象思维在全面地发展着，并逐渐成为他们思维的主要形式。

小学生知识经验的增长、语言能力的不断提高，以及教学的有效指导，是促进小学生推理能力迅速发展的重要原因。

5. 小学生思维品质的发展特点

思维品质是思维发生发展过程中所表现出来的个性差异。换言之，思维品质体现了个体思维的水平和能力的差异，因此，培养小学生的思维品质是发展其思维与能力的突破口。思维品质是统一的整体，其发展存在着一致性，而思维品质的不同成分的发展又存在各自的年龄特征。

小学生思维品质的发展存在着明显的年龄特征。一般来说，小学生思维的敏捷性和灵活性是稳步发展的，在小学阶段，小学生运算过程中的思维敏捷性和灵活性没有出现"突变"或"转折点"。思维的敏捷性往往易变化、不稳定，其年龄特征更易表现出可变性。思维的灵活性则相对较稳定，在发展中其表现形式也比敏捷性丰富。小学生思维的深刻性，既表现出不断发展的趋势，又有一个三、四年级时的转折或关键期。小学生思维独创性的发展比其他思维品质的发展要晚、要复杂，涉及的因素要多。在教育中，我们既不能忽视小学生思维独创性的发展与培养，也不能过高地估计他们思维独创性的水平。

四、小学生个性和社会性的发展

在新的社会生活中，新的要求、新的环境、新的交往关系都促使小学生进一步加深对自我、对他人的认识和了解，使其个性和社会性有了新的发展。

（一）小学生的自我意识

自我意识的发展过程是个体不断社会化的过程，也是个性特征形成的过程。自我意识的成熟往往标志着个性的基本形成。在小学时期，小学生的自我意识正处于所谓的客观化时期，是获得社会自我的重要时期。在这一阶段，个体显著地受社会文化影响，是角色意识建立的最重要时期。角色意识的建立，标志着小学生的社会自我观念趋于形成。

随着小学生抽象逻辑思维的逐渐发展和辩证思维的初步发展，他们的自我意识更加深刻。他们不仅摆脱对外部控制的依赖，逐渐发展了内化的行为准则来监督、调节、控制自己的行为，而且开始从对自己的表面行为的认识、评价转向对自己内部品质的更深入的评价。

1. 自我概念的发展特点

小学生的自我描述反映其对自我概念的认识。一些研究发现，小学生的自我描述是从比较具体的外部特征的描述向比较抽象的心理术语的描述发展。但即使到了小学高年级，小学生对自己的认识仍带有很大的具体性和绝对性。

2. 自我评价能力的发展特点

进入小学以后，小学生能进行评价的对象、内容和范围都进一步扩大，其自我评价能力进一步发展起来，主要表现在：（1）从顺从别人的评价发展到有一定独立见解的评价；（2）从比较笼统的评价发展到对自己个别方面或多方面行为的优缺点进行评价；（3）开始出现对内心品质进行评价的初步倾向；（4）在整个小学阶段，小学生的自我评价处于由具体到抽象、由外显行为到内部世界的发展过程之中，小学生的抽象概括性评价和对内心世界的评价都在迅速发展；（5）自我评价的稳定性逐渐增强。

3. 自我体验的发展特点

自我体验主要是自我意识中的情感问题，包括对自己所产生的各种情绪情感的体验。一般来说，愉快感和愤怒感发生较早，自尊感、羞愧感和委屈感发生较晚。

在小学阶段，自我体验与自我评价的发展具有很高的一致性。可见，在这个时期，自我情绪体验的发展与自我认识、自我评价发展密切相关。随着小学生理性认识的增加和提高，他们的情绪体验也逐步深刻。

自我体验的一个表现形式即小学生的自尊心。自尊心强的小学生往往对自己的评价比较积极，相反，缺乏自尊心的小学生往往自我评价消极，甚至自暴自弃。

4. 自我控制能力的发展

小学生在集体生活影响下，逐步学会有意识地控制和调节自己的行为，自我控制的范围不断扩大，质量也日益改善。小学生不仅能发现自己的缺点，而且能利用自己的力量去改正这些缺点。四年级以后，小学生逐步形成的责任感开始对行为起支配作用，促使其自制力有较快的发展；小学高年级学生已能迫使自己去完成有意义但不感兴趣的任务。

（二）小学生的社会性认知

所谓社会性认知，是指对自己和他人的观点、情绪、思想、动机，以及对社会关系、集体组织间关系的认知，与认知能力发展相适应。小学生对物质世界的理解是随年龄增长而不断发展的，其对社会的认识也表现出同样的趋势。

如前所述，小学生自我意识的发展是从具体的、片面的认识向抽象的、较为全面的认识过渡。与此同时，随着小学生认知中的自我中心成分的逐渐减少，小学生对他人的认识也逐渐趋于客观和深刻。

学前儿童受自我中心的限制，尽管能区分自己与他人，但仍然认为他人对世界的看法和自己相同。随着社会交往经验的日益增多，儿童逐渐注意到他人与自己对世界的认识和反应是不同的，开始认识到他人不仅有与自己不同的思维和情感，而且在相同情况下可能有不同的反应，并开始理解他人行动的目的性。

　　许多研究表明，小学生的社会性认知发展具有如下几个趋势：（1）从表面到内部，即从对外部特征的注意到对更深刻的品质特征的注意；（2）从简单到复杂，即从看到问题的某个方面到多方面、多维度地看待问题；（3）从呆板的思维到灵活的思维；（4）从对个人及即时事件的关心到关心他人利益和长远利益；（5）从具体思维到抽象思维；（6）从弥散性的、间断性的想法到系统的、有组织的综合性的思想。

　　1. 角色采择能力

　　在儿童认识、理解他人行为的过程中，角色采择能力的发展起着重要的作用。所谓角色采择能力，是指儿童采取他人的观点来理解他人的思想与情感的一种认知技能。在小学时期，小学生的角色采择能力有了显著的发展。

　　2. 对社会关系的认知

　　在小学时期，小学生开始根据他人的行为来了解其观点，并进行评判。随着自我意识的加强，小学生更加关心他人对自己的看法。

　　小学生的友谊概念反映了小学生对社会关系的认识，主要反映了小学生对同伴关系的认识，这在小学生同伴关系的发展中可以看到。小学生对友谊特性的认知结构由五个维度组成，即个人交流和冲突解决、榜样和竞争、互相欣赏、共同活动和互相帮助、亲密交往。

　　小学生对权威关系的认识反映了小学生对成人－儿童关系的认识。儿童对父母的服从随着年龄的增长而有所变化，在不同的生活领域，父母和儿童对父母权威的评价及服从有所不同。随着年龄增长，儿童对权威关系的认识趋于成熟，逐渐地认识到权威是相互的、自愿的、合作的，并和特殊的情境有关。

　　（三）小学生的人际关系

　　与幼儿相比，小学生的交往对象同样主要是父母、教师和同伴，但其交往关系、性质与幼儿有完全不同的特点。随着小学生独立性与批判性的不断增长，他们从对父母、教师的依赖到开始走向自主，从对成人权威的完全信服到开始表现富有批判性的怀疑和思考；与此同时，具有更加平等关系的同伴交往日益在小学生生活中占据重要地位，并对小学生的发展产生重大影响。

　　1. 亲子关系

　　进入小学以后，亲子关系的变化主要表现在以下几个方面：

（1）父母与小学生的交往时间发生变化。一方面，小学生和父母待在一起的时间明显减少；另一方面，父母关注小学生的时间也有所减少。

（2）父母在小学生教养方面所处理的日常问题的类型发生了变化，出现了许多新的更为复杂的问题。

（3）小学生与父母的冲突数量减少了。当冲突产生时，父母与小学生开始具有解决冲突的选择性模式。

（4）在纪律约束技术和控制过程方面，父母通常认为学龄儿童比学前儿童好控制一些，因为可以对他们采用推理的方式。

（5）父母对小学生的控制力量也在变化。研究表明，随着年龄的增长，小学生越来越多地自己做出决策。

2. 同伴关系

进入小学以后，同伴交往的形式及特点都产生了新的变化。与幼儿相比，小学生相互交往频率更多，共同参加的社会活动也进一步增加，其社会交往也逐渐富有组织性。小学生的行为特征和社会认知是影响同伴交往的主要因素。在整个小学时期，小学生的社会认知能力得到发展，他们能更好地理解他人的动机和目的，能更好地对他人进行反馈，因而其同伴间的交流更加有效。小学生与同伴的交往随年龄的增长而增多，与同性伙伴玩耍的趋势也随年龄的增长而加强。

与幼儿的同伴交往相比，小学生的同伴交往有几个基本特点：（1）小学生与同伴交往的时间更多，交往形式更复杂；（2）小学生在同伴交往中传递信息的技能增强；（3）小学生更善于利用各种信息来决定自己对他人所采取的行动；（4）小学生更善于协调自己与其他小学生的活动；（5）小学生开始形成同伴团体。

3. 师生关系

小学生与教师的关系是一种重要的人际关系。与幼儿园的教师相比，小学教师更为严格，既引导小学生学习、掌握各种科学知识与社会技能，又监督和评价学生的学业、品行。与中学教师相比，小学教师的关心帮助更加具体而细致，在学生心目中更具有权威性。由于小学阶段师生关系的特殊性，小学教师对小学生的影响是重大而深远的。良好的师生关系有助于小学生的积极发展。

对低年级小学生而言，教师的话是无可置疑的。低年级小学生的这种绝对服从心理有助于他们很快学习并掌握学校生活的基本要求。随着年龄的增长，小学生的独立性和评价能力逐渐增长，道德判断进入可逆阶段，他们不再无条件地服从、信任教师。随着年级的升高，他们对教师的态度发生变化，开始对教师做出评价，对不同的教师表现出不同的喜好。小学生对教师的态度往往情感成分比较重，对自己喜欢的教师报以积极反应，对不喜欢的教师往往予以消极反应。因此，教师努力保持与学生的良好关系，有助于其教育思想的有效实施。

教师的教学水平、个性等也影响学生的行为和情绪，而学生的学业成绩、活动表现、外貌等也影响教师对学生的评价。由于教师所处的权威地位，小学生普遍具有"向师性"的心理倾向，渴望得到教师的注意、重视、关怀和鼓励。教师通常倾向于把符合期望的行为归因为个体因素，而把违背期望的行为归因为情境因素。当教师对学生有高期望时，他们就对学生表现出更和蔼、更愉快的态度，更经常表现出友好的行动。受教师期望的影响，高期望学生往往对成败做积极归因，成功是个体能力的证明，失败则是努力不够或客观因素导致。低期望学生则把成功归因为侥幸，把失败归因为能力不足，这种消极的归因方式导致其学习控制感低下，自觉无法控制学业成败而对学习丧失信心。教师期望对小学生的影响十分广泛：一方面通过给学生提供不同的学习机会，直接影响学生的学习；另一方面通过影响学生的心理特质，如自我概念、期望、归因方式、情感经历等，间接影响学生的学习。因此，教师要建设平等课堂，向所有的学生传递积极的、合理的期望，给所有的学生以平等的待遇，积极实施激励措施以提高任务价值，给学生提供平等的、面向全体的、全域性的成功机会和积极评价。教师给予学生积极的评价、赞赏的语气、真诚的支持和平等的机会等，不仅能满足小学生的心理需求，也激发了其自我实现的信心和动力，从而产生更强烈的动机去实现下一个目标。

五、小学生品德的发展

（一）小学生品德发展的基本特点

小学生品德发展的一个基本特点是协调性。

1. 逐步形成自觉地运用道德认识来评价和调节道德行为的能力

从小学开始，小学生逐步形成系统的道德认识及相应的道德行为习惯，但这种系统的道德认识带有很大的依附性，还缺乏原则性。

在道德品质的判断上，小学生从只注意行为的效果逐步过渡到比较全面地考虑动机和效果的统一关系，但常常有很大的片面性和主观性。在道德原则的掌握上，小学生的道德判断从简单依附于社会的、他人的规则，逐步过渡到受内心的道德原则制约。但是在很多情况下，判断道德行为还不能以道德原则为依据，常常受外部的、具体的情境所制约。小学生已初步掌握了道德范畴，不过对不同范畴的理解有不同的水平。

总之，小学生的道德知识已初步系统化，即初步掌握了社会范畴的内容，开始向道德原则水平发展。

2. 道德言行从比较协调到逐步分化

在品德发展上，小学生认识与行为、言与行基本上是协调的、相称的。年龄越小，言行越一致，随着年龄的增长，小学生逐步出现言行一致和不一致的分化。

年龄较小的小学生，其行为比较简单，品德的组织形式也比较简单、外露。他们还不能意识到一定道德情境的作用，往往按教师和家长的指令来定向；他们缺乏道德经验，动机比较简单，缺乏道德活动的策略，且不善于掩蔽自己的行为，自我调节技能较低，较难按原先制订的计划去行动；他们的行为主要受教师和家长的强化，还难以进行自我反馈。

年龄较大的小学生的行为比较复杂。他们在这一阶段有了一定的原则性，产生了一定的策略和自我设想，日益学会掩蔽自己的行为；他们会对他人的评价进行一定的分析，小学生的行为与成人的指令之间会产生一定的差异。因此，言行一致与不一致的分化也必然会越来越大。

3. 自觉纪律的形成和发展占有相当显著的地位

所谓自觉纪律，是一种出自内心要求的纪律，是在小学生对于纪律认识和自觉要求的基础上形成的，而不是依靠外力强制的纪律。自觉纪律的形成过程是一个纪律行为从外部的教育要求转为小学生内心需要的过程，在小学生品德发展中占有相当显著的地位。小学生违反纪律或缺乏自觉纪律的现象是存在的，在教师的细心引导下，低年级小学生也完全可能形成自觉纪律。自觉纪律的过程一般可分成三个阶段：第一阶段，小学生的行为依靠外部教育要求，依靠教师制订的具体规定和教师及时的检查；第二阶段，小学生还未形成自觉纪律，但已经体会到纪律要求，一般能够遵守纪律；第三阶段，小学生把纪律原则变成自觉行动。

（二）小学生道德动机的发展

总的来说，小学生的道德动机发展有如下几个基本特点：一是由服从向独立发展，尽管高年级小学生的自觉道德动机占主导地位，但他们还离不开对成人指令的服从；二是由具体、近景向抽象、远景发展，尽管高年级小学生以社会需要作为道德动机的基础，但还离不开具体形象性；三是逐步产生道德动机的斗争，但激烈的冲突较少。

小学生在"为什么遵守纪律"的问题上，有如下几种想法：（1）服从教师的要求；（2）为了获得表扬，成为"三好学生"，不落人后；（3）为履行学校班集体和少先队组织的义务、各种制度要求，或为集体、组织争光；（4）体会到这是社会公德的要求，应该自觉遵守纪律。这四种不同的守纪动机不是固定不变的，而是由低到高、由近及远、由具体到抽象地发展着。它反映了小学生从比较短近的、狭隘的、具体的、不稳定的守纪动机向自觉的、富有原则性的、比较稳定的、富有社会意义的守纪动机过渡。在整个小学阶段，前三种比较突出，随着小学生年龄的增长，尤其到了高年级，第一种动机在减弱，第四种动机在增强，但第四种动机一般只在高年级出现。低、中年级小学生的守纪表现，常常是出于对纪律的服从、听教师的话，动机斗争并不突出。他们一般还不善于把遵守纪律和道德需要联系起来，他们的纪律表现往往与教师的要求、学校制度和及时的检查直接联系在一起。可见，小学生的道德动机具有直接性、具体性。

（三）小学生品德心理特征的发展

1. 小学生道德认识的特点

道德认识主要指对社会道德规范、行为准则、是非观念的认知，包括对道德观念的掌握和道德判断能力的发展。

小学生的道德观念迅速发展，尽管各种道德观念的发展速度和水平具有差异性，但小学高年级学生已经形成各种基本的道德观念。

小学生的道德判断从受外部情境的制约逐步过渡到受内心的道德原则、道德信念的制约。在很多情况下，小学生的判断道德行为还不能以道德原则或道德信念为依据，而常常受外部的、具体的情境所制约。

2. 小学生道德情感的特点

道德情感是与人所具有的对于一定道德规范的需要直接相联系的一种体验，是一种高级情感。

小学生的道德情感主要是在新的集体生活下发展起来的。班集体和少先队集体在小学生道德情感的形成和发展上起着主要的作用。在集体中，为了完成共同的任务和达到共同的目标，小学生逐渐意识到个人和集体、祖国的关系，并在学习等日常活动中产生了爱国主义情感、集体荣誉感、义务感、责任感、正义感等。

3. 小学生道德行为的特点

小学生的道德行为属于依从传统惯例行为型，其特点是依随社会的风尚，遵从集体的决策，自己不采取单独的主张与果敢的行动。

小学生很早就表现出一定的亲社会行为。随着年龄的增长，小学生不断接受各种社会强化，亲社会行为呈逐渐增加的趋势。

攻击行为是小学生个性和社会性发展的重要方面。其发展状况会影响小学生品德和良好行为的形成与发展，同时也是个体社会化的重要标志。进入小学以后，小学生能更熟练地、友善地处理纠纷，小学生的身体攻击有所下降。

在外部力量的作用下，小学生的道德意志控制力和自觉性会明显地表现出来，但这种控制力和自觉性还不能完全离开外部的检查和督促。

道德行为习惯是与一定的道德需要、道德倾向相联系的、自动化的行为动作。小学生道德行为习惯的发展水平呈马鞍形，低年级和高年级较高，中年级较低。整个小学阶段是培养道德行为习惯的最佳期。

此外，大量的研究证明，社会强化、榜样、行为目标、行为结果以及短期训练都可能影响小学生的道德行为。

六、小学阶段的生涯发展任务

小学阶段学生的生涯发展任务主要为生涯启蒙，是生涯意识的唤醒。小学生在自我发展、了解社会和工作世界、发展生涯能力等方面都有不同的生涯发展任务和学习内容。小学阶段个体发展非常迅速，年龄不同带来的发展水平差异很显著，不同年级的生涯发展任务也有所不同。

小学一、二年级学生生涯发展的主要任务：能认识班级、学校、日常学习生活环境，掌握基本的社会规则；初步培养学习知识的乐趣，学习习惯得到培养与训练；能礼貌友好地乐于与人交往，并在谦让、友善的交往中感受友情；逐步培养安全感和归属感，初步学会自我控制；能适应新环境、新集体和新的学习生活，树立纪律意识、时间意识和规则意识等。

小学三、四年级学生生涯发展的主要任务：能了解自我，认识自我；进一步培养并提高学习能力，激发学习兴趣和探究精神，树立自信，乐于学习；树立集体意识，善于与同学、老师交往，培养自主参与各种活动的能力，以及开朗、合群、自立的健康人格；在学习生活中感受解决困难的快乐，学会体验情绪并表达自己的情绪；逐步建立正确的角色意识，能适应不同的社会角色；对职业世界有初步了解；增强时间管理意识，能正确处理学习与兴趣、娱乐之间的矛盾。

小学五、六年级学生生涯发展的主要任务：能正确认识自己的优缺点和兴趣爱好，在各种活动中悦纳自己；学习兴趣和学习能力进一步得到培养和提升，学习动机端正，能调整学习心态，正确对待成绩，体验到学习成功的乐趣；能进行恰当的异性交往，建立和维持良好的异性同伴关系，扩大人际交往的范围；能克服学习困难，正确面对焦虑等负面情绪，学会恰当地、正确地体验和表达情绪；积极发展亲社会行为，逐步认识自己与社会、国家及世界的关系；对职业世界有进一步的了解；培养分析问题和解决问题的能力，为初中阶段的学习生活做好准备。

中学生的心理发展及生涯任务

中学时期正是个体的青春期阶段，这个时期是个体身心发展的加速期和过渡期。11 岁或 12 岁到 14 岁或 15 岁这段时间，个体正处于初中阶段。个体身体的各个方面都在迅速发育并逐渐达到成熟，其心理的各个方面虽然也在发展，但相对生理发育速度来说则相对平稳，因此初中学生身心发展出现种种特殊矛盾，使他们面临一系列的心理危机。从 14 岁或 15 岁到 17 岁或 18 岁这个阶段的个体正处于高中阶段。高中阶段包括普通高中、普通中专、职业高中、技工学校等，是学生从未成年走向成年、个性形成、自主发展的关键时期。经过前几个阶段的连续发展，高中学生在智力发展上也已接近成人水平，在个性及其他心理品质上表现出更加丰富和稳定的特征，为达成生涯发展任务奠定了基础。

一、中学生心理发展的一般特点

人的生理发展与心理发展是密切联系的。在人一生的大部分时间里，生理发展与心理发展的速度是相互协调的，因而使个体的身心处于一种平衡、和谐的状态。中学生处于个体发展的过渡时期，生理、认知和社会性方面均产生了巨大的变化，使得其心理发展表现出一些与其他阶段不同的特点。这些特点又集中体现在青春期。青春期是人类个体生命全程中一个极为特殊的阶段，这个阶段的个体生理发育十分迅速，在 2 年～3 年内就能完成身体各方面的生长发育任务并达到成熟水平，但其心理发展的速度则相对缓慢，尚处于从幼稚向成熟发展的过渡时期。因此，青春期个体的身心就处在一种非平衡状态，引起种种心理发展上的矛盾。

（一）生理变化对心理活动的冲击

随着青春期的到来，中学生在生理上出现了急剧的变化，这必然给他们的心理活动带来巨大影响。这种影响主要来自两个方面：

首先，由于中学生身体外形的变化，他们产生了成人感，因此，在心理上他们也希望能尽快进入成人世界，希望尽快摆脱童年时的一切，寻找到一种全新的行为准则，扮演一个全新的社会角色，获得一种全新的社会评价，重新体会人生的意义。就在这种种新的追求中，他们感到种种的困惑。

其次，由于性的成熟，中学生对异性产生了好奇和兴趣，萌发了与性相联系的一些新的情绪体验，滋生了对性的渴望，但又不能公开表现这种愿望和情绪，所以他们往往体会到一种强烈的冲击和压抑。

（二）心理上成人感与幼稚性的矛盾

中学生的心理活动往往处于矛盾状态，其心理水平呈现半成熟半幼稚性。其成熟性主要表现为他们产生了对成熟的强烈追求和感受，这来自身体的快速发育及性的成熟，其幼稚性主要表现在认知能力、思想方法、人格特点及社会经验上。由于成人感及幼稚性并存，中学生在心理上表现出种种冲突和矛盾，具有明显的不平衡性。

1. 反抗性与依赖性

中学生产生了一种强烈的成人感，进而产生了强烈的独立意识。他们对一切都不愿顺从，不愿听取父母、教师及其他成人的意见。在生活中，从穿衣戴帽到对人对事的看法，他们常处于一种与成人相抵触的情绪状态中。

但是，中学生的内心并没有完全摆脱对父母的依赖，只是依赖的方式较之过去有所变化。童年时，对父母的依赖更多的是在情感和生活上；中学时，对父母的依赖则表现为希望从父母那里得到精神上的理解、支持和保护。

2. 闭锁性与开放性

进入中学后个体渐渐地将自己的内心封闭起来。他们的心理生活丰富了，表露于外的东西减少了，加上他们对外界不信任和不满意，这种闭锁性的程度又增加了。但与此同时，他们又感到非常孤独和寂寞，希望能有人来关心和理解他们。因此，中学生在表现出闭锁性的同时，又表现出很明显的开放性。

3. 勇敢与怯懦

在某些情况下，中学生似乎能表现出很强的勇敢精神，但这时的勇敢带有莽撞和冒失的成分，具有初生牛犊不怕虎的特点。但在另外一些情况下，中学生也常常表现得比较怯懦，例如他们在公众场合常羞羞答答，不够坦然和从容。

4. 高傲与自卑

由于中学生尚不能确切地评价和认识自己的智力潜能和性格特征，很难对自己做出一个全面而恰当的评价，而是凭借一时的感觉对自己下结论，因而他们对自己的自信程度把握不当。

5. 否定童年与眷恋童年

中学生认为自己的一切行为都应该与幼小儿童的表现区分开来，力图从各个方面对自己的童年加以否定，期望以一种全新的姿态出现于生活的各个方面。但在否定童年的同时，中学生的内心又留有几分对自己童年的眷恋。尤其当他们在各种新的生活和学习任务面前感到惶惑的时候，特别希望仍能像小时候一样，得到父母的关照。

二、中学生学习活动的发展

（一）中学生学习活动的特点

由于中学生的心理活动带有明显的过渡性，中学生的学习活动既具有童年期的被动性特征，又具有青年期的主动性特征。他们的学习策略和自学能力得到迅速发展，学习风格日趋稳定，学习成绩的个体差异加大。中学阶段学生心理活动发展非常迅速，初中生和高中生的学习特点又有所不同。

1. 初中生学习活动的特点

（1）学业成绩开始分化

初中生学习成绩波动性大，充满着动荡和分化。这种结果是多方面的因素造成的，既有初中阶段的学习内容、学习形式、学习动机、学习监控的主体发生很大变化的原因，又有个体的智力因素和非智力因素差异方面的原因。

（2）学习的主动性和被动性并存

初中阶段，学生的学习目的越来越明确，间接兴趣所起的作用越来越大，他们已经渐渐地理解学习的责任和意义，在学习中能够主动克服一些困难，主动地去探索。初中生由于自身的元认知能力还很不成熟，自我控制能力仍然比较薄弱，学习的自觉性和主动性还不持久，经常被与学习无关的诱惑所左右。加上学习内容难度加大，学习活动形式更为多样，学习以外的困扰增加，他们在学习困难面前经常退缩，有畏难情绪，甚至丧失信心，出现被动，这些都需要老师和家长的精心指导和帮助。

（3）学习策略和自学能力提高

进入初中以后，家长对学习的监控有所下降，学生学习的自我监控能力获得很大的提高，在学习上的独立性逐步增强，大多数初中生能够独立地安排自己的学习。

（4）智力因素的主要作用充分显示出来

初中生已逐渐理解了自己学习的意义和责任，学习的兴趣提高，非智力因素在整体水平上也普遍有所提高。当学生之间非智力因素变得较为一致、差异水平较小时，智力因素在学习成绩上的作用便显示出来。

2. 高中生学习活动的特点

高中生的学习活动具有与小学生、初中生和大学生不同的特点，具体如下：

（1）高中生的学习以掌握系统的理性的间接经验为主

间接经验是指别人或前人所积累的经验，它是人类在长期的社会实践活动中所创造的宝贵精神财富，是人类认识世界和改善、改造世界的有力武器。高中生所掌握的间接经验比小学生、初中生更系统、更复杂、更理性化、更加接近科学文化知识的完整体系，但是又不同于大学生的专业化的间接经验。高中生的主要任务是掌握系统的、基本的科学文化知识和技能，为将来的工作和劳动打下坚实的基础。高中生主要通过课堂学习掌握理性的间接经验，并非亲自实践得来的，有可能理解得不深刻。为此，高中生应主动建构一个以课堂学习为主的、课内与课外学习相结合的新的学习系统。

（2）提高身心素质，为升学就业打好基础

高中教育属于中等教育，根据竞争时代的要求和党的教育方针，高中生应以德智体美劳全面发展、知情意行协同发展、身心素质的全面和谐发展作为学习的目标，形成知识、能力、个性和特长协同发展的、高效能的学习系统，把自身素质的整体性发展与国家的需要统一起来，以适应升学和就业两方面的需要。

（3）高中生学习的主动性增强

高中生学习的主动性增强主要表现为：①高中生的学习目的更明确，学习的动机更强烈，学习的社会责任感增强，观察力、有意识记、有意注意、有意想象占优势，思维的方向性、目的性更明确；②随着认知能力的发展，高中生独立分析和解决问题的能力有很大的提高，依赖性减少；③学习的选择性有所发展，面对未来就业或大学专业、职业的选择，高中生学会根据社会的需要和自己的特长，主动地选择学习科目内容或专业技能；④学习的计划性增强，能较科学地安排自己的学习活动，自主学习的能力明显提高。

（4）学习策略和技巧更完善

高中生的识记策略在于及时复习，有重点地重复。高中生的加工策略是：对于较简单的无意义学习材料能人为地赋予意义，或采用各种记忆方法；对于复杂意义的学习材料，能使用分段归纳、类比、扩展、评价、自问自答、列提纲、分类列图表等方法进行学习。

高中生的元认知能力逐步发展起来。他们能在学习过程中不断评价自己达标的情况，并根据反馈信息来修正学习策略。他们能较主动地控制自己的学习过程，学习活动的组织水平有较大的提高。他们常能反省自己的学习过程，不断总结学习的经验和教训。

（5）学习的途径、方式和方法多样化

高中生不但注意向书本学习，也注意向社会学习，积极参与各种课外活动和社会公益活动，广泛地吸取信息。他们不光是增加知识数量，而且重视学习知识的系统化和综合化，重视书本知识和实践活动的结合，形成知识、能力和个性的协调发展。他们既注意勤奋学习，又注意改进学习方法和策略，对不同学科（或专业技术）能采取不同的学习方法。他们既讲学习质量，又讲学习速度，快速阅读、快速作文、快速解题的能力迅速发展。他们既重视知识的吸收、理解、巩固，又重视知识的实际应用，能主动地借助现代化的科技手段或智能设备来提高学习效率。

高中生的学习活动是一个统一的过程，上述特点也是相互联系的统一体，只有全面体现上述特点，才能使学习活动有效地进行。

三、中学生认知的发展

（一）思维的发展

中学生思维发展的基本模式是由形象思维、抽象思维过渡到辩证思维，主要特点是思维逐步符号化。与具体运算阶段的儿童相比，他们发展了抽象的、科学的思维能力，具体表现为：思维的概括能力增强；能使用假设检验和更加一般的逻辑规则进行思考，不再借助于具体事物和事件；思维活动中的自我意识成分增多，思维的反省性和监控性明显提高；辩证思维能力增强，看问题不再那么绝对化；思维的创造性也迅速发展。

（二）中学生思维的基本特征

根据皮亚杰的认知发展阶段理论可知，中学生正处于形式运算思维阶段。这个阶段的主要思维特点是：可以在头脑中把事物的形式和内容分开，可以离开具体事物根据假设来进行逻辑推演，能运用形式运算来解决诸如组合、包含、比例、排除、概率及因素分析等逻辑课题。

初中生和高中生又各有自己的思维特点。初中生个体的形象思维趋于成熟，抽象逻辑思维开始占优势。从初中二年级开始，学生的抽象逻辑思维开始由经验型水平向理论型水平转化。因此，初中生思维活动的基本特点是抽象逻辑思维占优势，但有时思维中的具体形象成分还会起作用。高中生的形象思维已完全发展成熟，抽象逻辑思维的发展也进入了成熟期。到高中二年级时，经验型向理论型的转化初步完成，标志着他们的抽象逻辑思维趋向成熟。因此，逻辑思维的发展是中学生思维发展的重点。

（三）中学生逻辑思维的发展

1. 抽象逻辑思维的发展特点

在整个中学阶段，中学生的抽象逻辑思维得到了迅速的发展。在初中阶段，抽象逻辑思维虽然一开始占优势，但是在很大程度上还属于经验型，需要感性经验的直接支持。而高中阶段的抽象逻辑思维则属于理论型，表现为个体能在头脑中进行完全属于抽象符号的推导，能用理论作指导来分析、综合各种事实材料，从而不断扩大自己的知识领域或解决各种问题。

2. 形式逻辑思维的发展特点

形式逻辑思维是抽象逻辑思维发展的初级形式。进入中学阶段之后，中学生日益掌握了更多的抽象概念和更复杂的概念系统。在推理能力方面，从初中一年级开始，中学生就开始具备各种逻辑推理能力。高中生所掌握的概念逐步摆脱了零散的、片段的情形，日益成为有系统的、完整的概念体系。

3. 辩证逻辑思维的发展特点

在高中生的思维过程中，抽象与具体获得了一定程度的统一，其理论型的抽象逻辑思维迅速发展，这种思维过程既包括从特殊到一般的归纳过程，也包括从一般到特殊的演绎过程，也就是从具体上升到理论，又用理论指导去获得具体知识的过程，这是辩证逻辑思维发展的重要表现。而且，高中生在实践与学习中逐渐认识到一般和特殊、归纳和演绎、理论和实践的对立统一关系，并逐步发展以全面的、运动变化的、统一的观点去认识问题、分析问题和解决问题的能力，这都是高中生辩证逻辑思维发展的标志。

（四）中学生思维监控的发展

随着年龄的增长，中学生会对自己的思维过程不断进行反思，即中学生思维活动中的自我意识和监控能力逐渐明显化。思维监控是指为了保证达到预期的目的，在思维过程中将思维个体作为意识的对象，不断地对其进行积极主动的定向、控制、调节的能力。思维监控的发展是中学生思维发展的一个显著特点，也是其思维发展趋于成熟的一个标志。

中学生对自己思维的反思和监控是不断发展的。思维监控在整个思维活动中具有举足轻重的地位，中学生能否全面地、有效地发挥思维的自我监控功能，决定着其思维自我监控水平的高低；思维自我监控水平的高低会影响他们思维过程的效率和思维结果的优劣，进而也导致个体智力的差异。

（五）中学生创造性思维的发展

创造性思维是人类思维的高级形式，是多种思维（如发散思维和聚合思维、直觉思维和分析思维等）的综合表现。

中学生的创造力整体呈阶段性发展，在同一阶段内呈连续性，从小学六年级到初一为发展的关键期。随着年龄的增长，高中生创造性思维的流畅性呈下降趋势，变通性平稳发展，独特性逐渐提高。

除创造性想象和发散思维外，中学生创造性思维的发展还表现在顿悟、类比迁移及假设检验等方面。中学阶段个体的创造性思维处于高度发展阶段，个体创造性思维水平的高低对其创造力的表现有重要影响。

四、中学生个性和社会性的发展

随着中学生生理和智力所发生的一系列特殊的变化，他们在个性发展上也出现了许多新特点，表现在自我意识、情绪情感、日常心态以及与父母、同伴的关系等诸多方面。总体来讲，中学生的个性特点有二：其一是不平衡性，其二是极端性或偏执性。

（一）自我意识的发展

1. 自我意识的基本特点

青春期是自我意识发展的第二个飞跃期。进入青春期后，由于身体的迅速发育，中学生很快出现了成人的体貌特征。自我意识高涨的突出表现是，中学生的内心世界越发丰富起来，他们在日常生活和学校中常常将很多心智用于内省。另外一个表现是个体个性上的主观偏执性。一方面，中学生总是认为自己是正确的，听不进别人的意见；另一方面，他们又感到别人似乎总是用尖刻挑剔的态度对待他们。这种想法使他们感到压抑、孤独而且非常敏感。

中学阶段自我意识有以下特点：（1）自我意识中独立意向发展，要求独立的愿望日趋强烈；（2）自我意识成分分化，分为"理想自我"和"现实自我"两部分；（3）强烈地关心自己的个性成长，在对人、对己进行评价时，将个性是否完善放在首要位置；（4）自我评价成熟，能在一定程度上达到主客观的辩证统一；（5）有较强的自尊心；（6）道德意识高度发展。

总之，到了高中阶段，个体在自我观察、自我评价、自我体验、自我监督、自我控制等自我意识的诸成分上都获得了高度的发展，并趋于成熟。

2. 自我概念

自我概念（或自我形象）主要是指一个人对自身的连续性、同一性的认识，这个认识包括三个相互联系的成分：认识成分，对自己品质和特质的了解与认识；情感成分，对自身品质的评价及与此相关联的自尊体验；品行成分，从上述两个成分派生出的对自己行为的实际态度。

与小学生相比，中学生的自我概念的差异表现在：一是自我概念更加抽象；二是自我概念正负性的转变；三是自我概念更加具有整合性和组织性；四是自我概念的结构更加分化，认识到了自我在不同的情境下会有不同的表现。

3. 自我评价

自我评价是指个体对自身的思想、能力、水平等所做的评价，它是自我调节机制的主要成分。由于抽象逻辑思维的进一步发展、知识经验的日益丰富，中学生逐渐学会了较为全面、客观、辩证地看待自己、分析自己，自我评价的能力因此变得全面、主动，而且日趋深刻。主要表现在他们不仅能分析自己一时的思想矛盾和心理状态，能认识到自己对某一具体行为起支配作用的个别心理特点，还能经常对自己的整个心理面貌进行估量，能认识到自己较为稳定的个性心理品质。

自我评价能力的增长及对自我分析要求的提高，不仅是中学生个性高度发展的重要标志，而且也是有目的地进行自我教育的前提。

4. 自我同一性

自我同一性是指个体在特定环境中的自我整合与适应之感，是个体寻求内在一致性和连续性的能力，是对"我是谁""我将来的发展方向""我如何适应社会"等问题的主观感受和意识。为了获得自我同一性，中学生必须在某种程度上整合自我知觉的许多不同方面，使其成为一致的自我感。中学生自我同一性的形成受到认知发展水平、与父母的关系及教养方式、同伴群体、学校和社会等多因素的影响。

（二）情绪特点

1. 情绪表现的两极性

（1）强烈、狂暴性和温和、细腻性共存

中学生的情绪表现有时是强烈而狂暴的，同样一个刺激，在他们那里所引起的情绪反应强度相对大得多，甚至达到震撼人心的程度。中学生逐渐积累了丰富的经验，了解不同的情绪在人际关系中具有不同作用的事实，有时情绪表达不是很开放和充分，能适当控制某些消极情绪，有时也表现出温和、细腻的特点。

（2）情绪的可变性和固执性共存

中学生尽管在表面上情绪表现得强度很大，但体验的深度并不与此成正比，一种情绪容易被另一种情绪所取代。由于中学生在对客观事物的认识上还存在着偏执的特点，因此情绪表现有其固执性，容易很长时间处于某种情绪体验（尤其是消极情绪）中不能摆脱。

（3）内向性和表现性共存

中学生在情绪表现上出现隐蔽性，已逐渐失去了那种毫无掩饰的单纯和率真，在某些场合，他们可将喜、怒、哀、乐等各种情绪隐藏于心中而不予表现。中学生在情绪表露中失去童年时的自然性，自觉不自觉地带有表演、造作的痕迹。

2. 心境的变化

随着生理上发生的巨大变化，中学生在心理整合的持续性环节和统一性环节都出现了暂时的混乱，结果导致他们不能很好地接纳自己，出现一些消极心境。

（1）烦恼突然增多

进入青春期后，许多新的问题接踵而来，使中学生难以在短时间内适应，增添了许多烦恼。例如：不知道应该以何种姿态出现于公众面前，与父母的关系出现裂痕，不知如何保持或确立自己在同伴之中应有的地位等。

（2）孤独

从青春期开始的"心理上的断乳"，给中学生带来了很大的不安，尽管他们在主观上有独立的要求和愿望，但实际上很难在短时间内适应独立生活。中学生的内心冲突及在现实中所遇到的挫折都较多，对许多问题还不能依靠自己的力量和能力去解决，又不愿求助于父母或其他人，担心有损独立人格，因此产生一种孤独的心境。另外，此时中学生产生了对亲密感的需求，但与之相关的社会关系还没有建立起来，因此当陷入孤独状态时常常难以自拔。

（3）压抑

压抑也是中学生普遍存在的一种心理状态。压抑是当需求、愿望等不能得到满足和实现时，产生的一种心理体验。随着年龄的增长，中学生产生了多方面的需求，但有许多需求不能满足。因而，中学生的自尊心易受到打击，但内心又有争强好胜的冲动，在这种矛盾的情形下，他们常常处于压抑的心境。

3. 反抗心理

反抗心理是中学生普遍存在的一种个性心理特征。这种心理特征主要表现为对一切外在力量予以排斥的意识和行为倾向。

中学生产生反抗心理的主要原因有两个：（1）自我意识的突然高涨。随着中学生自我意识的高涨，他们更倾向于维护良好的自我形象，追求独立和自尊，但他们的某些想法及行为不能被现实所接受，屡遭挫折，于是就产生一种过于偏激的想法，认为其行动的障碍来自成人，便产生了反抗心理；（2）中枢神经系统的兴奋性过强。在正常情况下，外界的刺激强度与神经系统的反应之间存在着一定的依存性，两者应是相互协调的，但在青春期，这种依存关系受到了影响，致使中学生对于较弱的刺激也给予很强烈的反应，常因为区区小事而暴跳如雷。

（三）道德发展

科尔伯格提出的道德推理发展系统理论认为，青春期的道德判断主要以天真的利己主义和"好孩子"定向为主。在天真的利己主义阶段，个体遵守规则是为了得到奖赏和满足个人的需要。虽然对于他人的观点有一些考虑，但是归根结底还是受到想得到回报愿望的驱使。到了"好孩子"定向阶段，所谓的正确就是取悦、帮助，或者说得到他人的认同，主要是根据人们的意图来判断其行为的好坏。这时自我物质利益还决定着他们大多数的价值选择，中学生处理问题时多考虑人际期望、人际关系，缺乏应对关于自己及道德规范的重大问题的能力，容易受外界刺激的影响。

在中学阶段，大多数学生似乎不断超越对外部奖励与惩罚的考虑，开始对父母与权威人物提供的道德标准表示出一种真正的关注，对确保人类关系和谐与公平的法律做出了认真的思考，同时也成为法律的维持者。一些中学生也开始把道德看作他们身份特征的一个重要部分，他们也希望自己成为一个诚实、公正以及关心他人的人。

（四）人际交往

1. 同伴关系

在和同伴的关系上，中学生主要表现在以下几个方面：

（1）逐渐克服了团伙的交往方式

进入青春期后，中学生突出表现出许多心理上的不安和焦躁，他们需要有一个能倾吐烦恼、交流思想并能保守秘密的地方。因此，中学生交友的范围随年龄增长而逐渐缩小。

（2）朋友关系在生活中日益重要

中学生对交朋友的意义有了新的认识，对朋友的质量产生了特殊的要求，倾向于选择观点和行动上一致的人做朋友，因而可能会有多个朋友，在交友上体现出多层次的特点。中学生的朋友关系对其心理发展水平和情绪的稳定性是非常重要的，有利于他们探索自我、确定新的自我概念、寻求理解和支持、获得地位、克服孤独、提供情感上的支持等。

（3）与异性朋友之间的关系

进入青春期以后，男女生双方都开始意识到了性别问题，并对彼此逐渐发生了兴趣。男女生之间从表面上相互排斥，到开始融洽相处。一些男生和女生心中会有一个自己所喜爱的异性朋友。这种同学之间的爱慕之情是很稚嫩的，缺乏牢固的基础，很少有保持下来并最终发展为爱情和婚姻的。但是只要处理得当，这种感情也有一定的意义。如果这种关系无限度地发展，就会妨碍中学生的正常进步。

2. 与成人的关系

进入青春期后，中学生与父母之间的关系发生了微妙的变化。这种变化表现在许多方面：情感上的脱离，与父母的情感不如以前亲密；行为上的脱离，中学生要求独立的愿望十分强烈，在行为上反对父母对他们的干涉和控制；观点上的脱离，中学生对于任何事件都喜欢自己进行分析和判断，不愿意接受现成的观念和规范，父母的榜样作用弱化。中学生与教师的关系也有了改变，他们不再盲目接受任何一位教师，并开始品评教师。

五、中学阶段的生涯发展任务

在小学阶段生涯发展的基础上，中学阶段学生的生涯发展任务主要为生涯探索和生涯准备，要为成为合格公民、就业或升学深造做准备，为终生发展做准备。学生在中学阶段要在自我认知与发展方面做充分的探索和准备：加强自我认识，确立正确的自我意识，能够客观地评价自己；树立人生理想和信念，形成正确的世界观、人生观和价值观；适应中学阶段的学习环境和学习要求，培养正确的学习观念，发展学习能力，改善学习方法，掌握学习策略，开发学习潜能，提高学习效率；积极应对各种考试压力，克服焦虑，提高应对困难、承受失败和面对挫折的能力，形成良好的意志品质；培养创新精神和创新能力；正确认识自己的人际关系状况，培养人际沟通能力，建立良好的人际关系；促进人际间积极的情感反应、情感体验与表达，能对自己的情绪进行有效管理，抑制冲动行为；能正确对待和异性同伴的交往，把握与异性交往的尺度，知道友谊和爱情的界限。学生在中学阶段还要对职业世界和工作世界有更全面和更深入的了解，逐步适应生活和社会的各种变化；要在充分了解自己的兴趣、能力、性格、特长的基础上，结合个人发展需要和国家建设需要，确立自己的职业志向，培养规划意识，树立早期职业发展目标；要培养职业道德意识；培养担当意识和社会责任感。学生在中学阶段要着重培养和发展各项生涯能力，把握就业或升学选择的方向，进行就业或升学的选择和充分准备，为成为合格公民及终生发展做好准备。

第四节 大学生的心理发展及生涯任务

大学阶段的学生身心发展逐渐成熟，接近成年人，其生涯发展任务的完成将为大学生开启后续的职业生涯奠定坚实的基础。

一、大学生心理发展的一般特点

从心理发展的整体来看，大学生正处于迅速走向成熟却又尚未完全成熟的阶段，其心理发展呈现出一系列显著的矛盾性特征。

（一）抽象思维迅速发展，但易有主观片面性

随着专业知识的积累、思维训练的强化与实践经验的丰富，大学生的认知能力基本达到成熟水平，其抽象思维能力也获得迅速提高。

大学生思维的独立性与批判性日益增强。随着辩证逻辑思维能力的发展与抽象概括能力的提高，他们独立思考问题的能力迅速增强，并开始用怀疑和批判的眼光来看待周围的事物，喜欢怀疑、探索、争论，不盲从。

大学生思维的深度与广度进一步发展。随着能力的提高与视野的开阔，他们逐渐对事物的因果规律产生浓厚的兴趣并热衷于开展比较系统的理论论证，已经能够对不同事物进行比较全面的认识、分析、比较，从而把握事物间固有的、内在的、本质的联系与规律。

大学生思维的灵活性与创造性明显提高。他们能够运用所学知识、采用发散性的思维方式对同一问题提出多种设想，并从多个方面展开论证；对新事物与新问题有着较强的敏感性，思维活跃且富于想象，出现了更多的创造

性成分。

不过，大学生的抽象思维水平还没有达到完全成熟的程度。因此，大学生看待问题时难免会带有强烈的主观性与片面性，评判问题时更易掺杂个人的好恶与情感因素，有时会在多渠道的信息交流中受到不正确的理论观点和不良价值观的诱导，盲目模仿社会上的一些流行现象，良莠不分，真伪不辨，识别能力有待加强。

（二）社会情感日益丰富，但情绪波动性较大

随着文化层次的提高与生活空间的扩大，大学生的情感日益丰富，尤其是高级社会情感迅速发展，如学习过程中的理智感、集体生活中的道德感、人际交往中的正义感、政治生活中的责任感、文化熏陶中的美感等表现得更为成熟。

大学生对情绪和情感的调控能力逐渐由弱变强，情感表达有了间接性和内隐性的特点。他们可以依据具体的条件选择不同的情感表达方式，也学会了掩饰自己的内心体验，情感表达含蓄而隐蔽。

不过，大学生驾驭情绪和控制情感的能力还不够健全、不够稳定。无论从生理、心理还是从社会的角度来看，大学生均处于内在需要与外界环境相互矛盾的刺激之下，情绪带有强烈的可变性与多变性，波动性较大且两极性比较突出。大学生在学业、生活、人际关系等各方面的冲突变化，都会引起其情绪上的波动。提高自身的情绪与情感调控能力是大学生成长与发展旅程中的一大任务。

（三）意志水平明显提高，但不够平衡稳定

随着社会知识与实践经验的增多，大学生对社会与人生的意义有了更为深刻的认识，其世界观、人生观、价值观逐步确立，开始进行人生道路的规划、奋斗目标的确立、前进计划的制订与具体过程的实施。多数大学生在实现目标的过程中表现出坚强的毅力，其意志力已发展到较高的水平。

大学生的意志水平明显提高，在实际行动过程中表现为自觉的目的性、顽强的意志力、明显的社会性等特征。不过，大学生意志的发展水平不够平衡、不够稳定。一般来说，大学生意志的自觉性与坚持性品质发展水平较高，而果断性与自制性品质发展相对缓慢一些。大学生的意志水平往往会随着活

动的类型与心境的变化而表现出巨大的差异，他们在不同活动中的意志表现不同，即便是同一活动，心境的好坏也会影响其意志水平。

（四）自我意识逐渐增强，但发展仍不成熟

大学生所处的年龄阶段与其所具备的文化水平促进了其内省的发展与自我意识的增强。

大学生的自我评价比较客观。他们能够借助横向比较与纵向发展的方式对自我进行观察与分析，自我评价比较符合客观实际，高估与低估现象逐渐减少。

大学生的自我体验比较深刻。社会的要求与自身的发展促使他们经常进行自我反思，注重探求自己微妙的内心世界，极易产生强烈而深刻的内心体验。

大学生的自我调控水平较高。他们基本能够依据理想与追求规范自身的行为，并逐渐能以社会标准与要求调节自己的行动，自我控制能力大大提高。

不过，大学生自我意识的发展还不够成熟。由于社会知识经验与自身能力的欠缺，许多大学生在自我意识的形成与发展过程中面临着各种矛盾和问题。

（五）性意识进一步觉醒，但应对能力不强

大学阶段是走向成熟的关键期，而生理成熟是最基本的物质基础。大学生的生理系统发育已基本完成，第二性征凸显并进入性成熟期，具备了成年人的体格及生理功能，逐渐产生性意识的明朗化与进一步发展的要求，这是正常的发展现象。

大学生的性意识处于进一步觉醒并趋于成熟和稳定的阶段，他们开始出现性的自然表露与亲近行为。性意识的发展一方面引导大学生性别化的人格与形象塑造，另一方面也带来其对异性的倾慕与追求。

不过，大学生对于恋爱与性问题的应对能力有待加强。大学生从具有较为强烈的性需求到能够通过社会认可的合法手段得到满足需要经历比较长的时间。大学生还不善于处理与异性之间的关系，他们的经济地位与心理成熟度还不足以应付此类问题，且他们的行为往往具有冲动性，如果缺乏自制力与性道德，极易产生不良心理甚至酿成性犯罪。

（六）社会需求日益迫切，但社会经验不足

大学生独特的社会层次及较高的文化素质使得他们对社会现象有着自己独到的见解，希望可以按照自己的想法去改变令人不满意的社会现实，体现自身的价值，有一种"以天下为己任"的抱负。

不过，大学生的社会实践活动比较表面和肤浅，对真正的社会生活并没有直接的、深刻的了解，与社会生活存在着某种程度的隔离，社会经验较为欠缺。一方面，大学生抛开自身利益，以大视角来关心社会的发展，注重整个社会的进步；另一方面，由于生活阅历及社会实践能力有限，他们在评价、思考社会现象时往往过于理想化，还不能深刻、准确、全面地认识社会现象，表现出一定的片面性和幼稚性。

（七）人格发展基本成熟，但不够完善

当代大学生的人格发展既有成熟积极的一面，又不同程度地存在着缺陷。大学生能够正确地认识自我、可以较好地适应社会，具有一定的创造性与竞争意识等，但也常有自卑、懒惰、粗心、鲁莽、急躁、悲观、孤僻、多疑、抑郁、狭隘、冷漠、被动、虚荣、焦虑、敌对、冲动、脆弱、以自我为中心等不良特征。良好的人格是在不断的学习与实践中逐渐优化、完善的，大学生正处于人格初步定型的时期，教育者应引导其为自身人格的不断完善做出积极的努力。

二、大学生学习的特点

大学生的学习是一个庞大而复杂的运作体系，涉及因素多，时间跨度长，专业门类细，学习手段多样，难以全面概括。本书仅从学习内容、学习行为两个方面讨论大学生学习的特点。

（一）学习内容的特点

1. 专业性

大学教育的任务是为社会培养各类高级专业人才。大学生毕业后绝大多数都要在社会各个实践领域从事与自己专业相关的职业活动并为社会服务。因此，大学生的学习活动实际上是一种职业活动。它既不同于中学生的学习活动，因为中学生的主要任务是普遍掌握各科基础知识或基本技能，大学生

则必须学习本专业的基础课、专业基础知识课和专业技能课，在圆满完成学习任务后方可毕业；也不同于一般劳动者的职业活动，因为大学生的学习活动虽然具有明确的职业定向性质，但它只是为毕业后参加职业活动做准备。

2. 开放性

开放性是现代教育的一大特征，同时又是现代大学学习的一大特点。大学阶段的开放性体现在拓展学习内容、拓展时空范围以及拓展学习途经方式等方面。拓展学习内容，体现在大学期间要掌握博大精深的知识、技能，提高综合能力，这是由大学活而不乱、松而不疏的特殊管理方式，以及宽松的学习环境、充裕的教学资源、宽裕的学习时间等拓展的时空范围等因素决定的。拓展学习途径方式，体现在大学阶段正常课堂教学、学习的多途径、多渠道、多方式性等方面。

（二）学习行为的特点

1. 自主性

自主性是大学生与中学生学习的主要区别。初入大学的学生沿用高中的学习方法，把自己当成了"容器"，而没能成为"学习的主人"。随着年龄的增长和文化程度的提高，自主性也逐步发生着变化。度过适应期，大学生逐渐能够自主地阐释和选择学习内容，个性可以得到适度释放。他们不再是单纯而又抽象的学习者，而是有丰富个性的行为主体。大学生作为一个独立的个体存在，具有不可重复性和不可替代性，具有无限的发展潜能。他们与知识的关系也不是机械被动的固定关系，他们不仅被视为知识的消费者，同时也是知识的解释者、生产者、传播者，甚至是创造者，正是这种地位转化的理性探讨与实践，才形成了大学生学习的自主性。

2. 探索性

大学生们已意识到知识的增长具有非线性特征，是批判性的，其发展方向是无限多样的。知识是开放的、整合的、变革的，没有固定的或不可逾越的框架与结构，任何真理性认识都不是也不可能仅依靠权威或制度就能得以证实，也不可能通过强制的方式使人接受或服从。因此，大学生的学习必然从接受性、被动性学习转为探索性、创造性的学习。

3. 实践性

实践活动是大学生学习活动的重要组成部分，大学生除了掌握书本知识，完成课堂教学任务外，更要参加社会实践活动，突出实践性，在社会实践中检验知识、丰富知识、应用知识、深化知识、发展知识。

对于大学生而言，从"求学期"到"工作期"，其中的主要环节就是社会实践环节。大学生的社会实践活动包括实验、专业实习、社会调查、企业参观、社会咨询服务、短期务工等形式。大学生的社会实践活动要坚持合理安排、注重指导、积极参与、总结提高的原则。

4. 自觉性

大学生能够清醒地意识到自己肩负的责任和学习的意义、价值，学习目的明确，学习态度端正。许多学生能够把当前的学习行为和祖国现代化建设的远大目标紧密联系在一起。多数大学生不需要老师的监督，他们能克服各种困难、拒绝各种诱惑，做到专心致志，能自觉地、孜孜不倦地学习和思考。

三、大学生个性与社会性发展

（一）自我意识的发展

大学生自我意识发展的特点主要体现在自我认知、自我体验、自我调控三个方面，具体来说表现为以下特点。

1. 自我认知方面

自我认知不断深化。处于青年中期的大学生，其自我意识明显不同于青春期，在自我认知的深度和广度上都有较大提高。这时，他们不仅关注自己的外表、行为举止等外在特征，也涉及自己的气质、风度和性格等内在因素，还涉及自己的社会地位、社会责任、自我价值等问题。通过对这些问题的分析和思考，大学生自我意识达到了新的广度和深度。具体表现在：（1）自我认知更具主动性。为了认识自我、发展自我，大学生主动而自觉地把自己与周围的同学、老师、英雄人物进行比较，并把他们作为自己学习的榜样，力图将社会的期望内化为自我的品质；（2）自我评价趋于客观、全面。大学生的自我评价比较符合自己的实际情况，自我评价的客观性有了明显的发展。当然，大学生中也存在着自我评价的偏差，他们要么高估自我，要么低估自我，但高估自我更为普遍。

2. 自我体验方面

大学生的自我体验既丰富又复杂。他们对于外部世界和自己内心世界的许多方面都比较敏感，尤其是面对与他们相关的事物时，很容易迅速产生情绪上的反应。凡是涉及"我"及"与我相关的事物或事情"，大学生都很敏感。大学生的自我体验是日益深刻的，他们的自我体验不仅与自己的个性特点相联系，而且还与自己的生活信念和人格倾向相联系。但自我体验仍有一定程度的波动性。例如，取得成绩时，容易产生积极的情绪体验，甚至高傲自大，目空一切；而遇到困难时，则容易产生消极的情绪体验，甚至悲观失望、自暴自弃。

3. 自我调控方面

大学生自我控制能力明显提高。大学生自我认识和自我评价水平增强，他们能够根据别人的评价和自己的行动结果进行反省，及时调整自己的行为和目标。另外，他们的行为和目标能以社会期望和社会要求为转移。面对社会的期望和要求，大部分大学生能对自己的目标进行及时的调整，注重各种能力的培养，以便能更好地适应社会。大学生有设计自我、完善自我的强烈愿望，他们根据自我设计的"最佳自我形象"而不断地学习知识、充实自我，培养自己的能力，形成自己良好的性格与品德。大学生有体力充沛、精力旺盛、思维灵活、记忆力强、优越感比较明显等特点，表现出强烈的独立意识和自信心。

（二）人际交往

随着社会发展、科技进步，以及高校教育体制改革的深化，正处在生理和心理日趋成熟的当代大学生在人际交往上出现了一些新的特点。

1. 迫切性与开放性

迫切性是指大学生在人际交往的需求方面具有急切性的特征。处于青年期的大学生思想活跃、精力充沛，对人际交往的需要极为强烈。

开放性主要表现在与异性的交往上。随着生理的成熟，大学生对于爱情特别关心和敏感。他们对在校园里与异性交往大多持认同态度，并呈现出明显的开放性特点。

2. 广泛性与时代性

广泛性是就大学生交往的内容和范围而言的。在信息时代，几乎每一个人都是一个信息载体。只有在与他人的广泛交往中，人们才能捕捉、筛选到对学习有价值的新信息，更新自己的知识贮存，打破自己的思维定式，变革陈旧的思想观念，改变过时的行为规范，在实践中完善、再造自己，提高与他人竞争的能力。大学生在广泛的人际交往中除了寻求友谊、交流学习体会外，还常常在一起探讨人生、开发智力和获得新技能等。

时代性特点主要通过交往方式的改变体现出来。大部分的大学生不再抱有狭隘的交友观念，转而追求建立更加广泛多样的人际关系。比如网络交往，现已成为大学生广泛使用的人际交往方式。

3. 平等性与不平衡性

大学生的交往对象主要是同龄人，人际关系主要是同学关系。随着时代的发展，当代大学生不但要求政治上平等、民主，而且要求交际中平等、民主。他们期待交往的双方彼此尊重，相互接纳。大学生平等、民主的交际观念，使交际双方冲破等级观念的羁绊和心理障碍，使交际方式的单向"辐射"转变为双向"交流"，那种"我说话你得听"的交际方式正逐渐被摒弃。

不平衡性主要体现在当代大学生贫富的差别上。经济上的拮据使其在人际交往中较多地表现出被动，个别学生甚至还会由此产生自卑、孤僻等心理。来自农村的大学生社交整体情况差于来自城镇的同学，部分农村大学生自卑、自闭心理问题较为突出，交往中表现被动，部分甚至不敢与人交往、不敢加入学生社团等。

4. 理想性与互惠性

大学生人际交往的动机相对单纯，情感的因素占绝大多数。他们在交往中真诚、坦率，注重精神层面的满足，较少带有功利色彩。大学生往往对人际交往抱有较高的期望值，并较为理想化，无论是对朋友，还是对师长，都希望不掺杂任何杂质。

近些年由于受社会环境中各种因素的影响，尤其是市场经济大潮和实用主义至上等思潮的影响，人际交往中互惠互利的功利需求已变得较为突出，理想化有淡化的趋势。

5. 情感浓烈但不稳定性

当代大学生在交往中感情色彩浓厚，讲求情投意合。但是，由于大学生的心理发育尚未完全成熟，情绪经常处于不稳定状态。当情感需要得到满足时，即会欢呼雀跃；而一旦情感表露未获得同样热烈的回馈或遭遇婉拒时，则情绪低落，整日垂头丧气。大学生这种情绪上的不稳定性，也直接造成了人际交往中关系的不稳定。

（三）道德发展

大学阶段是大学生道德学习和道德建设的重要时期，是养成道德观念和培养道德行为的关键时期。大学生道德发展主要有以下特征：

1. 道德发展具有自律性和言行一致性

（1）形成道德信念与道德理想。大学生已经掌握伦理道德，并服从它，表现为独立、自觉地依据道德信念和价值标准等去行动，因此大学生的道德行为更有原则性、自觉性。

（2）自我意识成分明显。大学生的品德心理中自我意识成分明显，在品德发展的过程中，大学生更加关注自我道德修养，并努力加以提高。

（3）道德行为习惯逐步巩固。由于不断地实践、练习，加之较为稳定的道德信念的指导，大学生已经形成了与道德伦理相一致的、较为定型的道德行为习惯。

（4）道德结构更为完善。大学生道德结构的组织形式逐渐完善，道德认识、道德情感与道德行为三者相互协调，形成了一个较为完善的动态结构，使他们不仅按照自己的道德准则去行动，而且也逐渐成为稳定的个性心理结构的一部分。

2. 道德发展达到成熟

初中生的道德已开始形成，但具有动荡性和两极分化的特点；高中生的道德发展向成熟过渡，可以比较自觉地运用一定的道德观念、原则、信念来调节自己的行为；到大学阶段，学生道德发展已经达到成熟。大学生对社会主体道德原则和规范形成比较稳定的认识，并且能够自觉运用这些原则和规范来指导自己的行为，进而能够正确地进行道德选择和道德评价活动。

四、大学生的恋爱与择业

（一）恋爱

大学生在文化观念方面的创新性，在生活环境和文化氛围方面的特殊性，使大学生的恋爱心理具有明显的特点。

1. 积极性

大学生作为知识分子的代表接受了系统的教育，在恋爱心理方面有其积极的特性。在择偶标准方面，大学生较为积极与理性。诚实可靠、富有感情、受过良好教育、身体健康是大学生在选择恋人时考虑的前几个因素。在恋爱目的方面，大学生较为积极与坦然。丰富业余生活、建立情感支持、寻找人生伴侣是大学生恋爱的几个主要目的。

2. 浪漫性

浪漫是爱情里很重要的一个元素，在恋爱中制造浪漫可以增进双方的感情。由于大学生的爱情是在自由多元的生活背景和文化环境中萌芽的，所以其恋爱生活很少完全与现实婚姻相联系，而成了大学生生活本身的一种需要。花前月下、诗情画意，节日的鲜花、生日的惊喜、特别的礼物成为营造浪漫爱情的必要元素，对家庭背景、经济条件及未来发展等现实问题考虑相对较少，使得大学生的恋爱充满了浓郁的自由浪漫气息。

3. 自主性

人格独立自主与学术自由是大学的核心。大学生在这个过程中懂得生活，发展独立自主的能力，因而大学生在恋爱问题上以自身意愿为中心，不受传统习俗的局限。自由恋爱和自主爱情，表现出大学生主体的价值实现和人格自尊的完善成熟。

4. 盲目性

不少学生走进大学后，在学习和生活上获得了更多的自主权，但相对宽松的环境却让他们失去方向感，导致很多大学生盲目恋爱。这种盲目恋爱表现在从众、爱情至上和功利性三个方面。

5. 冲动性

大学生活是学生由学校走向社会的过渡阶段，大多数学生年纪较轻，没有形成完整正确的人生观、恋爱观、婚姻观，部分大学生并不明确自己到底需要什么样的"另一半"。此外，大学生的身心都处于发展阶段，在情爱发展上易冲动。

6. 不成熟性

大学阶段个体存在心理上的成人感与现实的半成熟现状的矛盾，这种矛盾实际是大学生心理还未发展成熟造成的。这种不成熟在大学恋爱方面也有体现。

（二）择业

大学阶段是个体走向社会人、职业人的关键时期。随着年级的升高，升学、择业等职业发展主题也逐渐成为大学生必须面对的挑战。很多大学生面临多方的心理冲突与两难抉择。职业生涯规划不是一蹴而就的，职业生涯规划的困境也是长期积累的结果。大学生在进行职业生涯规划时，会遭遇一些相似的心理困扰，如果不能得到及时恰当的调适，很可能会发展成为影响择业和成长的心理障碍。

1. 依赖

很多习惯了父母呵护的大学生对于自己的未来没有任何打算。他们不知道自己喜欢什么、能干什么，不知道在严峻的就业形势下自己的定位，不知道自己想进入一个怎样的组织，不知道自己若干年后会是一种怎样的状态。更关键的问题在于，他们不知道自己不知道。

职业生涯规划是一个繁复的过程，但这种繁复正是人生的常态。抱持依赖的态度，一方面不仅不利于未来的职业适应，而且入职后会更多地体验到职业期待与职业现实的落差；另一方面也无益于个人的成长，使自己的人生变得被动。因此，大学生的生涯意识、独立自主意识均有很大的提升空间。

2. 焦虑

有大学生意识到了就业形势的严峻和生涯发展的紧迫，也一直在为之积极努力。但面对不容乐观的外在环境，面对回应努力的种种失败，他们可能会过度焦虑，甚至会有一些躯体化症状。

焦虑产生的原因主要有以下几个方面：（1）由于缺乏对真实社会的理性认识，产生步入社会之前的心理焦虑；（2）对就业、考研、考公务员的选择犹豫不决，顾此可能失彼，产生患得患失的彷徨心理；（3）尚未顺利就业，因挫折产生焦虑；（4）面对多种选择的取舍，患得患失，产生焦虑。

适度的焦虑是正常的和有益的，但过度的焦虑则会影响个体的正常社会功能和身体机能。当今的社会充满机遇与挑战，选择焦虑、遭遇挫折，这很正常，无须惧怕。有经历、有成长，逐渐学会坦然地接受这个过程，焦虑的程度和频率会有所降低。

3. 自卑与怯懦

这类大学生往往涉世未深，没能及时在社会实践中正确地认识自己，或者遭遇一次挫折之后对自己彻底失去信心。无论在求职时，还是进入工作单位之后，均表现为畏缩、脆弱，一次次在自我怀疑和自我贬低中失去了机会。这更使得他们对职业乃至人生悲观失望，不但不能发挥其自身的潜能，而且可能会消极厌世乃至走向极端。

4. 自负与短视

大学生往往满怀激情与梦想，希望自己迅速得到社会的承认，实现自己的雄心壮志。然而，大学生经历相对简单，不知道职业世界则远比其想象中的复杂。因此除了热情，还需要一些冷静、客观、实践、反省和总结。"我很优秀"只是一个观点，而要向自己和世界证明这个观点，则需要各种实践经历的支持。

综上可以看出，大学生的诸多困扰都是相互联系的，且均与其缺乏实践经验有很大的关系。这就要求大学生从心理、资源等多方面入手，精心准备、多多磨炼，积极了解与融入外部世界，以实现自身的成长，向着自己既定的目标不断迈进。

五、大学阶段的生涯发展任务

大学阶段学生的生涯发展任务是要做好生涯决策和生涯适应，做好就业准备，适应从学校到职场、从学生到职业人的转变。大学阶段的学生要重点提升自身的就业能力，包括学习能力、思想能力、实践能力、适应能力等。学习能力是指获取知识的能力，它是就业能力的基石；思想能力是指思维能力（包括创新能力）和政治鉴别力、社会洞察力、情感道德品质的综合体现，它是大学生思想成熟与否的标志；实践能力是指运用专业知识的能力，是就业环节中的重要能力，是各种能力综合应用的外化体现；适应能力是指在各种环境中驾驭自我的心理、生理的调节能力，它是大学生就业乃至完成由学生角色向社会职业角色顺利转变的关键。大学阶段的生涯发展任务有以下几方面：

首先，大学生要在自我认知与发展方面积极探索自身的核心要素特征，即正确的自我认知，发现自己的个性、优势、能力、态度、动机等。

其次，大学生要对职业世界和工作世界有客观正确的职业认知和社会认知，即树立正确的职业态度、职业价值观、择业观和自我形象；将自我生涯目标与社会需要相结合，将国家发展需要和个人发展规划相结合，确立人生目标和自身发展方向，确立志向，对个人长期累积的基础性素养进行汇聚、整合和提升，进一步提升自己的就业力；通过对环境和机会的评估，明确生涯发展目标，构建生涯发展路径，在此基础上做出客观的、合理的生涯决策，即选择就业或是继续深造；制订行动计划，不断评估与调整，将所学和未来就业所用相结合，主动对接未来就业方向，提高生涯适应力。

再次，大学生要重点培养和发展各项生涯能力，提高自我道德修养、树立正确的价值观念、培养创新精神、提高实践能力、提高自我价值；通过个性和社会适应性两方面进一步的发展，注重能力培养、情绪管理、独立性养成、与他人的相互依存、成熟人际关系的建立、自我认同的实现、生活目的及意义的建构、言行一致与表里如一品格的养成等。

生涯课程的内容

生涯课程的内容旨在落实国家的课程标准要求，将中国学生发展核心素养具体化、细化到生涯教育教学内容和过程中，并根据不同阶段学生的生理、心理发展特点和生涯发展任务，明确了大中小学的学生在学习生涯课程后应达成的正确价值观、必备品格和关键能力。本单元旨在围绕核心素养与课程教学的内在联系，充分挖掘大中小学不同阶段的生涯课程在落实立德树人根本任务、发展素质教育、促进学生生涯发展等方面独特的育人价值。为了方便生涯教育工作者参考，本单元将生涯课程的知识与技能、过程与方法、情感态度价值观三维目标整合到各学习主题中，分大中小学三个部分进行整合表述。

第一章
生涯课程的理念与目标

中国教育已经进入新的发展时代，为加快推进教育现代化、建设教育强国、办好人民满意的教育，更加强调立足我国基本国情，遵循教育规律，坚持改革创新，以凝聚人心、完善人格、开发人力、培育人才、造福人民为工作目标。国家先后出台了一系列教育改革举措和政策，落实立德树人的根本任务，聚焦学生发展核心素养，要求加强对学生理想、心理、学习、生活、职业体验、就业择业、职业发展等方面的指导、咨询和帮助，加强对学生进行人生规划以及适应社会生活等方面的教育。因此，生涯教育对于推动人才培养模式的改革创新，培养德智体美劳全面发展的社会主义建设者和接班人具有重要的作用，是基础教育、中等教育和高等教育改革的重要支点之一。生涯课程的理念与目标是保证生涯教育功能得以实现的根本，作为生涯工作实践者要予以充分的重视。

第一节　生涯课程的理念

　　生涯课程作为生涯教育的重要载体，要达成课程目标是需要遵循必要的教育理念的。在大中小学校开设生涯课程，要遵循教育科学规律和教育理念，遵循党和国家的教育方针、政策，引导学生将个人的生涯发展植根在国家的发展基础上、与国家的建设和需要相融合；本着培养学生正确价值观念、必备品格和关键能力，引导学生成长为德智体美劳全面发展的社会主义建设者和接班人。

一、相关概念

（一）课程

　　课程是指学校教学的科目和进程。它包含教学内容和进程、教学标准、教学计划及途径等。课程有广义、狭义两种定义。广义的课程，是指为了实现确定的人才培养目标而规定的教学科目的总和或体系，或是指学生在教师指导下各种活动的总和。狭义的课程指一节课的内容及其进程，或指一门学科或教学科目，简称课，如数学课、物理课等。

　　课程是一切教育计划的根本保证。根据课程的内容属性，课程又分为理论课程、实务课程和经验课程，分别对应作为教学目标的知识、技能和态度。理论课程强调系统的理论知识的介绍、讨论、批判、学习和贯通，重点在知识的传递，因而要求学生理解、记忆所学的知识，并能够加以应用。实务课程强调特定技能或操作流程的熟悉与演练，重点在技能的获得，因而要求学生反复练习以掌握技能。经验课程强调学习者的参与和体验，重点在于态度和价值观的改变，因而要求学生有情感地投入，勇于面对自我，开放自我。

（二）生涯课程

　　生涯发展是个体一生连续不断的、从诞生到死亡的全过程，是"植入职业元素的生涯历程"。生涯理论学者舒伯认为，"生涯课程是促进学生生涯发展的最适宜方式"。所以生涯教育不应该仅仅只是在传统的课程外增加一个额外的科目或单元，而是应该将生涯发展的理念融入现有的学校课程中，这是生涯教育的最佳路径。在大中小学不同的学段中，生涯课程在其他理论课程、实务课程和经验课程中均有体现。当今世界发达国家也将生涯课程作为生涯教育最直接、最有效的方法。

为了更好地研究和表述生涯课程这一主题，本书特取课程的狭义概念。本书认为，生涯课程，也称生涯发展课程，是为处于不同教育层次的学生开设的旨在促进学生德智体美劳全面发展、为其终生发展奠定基础的学科。生涯课程是根据不同年龄段学生的生理、心理发展的规律和特点以及生涯发展任务，以生涯发展相关理论为指导，利用各种教育资源，通过多种教育方式，有目的、有计划、有步骤地帮助学生自我探索、了解职业和世界，为帮助其树立正确的价值观念和必备品格，逐步提升学生生涯发展必备的关键能力，形成健康的职业心理而系统开发的一门教学科目及其教学活动进程的统称。

二、生涯课程的理念

生涯课程体系的建构，要立足并指向学生核心素养的发展，遵循促进学生全面而有个性、身心健康、知行合一、终生发展的基本理念，将核心素养的各基本点融入生涯课程的目标、内容和实施体系中，采用丰富多样的教育方式帮助学生获得自主发展、获得生涯发展的正确价值观、必备品格和关键能力。生涯课程的基本理念包括如下几个方面：

（一）坚持立德树人、价值引领的理念

从中西方生涯教育思想及理论的对比来看，双方所面临的共同任务都是以职业为主线的人的职业发展、人的自我实现、人的终生发展，所处理的基本矛盾都是人与职业、人与社会、人与自我之间的对立统一关系。但不同的生产力发展水平、经济社会制度和历史文化传统也决定了中西方有关生涯教育思想及理论的价值取向、核心使命、路径方略、评价指标等是不同的。从总体上说，构建面向中国特色的大中小一体化的生涯教育课程体系，需要全面贯彻党的教育方针，把立德树人作为根本任务，坚持育人为本、坚持价值引领、坚持问题导向、坚持改革创新，在全面吸收借鉴国内外生涯教育经典思想、理论、优秀成果的基础上，立足中国国情、中国特色、中国文化，紧密结合当代中国学生生涯发展的实际，总结提炼中国学生成长成才规律、就

业创业规律、生涯发展规律，加强理论创新，构建具有中国特色、世界水平的现代化生涯教育的课程体系和理论体系。

（二）促进学生核心素养发展的理念

促进学生核心素养发展是生涯课程的基本理念。核心素养教育既是理论研究层面的构想，也是教育顶层设计的依据。教育部研究并制定了小学、初中、高中和大学四个学段核心素养具体指标结构及水平特点，实现核心素养指标体系总框架在各学段是垂直贯通的。核心素养教育通过对学生价值诉求的回应、对未来社会趋势的关照，使个体化的生涯教育更具系统性和连续性。基于学生发展核心素养理念建构生涯课程体系，能够回应并解决各个学段生涯课程的价值诉求、情感供给、知识技能学习、生涯意识的培养、发展动力等方面的问题。促进学生核心素养发展为激发学生的生涯发展动力、创造生涯发展的基础条件找到了最佳切入点，既是中小学各个阶段学习中能力素养"惯性"延续和情感态度自我整合的重要保障，又是大学阶段持续提升素养以应对生涯发展动力不足这一时代挑战的迫切需要。因此，促进学生发展核心素养是生涯课程设计需要遵循的基本理念之一。

（三）促进学生全面而个性化发展的理念

生涯发展要立足于个体德智体美劳的全面发展，其内容涉及很广泛的生活价值、工作价值、职业观念及服务精神等的培养，个人志趣、潜能及性格特质的最大发挥，学业、职业、生活、休闲娱乐等各个方面的规划，个人发展与国家、社会发展的结合等，涉及人生发展的各个层面，是广泛而全面的。而每个学生都有自己的特性、志趣和发展方向，其生涯发展包含各种生活角色、工作职务与休闲活动的综合性生活方式及经验，极具个体差异性和独特性。因此，生涯课程要遵循促进学生全面而个性化发展的理念，根据不同学段学生的特点，深入了解和研究学生的个别差异，从顶层设计做好生涯课程体系建构，构建和实施丰富多元的生涯知识和实践体验课程体系，选择适合学生生涯发展的教学内容，针对差异采取灵活多样的教育教学手段和评价方式，指导学生了解自身、了解社会、明确适合自己的发展方向，从而促进学生全面而个性化的发展。

（四）促进学生身心健康、知行合一的理念

生涯课程内容丰富，既有丰富的理论课程，又有实践性强的实务课程和

经验课程，需要学生结合所学知识进行不断实践，强调学生的参与、体验和感悟，以帮助、互助、自助为机制，以达到学生自我探索、了解社会、学会选择及培养正确的价值观、必备品格和关键能力为目标。因此，生涯课程设计要遵循促进学生身心健康、知行合一的理念，整合德育和身心健康教育、知识和能力并重、理论和实践结合，践行知行合一的理念，促进学生学习和生活等目标的达成。

（五）促进学生终生发展的理念

生涯发展是由个人心理、社会、学习、教育、体能和机会因素等相互作用的综合历程，在不同的阶段会有不同的变化，是终其一生的动态的发展性历程。因此，生涯课程设计要树立促进学生终生发展的理念，要为学生整个人生的成长奠基，这也是生涯课程设计的宗旨。生涯课程目标的制订、内容设计、课程实施及评价等都围绕这一宗旨而运行，培养学生终生学习的意识，为促进学生终生发展打好基础、做好铺垫。

第二节　生涯课程的目标

课程目标是指一个教学科目所要达到的目标，是通过教学所要完成任务的指标体系。课程目标是学校培养目标在不同科目或具体课程中的体现，它反映了该课程教学内容的方向和性质。课程的目标要服从并服务于培养目标、体现教育的目的性，这是制定该门课程内容和评价方式方法的出发点和依据。只有确立了课程的目标，该门课程才能以此为尺度选择相应的教学内容，构成一定的结构，编排成一定的顺序。

生涯课程的目标需要服从并服务于国家的人才战略目标、学校的立德树人培养目标，体现教育的目的性，在设计生涯课程的具体内容和评价方式方法时要以此为出发点和依据。不同阶段的学生身心发展特点和程度不同，因而不同学段生涯课程的目标有不同侧重点，其生涯课程内容中理论课程、实务课程和经验课程所占比重也有所不同，采用的教学方式、评价方式也有所不同。

一、生涯课程的总目标

生涯课程旨在建立以体验式生涯探索活动为主、理论知识传授为辅的课程体系，通过系统、规范、有效的课程内容和形式多样的教学活动，促进学生生涯能力的提升，提高学生的生涯管理素养。生涯课程要教育和引导学生增强社会责任感，形成正确的世界观、人生观和价值观，发现和明确自我价值，发挥个人潜能，学会适应、管理和发展自己的学习与生活；培养学生自尊、自信、自立、自强、积极乐观、健康向上的个性品质；增强学生的生涯规划意识，提高生存力、适应力、学习力、决策力、行动力、管理力和创造力等生涯发展的关键能力；有效应对复杂多变的环境，成为自主自觉、自立担当的有志青年；促进学生身心和谐的健康成长，促进学生全面的、有个性的、可持续的与终生的发展。

生涯课程的总体目标涵盖很广泛，不同的国家和研究者有不同的分类方法。本书结合我国实情和国家相关政策，认为生涯课程总目标是培养和提升学生的生涯管理素养，具体又包括促进学生的生涯认知与自我发展、了解和探索职业生涯和工作世界、培养和发展生涯能力三个维度。不同学段的学生由于其身心发展特点不同，其生涯课程的目标也有所不同。

二、生涯课程不同维度的目标

（一）生涯认知与自我发展

生涯课程的学习，能够促进学生自我认知、自我发展和能力的提升，为学生在学习和工作世界中树立理想和抱负，以及获得成就奠定基础。

1. 自我认知

学生能够加强自我认识、确立正确的自我意识；树立人生理想和信念，形成正确的世界观、人生观和价值观；对自身的素质和技能、角色和责任、需要和兴趣、才能和成就等能够进行客观的评估，能够更好地了解自己，做出明智的选择；正确认识自己的人际关系状况，培养人际沟通能力，建立良好的人际关系，并和他人更好地相处等。自我认知对于培养和发展个体的自尊、身份认同、个人幸福和身心健康至关重要。

2. 自我决定

也称自我调节。培养学生的责任意识、规则意识、遵纪守法意识等；促进人际间积极的情感反应、情感体验与表达，能对自己的情绪进行有效管理，抑制冲动行为；促进学生身心健康发展。自我决定能够促进学生的自主性、提升自我效能感和个人主观能动性，赋予学生树立志向和实现目标的能力，它能激发个人的希望、乐观、适应力和抗逆力。

3. 自我提升

促进学生德智体美劳全面发展、不断自我提升；培养积极的学习态度、养成良好的学习习惯；培养劳动意识、创新精神，积极探索和实践，达到相应学段的学业发展水平标准；培养学生的规划意识、提升总结自省能力，让学生清楚地了解已经学习和提升了什么，下一步需要学习和提升什么，以及如何才能做得最好，进而促进其持续地进步和提升，培养终生学习的意识。

（二）了解、探索职业生涯和工作世界

通过探索职业生涯和工作世界，了解职业生涯和工作世界中的机会、责任、挑战和所需要具备的知识和能力等，这是学生进行规划、抉择和行动的前提条件。

1. 探索生涯和生涯发展

通过生涯探索，拓展学生的行动视野和对机会的认知，提高对他人生涯发展过程和结构的理解，让学生不仅能够理解自己和他人的生涯经历，并且能够通过一定的方式为他人的生涯幸福做出贡献。有意识地培养自己的多种兴趣，清楚自己的角色、优势、喜好、学习风格等，主动从德智体美劳各个方面提升自我，尽量全面地发展自我，提高多种能力。

2. 探索职业的多元性、平等性和包容性

指导学生了解更多的职业和行业种类、工作要求、需要准备的专业知识和技能等；认识到学习对未来生活和工作、事业发展的影响和重要性；了解和参与生涯体验和实践活动，理解职业和行业的多元性，体验不同职业角色平凡中的伟大，理解人们生活中工作的意义和目的，树立正确的平等、多元、包容的职业价值观；能勇敢地对抗那些对自己或身边人有害的刻板印象和歧视，了解自己在这些相关问题上的权利和责任；积极主动地参与家庭和社区的服务性、公益性体验，农业或企业的生涯探索和体验，树立正确的职业价值观。

3. 探索安全的工作方法与工作环境

促进学生了解不同职业安全的工作方法、工作环境与工作职责等；要学

习安全的工作和实践方法，了解工作中的责任和权利等相关的法律、法规及政策等；要确保自己和他人在实习、实践和工作中的健康和安全，将自己和周围人的健康和安全风险降至最低；了解更多职业工作的安全要求和注意事项，认识到风险的不同程度，知道安全工作的重要性，树立安全工作的意识；知道如何获取并分析上一个等级的学校及专业设置、未来职业、劳动力市场、就业信息、工作环境及条件等。

（三）培养和发展学生的生涯能力

学生的生涯能力是指个体能够完成各种生涯目标的具体能力的总称，包括专业能力（专业知识与技能、问题解决与创新、学习和工作的胜任等能力）、社会能力（人际关系与沟通、自我剖析、情绪调节与管理、团队合作、环境适应等能力）、生活能力（时间管理、安排休闲生活、投资理财等能力）。培养学生一系列的生涯能力，帮助学生积极应对不确定的未来带来的挑战，不断进步和提升，能成功地应对和管理变化。

1. 建立生涯发展档案、树立规划意识

指导学生主动收集、记录自己生涯发展相关的信息，比如兴趣、爱好、能力、奖项等，对学习现状、实习经历、社会实践经历等进行全面分析和评估；不断完善个人生涯发展档案，清楚自己的优点和特长、缺点和不足；积极主动进取，做好生涯环境和机会评估；根据自身能力、兴趣、社会需求等及早开展生涯规划，增强主动规划意识，树立正确的就业和职业价值观念等。

2. 提高生涯能力，积极应对未来规划和决策

指导学生积极面对挑战和发展任务，主动适应新的挑战，积极应对困难和压力，回顾、审视和反思过去的生涯经验，做好选择和规划，积极应对未来的生涯转换，提高决策力和行动力；在面对社会变革等带来的新挑战和变化时，要持开放心态，主动提升应变能力、团队合作能力、毅力和决心等；面对未来要有风险意识，主动提前进行准备和防范，提升主动性、灵活性；了解如何制订和使用策略，积极应对生涯转换、生涯不确定性等带来的种种挑战，提高生涯适应力；重点培养就业素质和专业技能，提高就业能力；能够结合自己的特点及需求、国家建设和社会发展的需要等，探索适合自己的工作，做好生涯决策和就业准备。

三、不同学段生涯课程的目标

1. 学前阶段

学前阶段生涯课程的目标侧重于生涯启蒙，主要借助生涯示范、观察、模仿、游戏等活动形式实施。核心目标是指导幼儿形成积极的自我意识、健康的心理和人格。通过生活和游戏，培养对新事物的好奇心和学习的兴趣；通过直接感知、实际操作和亲身体验获得生活经验、学习基本的生活技能，提高学习主动性和生活实践能力；掌握初步的人际交往能力，提高社会适应能力；掌握最初级的社会规范，学会遵守规则，能够与人友好相处；建立基本的认同感和归属感；能正确地看待自己、对待他人，建立安全感和信任感；自信和自尊得到发展。

2. 小学阶段

小学阶段生涯课程的目标侧重于生涯启蒙和生涯认知，主要通过生涯课程、观察、模仿、游戏、体验等活动形式实施。核心目标是指导小学生建立自我概念，正确地认识自己，了解自己的长处与优点，发现并了解自身的兴趣爱好；培养良好情绪、养成良好行为习惯；了解自我与社会环境的关系，学会尊重他人、尊重职业者、尊重劳动者，培养人际交往的意识与能力；对社会、工作世界、职业知识等形成基本的认知，对各行各业的工作有初步了解，感受工作的神圣与价值；了解学习意义，感受学习乐趣，提高学习兴趣，增强学习自信心，提升学习的自主性和自觉性；初步培育终生学习和生涯发展的自主意识，培养其内在的生涯驱动力和发展潜力，赋能生涯行动，为今后的生涯发展、实现其生涯使命奠定坚实的基础。小学阶段生涯课程的目标是全面性、启蒙性、基础性的，对个体今后的生涯发展具有十分重要的影响。

3. 初中阶段

初中阶段生涯课程的目标侧重于生涯探索，主要通过生涯课程、体验、社会实践活动等形式实施。核心目标是指导初中学生建立积极正向的自我观，了解自己的兴趣、能力、价值观；提高人际交往能力，培养合作能力、学习能力和生活适应能力；了解不同职业的工作内容、价值以及对工作者必备能力、经历等方面的要求；拓展对社会分工、职业角色的体验与认识，初步学习生涯规划，做好升学或就业的抉择；树立初期生涯发展的目标，学习生涯决策的技巧，初步形成生涯规划的意识与能力。

4. 高中阶段

高中阶段生涯课程的目标侧重于生涯准备，主要通过生涯课程、职业体验、志愿服务、公益劳动、研究性学习、实习等实践活动实施。核心目标是指导高中学生深化自我认识，澄清自己的价值观和人格特质，发展和完善自我统一性；增强社会意识，提高社会参与能力；初步确定自己的职业或专业偏好，了解生涯发展相关知识等信息；了解高等院校的专业设置、不同职业的要求、就业信息等，选择适合自己的升学专业或就业方向与路径，锤炼技能，提高职业素养，发展生涯决策能力；培养终生学习的态度和目标，激发学习潜能，将自己的选择落实到行动中，并为自己的选择负责，提高学业和职业规划能力、生涯决策和管理能力，为生涯发展做好准备。

5. 大学阶段

大学阶段生涯课程的目标侧重于生涯决策和生涯适应，主要通过生涯课程、职业体验、志愿服务、公益劳动、实习、见习、应聘、就业等实践活动实施。核心目标是指导大学生建立正确的自我认知、树立并管理积极良好的自我形象；明确自己的能力、兴趣、经验、性格特点与价值观以及它们对生涯决定的影响；树立短期和长期生涯发展目标，了解实现生涯目标所需要的教育路径；能够识别有效的教育信息，如工作实习、各种培训、研究生教育或者专题研讨等；掌握获得教育和训练的技能，能够发现、使用各种资源，了解并克服学习与实践的障碍；掌握生涯决策技能，根据自我特质、职业特质和环境特征做出决策，从而改变生涯发展的不确定性状态，提高对未来职业定位的承诺；了解当前的就业政策、就业形势与就业流程，掌握寻找与获得工作的技能；了解求职过程中的情绪变化规律，学习压力管理方法，保持求职过程中的心理健康；了解职业与个人、家庭、国家需要之间的相互影响，根据个人的职业生涯规划和社会需要选择具体的职位目标并成功申请；了解学校与工作环境的差异，包括督导方式、工作方式、时间安排以及对个体的要求等方面的差异，顺利完成从学生到职业人的转换。

第二章
生涯课程的内容

　　在个体一生的发展历程中，随着生理、心理的不断发展变化和成熟，其社会角色和义务会不断发生转换。个体与环境之间的交互作用，在不同的发展阶段会衍生出不同的生涯认知与抉择，个体也会面对不同的生涯发展目标。生涯发展是全程性、阶段性、独特性的，黄天中将生涯分为九个阶段和与之相对应的九个生涯目标，即学前阶段的生涯启蒙、小学阶段的生涯认知、初中阶段的生涯探索、高中阶段的生涯准备、大学阶段的生涯决策、就业阶段的生涯适应、职业阶段的生涯胜任、老年阶段的生涯尊严、志业阶段的生涯服务。本书遵循生涯教育是"人的全面发展的生涯建构"的本质内涵和阶段目标，在结合国家政策、国内外研究和实践成果的基础上，将小学到大学不同阶段的生涯发展任务融入相应的生涯课程中，通过生涯课程的实施予以达成。本章分小学、中学、大学对不同阶段生涯课程的主要目标和内容进行比较全面、详细的阐述。

第一节　　小学阶段：生涯启蒙与生涯认知

　　小学阶段的学生年龄一般在 6 岁～12 岁，心理学上称之为儿童期或学龄初期。小学阶段是义务教育的基础阶段，学生以学习为主导活动，属于生涯发展的早期。小学阶段学生生涯发展的重点目标是生涯启蒙和生涯认知。小学生通过进入正式的社会团体，将自己归属于一定的社会群体之中，并在此基础上获得听说读写算等基本技能，形成人际交往和社会行为的基本规范。所以，小学阶段生涯课程的重点内容是生涯启蒙、扩展生活经验、提升生涯认知。

　　小学阶段学生身心发展非常迅速，是个体全程生涯发展中最重要的基础阶段，对个体一生的发展和成长有着极其重要的影响。结合小学不同阶段生涯发展任务，生涯课程的主要内容和目标也有所不同，本节将分一、二年级，三、四年级，五、六年级进行阐述。

　　小学生涯课程主要采用观察、模仿、游戏体验等适合学生身心发展特点的教学活动和形式，内容涵盖对生涯的初步认知与自我发展、探索职业生涯和工作世界、提高生涯适应力和管理能力三个维度：发现学习乐趣，提高学习兴趣，养成良好的学习习惯，增强学习自信心，提高学习能力，初步培养终生学习和发展的意识；发现并了解自身的兴趣爱好；人际交往能力、团队合作能力；良好习惯的培养；学习系统的道德认识及相应的道德行为规范；对常见职业种类及社会的了解和认识，初步形成正确的职业价值观；情绪调节的方法、生涯档案的建立和管理等。

一、生涯认知与自我发展

（一）思想品德发展

1. 学习主题：树立理想信念

年级段	小学一、二年级	小学三、四年级	小学五、六年级
内容要求	·认识国旗、国徽，知道自己是中国人，了解老一辈无产阶级革命家和英雄模范人物，对他们有崇敬之情 ·感知中华优秀传统文化的主要文化符号，对中华优秀传统文化具有亲切感 ·认识党旗，热爱中国共产党，积极加入中国少年先锋队 ·知道中国是社会主义国家，知道社会主义核心价值观	·初步感知基本国情，为自己是中国人感到自豪 ·初步了解中华优秀传统文化的主要代表性成果，感受中华优秀传统文化的魅力 ·知道没有共产党就没有新中国，热爱中国共产党，积极参加中国少年先锋队的活动 ·感知中国特色社会主义的伟大成就 ·初步理解社会主义核心价值观的要求，在日常生活和集体活动中加以践行	·初步了解国情，具有维护国家利益和祖国尊严的意识与行动，形成中国人的身份认同感，初步认识重要历史事实；了解我国发展历史和中国共产党的光辉历程 ·了解中华优秀传统文化的主要代表性成果及其意义，为中华民族创造的文明成就感到自豪 ·简要了解中国共产党的历史和革命传统，了解中国共产党带领人民彻底摆脱了被欺负、被压迫、被奴役的命运，成为国家、社会和自己命运的主人，热爱中国共产党 ·初步了解中国特色社会主义制度的优越性 ·理解社会主义核心价值观的内涵，在日常生活和社会活动中积极践行

2. 学习主题：培养社会责任感

年级段	小学一、二年级	小学三、四年级	小学五、六年级
内容要求	·学会自己的事情自己做，减轻父母的负担 ·热爱学校和班集体，积极参与学校和班级活动，有集体荣誉感，能够关心和帮助他人。遵守学校纪律，维护课堂秩序 ·了解生活中的规则，知道在生活中人人都应遵守规则，具有初步的规则意识 ·了解生活中基本的安全常识，掌握常用的求助信息	·具有规则意识并学会遵守规则 ·了解社会交往的基本规则，树立平等意识，互相尊重 ·主动参与力所能及的家务，学会承担家庭责任 ·热爱集体，积极参与集体活动和民主管理，有互助意识	·学习参与家庭决策，为父母分忧 ·关心公益事业，学习民主管理的规则和程序，参与力所能及的社会公益和志愿活动，有团队意识，能够与他人合作互助 ·热爱并尊重自然，自觉保护环境、爱护动物，初步了解可持续发展理念 ·知道违法要承担责任，形成守法意识

3. 学习主题：良好行为习惯的养成

年级段	小学一、二年级	小学三、四年级	小学五、六年级
内容要求	·知道健康生活、卫生习惯的基本常识和要求 ·懂礼貌、讲诚信、守约定、不撒谎、与同伴友好相处 ·感知父母的辛劳，孝敬父母，尊敬师长 ·爱护家庭、学校和公共环境卫生，爱护公物，遵守公共秩序	·初步养成健康的生活、卫生习惯，关心公共卫生 ·掌握基本的交往礼仪，懂得个人成长离不开社会和他人的支持与帮助，诚实守信 ·孝敬父母，尊重师长，体会父母的养育之恩和师长的辛劳 ·爱护公共设施、遵守公共秩序	·养成健康的生活、卫生习惯，自觉维护公共卫生 ·懂得自律，诚实守信，能够得体地与人交往，团结互助，能够平等友好地与他人相处，学会合作 ·孝敬父母，尊重师长，懂得感恩，养成孝敬父母、尊敬师长的良好品质 ·自觉爱护公共设施，自觉遵守公共秩序

（二）学业发展

1. 学习主题：养成良好的学习习惯

年级段	小学一、二年级	小学三、四年级	小学五、六年级
内容要求	·养成按时作息、自觉上学的习惯 ·养成课前准备学习用具等习惯 ·养成上课认真听讲、主动发言、不懂就问的习惯 ·养成独立完成作业的习惯 ·养成课后复习的习惯 ·养成正确的书写姿势和良好的书写习惯	·养成作息规律、自觉上学、不迟到、不早退的习惯 ·养成课前准备学习用具和预习的习惯 ·养成上课认真听讲、积极主动发言、不懂就问的习惯 ·养成独立完成作业、课后复习的习惯 ·养成阅读课外读物的习惯 ·养成正确的书写姿势和良好的书写习惯	·继续保持良好的学习习惯，保持积极的学习态度，具有学习自信心和自主学习意识，善于合作学习，努力完成学习目标 ·掌握有效学习方法，主动预习，认真听讲，积极思考，踊跃提问，及时复习，认真完成作业 ·能制订学习计划，能较科学地安排作息时间 ·能及时复习巩固旧知识，温故知新 ·积极主动拓展阅读，扩大知识面 ·保持良好的书写姿势和书写习惯

2. 学习主题：培养创新精神

年级段	小学一、二年级	小学三、四年级	小学五、六年级
内容要求	·有自己感兴趣的兴趣小组或社团活动，并能积极参与 ·对周围的环境和自然现象等有好奇心、乐于观察 ·对知识有求知欲，发展丰富的想象力 ·初步学会收集信息的方法，能进行简单的分析，有主动探究的愿望，能独立思考 ·能发现生活中的问题，有解决问题的意识	·积极参加学校兴趣小组及社团活动，对小制作、小创作等活动有兴趣 ·对周围的环境和自然现象等保持浓厚的好奇心，乐于观察 ·对知识保持强烈的求知欲，持续发展丰富的想象力 ·学会收集、整合信息，能独立思考，进行初步分析，有积极主动探究的愿望 ·能发现生活中的问题，有解决问题的意识，尝试自己解决问题	·积极参加学校兴趣小组及社团活动，有小制作、小创造、小发明等兴趣特长 ·对周围的环境、自然现象、社会现象等保持浓厚的好奇心，乐于观察、善于观察 ·对知识保持强烈的求知欲，持续发展丰富的想象力 ·学会收集、整合信息，能独立思考，进行综合分析，有积极主动探究的愿望 ·发现问题、解决问题的意识和能力得到持续发展和提升

3. 学习主题：学业水平达标

年级段	小学一、二年级	小学三、四年级	小学五、六年级
内容要求	・掌握各个学科的基本知识、基本技能，达到国家规定的本年级段各学科课程的学业质量标准要求 ・校内、校外学业负担感受适中 ・养成阅读习惯，喜欢阅读	・掌握各个学科的基本知识、基本技能，达到国家规定的本年级段各学科课程的学业质量标准要求 ・校内、校外学业负担感受适中 ・养成阅读习惯，具备一定阅读量和阅读理解能力 ・主动参与各种学科实践活动，能够按照要求完成操作	・掌握各个学科的基本知识、基本技能，达到国家规定的本年级段各学科课程的学业质量标准要求 ・校内、校外学业负担感受适中 ・养成阅读习惯，具备一定阅读量，阅读理解能力持续提升 ・主动参与各种学科实践活动或实验设计，能够按照要求完成操作

（三）健康发展

1. 学习主题：健康生活

年级段	小学一、二年级	小学三、四年级	小学五、六年级
内容要求	・积极参与各种游戏及体育活动，感受活动的乐趣 ・掌握个人卫生、饮食安全、交通安全等健康知识和方法，初步掌握并将其应用于日常生活中	・积极参与各种游戏及体育活动，感受活动的乐趣 ・知道个人卫生、饮食安全、交通安全等健康知识和方法，并将其熟练应用于日常生活中	・积极参与各种游戏及体育活动，感受活动的乐趣 ・掌握个人卫生、饮食安全、交通安全等健康知识和方法，并将其自觉应用于日常生活中

（续表）

年级段	小学一、二年级	小学三、四年级	小学五、六年级
内容要求	·乐于与他人交往，适应环境 ·养成良好的作息习惯 ·逐步培养健康的生活方式，掌握一定的生存技能，有自我保护意识	·乐于与他人交往，适应人际变化和环境 ·养成良好的作息习惯 ·不断培养健康的生活方式，掌握更多的生存技能，有自我保护意识，掌握自我保护方法	·保持良好的人际关系、社交习惯和礼仪，主动适应人际变化 ·养成良好的作息习惯 ·不断培养健康的生活方式，掌握更多的生存技能，有自我保护意识，掌握更多自我保护的方法

2. 学习主题：身体健康

年级段	小学一、二年级	小学三、四年级	小学五、六年级
内容要求	·体质健康监测达到本年龄段的国家标准 ·坐立行姿势正确，脊柱姿态正常 ·视力健康、用眼卫生 ·体重正常，有效控制肥胖等	·体质健康监测达到本年龄段的国家标准 ·坐立行姿势正确，脊柱姿态正常 ·有效控制近视，保持视力健康、用眼卫生 ·体重正常，有效控制肥胖等	·体质健康监测达到本年龄段的国家标准 ·坐立行姿势正确，脊柱姿态正常 ·有效控制近视、保持视力健康、用眼卫生 ·体重正常，有效控制肥胖等

3. 学习主题：发展积极心理品质

年级段	小学一、二年级	小学三、四年级	小学五、六年级
内容要求	·培养求知欲，保持对学习的热情、好奇心，对学习和新事物有兴趣 ·与人交往真诚、宽容待人、热情友好、诚实守信 ·情绪稳定，活泼开朗，体验快乐 ·有自信，能勇于面对困难和挫折等 ·善于观察，对事物具有敏感性与基本的判断力	·培养强烈的求知欲，保持对学习的热情、好奇心，对学习和新事物有兴趣 ·与人交往真诚、宽容待人、热情友好、诚实守信、关爱他人 ·情绪稳定，活泼开朗，乐观向上，体验快乐 ·有自信，能勇于面对困难和挫折，积极解决问题等 ·善于观察，对事物具有敏感性与正确的判断力	·具有较强的求知力，保持对学习的热情、好奇心，对学习和新事物有浓厚的兴趣，学习勤奋、努力 ·具有领导力和合作力，与人交往真诚、宽容待人、热情友好、诚实守信，为人正直、关爱他人 ·情绪稳定，积极乐观，有更多积极的情绪体验，有较强的情绪调节力 ·有自信、执着、抗挫折能力强、有毅力、对未来充满希望 ·善于观察，对事物具有敏感性与敏锐判断力；思维力与洞察力强，主动解决问题等 ·发展更多的个人优秀品质，谦虚、持重

（四）提升艺术素养

1. 学习主题：积极参与艺术实践

年级段	小学一、二年级	小学三、四年级	小学五、六年级
内容要求	·能积极参与演唱、演奏、律动、舞蹈等艺术活动，积累实践经验 ·掌握 1～2 项艺术技能，会唱主旋律歌曲 ·能用不同的工具、材料、形式、媒介等，参与音乐、美术等学科的多种艺术体验活动 ·能对身边的物品进行装饰、美化，初步形成设计意识	·能自信自然地进行演唱、演奏、舞蹈、戏剧表演、绘画、书法等艺术活动，乐于表达自己独特的感受和想法 ·对多种艺术形式或艺术作品保持好奇心和探究欲 ·能在探究、即兴表演、编创、绘画等音乐、美术学科的艺术活动中展现个性和创意 ·积极关注社会生活和文化活动中的艺术现象 ·对艺术与个人自然生活、社会科技的联系有初步的了解	·乐于参与多种艺术表现活动，展现自己个性化的理解和创意，在实践中增强交流与合作能力，学会尊重、理解和包容他人 ·选用合适的艺术形式表达自己的情感，创编简单的艺术作品，具有一定的想象力和创造力 ·能够欣赏和简单述评其他国家或地区的艺术作品，领略世界艺术的多样性和差异性，养成尊重、理解和包容的态度 ·能运用传统或现代的工具、材料、媒介等，创作不同形式的艺术作品 ·能结合校园、社会等现实生活元素，创作音乐、绘画、微电影、课本剧等多种艺术作品，不断提升艺术素养

2. 学习主题：感受表达

年级段	小学一、二年级	小学三、四年级	小学五、六年级
内容要求	·在参与艺术实践过程中，能享受艺术表现的乐趣 ·初步了解中国艺术文化和世界多元艺术文化 ·对身边的音乐、美术等艺术作品或形式感兴趣，能与他人分享、交流自己的发现和感受 ·能按照自己的想法，用音乐或美术、舞蹈等艺术形式表达自己的发现和感受	·具有丰富的艺术情绪与情感体验，具有乐观的态度以及对美好事物的关爱之情 ·具有感知、体验、了解艺术的感性特征和审美特质，养成良好的艺术欣赏习惯 ·能对艺术作品和艺术活动进行简单评价，增强对艺术的兴趣 ·能自信自然地进行演唱、演奏、舞蹈、戏剧表演、绘画、书法等艺术活动，乐于表达自己独特的感受和想法	·能够领悟艺术作品的思想感情和内涵意蕴，增强爱党、爱国、爱社会主义的情感和乐观的态度，以及对美好事物的热爱之情 ·能感知、体验与理解艺术作品的感性特征和审美特质 ·对艺术作品具有一定的欣赏和述评能力，对艺术有较浓厚的兴趣 ·理解中国艺术中的中华美育精神和民族审美特质，增强文化自信 ·进一步了解、尊重世界多元艺术

（五）劳动意识与劳动能力

1. 学习主题：劳动意识与劳动观念

年级段	小学一、二年级	小学三、四年级	小学五、六年级
内容要求	・懂得人人都要劳动、劳动成果来之不易的道理。初步感知劳动的艰辛与乐趣，学会尊重他人的劳动付出 ・喜欢劳动，具有主动劳动、积极参加劳动的愿望 ・关心照顾身边的常见动植物，初步形成关爱生命、热爱自然的意识 ・在劳动中形成"自己的事情自己做"、"以自己的劳动服务他人"、劳动安全等意识	・懂得劳动光荣、劳动无高低贵贱之分的道理。认识到美好生活离不开各行各业的劳动者，尊重劳动、尊重普通劳动者，初步形成热爱劳动的态度 ・初步养成家用电器使用安全意识和器具应用与保养意识 ・了解常用材料的作用与特征，对劳动过程中遇到的问题具有好奇心和探究欲望 ・通过社区服务、公益劳动等，初步形成公共服务意识 ・在劳动过程和日常生活中做到勤俭节约、不怕困难 ・懂得在劳动中遵规守约，初步学会与他人合作劳动。珍惜劳动成果，初步养成有始有终、专心致志的劳动习惯和品质	・懂得劳动创造财富、劳动来不得半点虚假、"业精于勤，荒于嬉"等道理。认识到劳动者是国家的主人，"三百六十行，行行出状元"，体会普通劳动者的光荣与伟大。初步树立劳动是光荣的、崇高的、伟大的、美丽的、平等的等观念 ・通过家务劳动，养成食品安全意识、家庭责任感意识 ・形成关爱他人、继续参与社区建设的劳动意识，增强公共服务意识，初步形成社会责任感 ・通过有计划地完成劳动目标，初步形成劳动效率意识和劳动质量意识，初步形成爱岗敬业、乐于奉献的精神 ・在集体劳动中团结协作，提升与他人合作劳动的能力，在劳动过程中自觉遵守劳动纪律，形成诚实劳动、合法劳动的意识 ・在劳动中主动克服困难，初步形成不怕辛苦、积极探索、追求创新的精神

2. 学习主题：劳动习惯与劳动能力

年级段	小学一、二年级	小学三、四年级	小学五、六年级
内容要求	·完成比较简单的个人物品整理与清洗，居室、教室等卫生保洁、整理与收纳，以及垃圾分类等劳动目标，参与简单的家庭烹饪，具有初步的个人生活自理能力 ·参与简单的手工活动，初步学会规范使用相应的工具；对工艺制作有一定的好奇心 ·参与班集体劳动，主动维护教室内外环境卫生 ·在劳动过程中遵守纪律，不怕脏，不怕累，初步养成有始有终、认真劳动的习惯	·养成良好的个人清洁卫生习惯 ·认识常用家用器具，掌握家用小器具的使用方法 ·主动分担家务，协助参与家庭环境卫生清洁，能制作简单的日常饮食。初步学会简单的家务劳动技能，形成生活自理能力 ·初步体验简单的种植、养殖、手工制作等生产劳动，能规范地使用常用的劳动工具 ·参与校园卫生保洁、垃圾分类处理、绿化美化等劳动。适当参加社区（乡、村）环保、公共卫生维护等力所能及的公益劳动。初步体验简单的现代服务业劳动	·掌握家庭生活中常用的清洁与卫生、整理与收纳基本技能 ·了解家庭常用器具的功能特点，规范、安全地操作与使用 ·初步掌握基本的家庭饮食烹饪技法，制作简单的家常餐食，进一步增强生活自理能力和家务劳动能力 ·进一步体验种植、养殖、手工制作等生产劳动，能根据劳动目标选择合适的材料和工具、技术与方法，安全、规范、有效地开展劳动，初步养成持之以恒的劳动品质 ·参加校园卫生保洁和环境美化的劳动，积极参加社区（乡、村）环保、公共卫生维护等力所能及的公益劳动，进一步体验新技术知识下的现代服务业劳动，提高关爱帮助他人、积极参加社区（乡、村）建设的劳动能力

二、了解职业生涯和工作世界

（一）探索生涯和生涯发展

1. 学习主题：了解生涯和生涯发展

年级段	小学一、二年级	小学三、四年级	小学五、六年级
内容要求	·对生涯有初步的了解和认识 ·知道不同的人生涯发展历程是不同的 ·对自己未来的生涯充满好奇和想象，有自己期待的职业方向 ·知道为生涯发展做准备	·对生涯有进一步的了解和认识 ·初步理解不同的人生涯发展历程是不同的 ·对自己未来的生涯发展有进一步的期望，有自己期待的职业方向 ·知道为自己的生涯发展做准备	·对生涯是什么有自己的理解和认识 ·初步认识到影响生涯发展的因素 ·对自己未来的生涯发展有初步的设计和规划意识 ·知道为自己的生涯发展做多方面的准备

2. 学习主题：作为学习者的全面提升

年级段	小学一、二年级	小学三、四年级	小学五、六年级
内容要求	·有意识地培养自己的多种兴趣 ·对周围的世界保持好奇心和求知欲	·有意识地培养自己的多种兴趣，提高多种能力 ·对周围的世界保持好奇心、求知欲和希望	·有意识地培养自己的多种兴趣，提高多种能力，形成一定的特长 ·对周围的世界保持好奇心、求知欲和希望

（续表）

年级段	小学一、二年级	小学三、四年级	小学五、六年级
内容要求	·配合学校要求，从德智体美劳各个方面，尽量全面地发展自我，做好全面准备 ·认知到自己的角色、优势、喜好等	·积极主动地学习各学科的知识和技能，主动从德智体美劳各个方面提升自我，尽量全面地发展自我 ·认知到自己的角色、发展优势，不断了解自己的学习特点等 ·努力为学习进步、自我效能感提升、学习成就等做出准备及行动 ·初步掌握多种方法学习	·积极主动学习各学科的知识和技能，主动从德智体美劳各个方面提升自我，尽量全面地发展自我 ·认知到自己多种不同角色、发展优势，逐步形成自己的学习风格等 ·努力为学习进步、自我效能感提升、学习成就等做出多方面的准备及行动 ·在不同的环境中能够灵活运用不同的学习方法

（二）了解职业的多元性、平等性和包容性

1. 学习主题：了解职业和行业的多元性

年级段	小学一、二年级	小学三、四年级	小学五、六年级
内容要求	·知道身边常见的不同职业和行业种类及主要工作内容	·知道身边更多的职业和行业种类、工作环境及主要工作内容 ·主动参与社区（乡、村）建设和分担家庭劳务，做力所能及的工作，对职业世界有进一步的了解和认识	·深入了解常见的职业和行业种类、工作环境、工作时间及主要工作内容，认识到处理好工作和生活之间平衡的重要性 ·积极主动地参与社区（乡、村）建设和分担家庭劳务，做力所能及的工作，加深对职业世界的了解和认识

（续表）

年级段	小学一、二年级	小学三、四年级	小学五、六年级
内容要求	·能参与社区（乡、村）建设和分担家庭劳务，做力所能及的工作，对职业世界有初步的了解和认识 ·知道在工作中保护自己，初步建立健康意识和安全风险意识 ·初步了解职业的多元性，了解常见的不同职业和行业需要准备的专业技能	·知道在工作中保护自己，初步建立保护自己和他人健康的意识以及安全风险管理意识 ·初步了解职业的多元性，了解不同职业和行业的组织结构、需要准备的专业知识和技能，初步树立生涯规划意识 ·参与农业生产、工业体验、商业和服务业实践，主动体验职业角色	·知道在工作中保护自己，有意识地关注自己和他人的健康，具备一定的安全风险管理意识和能力 ·深入了解职业的多元性，了解不同职业和行业的组织结构、需要准备的专业知识和技能，树立生涯规划意识 ·积极参与农业生产、工业体验、商业和服务业实践，主动体验不同的职业角色

2. 学习主题：培养对职业的平等性和包容性

年级段	小学一、二年级	小学三、四年级	小学五、六年级
内容要求	·初步了解不同职业工作带来的社会贡献，培养对职业工作者的尊敬之情 ·了解熟悉的社会生活所需要的职业和行业类别等，初步理解职业的平等性和包容性	·进一步了解不同职业工作带来的社会贡献，培养对职业工作者的尊敬之情 ·了解社会运转所需要的职业和行业类别等，初步理解职业的平等性和包容性	·深入了解不同职业工作带来的社会贡献，培养对职业工作者的尊敬之情 ·深入了解社会运转所需要的职业和行业类别等，树立职业的平等性、包容性等观念

（续表）

年级段	小学一、二年级	小学三、四年级	小学五、六年级
内容要求	·参与家庭和社区（乡、村）的服务性体验，体验不同职业角色平凡中的伟大	·积极参与家庭和社区（乡、村）的服务性、公益性体验，体验不同职业角色平凡中的伟大，初步树立正确的职业价值观	·积极主动参与家庭和社区（乡、村）的服务性、公益性体验，以及农业或企业的生产劳动体验，体验不同职业角色平凡中的伟大，树立正确的职业价值观 ·调查了解职业中的歧视、阻碍、刻板印象等不平等现象，批判性地思考工作中的平等、多元化和包容性等问题

（三）了解安全的工作方法与工作环境

学习主题：树立安全意识，了解安全工作方法与工作环境

年级段	小学一、二年级	小学三、四年级	小学五、六年级
内容要求	·了解常见职业的工作环境、工作职责等，从小树立安全工作的意识 ·了解常见工作的安全要求和注意事项，知道安全工作的重要性	·了解常见职业的工作环境、工作职责等，从小树立安全工作的意识 ·了解常见工作的安全要求和注意事项，知道安全工作的重要性 ·了解未成年人保护法、家庭教育法等相关规定，了解与青少年实习、体验等有关的法律法规及政策等	·了解更多职业的工作环境、工作职责等，从小树立安全工作的意识 ·了解更多职业工作的安全要求和注意事项，知道安全工作的重要性 ·知道未成年人保护法、家庭教育法等相关规定，了解与青少年实习、体验等有关的法律法规及政策等 ·知道在工作中将自己和他人的健康与安全等风险降至最低

三、培养和发展生涯能力

（一）建立生涯发展档案、树立规划意识

1. 学习主题：建立个人生涯发展档案，听取建议和指导

年级段	小学一、二年级	小学三、四年级	小学五、六年级
内容要求	·在教师和家长的指导下，有意识地收集自己的生涯发展信息，比如兴趣、爱好等，并尝试建立个人生涯发展档案 ·能听取教师及家长对个人发展的指导意见 ·收集、整理、记录了解到的职业和工作世界相关信息 ·了解生涯信息收集的方法和途径	·在教师和家长指导下，继续收集和记录自己的生涯发展信息，比如兴趣、爱好、能力、奖项等，不断丰富个人生涯发展档案 ·主动向教师及家长请教对个人发展的指导意见 ·收集、整理、记录了解到的职业和工作世界相关信息 ·主动应用生涯信息收集的方法和途径	·在教师和家长指导下，继续收集和记录自己的生涯发展信息，比如兴趣、爱好、能力、奖项等，不断丰富和完善个人生涯发展档案 ·主动向教师及家长请教对个人发展的指导意见，并有自己的观点 ·收集、整理、记录了解到的职业和工作世界相关信息，能主动应用生涯信息收集的方法和途径 ·做好小学向初中阶段过渡的知识和能力等方面的准备，文化基础、自主发展和社会参与方面的素养得到进一步提升 ·听取他人对初中阶段发展的建议和指导意见

2. 学习主题：积极主动进取，为提升生涯能力做准备

年级段	小学一、二年级	小学三、四年级	小学五、六年级
内容要求	• 在教师及家长的指导下，提升自己基本的生涯能力，做好校园生活的适应 • 参与学校内外的实践活动，得到更多的锻炼机会 • 主动争取锻炼和展示的机会，不怕挫折	• 在教师及家长的指导下，有意识地锻炼并提升自己多种生涯能力，适应良好 • 积极参与学校内外的实践活动，抓住各种锻炼机会 • 主动争取锻炼和展示机会，不怕挫折，在总结中提升 • 主动利用校内外机会，展示自己的素质和能力，建立积极的自我概念	• 在教师及家长的指导下，有意识地锻炼并提升自己多种生涯能力，适应良好 • 积极参与学校内外的实践活动，利用各种锻炼机会提升能力 • 主动争取锻炼和展示机会，不怕挫折，不断反思总结、提升 • 主动利用校内外机会，展示自己的素质和能力，建立积极的自我概念 • 主动利用自己的知识或技能为他人提供服务或者帮助，自我效能感增强

（二）提高生涯能力，积极应对变化和转换

1. 学习主题：积极面对变化，提高生涯适应力

年级段	小学一、二年级	小学三、四年级	小学五、六年级
内容要求	• 在教师及家长帮助下，努力适应新的环境、新的人际关系、新的学习目标等，提高生涯适应能力 • 在教师及家长帮助下，面对变化能做出适当的调整和改变，适应力得到提升	• 在教师及家长帮助下，积极主动适应新的挑战和发展目标，持续提高生涯适应能力 • 在教师及家长帮助下，积极主动面对变化，能做出适当的调整和改变，适应力得到提升 • 面对新挑战和变化持开放心态，努力提升适应能力、毅力、应变能力、团队合作能力等	• 积极主动适应新的挑战和发展目标，持续提高生涯适应能力 • 积极主动面对变化，能做出适当的调整和改变，适应力得到提升 • 面对新挑战和变化持开放心态，主动提升适应能力、毅力、抉择力、应变能力、团队合作能力等 • 面对未来有风险意识，主动进行提前准备和防范，主动性、灵活性得到提升

2. 学习主题：明确发展目标，提升抉择力

年级段	小学一、二年级	小学三、四年级	小学五、六年级
内容要求	·在教师及家长的指导下，在面对挑战或困难时，尝试做出选择 ·在教师及家长的指导下，学习设定目标的方法，学习并尝试制订行动计划 ·在教师及家长的指导、帮助下，尝试解决遇到的问题	·在教师及家长的指导下，面对挑战或困难，能尝试对支持网络、信息、资源、条件等进行初步分析，做出选择 ·在教师及家长的指导下，尝试设定目标，学习并尝试制订行动计划 ·在教师及家长的指导下，尝试解决遇到的问题	·积极面对挑战或困难，能专注于自己的发展目标，主动对支持网络、信息、资源、条件等进行分析，能主动听取老师和家长意见，做出恰当的选择 ·基本掌握设定恰当目标的方法，能主动制订行动计划 ·能积极主动地解决遇到的问题，必要时能主动向他人寻求帮助或征求意见、指导等

3. 学习主题：做好生涯管理，提升行动力

年级段	小学一、二年级	小学三、四年级	小学五、六年级
内容要求	·在教师及家长的指导下，尝试对自己的学习和生活进行自我管理 ·在教师及家长的指导下，尝试进行生涯体验活动 ·在教师及家长的指导下，将计划予以落实，并能根据实际情况进行及时反馈、调整	·在教师及家长的指导下，积极对自己的学习和生活进行管理 ·在教师及家长的指导下，积极进行生涯体验活动 ·积极主动地落实行动计划，并能根据实际情况进行及时反馈、调整，必要时能主动寻求他人帮助或指导 ·尝试对自己的人际关系、资源支持网等进行管理	·积极主动地对自己的学习和生活进行自我管理 ·积极主动地进行生涯实践及体验活动 ·积极主动地落实行动计划，并能根据实际情况进行及时的反馈、调整、总结、反思，必要时能主动寻求他人帮助或指导 ·积极主动地对自己的人际关系、资源支持网等进行管理 ·积极主动地对初中学习和生活进行规划，并提前做好准备

第二节　中学阶段：生涯探索与生涯准备

中学阶段又分为初中阶段和高中阶段，是学生身心发展的加速期和过渡期。初中阶段的学生主要发展目标是生涯探索，是确立人生理想目标、学会与人交往和竞争的关键时期，属于义务教育阶段。高中阶段的学生主要发展目标是生涯准备，是学生个性形成、自主发展的关键时期。高中教育是我国九年义务教育结束后更高一级的教育阶段，接收初中合格的毕业生。学生在掌握高中教育所要求的知识技能并毕业考试合格之后，可以选择直接就业投入社会工作；同时，高中教育也提供了许多适合深造的理论工具，学生在高中毕业后也可以选择升入高等教育继续深造。因此，高中教育对提高国民素质和培养创新人才具有特殊意义。本节结合中学阶段学生身心发展特点、国家相关政策法规和教育部《义务教育质量评价指南》（教基〔2021〕3号）、《普通高中学校办学质量评价指南》（教基〔2021〕9号）等文件以及国内外研究成果，结合中学阶段学生生涯发展任务对生涯课程的主要目标和内容进行整合介绍。

一、生涯认知和自我发展

（一）思想品德发展

1. 学习主题：树立理想信念

内容要求：中学阶段是树立理想信念的关键阶段，中学生要有坚定的理想信念，了解党史国情，珍视国家荣誉，铸牢中华民族共同体意识，爱党、爱国、爱人民、爱社会主义，立志听党话、跟党走，树立为实现中华民族伟大复兴的中国梦而努力奋斗的志向；积极参加升国旗仪式、主题教育和共青团活动，积极向英雄模范和先进典型人物学习；热爱并努力学习中华优秀传统文化、革命文化和社会主义先进文化，传承红色基因，增强"四个自信"；认识到中国特色社会主义制度的优越性；理解社会主义核心价值观的内涵，并在日常生活和社会活动中积极践行。

2. 学习主题：培养社会责任感

内容要求：中学生要培养社会责任感，自觉养成规则意识，遵守校规校纪，遵守法律法规、社会公德和公共秩序；积极参加集体活动，主动为班级、学校及他人服务；学习民主管理的规则和程序，积极参与社会公益项目、志愿活动或集体活动，有团队意识，能够与他人合作互助；热爱并尊重自然，自觉保护环境、爱护动物、爱护公共财物、节粮节水节电、低碳环保生活，树立可持续发展的理念；知道违法后果，形成自觉遵纪守法的意识。

3. 学习主题：良好行为习惯的养成

内容要求：中学生要养成良好行为习惯，注重仪表、举止文明，诚实守信、知错就改、朴素节俭、不相互攀比；孝敬父母、尊敬师长、礼貌待人，与人和谐相处、懂得感恩；自己的事情自己做，他人的事情帮着做等。

（二）学业发展

1. 学习主题：养成良好的学习习惯

内容要求：中学生要保持积极的学习态度，具有学习自信心和自主学习意识，能独立思考，善于合作学习，养成良好的学习习惯，努力完成学习目标；掌握有效学习方法，主动预习、认真听讲、积极思考、踊跃提问、及时复习、认真完成作业等。

2. 学习主题：培养创新精神

内容要求：中学生要积极参加兴趣小组、社团活动、社会实践等，培养小制作、小发明、小创造等方面的兴趣特长；保持好奇心、想象力和求知欲，具有创新精神，注重知行合一、学以致用；有信息收集、整合、综合分析与运用能力，有自主探究、独立思考、发现问题、解决问题、创新创造的意识与能力；注重提高自身综合素质。

3. 学习主题：学业水平达标

内容要求：中学阶段要确保学业水平达到国家规定的中学各个阶段的学业质量标准要求；理解学科基本思想和思维方法，掌握学科基本知识、基本技能，形成学科素养；养成并保持阅读习惯，具备一定阅读量和良好的阅读理解能力；主动参与实验设计，能够完成实验操作；校内、校外学业负担和压力感受状况适中，适应良好。

（三）健康发展

1. 学习主题：健康生活

内容要求：中学生要养成健康的生活习惯，饮食营养健康，讲究卫生，按时作息，保证充足睡眠；养成坐、立、行、读、写的正确姿势；坚持参加体育运动，校内每天锻炼至少 1 小时，坚持做广播体操、眼保健操，积极开展校外锻炼活动；树立珍爱生命、安全第一的意识，掌握安全、卫生防疫等基本常识，注重日常预防和自我保护，具备避险和紧急情况时的应对处理能力；不过度使用手机，不沉迷网络游戏，不吸烟、不喝酒、不赌博，远离毒品。

2. 学习主题：身体健康

内容要求：中学生的体质健康监测要达到本年级段的《国家学生体质健康标准》，要掌握 1~3 项体育运动技能，有效控制近视、肥胖、脊柱姿态不良等。

3. 学习主题：积极心理品质

内容要求：中学生要保持自尊自信、自立自强、乐观向上、阳光健康的心态，能够合理表达和调控情绪；能够正确看待困难和挫折，具备应对压力、困难、挑战、变化等的积极心理品质和能力，懂得寻求帮助和支持。

（四）艺术素养提升

1. 学习主题：积极参与艺术实践

内容要求：中学生要积极参加学校、社区（乡、村）组织的文化艺术等各种美育活动；经常欣赏人文自然景观和文学艺术作品、观看文艺演出、参观艺术展览等；能结合校园、社会等现实元素，尝试用多种艺术形式进行创作实践。

2. 学习主题：感受表达

内容要求：中学生要掌握 1~2 项艺术技能，会唱主旋律歌曲；具备健康向上的审美趣味、审美格调，能够在学习和生活中发现美、感受美、欣赏美、表达美、创造美；能理解并表达中国艺术中的中华美育精神和民族审美特质，能理解并尊重世界多元文化，艺术素养不断提升。

（五）劳动与生涯实践

1. 学习主题：劳动意识与劳动观念

内容要求：中学生要树立尊重劳动、热爱劳动的观念，能够吃苦耐劳，尊重劳动者，珍惜劳动成果；愿意参加家务劳动、校内外生产劳动、公益劳动、服务劳动等，进一步培养生活自理能力和习惯，增强家庭责任意识，逐步形成对学校、社会负责任的态度和社会公德意识，强化社会责任意识和奉献精神；理解劳动创造价值，接受锻炼、磨炼意志，培养劳动自立意识和主动服务他人、服务社会的情怀；养成认真负责、吃苦耐劳的劳动品质，树立劳动安全意识；增强公共服务意识和担当精神；经历真实的岗位工作过程，获得真切的职业体验；培养职业兴趣，树立正确的职业观念。

2. 学习主题：劳动实践与劳动能力

内容要求：中学生要承担一定的家庭日常清洁、烹饪、家居美化等劳动，增强生活自理能力，固化良好的劳动习惯；定期开展校园责任区域的保洁和美化，以及助残、敬老、扶弱等服务性劳动，积极参加大型赛事、社区建设、美丽乡村、环境保护等公益活动、志愿服务、服务性岗位等；体验包括金工、木工、电工、陶艺、布艺等项目在内的劳动及传统工艺制作过程，尝试家用器具、家具、电器的简单修理，参与种植、养殖等生产活动并学习相关技术；在工业、农业、服务业以及中华优秀传统文化特色项目中自主选择 1～2 项生产劳动，经历完整的实践过程，获得初步的职业体验，形成初步的生涯规划意识；积极参与社会调查、研学实践、志愿服务和公益活动；在农业生产、工业体验、商业和服务业实践中，主动体验职业角色，培养一定的生活能力和劳动技能，提高创意物化能力，养成吃苦耐劳、精益求精的品质，增强劳动能力。

二、探索职业生涯和工作世界

（一）探索生涯和生涯发展

1. 学习主题：探索生涯和生涯发展

内容要求：中学生要通过生涯探索，拓展个人的视野和对自我的认知，理解自己的生涯发展历程，反思不断变化的生涯历程和结构，以及它们对自己的启发、对未来生涯发展可能带来的影响。中学生还要增进对他人生涯发展过程的了解，能够理解他人的生涯经历并有所启发；树立通过多种方式为他人的生涯幸福做贡献的观念；能够对"生涯是什么""如何发展的"有进一步的理解和解释；初步具备生涯发展所需的能力。

2. 学习主题：作为学习者的全面提升

内容要求：中学生要保持积极的学习态度，不断提升自我；要有个人提升计划，并回顾、审视、反思计划的落实情况，了解自己学到了什么、下一步需要学什么，以及如何才能学得最好等，不断促进自己持续地进步和提升；回顾、反思或展示作为一个学习者在生涯探索、生涯准备等教育活动和经历中的收获；有意识地培养自己的多种兴趣，清楚自己的角色、优势、喜好、学习风格等，主动从德智体美劳各个方面提升自我，促进自己全面而有个性地发展，提高多种能力。

（二）探索职业的多元性、平等性和包容性

1. 学习主题：探索职业和行业的多元性

内容要求：中学生要积极通过生涯探索和实践，深入了解常见的职业和行业种类、工作环境、工作时间、主要工作内容、组织结构、需要准备的专业知识和技能等；认识到学习对未来生活和工作、事业发展的影响和重要性；积极参与农业生产、工业体验、商业和服务业实践，主动体验多种职业角色，认识到并敢于挑战对某些职业或行业的刻板印象，理解职业和行业的多元性。

2. 学习主题：培养对职业的平等性和包容性

内容要求：中学生要树立职业平等的观念，通过生涯探索和实践，认识到社会的运转需要各种职业和行业，了解不同职业和行业给社会带来的贡献，培养对职业工作者的尊敬之情；调查了解职业中的歧视、阻碍、刻板印象等不平等现象，批判性地思考工作中的平等性和包容性等问题，了解这些问题对自己和他人的职业选择和行为的影响；树立职业平等、多元、包容的职业价值观；能勇敢地对抗那些对自己和他人有害的刻板印象和歧视，了解自己在这些相关问题上的权利和责任；积极主动地参与家庭和社区（乡、村）的服务性、公益性劳动，参与多个职业和行业的生涯探索和体验，体验平凡职业中的伟大，树立正确的职业价值观。

193

（三）探索安全的工作方法与工作环境

1. 学习主题：树立安全意识

内容要求：中学生要树立国家安全及个人安全意识，了解更多职业工作的安全要求和注意事项；认识到不同程度的风险，具备基本的风险防控意识；知道安全工作的重要性，树立安全工作的意识。

2. 学习主题：了解安全的工作方法与工作环境

内容要求：中学生要了解不同职业的安全工作方法、工作环境与工作职责等；学习并初步掌握安全的工作和实践方法，了解相关法律法规对中学生获准实习体验的时段、时长及职业种类，了解中学生在工作中的责任和权利等相关的法律、法规及政策等；要确保自己和他人在实习、实践和工作中的健康和安全，将自己和周围人的健康和安全风险降至最低。

三、培养和发展生涯能力

（一）建立生涯发展档案，树立主动规划意识

1. 学习主题：建立个人生涯发展档案，听取建议和指导

内容要求：中学生要积极主动地收集、记录自己生涯发展相关的信息，比如兴趣、爱好、特长、能力、实践经历、奖项等，不断完善个人的生涯发展档案，丰富自己的综合素质评价素材；通过不同生涯指导形式，学习如何识别、获得和有效利用可靠的生涯信息、建议、指导服务和资源；能主动应用生涯信息收集的方法和途径，收集、整理、记录更多的职业和工作世界相关信息；积极参与生涯探索和实践，确定自己的需求以及如何满足这些需求；建立、发展并充分利用自己的个人支持网络，主动向教师、家长、社会专业人士等请教对个人生涯发展的指导意见，并能有辨别力地使用数字化的生涯信息、建议和指导服务等。

2. 学习主题：积极主动进取，为提升能力做准备

内容要求：中学生要积极参与学校内外的实践活动，主动争取锻炼或展示的机会，不怕挫折，不断反思总结，展示自己的素质和能力，建立积极的自我概念，提升自己的能力；最大限度利用各种机会，展现自己在学习、工作和生活方面的能力和态度，提升就业所需的素质和技能；主动利用自己的

知识或技能为他人提供服务或者帮助，提升自我效能感；高中生，尤其是职业高中、中等专业学校、中级技工学校等学校的学生，更要重点培养就业素质和专业技能，提高就业能力。

（二）提高生涯能力，积极应对变化和转换

1. 学习主题：积极面对变化，提高适应力

内容要求：中学生要培养面对生涯转换的信心和积极的心理状态，积极面对学业和考试压力，主动适应新的挑战和发展目标；在面临上普通高中、上大学，还是上职业类学校、上大学或者早就业等生涯转换的重大抉择时，要提前做好信息收集、评估和规划，回顾、审视和反思过去的生涯转换经验，积极应对未来的生涯转换；在面对科技进步和社会变革带来的新挑战和新变化时，要持开放心态，主动进行生涯建构，提升应变能力、团队合作能力，并具备坚强的意志品质等；面对变化和不确定的未来要有风险意识，提前进行积极准备和防范，提升主动性、灵活性；了解如何制定和使用策略，积极应对生涯转换、生涯不确定性等带来的种种挑战，提高生涯适应力。

2. 学习主题：明确发展目标，提升抉择力

内容要求：中学生要积极面对挑战和发展目标，主动对个人的支持网络、信息、资源、条件等进行分析，知道评估和确定符合自己最大利益的可能选择、发展路径的方法；在关键选择和决策节点上能确定和系统地探索自己可以选择的选项；能够根据自己继续深造还是就业等需求，收集最佳发展路径的相关信息，研究和评估可选择的高等教育类别、就业或创业等发展路径、投入和回报等信息，做出适合自己的抉择；能主动听取老师和家长意见，做出恰当的选择；主动设定恰当的生涯发展目标，制订可行的生涯提升计划；能积极主动地解决遇到的问题，必要时能主动向他人寻求帮助或征求他人意见、指导等；对决定和计划之外的意外结果、偶然或突发事件等保持必要的冷静、坚持和抗逆力，提升主动性、灵活性；面对未预见或未计划的选择和机会时，能做出有效反应。

3. 学习主题：做好生涯管理，提升行动力

内容要求：中学生要积极主动地对自己的学习和生活进行自我管理；积极主动地参加生涯探索、实践及体验活动；主动落实生涯行动计划，并能根据实际情况进行及时的反馈、调整、总结、反思，必要时能主动寻求他人帮助或指导；提升人际沟通能力，积极建立人际关系和资源支持网；主动对高一级学校或未来的就业方向进行规划，并落实到生涯行动中，提前做好就业准备。

4. 学习主题：调查、探究工作与劳动力市场信息

内容要求：中学生要积极开展生涯探索，了解职业动态和工作世界，要知道从哪些途径获取真实的、最新的大学、专业、职业、就业和劳动力市场等信息；要学会不受主观和偏见信息的影响，客观分析相关信息对自己生涯规划的参考作用；通过探究和评估相关的职业、就业和劳动力市场等信息，得出结论以支持自己未来的计划，并基于这些信息采取生涯行动。

5. 学习主题：探究未来工作和生活

内容要求：中学生要探究职场人士工作经历的变化，理解人们生活中工作的意义和目的；能够将自己的特点及需求与国家建设和社会发展的需要相结合，探索适合自己的工作；了解自己要做哪些准备及如何获得这样的工作；探索不同类型的工作和可能的变化，以及这些变化对人们工作、生涯满意度的影响；基于自己对生涯满意度的思考，分析不同类型的工作和生活对个人、社会、经济和环境的影响；思考自己如何做好工作和生活的平衡等。

6. 学习主题：做好志愿填报和面试（应聘）

内容要求：初高中学生都要客观分析继续深造的学校（或专业）类别及学业成绩要求，积极面对升学时的志愿填报，选择适合自己的专业方向和学校，或需要参加的相关培训项目、职业资格或技能证书等。决定高中毕业后选择就业的学生要学会运用能吸引招聘者注意的方式推销自己，能管理自己的申请、应聘或面试过程，知道如何在面试前和面试过程中做好准备，培养一系列自我介绍和营销技能；知道在招聘、面试过程中如何准备和表现自己的优势和能力；了解自己在面试或应聘过程中的权利和责任，掌握可以提高自己面试成功概率的技巧和策略，从面试或应聘过程中学习；制定应对面试挫折和应聘被拒的策略；学会使用数字和社交媒体来拓宽就业途径；参加相关的职业培训等。

第三节　大学阶段：生涯决策与生涯适应

大学阶段指的是高等教育阶段，大学阶段的学生一般是 18 岁以上。我国的高等教育到了本科及以上层次就和普通高等教育合二为一，形成包括高职高专教育、应用本科教育、专业硕士教育、专业博士教育的现代高等教育体系。高等教育的目标是以就业为导向，为生产、建设、管理、服务第一线培养高等技术应用型人才。因此，大学阶段是人生发展的重要时期，是人的一生中非常宝贵的学习生活经历，也是个体发现自我、探索生命本质的过程，是世界观、人生观、价值观以及道德意识形成、发展和成熟的重要阶段。本节将在教育部办公厅印发的《大学生职业发展与就业指导课程教学要求》（教高厅〔2007〕7 号）等国家政策、国内外研究成果及实践经验的基础上，结合大学阶段生涯发展任务，对生涯课程内容和要求予以简要介绍。

一、生涯认知和自我发展

（一）思想品德发展

1. 学习主题：树立理想信念

内容要求：大学生的理想信念是国家、社会和个人三个层面理想信念的集合体、统一体和结晶体。在国家层面，大学生要树立远大理想，把理想追求与中国梦有机结合起来，确立理想信念；大学生要把中国梦作为个人的目标追求，把个人的奋斗、追求转化到中国梦的实现中来，这将是大学生实干笃行的重要动力，是大学生成长的方向和目标。在社会层面，大学生要自觉让社会主义核心价值观成为青春的亮丽底色，把社会主义核心价值观的要求融入一言一行。在个人层面，大学生要把自己培养成为堪当大任的时代新人，把坚定的理想信念作为坚强支撑，厚修养、畅精神、壮意志、砥气节、做大事，努力成长为为民族复兴矢志奋斗的"有志者"。

2. 学习主题：社会责任感和担当意识

内容要求：大学生要树立强烈的社会责任感和担当意识，要对自己负责任，自立自强，自觉遵守社会的法律法规和道德规范；要对他人负责任，尊重和维护他人的权利，关心、同情并帮助他人；要对社会负责任，按照社会准则和个体责任平衡个人和社会利益，积极投身社会实践，推动社会发展进步，积极关注社会发展及有关的国计民生问题；要对国家和民族负责，培养担当意识，自觉地把个人与国家的发展联系起来，尽职尽责，服务社会，发展国家，把人生价值、个人理想与国家、民族的发展命运紧密联系在一起，达到与国家富强、民族进步完美统一。

3. 学习主题：养成良好的行为规范

内容要求：大学生要养成良好的行为规范，志存高远，坚定信念；维护国家的利益，遵守宪法和国家的各项法律规定，弘扬正气；热爱祖国，服务人民，维护各民族的平等团结和互助关系；坚持社会主义、集体主义；坚持实事求是，诚实守信，严于律己；热爱劳动，积极参加社会实践，发扬勤俭节约、艰苦奋斗的精神；明礼修身，团结友爱，注重个人品德修养，积极参加体育锻炼和健康的文化活动；增进身心健康，强健体魄，热爱生活；勤奋学习，刻苦钻研，自强不息；遵守宿舍管理规定，爱护公共财物，维护公共秩序，遵守外事纪律等。

（二）学业发展

1. 学习主题：养成良好的学习习惯

内容要求：大学生要保持积极主动的学习态度，具有学习自信心和自主学习意识，能够独立思考，善于合作学习，学会团结协作、相互配合；掌握有效的学习方法，主动预习，认真听讲、记笔记，及时复习，认真完成作业；多思善问，敢于质疑，敢于突破旧观点，敢于对问题进行讨论、争论，发表不同的见解；积极利用所学解决实际问题。

2. 学习主题：培养创新精神

内容要求：大学生要着力培养创新精神，要培养综合运用已有知识、信息、技能和方法提出新问题、新观点的思维能力；要提升进行发明创造、改革革新的意志、信心、勇气和智慧；要端正创新动机，磨炼坚强意志；要培养自觉自省能力、创新思辨能力；要具有敢于探索未知、勇于创新、勇攀高峰、敢为人先的积极思维模式和精神状态，提升驱动探新求索的内驱力，促进提出新问题、新观点、新方法的实践行为；要不断修正偏差，超越自我，切实养成创新精神。

3. 学习主题：学业水平达标

内容要求：大学生要达到所学的高等学历教育对应的学业水平。专科教育的大学生要掌握本专业必备的基础理论、专门知识，具有从事本专业实际工作的基本技能和初步能力；本科教育的大学生要比较系统地掌握本学科、本专业必需的基础理论、基本知识，掌握本专业必要的基本技能、方法和相关知识，具有从事本专业实际工作和研究工作的初步能力；硕士研究生教育的大学生要掌握本学科坚实的基础理论、系统的专业知识，掌握相应的技能、方法和相关知识，具有从事本专业实际工作和科学研究工作的能力；博士研究生教育的大学生要掌握本学科坚实宽广的基础理论、系统深入的专业知识、相应的技能和方法，具有独立从事本学科创造性科学研究工作和实际工作的能力。

（三）健康发展

1. 学习主题：健康生活

内容要求：大学生要养成健康生活习惯，饮食营养健康，讲究卫生，按时作息，保证充足睡眠；坚持参加体育运动，每天锻炼至少 1 小时；树立珍爱生命、安全第一的意识，掌握安全、卫生防疫等基本常识；注重日常预防和自我保护，具备避险和紧急情况应对及处置能力；不沉迷网络游戏，不吸烟、不喝酒、不赌博，远离毒品；爱眼护眼视力好，自觉做到用眼卫生；掌握健康的身心调适和放松方法，做好情绪调控、压力管理，保持健康稳定积极的心态等。

2. 学习主题：身体健康

内容要求：大学生的体质健康监测要达到本年级段的《国家学生体质健康标准》，要掌握科学锻炼的基础知识、基本技能和有效方法，学会至少两项终生受益的体育锻炼项目，养成良好的体育锻炼习惯；有效控制近视、肥胖、体态不良等。

3. 学习主题：积极心理品质

内容要求：大学生要培养良好的心理品质和自尊、自爱、自律、自强的优良品格，有效开发心理潜能，培养创新精神；促进思想道德素质、科学文化素质和身心健康素质协调发展。

（四）提升艺术素养

1. 学习主题：积极参与艺术实践

内容要求：大学生要根据自己的特点、精力和兴趣，有目的地选修一些艺术课程，接受较系统的艺术教育，积极参与校内外艺术实践活动，比如音乐、舞蹈、书法、摄影、综合艺术等。

2. 学习主题：提升艺术感受表达力

内容要求：大学生要掌握1~2项艺术技能，会唱主旋律歌曲；具备健康向上的审美情趣、审美格调；努力培养追求艺术和欣赏艺术的视听觉能力；积极主动地提升生活美、自然美，特别是艺术美的熏陶和培养；能够在学习和生活中发现美、感受美、欣赏美、表达美、创造美。

3. 学习主题：提高艺术鉴赏力与创造力

内容要求：大学生要提升艺术鉴赏力和创造力，能分辨艺术的真善美和假恶丑，培养对真善美的崇尚和追随，以及对假恶丑的批驳和摒弃；能对不同类型、不同性质和不同形式的艺术表达或作品做出恰当的评价；要掌握一定的艺术知识，提高自身的艺术修养，陶冶情操，拓展艺术视野；能将主观的艺术构思借助一定的形式和手段表达出来，进行艺术创作、创新、创造等；能自觉主动地提升自己的艺术素养。

（五）劳动与生涯实践

1. 学习主题：劳动意识与劳动观念

内容要求：大学生要掌握通用劳动科学知识，深刻理解马克思主义劳动观和社会主义劳动关系，增强职业认同感和劳动自豪感，强化公共服务意识和面对重大疫情、灾害等危机时主动作为的奉献精神，培育社会公德，厚植爱国爱民的情怀；培育不断探索、精益求精、追求卓越的工匠精神和爱岗敬业的劳动态度；体认劳动不分贵贱，"三百六十行，行行出状元"，崇尚劳动光荣、职业平等；树立正确的择业、就业、创业观，具有敢于挑战艰苦工作或行业的奋斗精神、献身精神。

2. 学习主题：劳动能力与生涯实践

内容要求：大学生要积极巩固良好的日常生活劳动习惯，自觉做好宿舍卫生保洁，独立处理个人生活事务，积极参加勤工助学活动，提高劳动自立自强的能力；要积极参与校内外公益服务性劳动，自觉参与教室、食堂、校园场所的卫生保洁、绿化美化和管理服务，做好校园环境秩序维护，运用专业技能为社会、为他人提供相关公益服务；结合"三支一扶"、大学生志愿服务西部计划、"三下乡"等社会实践活动开展服务性劳动；要重视生产劳动锻炼，积极参加实习实训、专业服务和创新创业活动，重视新知识、新技术、新工艺、新方法的运用，提高在生产实践中发现问题和创造性解决问题的能力，在动手实践的过程中创造有价值的物化劳动成果。

二、探索职业生涯和工作世界

（一）探索职业和生涯发展

1. 学习主题：探索生涯和生涯发展

内容要求：大学生要通过生涯实践，掌握生涯规划的基础知识和常用方法；拓展个人的视野和对自我的认知，理解自己的生涯发展历程，反思不断变化的生涯历程和结构，以及它们对自己的启发、对未来生涯发展和管理可能带来的影响；要增进对他人生涯发展过程的了解，能够理解他人的生涯经历并有所启发；树立通过多种方式为他人的生涯幸福做贡献的观念；能够对"生涯是什么""生涯是如何发展的"有进一步的理解和解释；树立正确的职业理想和职业观、择业观、创业观以及成才观，形成生涯规划的能力；增强提高职业道德、职业素质和职业能力的自觉性，做好适应社会、融入社会及就业、创业的准备。

2. 学习主题：作为学习者的全面提升

内容要求：大学生要保持积极主动的学习态度，有明确的学习目标，积极采取行之有效的学习策略，提升自主学习能力；形成终生学习意识，不断提升自我；能有规划、有步骤地安排专业学习、课余生活、社会实践、实习实训、毕业论文写作、职业资格或技能证书的考取等个人提升计划，积极采取行之有效的行动，并能及时评估、调整计划和规划；能回顾、反思或展示作为一个学习者，在生涯准备、生涯决策等教育活动和经历中的收获；有意识地培养自己的多种兴趣，清楚自己的角色、优势、喜好、学习风格、生涯价值观等，为生涯决策提供充分的信息和能力储备；要有批判性思维，提高学习能力、知识迁移和建构能力、生涯决策能力等；主动从德智体美劳各个方面全面提升和发展，提高就业竞争力和创业能力。大学生要依托自身的专业兴趣和学习倾向等条件，勾勒出一生的职业发展轮廓，明确学习的方向、目标和动力，奠定未来职业发展所需的知识基础和专业素养。

（二）探索职业的多元性、平等性和包容性

1. 学习主题：深入了解职业和行业的多元性

内容要求：大学生要深入了解职业和行业种类的多元性，通过生涯探索、实习、见习等实践活动，接触并学习胜任职业所需的知识与技能，获得浅显但真实的工作体验，增进对自己能力、兴趣等的准确判断；结合自身的兴趣和能力长项，有针对性地、方向明确地、有目的地了解职业内容、要求、声誉、发展等，解决"职业是什么""哪些职业适合我"等问题，以便将有限的精力更加集中地投入自己爱好且能胜任的职业技能学习或实习实践准备中去；将对外部世界的印象与自身的职业偏好定型所形成的自我概念相结合，进行必要的技能与实践等职业前准备，了解获得正式工作的途径或方法，以利于做出生涯决策，形成初步的职业承诺，实现从职业决策到职业现实的转变，为将来正式的职业做出准备。

2. 学习主题：培养对职业的平等性和包容性

内容要求：大学生要树立职业平等的观念，在选择就业岗位过程中，要将关注点转移到能实现自我价值、发挥自身才能、国家和社会需要的工作岗位上，选择就业岗位时要保持灵活的态度；树立"择业从基层做起"的观念，理性审视"切身实际、合理定位"的择业要求；坚持"以创业带动就业"的择业创新；正确面对就业问题，开发潜在的心理资本和培育就业的自我效能，探索提升心理资本和就业能力的路径与措施。通过生涯探索和实践，明确自我定位，增强核心竞争力；培养对职业工作者的尊敬之情；调查了解职业中的歧视、阻碍、刻板印象等不平等现象，批判性地思考工作中的平等性和包容性等问题，树立职业平等、多元、包容的生涯价值观；能勇敢地对抗那些

对自己和他人有害的刻板印象与歧视，了解自己在这些相关问题上的权利和责任；树立正确的职业价值观。

（三）探索安全的工作方法与工作环境

1. 学习主题：树立安全意识

内容要求：大学生要强化国家安全和个人安全意识，了解更多职业工作的安全要求和注意事项，认识到风险的不同程度，具备风险防控意识；知道安全工作的重要性，树立安全工作的意识。

2. 学习主题：掌握安全工作的方法，维护工作环境的安全

内容要求：大学生要了解不同职业安全的工作方法、工作环境与工作职责等；学习并掌握安全的工作和实践方法，了解与大学生获准的工作及实习实训的时段、时长、职业种类，在工作中的责任和权利等相关的法律、法规及政策等；要确保自己和他人在实习、实践和工作中的健康和安全，将自己和他人的健康与安全风险降至最低，担负起维护工作环境安全的职责。

三、培养和提高生涯能力

（一）主动规划、树立就业意识

1. 学习主题：丰富个人生涯发展档案，树立就业意识

内容要求：大学生要不断丰富和完善个人的生涯档案，记录自己生涯发展相关的信息；运用科学客观的方式和方法对自己的职业兴趣爱好、性格、能力、特征、社会实践、实习实训经历等进行全面分析和评估，清楚自己的优点和特长、缺点和不足；积极主动了解并收集就业形势、社会对人才的需求等信息，学会识别、获取和有效利用可靠的生涯信息、建议、指导服务，并能有效利用生涯资源；确定合理的职业预期，明确自身的职业定位，确定自己的就业目标以及达成途径和方法，找准自身发展目标，避免就业恐慌或就业迷茫；建立、发展并有效利用自己的社会支持网络，主动向教师、家长、社会专业人士请教生涯发展的指导意见，能有辨别地使用数字化的生涯信息、建议和指导服务等；积极调整心态，结合社会需求与个人发展，树立就业意识，在心理上完成就业准备。

2. 学习主题：主动规划，做好全面准备

内容要求：大学生要有主动规划意识，做好从学生向职业人转换的全面准备。大学一年级时，大学生要积极适应大学生活，全面了解自己；通过多种渠道了解不同行业及职业的要求和特点、所需技能等，积极主动地建立自己的人际关系网络；做好从依赖到独立自主、从家庭到进入社会的准备与转变，做好心理成熟和人格发展的重要准备和转换。大学二年级时，大学生要加深加宽对心仪行业或职业有关的专业知识和技能的学习、实训和实践等准备。大学三年级时，主动了解目标企业或行业就业趋势，参加相关的培训，获取相关的职业技能或任职资格证书，进行社会实践或实习实训等准备。大学四年级时，开始设立自己的职业生涯目标，通过多种渠道了解求职信息、就业环境、就业政策等，积极应对从校园到职场转变可能面对的挑战，为生涯决策做好充足的准备。计划继续进行研究深造的大学生，则需要提前做好研究生阶段的研究方向、学校选择、未来就业、考试准备等评估、抉择和准备。

（二）积极进取，提高生涯能力

1. 学习主题：研究、评估发展路径，做好发展路径抉择

内容要求：大学生要学会研究和评估发展路径，做出适合自己的生涯抉择。大学生要树立正确的择业和就业思想，主动收集就业、工作和劳动力市场、投入与回报等信息，了解就业形势，研究和评估相关的职业、就业和劳动力市场等信息，能够结合自身特点及需求、国家建设和社会发展的需要等，研究和评估可选择的发展路径，探索适合自己的发展路径及工作方向，在供求市场中找准自己的位置；客观分析相关信息对自己生涯规划的参考作用，得出结论以支持自己未来的计划，并基于这些信息采取生涯行动；探索不同发展路径、可能的变化及对自己、社会、经济和环境的影响；积极面对挑战，选择适合自己的发展路径。结合自己的发展路径，主动设定恰当的生涯发展目标，制订可行的生涯规划；对决策和规划之外的意外结果、偶然或突发事件等保持必要的冷静、坚持和抗逆力，提升主动性、灵活性；面对未预见或计划外的选择和机会时，能对环境和机会做出客观评估和有效反应。

2. 学习主题：积极进取，提升生涯胜任力

内容要求：大学生要保持积极进取的态度，不断提升生涯胜任力，包括

反应胜任力、交际胜任力和行为胜任力。大学生要不断提升反应胜任力，树立长期生涯发展规划意识，树立远大的职业理想，并将个人的长处、短处、技能和职业生涯发展相联系；对未来的工作抱有积极的动机、饱满工作的激情和正确的价值观念。大学生要不断提高交际胜任力，有效地和能帮助自我获得成功的重要人士进行交际，提升社交能力；将个人的知识技能与实际工作相联系，提升自我剖析能力。大学生还要着力提升行为胜任力，充分了解步入社会后即将面临的职业环境和社会环境，积极地在劳动市场中寻找和职业相关的机会，主动进行工作探索；主动设定目标和计划来积极地影响与自己未来的生涯发展有关的学习和工作过程，充分利用多种渠道锻炼语言表达能力、承压抗压能力、事务分析和处理能力等，加强专业技能学习和实践，提升综合职业素养、创新能力、专业实力等就业能力，提高生涯控制力和胜任力。

3. 学习主题：重视专业学习，提升职业竞争力

内容要求：大学生要重视专业学习，并对学习、生活、实践等进行规划和自我管理；积极开展专业实践，将专业知识和专业伦理融入社会场景和企事业的工作中，实践所学的专业理论知识，促进专业知识转化为自身的能力。通过亲自体验企事业文化，了解企事业运作过程和对员工的具体要求，进而对照自身实际情况调整、学习和提高，或参加针对性的专业技能培训，提高持续完成工作、实现良好职业生涯发展的能力，提升职业竞争力。

4. 学习主题：做好就业准备，积极适应入职要求

内容要求：大学生要积极主动地做好专业知识、专业技能、职业规划、自我认知、应聘面试、政策信息等就业准备。决定本科毕业后继续深造的学生，要做好继续深造的研究方向、国内或国外大学、导师等的选择，要做好参加研究生考试的各种准备。决定大学毕业后先就业的学生要学会利用多种信息渠道，如社会媒体、学校、老师、家长、亲朋好友和同学等，广泛搜集就业信息，建立有效的人际关系网络，创造就业机会；学会使用数字和社交媒体来拓宽就业途径；能管理自己的申请、应聘或面试过程，知道如何在面试前和面试过程中做好准备，培养一系列自我介绍和推销自己的技能；知道在应聘或面试过程中如何展现自己的优势和能力；了解自己在面试或应聘过程中的权利和责任，能评估面试或应聘中的风险并将风险降到最低；掌握可

以提高自己面试或应聘成功概率的技巧和策略，从面试或应聘过程中继续学习；制定应对面试挫折和应聘被拒的策略；面对不同用人单位进行选择等；参加相关的职业培训，取得相应的职业资格证书、职业技能证书等；掌握竞争技巧，敢于竞争，善于竞争，并在竞争中获胜，争取尽快就业上岗。大学生还要做好入职以后工作环境、个人身份、角色、心理等的适应，了解单位规章制度及岗位工作内容、权利、职责、义务、能力等要求，虚心请教、专心学习，尽快度过入职适应期，不断提升职业胜任力。

生涯课程的实施及管理

生涯课程的实施及管理是将生涯课程的内容计划付诸实践的具体过程，要求参与实施的生涯教育工作者和学生在课堂中或在其他适宜的教育场所实践生涯课程的内容，并对实践过程中的各种影响因素进行有效的管控、利用、修改或革新等。本单元将从生涯课程的教学、学习、效果评价、资源利用这几个方面予以介绍，旨在帮助生涯教育工作者（本单元以生涯教师为主进行陈述）了解生涯课程实施和管理过程中教师、学生、课程内容、课程资源之间的协同作用，促进生涯教师把已有的生涯课程计划作为选择教学策略的依据，并寻求能促使学生吸收课程内容的有效的教学方法，对学生的学习过程、教学效果、资源利用等保持随时的检视和管控，促进生涯课程的有效实施，促进生涯教育目标的有效达成。

第一章
生涯课程的"教"

"教"读作 jiāo 时，是指把知识或技能传给人；读作 jiào 时，是指教导，教育。本章中的"教"是指把生涯知识和技能传授给学生，并对学生进行生涯方面的教导、指导和教育的过程。教学是在教师引导下，学生能动地学习知识，以获得素质发展的活动。生涯教学是从教师的角度来探讨生涯相关的教学理论及方法、学校实施生涯课程的基本途径、如何将课程转化为学生生涯素养的有效活动方式等。生涯的教育教学活动是通过生涯课程，促使学生掌握必要的生涯知识，提高学生的生涯技能，培养和发展其生涯能力，立德树人。生涯课程是落实生涯教育计划、达成生涯教育目标的根本保证，也是促进学生生涯发展的最适宜的方式。生涯课程和其他课程一样，有自己相应的理论体系、内容体系、教学设计原则、教学方法和特点等，本章将对其进行简要介绍。

第一节　相关教学理论对生涯教学的启示

自 20 世纪 60 年代起，国内外教学理论的研究进入繁荣时期，尤其是西方学者提出了许多教学理论，从而对教学过程的本质产生了不同角度的认识。这些教学理论，大致包含着这样几个组成部分：教学理论研究的范式，教学理论与模式，教学方案与教学策略。这些理论对于生涯课程的教学非常有指导和借鉴意义，以下就几种典型的、影响力比较大的教学理论与模式进行简单介绍。

一、教学理论概述

（一）主体教育理论

该理论是在中国学者们的努力下，从提出、研讨到成型，经历了长达 40 年的认识和探究过程而不断完善和形成的。顾明远先生于 1981 年在《江苏教育》第 10 期发表了《学生既是教育的客体，又是教育的主体》一文。这是中国教育学界第一次正式使用学生"主体"一词，这一观点写进了 1982 年出版的中等师范学校教材《教育学》。后经王道俊、裴娣娜、郭华、冯建军等学者持续深入的研究而更成体系、更成熟。该理论中的"主体"主要包括两类，一是个体主体，二是群体主体。个体主体指的是处在一定社会特定教育环境和关系中的单个学生、教师、学校管理者、家长等，是有目的、有意识地从事教育实践活动的主体。群体主体则是处在一定社会关系中的教育群体，主要指学校以及教育活动机构。群体主体是由教育目标与价值系统、教育教学业务系统、人际关系系统、办学资源系统组成的特定教育形态。无论是个体主体还是群体主体，其核心要素是具有主体性的人；主体具有能动性、实践性和社会性等基本特征。

该理论是立足于时代特点和中国社会走向的、实现马克思主义的人的全面而自由发展思想的教育学理论。该理论从人的现实生活和我国社会的现实实践出发，肯定人在社会历史发展中及在自身发展中的主体地位，揭示作为社会生活主体的学生的个性素质规格及其教育生成过程，阐明教育主体和教育活动的相对独立性和能动性，更新教育素质，充分发挥教育在促进人的全面而自由发展与社会的全面进步中的积极作用。该理论认为：（1）价值性追求与工具性追求相结合，将责与权真正还给教育主体；（2）在实践活动基础上通过交往促进主体性发展；（3）在社会化过程中实现个性化发展；（4）优化育人环境，实现个体主体与群体主体有差异的发展。该理论具有很强的实践针对性、解释力和生命力，是我国基础教育改革持续深化的重要理论资源。

（二）行为主义教学理论

该理论源于对行为主义心理学的研究，代表人物有巴甫洛夫、华生、桑代克和斯金纳等。该理论认为人的行为是受控于环境而产生结果的行为。也就是说，通过对环境的操作使之对行为产生强化，从而使行为得到塑造和改变。这一思想的理论基础来自自然科学的理念，即物种的生存是对自然环境的选择过程，由此可知，个体行为技能的进化也是环境作用的结果。因此，在教育环境中，学习动机的实现和学习目标的完成都是与环境因素相关的。最具代表性的是斯金纳的程序教学理论。

（三）认知发展教学理论

该理论是建立在著名发展心理学家让·皮亚杰的认知发展理论基础上的。代表人物还有柯尔伯格、杜威、维果茨基、弗莱尔等。该理论是相对于传统的教学观提出的一种注重学生认知发展的理论。该理论的核心是：教学过程是教学策略、教学内容与学生的认知发生相互作用的过程。该理论的突破性在于把教师看作是处于某一认知发展阶段的个体，其认知能力在教与学的互动中仍不断提高，表现为对教学情境的领会与应变能力。

（四）信息处理教学理论

该理论是建立在信息处理理论基础上的，其代表人物有乔治·米勒、阿特金森、希夫林、加涅等。该理论是从学生对课堂信息进行认知加工的角度来阐述教学过程的。它主要关注两个问题：其一，学生如何掌握、记忆和应用知识；其二，教学如何指导学生对信息的认知加工。对此，该理论提出了课堂信息认知加工的两个阶段：第一阶段，教师选择、提供信息认知加工的材料；第二阶段，通过对这些材料的认知加工，学生生成自己对学科、对自我、对学习策略的再认表象。

（五）社会心理教学理论

该理论建立在社会心理学相关研究基础上。该理论把教学过程看成师生间人际交往的社会过程，并通过这个过程传递知识、技能和文化。这一行为主要发生在课堂上师生之间的交往过程中。这一交往过程既包含着知识技能的传递，也包括思想感情及态度观念的交流。教师的教学成功与否主要取决于这一交流是否和谐。为此教育家们把社会心理学知识融入课堂教学中，形成一系列理论来指导这一交往过程。从现象上看，教学是一种语言交流的活动，那么社会语言学理论则是审视师生语言的使用方式及其言语的相互作用方式对教学结果产生的影响；从本质上看，教学是通过教与学的言语交际对所接受信息形式的语言解译过程。

（六）启发教学模式

该模式着重于利用教学策略启发学生解决问题，进行有效思维，其目的是培养学生的独立思维和对知识自我理解的能力。该模式的主张者认为，在一个瞬息万变的社会里，知识与技术更新的速度是难以想象的。因此，培养学生的思维能力、获取知识的能力及解决问题的能力比直接传授知识显得更加重要。

（七）性向—教法互动教学模式

该模式研究的是与学习者教育成就水平相关的个性特征（也称能力倾向或性向）与所实施的教学条件之间的依赖性关系。确切地说，它研究的是教师如何适时地针对不同能力倾向的学习者采取不同的教法，以使全体学习者的教育成就接近同一水平。这是一种与个体性教学相关的适应性教学模式。

以上这些教学理论或模式从多元角度解构了教学的本质。这对于提高生涯课程的教学效果和质量具有重要的指导作用和借鉴意义。比如，从主体教育理论来看，生涯教学是发挥个体主体和群体主体的主体性、能动性的社会过程，生涯教育在促进人的全面而自由的发展与社会的全面进步中有积极的作用；从行为教学理论来看，生涯教学是通过教学环境对学生的行为进行塑造的过程；从认知发展教学理论来看，生涯教学是学生自我概念和结构发展的过程；从信息处理教学理论来看，生涯教学是学生对教学信息、社会信息、自我信息等进行认知加工的过程；从社会心理教学理论来看，生涯教学是师生间人际交往的社会过程；从启发教学模式来看，生涯教学是启发学生思维能力的过程；从性向－教法互动教学模式来看，生涯教学是教师的教学方法与学生的能力倾向相互作用的过程。

二、教学理论和模式对生涯教学的启示

由于生涯学科的涵盖面广，综合性和实践性都很强，因此某个单一的教学理论或模式是不能对生涯教学进行全过程、全方位的指导的。上述这些教学理论和模式有着不同的特征，不同的理论和模式所关注的教学目的、意图、主张、原则、问题框架等的侧重点不同，其研究的方向和路线也有所不同，有着各自的优势和价值，分别从不同的角度对生涯的教学起到指导作用，对于教师在开展生涯教学时有着重要的启示和借鉴。作为生涯教师，需要了解并发挥好这些理论或模式的工具性、启示性、指导性作用。

（一）要有明确的教学目标和意图

认知发展教学理论的目标是培养理性公民以适应社会的发展，这提示生涯教学要注重为中华民族的伟大复兴、国家的建设和社会的发展培养德才兼备的高素质人才，要不断提高学生适应变化和未来的能力等。

主体教育理论的目标是通过建构学生的主体活动，完成认识和发展的任务，促进学生主体性的发展；启发教学模式的目标是要着重培养学生的各种能力，这些都是契合生涯教学的目标和意图的，生涯教学就是要培养学生的主动建构力、独立思考力、学习力、理解力、适应力、管理力、决策力等能力。

生涯教学的内容和课程形式是多种多样的，每节课的教学目标和意图也有所侧重和不同，因此，教师在教学中要根据不同的教学内容和目标，以不同的教学理论和模式为指导工具，更好地设计并达成每节课的教学目标和意图，进而达成生涯教育目标。

（二）要借鉴不同理论的教学主张

行为教学理论主张教学要对环境进行设计，对行为进行强化。这提示教

师，生涯教学要注重对室内教学和实习实践环境进行设计，对师生正确、功能良好的行为等进行及时的强化。

信息处理教学理论主张学生是信息处理的积极参与者，学生对信息的处理须由教师来引导。这提示教师，对于认知水平不足、社会经验和人生阅历不够、能力处于快速发展阶段的学生而言，教师的指导和学生积极主动的参与都很重要，在生涯教学中要予以兼顾。

社会心理教学理论主张教学应通过师生这一基本的交往活动来传递知识、技能和文化。这提示教师，生涯教学跟其他学科教学一样，要非常重视在师生互动交流中传递知识、技能和价值观念等，而不是采用教师一言堂式的、课堂单向的、填鸭式的知识传输。

性向－教法互动教学模式主张学生的性格特征不同，教师要调节教学条件以促进和提高教学效果。这提示教师，要适地、适时地针对不同兴趣和能力倾向的学生采取不同的教法，以使全体学生的学习效果和教育成就尽可能地接近同一水平。

了解这些理论设计者的不同主张对理解与掌握他们的理论和模式十分必要，对于指导教师开展不同内容、不同形式的生涯教学具有重要的价值和现实意义。

（三）要遵循不同教学理论的指导原则

不同的教学理论都规定了各自不同的指导原则，有些原则是明确的，有些是隐含的。比如，行为主义教学理论的原则明确地规定了强化、连锁、塑造、刺激等原则；社会心理教学理论的原则有相互期待、社会依赖及公平分配；认知发展教学理论的原则隐含于几种不同的概念中，如发展阶段、发展适度、同化、顺应及平衡等。教学原则是教学理论的精髓，教师在实践中借鉴不同的教学理论时，要遵循不同教学理论的指导原则，这将对生涯教学实践具有重要的指导作用。

（四）要用发展的观点来运用教学理论

从教学理论所折射的教学过程本质来看，教学理论不是一成不变的，而是随着对教学过程本质认识的深化不断得到补充和发展。因此，教师在运用教学理论指导生涯教学时，要结合国情、学生发展水平、教学内容和形式，用发展的观点进行调整或补充，促进教育理论的本土化发展和深入，切忌原封不动地生搬硬套。

（五） 要遵循理论的问题框架

不同的教学理论有其核心的问题框架，比如，社会心理教学理论提出的问题框架是"教师和学生的语言交流是如何影响教学效果的"，信息处理教学理论的问题框架是"学生是如何掌握、记忆和应用信息的""教师如何指导学生的认知加工"，行为主义教学理论的问题框架是"特定的前提事件是如何与教育成就相关的"等。这些问题框架为教师采用哪种教学理论作为指导提供了重要的导向线索，有助于教师结合生涯教学的内容和形式，采用恰当的教学理论工具作为指导。

第二节　生涯的教学原则与教学策略

教学原则是根据教育目的并反映教学规律所制定的、教师在教学工作中应当遵循的基本准则，是完成教学任务的重要保证。它既指导教师的教，也指导学生的学，是贯彻于教学过程的各个方面和始终的。生涯的教学原则是从教学实践中总结出来的、有效进行教学必须遵循的基本要求。这些原则反映生涯的教学目标、教学内容、教学特点，遵循学生的认识规律、身心发展的一般特点及个别差异，以及学校教学与社会生活的联系等各个方面的要求。

一、生涯课程的教学原则

生涯课程的教学是一个严谨的、科学与艺术、理论与实践结合的实践活动，而教师的教学设计和教学行为是在其自身所掌握的学科教学理念下进行，因此，需要遵循一些基本的教学原则。

（一） 思想性原则

在生涯课程的教学过程中要始终秉持"立德树人"的宗旨，要对学生进行社会主义品德和核心价值观教育，培养德智体美劳全面发展的人才，体现我国教育的根本方向和质量标准。即生涯教育是为了帮助学生充分认识到个人价值与社会价值的合理关系、统整地认识自身生涯发展与国家和社会发展的合理关系，积极主动地因应生涯中的不确定性，树立终生学习的意识，不断发展和提升自我。生涯教师要不断提高自己的思想水平，挖掘教材的思想性，注重在教学中对学生进行思想品德教育。

（二）科学性原则

生涯课程的教学要遵循一般教学活动的科学性，还要遵循学生身心发展的规律性，要授予学生科学的知识技能，科学性和思想性要相统一，这是新时代人才培养的要求，也是教学的教育性规律的反映。因此，生涯教师要不断学习科学知识，重视补充有价值的教学资料，不断提高自己的专业水平，并在教育教学中保证教学的科学性。

（三）主体性原则

生涯课程的教学主体是教师，学习主体是学生，因此，在生涯教学的组织和管理中要充分发挥教师和学生的主体性、能动性，发挥教师教学和指导的主体作用，承认和尊重学生学习的主体地位，激发和调动每位教师和学生自我发展的自觉性、积极性，促进师生积极融入生涯的教与学中。生涯教师要发扬教学民主，营造宽松、和谐、民主、平等、坦率、活跃的学习氛围，促进学生主体参与、合作学习、差异发展、体验成功，这也是主体教育的重要条件。

（四）发展性原则

发展性原则一方面是指教学的内容、方法和进度，既要适合学生已有的发展水平，还要有一定的难度，吸引学生经过努力才能掌握，以便有效地促进学生的身心发展；另一方面是指生涯课程的目的要让学生获得面向未来不确定生涯的发展性和可持续性的生涯能力，而不是在现存的固有的生涯模式中去做选择。学生因个体差异会形成各自的生涯模式，要允许学生在当前生涯阶段存在的认知差异，允许学生处于发展与完善过程中的不完善，发现学生具有的发展潜力和可能性。

（五）启发性原则

在生涯课程的教学中，教师要创设具有启发性的问题情境和问题，引导学生积极思考与探究，使学生有较高的思维活动的质和量；引导学生学会分析问题和解决问题，通过解决实际问题启发学生获取知识；教师要善于提问激疑，调动学生的学习自觉性和主动性，引导学生不断深入反思学习过程，树立求真意识和人文情怀，自觉地掌握生涯知识和技能。

（六）体验性原则

生涯课程具有很强的体验性。体验即亲身经历、实地领会、亲身实践获得经验，有体验就有感受、有启发、有思考、有收获。因此，在生涯课程的教学中，教师要重视学生的体验、感悟和经验的提炼、总结与交流，这是个体体验与心态发生变化的重要环节。

（七）成果导向原则

生涯课程的教学组织与管理设计都要形成一定的教学成果，无论是一次课还是一学期的课程。比如，在认识自我性格的课程结束时，学生要对自身性格、学习收获、能力提升等有描述性的总结；在生涯课程学期结束时要有整个学期学习收获的总结等。

二、生涯课程的教学特点

生涯课程教学不同于语文、数学等课程，其教学特点体现在以下几个方面：

（一）教学目标的开放性和发展性

生涯课程在教学目标上并不追求唯一的价值取向，其目标是开放的、全面的、发展的。一方面，生涯课程让学生在自我探索、了解社会、多种选择中不断地自我完善和提升；另一方面，也促进教师作为实施者、指导者、体验者的提升。师生共同置身于某种开放的教学场景中，在各种真实的或模拟的情境中共同体验、相互启发、相互学习、相互激励、相互沟通与分享，师生是共同成长的，是生涯课程建设和各自生涯建构的主体。也就是说，生涯课程的教学目标是面向师生、面向未来、面向国家和社会发展大系统的，是开放性的。

生涯课程教学目标的发展性体现在以下几个方面：首先，学生的成长和提高是一个不断完善和发展的动态过程；其次，学生成长和完善的目标是为今后生活的幸福、工作的胜任、事业的成就等打下坚实的基础，是指向未来的；最后，生涯课程的目标是提高学生应对不断发展迭代、充满不确定性的社会的适应力和生存力的，因此，生涯课程的教学目标是具有发展性的、不断迭代变化的。

（二）教学内容的生活化和体验性

生涯课程会涉及理论性知识、实务性知识和经验性知识，有的内容比较抽象，有的则离学生的生活比较远。生涯课程的教学目标不是让学生识记相关的知识本身，而是让学生将自己的生涯发展经历和理论指导相结合，并运用到对学习、生活的指导中，应用于学生对自我探索、工作世界认知和未来发展规划中。因此，教学内容的选择和设计要贴近学生的生活实际，要善于取材于跟学生息息相关的生活世界，关注学生曾经的经历，创设学生有亲历经验或实践感受的情境，让学生亲身体验、反思、感悟他们的生活世界，发现行为规范与美德，了解职业和社会，把所学的知识融入学生的生活实践中，达成生涯课程的育人目标。在教学内容的选择上，尽量选取可供全体学生参与的内容和素材，如选择可供全体学生参与的体验、游戏、操作、互动、讨论、分享等。

（三）教学受众的差异性和个体性

生涯发展具有普遍性，与每个人都息息相关，具有一些特定的规律，但也是非常个性化的。不同区域、不同年龄段的学生群体之间存在着极大的差异性。相同区域不同个体的兴趣、性格、价值观、能力都不同，生涯成熟度不同，遇到的生涯发展困惑不同，未来的生涯发展规划路径和方向也不同，因此，生涯课程的目标和受众都具有明显的个体特征，更强调受教育者的个体性，完全异于其他常规课程目标的统一化、易评价性。因此，在生涯课程的教学中要更加考虑教学受众的区域性差异、年龄段差异和个性化需求，对内容选择、教学设计、活动形式、教学服务等方面均要予以考虑。要在现有的教育方式上进一步完善生涯课程的教学体系，在原有大众化课程、信息提供、自助活动、生涯类比赛等基础上，添加小团体辅导、一对一指导和咨询等形式，更大程度满足学生的个性化需求。

（四）教学形式的实践性和多样性

在生涯课程的教学过程中，理论知识的讲授占比要尽量少一些，要更多地采用符合学生所处年龄段身心特点的、主体参与度深的、灵活多样的教学形式。生涯教学过程还要与社会、社区（乡、村）、家庭生活等相结合，注重教学过程中的实践和应用，比如游戏、故事、视频、角色扮演、公益劳动、社区（乡、村）服务、生涯人物访谈或案例讲授、生涯发展的情境预设、模拟演练、见习实习等，让学生在实践中学会做人做事的方法和技能，为学生未来的生涯发展奠定基础。

总之，生涯课程的上述特点决定了这是一门关注学生个性发展、自我完善、适应环境、学会选择等主题的课程，是自内而外、潜移默化地影响学生的课程，是推动学生发展的辅导课、实践课、活动课。

三、生涯课堂常用的教学方案与教学策略

教育家们根据不同的教学理论设计了一系列具有可行性的课堂教学方案和教学策略，其中有很多教学方案和策略在生涯教学中很适用，且教学效果很显著，比如主体参与教学、合作学习、指导性教学、发现学习与教学、个体化教学、开放教育、诊断—处方式教学和反思性教学，等等。这些教学方案与教学策略适用于不同的生涯教学内容、主题和形式，下面简要介绍一下这些课堂教学方案和策略。

（一）主体参与教学

这是基于 20 世纪 80 年代起我国学者创立的主体教育理论提出的一种教学模式。主体参与教学有"目标—策略—评价"和"活动—体验—表现"两种基本方式，其过程大致为：兴趣—体验—分析—展示—评价。第一步，创设问题情境，激发兴趣，明确目标（目标指向性）；第二步，参与活动，积极体验；第三步，讨论分析，解决问题，形成创意或见解；第四步，分享反思，成果展示；第五步，自我评价，分析正误与优劣、收获和改进方向。主体参与教学在生涯教学中有广泛的应用空间，有助于学生完成生涯知识的社会建构，使学生深刻、灵活、扎实地掌握生涯知识和技能，在学生参与生涯教学实践中促进学生的主体性发展。

（二）合作学习

这是 20 世纪 70 年代起国外学者根据社会心理学理论研究设计的一种课堂教学方案，它是一种结构化的、系统性的学习策略，由 2~6 名能力各异的学生组成一个小组，以合作和互助的方式从事学习活动，共同完成小组学习目标，成员之间共同学习、相互负责，共同分享成功与失败，在促进每个人

的学习水平提升的前提下提高整体成绩，获取小组奖励。生涯教学中很多学习内容和主题都适合采用合作学习的方案进行，这种方案具有培养学生的合作精神、创新精神、集体精神、竞争意识、平等意识、交往能力、承受挫折能力，以及激励主动学习、有效提高学习成绩等多方面的优势，是生涯教学中常用的教学方案和策略。

（三）发现学习与教学

这是由美国著名教育心理学家布鲁纳研究并提出的一种获取知识并发展探究性思维的教学方案和策略。这种教学策略的理念在于学生头脑中的概念可以通过他们特有的个人经验去概括形成，而不是将现成的概念直接移入学生的头脑中。因此，在教学实施过程中，学习的主要内容并未直接呈现给学生，只提供了有关线索或例证。学生通过独立学习、独立思考，自行发现知识形成的步骤，自己得出结论或找到问题的答案，或掌握知识的原理、原则等。这种教学策略也是生涯教学常用的，尤其在学生进行兴趣、能力、价值观、决策等自我认知主题和环境认知主题的探究学习时，这种策略具有突出的优势，能打破学生机械地坐在座位上被动听讲的局面，让他们的思维真正活跃起来，通过探究形成正确的自我概念和社会认知等。

（四）个体化教学

这是根据性向—教法互动教学模式设计的一种为了适合个别学生的需要、兴趣、能力和学习进度而设计的教学方案和策略。在这种方案中，教师要根据学生个体学习能力，采用特别设计不同教学计划的策略，以提高学生的生涯能力。生涯教学倡导尊重学生的个体差异，因此个体化教学也是生涯教学常用的方式之一。例如通过生涯测评，对学生进行最初诊断以及阶段性诊断，为不同的学生设立不同的目标等。根据个体化教学，教师在教学中可以对课堂教学做出灵活性的调整。比如，根据兴趣、能力、学习风格、需要、任务等对学生分组，调整任务和作业以适应学生不同的学习方式、能力倾向、兴趣等；学校提供更多的可供学生选择的不同课程内容，以满足不同学生的需求和能力；设计不同的教学计划、团体辅导或个体辅导等，以促进学生全面而有个性的发展。

（五）开放教育

这种教学形式涉及对空间环境的运用、对学习活动的选择、对学习材料的充实以及对课程之间的整合，是一种适应个体化的教学形式。生涯课程的教学具有实践性强的特点，学生在对社会、工作环境、职业种类等主题进行探索和学习时，需要运用到更多的校内外空间环境，有更多的实践性、探究性学习活动，需要更多的纸质教材之外的、网络空间或生产生活中的学习材料，需要各个学科、各个专业融入生涯教育，因此，开放教育也是生涯教学常用的教学形式之一，有助于学生在开放的、真实的环境中发现问题、解决问题，提高问题解决能力、生涯决策和管理能力等。

（六）诊断—处方教学

这是根据性向－教法互动教学模式设计的一种个体化教学方案，它的主张是教学应建立在对学生个体能力诊断的基础之上。这种教学方案在生涯教学中也常用到，比如，根据生涯测评、教学评价和诊断的数据资料，对学生施以不同的教法或辅导方案等。尤其在学生生涯发展的关键节点，教师通过学业诊断、心理测评、生涯测评等，了解学生发展的多种信息，制订适合学生发展的具体教学方案或采取具体的措施矫正学生的学习缺陷等，这对提高不同学生的生涯能力具有重要的作用。

（七）反思性教学

这是根据认知发展教学理论和隐性教学理论发展起来的一种示范教育计划。它指的是教师在教学中通过批判分析的过程发展起来的某种逻辑推理技能，以及随同这种技能而形成的某种态度。这些能够使教师具备在错综复杂的教学环境中应对种种教学冲突与挑战的能力。一方面，生涯学科作为一门发展历史不太长的新兴学科，在我国还处于探索阶段，实践中会遇到很多问题，这尤其需要生涯教师等实践者不断反思，提高教师在错综复杂的教学环境中应对各种教学冲突与挑战。另一方面，每个学生也需要对他们的成长历程、各种生涯信息等进行反思，在批判分析的过程中提高自身的逻辑推理技能、生涯信息收集分析能力，提高生涯决策能力和适应力等生涯能力。

四、采用教学方案和教学策略中的注意事项

（一）采用教学方案和策略要适时、适当

上述这些教学方案和策略大都适用于大中小学的生涯学科教学过程，但

要根据具体内容、不同年龄段学生发展水平、学生面临的具体生涯问题等，适时、适当地采用教学方案或策略，而不是全部过程都要使用。比如个性化教学中的个体辅导，通常在学生有个体辅导需要的时候采用，而不是在所有的生涯教学过程中都要采用。又比如，在中学及大学阶段采用开放教育时，空间环境的利用范围将更广、更多、更复杂，但在小学、幼儿园阶段采用时，则在空间环境的设计和应用中有更多的限制和安全方面的考虑。

（二）教师的组织和指导程度要适度

上述教学方案和策略都处在一个连续体上，这个连续体的一端为指导性教学或正规教学，另一端为非指导性教学或非正规教学。指导性教学一端的表现是以教师讲授、演示及反馈为主，教学特点是管理性的，教学结果是使学生掌握知识技能和培养学生有效使用认知策略的能力。非指导性教学一端的表现是学生从做中学，有自主选择活动的权利，教学活动以探究为主，教学材料多样化。越来越多研究表明，处于中点位置的教学策略是最有效的。也就是说，生涯教学需要教师提供组织性、结构性的活动，但指导的量和度要适度。如果教师有过多的组织和指导，则会剥夺学生自主学习、自我探索的权利；但太少的组织和指导，则会放纵学生的权利，导致生涯教学活动流于形式。

（三）根据不同学习任务组织学习群体

不同教学方案与策略要求的学习群体人数的构成是不同的。有些策略要求生涯教师面向全体学生，比如主体参与教学、合作学习等，而有些策略要求针对少数学生进行教学，如个体化教学。决定具体采用哪种教学策略、学生人数构成等，应取决于学习的内容和目标。此外，由于不同学习阶段的学习目标是变化的，学生人数也应该是不断在调整的。

（四）杜绝照搬教学方案和策略

上述这些教学策略只是作为指导性的框架提供给生涯教师的，而不是规定性或处方式的框架，因此，教师不能机械地照搬照用。正确的做法是：在教学实施之前，教师要在全面了解学生的基础上，根据这些教学方案和策略提供的思路，结合对学生的了解和教师自身的教学技能水平来安排教学计划，建构促使学生生涯发展和成功的可行性教学方案；在教学实施阶段，教师还要监控自己的教学效果并及时做出相应调整；在教学实施结束之后，要对整个过程进行总结反思，不断提高自己的教学能力和水平。

（五） 积极应对教学实施中的阻碍因素

长期以来，课堂教学实行的是以教师指导为中心的大班制教学。这种教学方式对于需要学生广泛深入参与的生涯学科而言，存在着诸多不利的阻碍性因素，比如，将以学生为中心的自我探索变成以教师为中心的知识灌输，开展生涯实践活动的教学秩序组织与控制带给教师的压力、没有固定课时等。要想提高生涯教学的有效性，需要学校和教师加大在生涯教学方面的投入力度，确保生涯教学的课时、丰富生涯教学的资源、积极参与生涯教学研究；课堂上，教师需拿出一定的时间分配给需要帮助的学生等。此外，教师既不能成为课堂权利的统治者，又不能做知识的灌输者，而是要成为知识学习的启发者、引导者和促进者，以适合的角色来维持教学秩序。与此同时，教师还要面临着传统应试教育或学生就业率等压力，避免将生涯教学窄化为升学、考试、分科、志愿填报、面试、就业等工作，避免成为助长应试教育之风、妨碍新课程改革的阻碍因素。

（六） 选择注重学生能力培养的策略

在上述教学方案和策略中，很多是倾向于帮助学生对语文、数学等学科书本知识的掌握的，因此教师在生涯教学中要选取有助于培养学生能力的策略，选取那些侧重于培养和提升学生价值观念和生涯能力的教学方案与策略，避免选取那些侧重对考试进行强化的教学策略和方法。

总之，可供生涯教师选择的教学方案与策略丰富多样，在实施指导的量与度、所需时间、学生人数、对教师个体的能力要求等方面有所不同。生涯教师要根据具体的教学目标和意图、对教学过程的理解等选择教学方案和策略，同时教师还要尽量克服教学系统中存在的障碍和阻力。

第三节　生涯的教学过程与管理

在现代社会生产力和科技发展的情况下，教学过程已成为人们认识客观世界和获得自身发展的一个不可缺少的形式，教学过程存在于各科教学实践活动之中。要想帮助学生在生涯发展方面获得更好的发展，了解生涯课的教学过程及管理是十分必要的。本节将在国内外已有研究成果的基础上，简要介绍生涯课的教学过程及与管理相关的内容。

一、相关概念

（一）教学过程

所谓教学过程，是指在教师指导下，学生掌握一定的社会历史认识成果的特殊认识过程，是教学的实施过程或完成教学任务的过程。教学过程有它自身的结构和环节。教学过程的结构包括教学目标任务、教学内容、教学方法、教学组织形式、教学结果。教学过程的基本因素是相互依赖、相互制约、相互促进的，使教学过程成为一个有机活动整体，并通过环节形成动态结构。生涯教学过程的环节包括落实教学目标任务、具体展开教学内容、优选教学形式和方法、合理组织师生相互作用的形式、调节教学过程的进程、分析结果以提供总结性的反馈信息。生涯教学过程同其他教学整体过程一样，是受社会条件制约的。

（二）教学环节

教学环节包括两个方面的含义。一方面是指教师教学工作的组成部分，其基本环节包括备课、上课、布置和批改作业、辅导、检查和评定学生的学业成绩。这些环节组成了生涯教学工作的一个完整的系统，大体上反映了每个学期或每一单元的教学活动程序。为了提高教学质量，生涯教师必须认真做好各个环节的工作。另一个方面是指课堂教学的组成部分，又称课堂教学的环节。如综合课的基本环节包括组织上课、检查复习、学习新课、巩固总结新知、布置课外作业。其他生涯实践课、活动体验课等类型的课，还有其相应的教学环节。

（三）教学管理

教学管理是指按教学规律和特点，对教学工作进行计划、组织、控制、监督的过程。在教学管理中，教师要运用管理科学和教学论的原理与方法，充分发挥管理职能，对教学过程各要素加以统筹，使之有序运行，提高效能。教学管理涉及教学计划管理、教学组织管理、教学质量管理等基本环节。教师为了维护教学秩序、保障教学目标顺利实现，会采取各种策略。

二、生涯教学管理的主要内容

生涯教学管理的任务是通过教学管理的内容实现的。教学管理任务具有指向性、目标性和依据性等特点，而教学管理内容则具有实践性、可行性和应变性等特点。教学管理的任务与内容相互依存、彼此关联，形成教学管理的正常运转过程。生涯教学管理的主要内容包括以下四个方面，这四部分的内容之间是相互联系的，不是完全分割的。

（一）教学工作的计划管理

教学工作的计划管理是指运用学校制订的具体计划去统管教学的全过程，是对各层次的教学工作进行全面安排部署，通过计划实施、调节控制、检查督促和总结，提高教学质量的管理过程。按其管理职能的层次可分为：全校生涯教学工作计划的管理、各年级生涯教学工作计划的管理、各单元生涯教学进度计划的管理。

（二）教学中各个环节的过程管理

对教学过程的管理是教学管理的重要任务。教学过程的主要环节，以生涯课堂教学来说，包括：教师备课、课堂教学的管理、作业布置与批改、辅导与单元总结、学习成果展示与成绩评定等。

（三）学生学习过程的检查管理

对学生学习过程的检查管理包括：培养学生良好的学习习惯与能力，指导学生制订学习计划和生涯规划；加强学习过程的管理，检查学习的各个主要环节；开展生涯实践，扩大学习过程管理渠道。

（四）教学质量的检查管理

搞好教学管理工作的目的是全面提高生涯教学的质量。因此，教学质量的检查管理包括：了解生涯教学质量指标贯彻落实情况，将检查获得的反馈信息进行分析，及时判断教学工作效果，不断协调、控制和完善教学质量管理的程序。

三、生涯教学管理的积极作用

生涯教学活动是多结构、多因素、多层次的复杂活动，因此，在教学管理中要适应这种客观事实，对生涯教学过程的各个方面及教学质量进行全面的管理。只有充分发挥各个教学环节的积极作用，理顺教学过程中各种内外部因素之间的关系，才有可能实现生涯教学管理活动的科学化，以取得生涯教学质量的最佳效果。因此，科学的生涯教学管理有其积极的作用，包括：

（一）有利于建立稳定的生涯教学秩序

科学的教学管理有利于建立正常的、稳定的生涯教学秩序，这是生涯教学活动得以顺利进行的基本条件，也是全面提高生涯教学质量的重要保证。首先，科学的教学管理能够为生涯教学提供一个良好的教学环境，能创造一个稳定、协调、富有活力的教学秩序；其次，能确保生涯教学目标的落实有教学计划和实施措施等保证，这是教学秩序稳定的内部条件；再次，能保证教学过程各个环节的工作得以统筹安排、协调理顺，这是教学秩序稳定的外部条件。

（二）有利于调动教师的教学积极性

教师在生涯教学活动中，既是知识的传授者，也是教学的组织管理者。科学的教学管理，有助于发挥生涯教师的教学主体和指导作用，充分调动教师的积极性与创造性。科学的教学管理十分重视和珍惜教师的积极性，通过加强对教师的职业道德教育，提高他们的荣誉感和责任心，并为教师提供多种学习生涯专业知识和发展生涯专业能力的条件。

（三）有利于增强学生自我教育的主体意识

科学的教学管理有助于增强学生自我教育的主体意识和学习的积极主动性；有助于学生树立主人翁意识和责任感，使他们解脱"被管理"的精神状态，成为教学管理全过程的积极参与者，成为自己生涯发展的规划者和管理者。

四、教学环节中的教学管理

下面以教学过程中各个环节的教学管理为主，对生涯教学管理的具体内容进行简要介绍。

（一）教师备课管理

1. 做好教学单元课程内容的规划

单元课程内容的规划相当于生涯教师对教学设计的一次再创作或是变革，

需要教师结合社会形势与变迁、育人目标与办学理念，以及学生当前的状况、困惑和需求等，对教学内容进行调整、取舍或补充，可能涉及单元目标、教学内容、教学形式、学习成果呈现等，以满足学生心理特点和生涯发展的需要。

2. 单元与课时安排

教师需要将单元主题分配到具体课时内，例如每个单元用几次课、每次课之间的逻辑关系如何、每次课的目标是什么，等等。

3. 学生的问题和需求

教师在课前还需要精准了解学生对于相关主题的生涯问题、需求、已有知识和经验等，可以使用小问卷或访谈的方式，对学生的生涯问题或困惑进行收集，包括整体需求和个别需求，这有助于教师课前调整教学内容或形式、课上对学生进行个性化的指导，也有助于落实教学目标、提高教学效果。

4. 教师的自我准备

教师借助查阅相关资料、制作教学课件、选择教学方法、使用技术工具、准备教学物资与材料、联系教学地点、准备学生学案、备好活动用纸或课后作业等方式进行备课，也通过自我觉察、同行讨论等进一步思考自己与课题的关系，思考如何把自己作为课程教学的资源。

（二）生涯课堂教学步骤及管理

1. 通过导入设计引起学生注意

在课堂教学开始的导入环节，生涯教师要运用有效方法，采用创设情境、视频素材导入、提问激疑、问卷调查结果分析、道具展示等方式唤起学生的注意，引起学生的好奇心、兴趣和热情，做好学习的准备。

2. 告知学生学习目标

生涯教师通过呈现本次课程或活动的目标，传达课程的期望，比如在这次课上学生将对自己的能力进行探索，或是通过活动学会如何进行时间管理等。这个步骤会让学生在课程参与时有心理准备和方向，也会让教师把教学内容维持在教学目标上。

3. 展现已知内容

生涯教师可以通过创设情境、提问、头脑风暴、角色扮演、小组讨论、调查结果呈现等方式，展现学生对当前主题的了解和掌握情况，学生的已知内容就是课程学习的起点。

4. 呈现学习内容

生涯教师常用讲授、材料阅读、翻转课堂、活动体验等方式向学生提供学习的新知识，或触发新的体验、思考、观点等，也可根据学生的年龄特点、学习风格有创意地呈现学习内容。

5. 提供学习指导

学习指导的实质是给学生提供支持，帮助学生建立从已知的知识到所学内容之间的联系，所以也叫"提供支架"。当学生出现困惑，或提出自己的疑问，或是教师发现学生的认知发生偏差时，要通过师生间或学生与学生之间的交流进行澄清、提问、质疑或是指导，这是学生新认知产生的重要环节。

6. 引出行为表现

经过学习和接受指导之后，学生们知道了该如何行动，或是体现出一种行动的倾向性，比如书写一份个人手机管理行动承诺，或是完成生涯规划书，或是撰写自己的简历，或是进行生涯人物访谈，或是参与就业招聘等。

7. 提供反馈

教学中，教师要用反馈来证实学生行为表现的正确性或正确程度。在生涯课中，学生可能从参与的体验活动中得到结果的反馈，可能从教师的表情和话语中得到反馈，还可能从家长或同伴的回应或自己的反思中得到反馈。即时反馈也是给学生以参照、指导。

8. 观测行为表现

当学生的行为表现被引导出来，就标志着预期的学习已经发生，实际上观测行为表现既是测量学习效果，同时也是评价教学有效性的依据。

9. 促进保持和迁移

学生在生涯课中习得的知识和技能如何能在课程之外被回忆和运用，是课程实效性的体现，也是课程目标达成度的体现。教师可以通过模拟情境下学生的新行为表现或行为倾向性来进行预估；也可以提供各种新任务，考查学生如何将所学进行运用。

以上九个方面呈现的是生涯课管理内容的大致顺序，教师可以根据课程的类型和目标进行缩减、调整、筛选任务或内容等进行管理。

（三）作业与成绩考核管理

1. 作业

作业是指学生根据教师的要求、布置的任务所进行的独立的学习活动。作业是生涯课程有效实施的组成部分，是教师了解学生学习情况、进行教学效果评估、教学反思与改进的重要方式。生涯课的作业按时间划分，可分为课前作业、课上作业、课后作业；按完成主体划分，可分为个人作业、小组作业和全班作业；按功能划分，可分为活动作业（如讨论、报告、调查、访谈、实习见习、社会服务、公益劳动等）、研究作业（如案例分析、大学选择、专业发展前景、行业就业调查分析、生涯测评、研究成果展示等）；按作业的地点可分为课堂作业和课外作业；按作业的形式可分为预习和复习作业、口头作业、书面作业、实践活动作业、互联网微载体作业等。

作业的作用在于帮助学生理解和巩固在课内所学的生涯知识、技能技巧，培养学生独立学习的能力和习惯，发展学生的智力和创造才能。对布置作业的一般要求是：（1）作业要符合课程标准和教材的要求；（2）作业的难易要适度、分量要适当；（3）布置作业应有明确的要求和必要的指导。另外，要注意培养学生进行课外作业的良好习惯，教师对学生作业要及时进行检查和评定。批改书面作业的主要方式有全批全改、重点批改、轮流批改、师生共同批改等。非书面作业的批改则可以通过口头汇报、行为观测等形式进行。

2. 成绩考核

生涯课程是以培养和提升学生的生涯能力、教育学生做好未来规划、促进其生涯发展为目的的。生涯课程会根据社会需求，动态调整教学要求和教学方式，注重引导、鼓励学生自主发展，学以致用，不断完善自己的不足之处、调整目标，因此，生涯课程的成绩考核是动态的、过程性的，需要与学生的自我发展、自我提升、学习过程、行为表现、社会需求相结合。生涯课程的成绩考核可以参考以下考核案例：

（1）平时课堂考查，占10%。主要考查学生课堂出勤，课堂互动环节参与度、活跃度，课堂任务完成情况。

（2）自我认知考查，占20%。主要考查学生的自我观察、测试、自我评价、心得体会分享、生涯测评等完成情况。

（3）社会认知考查，占30%。主要考查学生的行为表现、能力测评、书面报告、实践任务等完成情况。

（4）自主完成生涯档案或生涯规划书，占30%。主要考查学生完成生涯档案的收集、整理，或生涯规划书的情况，注重学以致用的考查。

（5）学习效果和发展动态，占10%。通过生涯课程的学习，对比学生学习前后的变化和提升，从学生的学习效果和发展动态来整体评价学生的学习情况。

总之，生涯课程要采取过程性考核和结果性考核相结合、客观评价和主观评价相结合、自评与他评相结合的全程式和多元化的考核方式，尽量丰富考核形式，拓展考核指标。可根据学生不同年龄段及不同的课程内容，将成绩考核分为整体表现、课堂实践、训练任务、课后实践作业、学生自评和互评、在线资源使用、第二课堂活动拓展等多个环节进行。将课堂知识、实践任务、训练同课后实践、应用相结合，把课后活动的参与度纳入成绩考核、评分，尽量使课堂教学和课后实践有效结合，避免学生为了拿学分、拿高分而单纯地学习理论知识。

第四节　生涯的教学组织与教学方法

教学组织是保证教学活动的正常进行、提高教学效率和形成良好的课堂师生互动的重要方式。教学组织也可以理解为组织教学，是指上课时教师为使学生集中注意力、认真学习而进行的工作。教师为实现教学目的，会根据学情、知识特点等，在整个教学过程中进行教学组织工作。

不同的学科在教学组织方面有着各自的特征，相较于以掌握知识为目标的学科，生涯课的目标更偏重于态度和能力目标，它不是以学生掌握生涯发展的专业知识为主，而是侧重帮助学生形成生涯发展的意识，能运用科学的生涯管理方法对自身生涯发展进行澄清、梳理、规划与行动。因此，生涯课的教学组织要围绕以下主要问题进行展开：如何进行有效的教学？如何帮助学生进行有效的自我探索？如何让学生领悟到生涯管理的重要性？如何形成生涯规划方案并采取有计划的生涯行动等。

一、生涯的教学组织

1. 相关概念

教学组织形式是教学活动中师生相互作用的结构形式，它是教学论中的一个重要问题。在教学目标的指导下，怎样把一定的教学内容传授给学生，教师和学生如何加以组织，教学时间、空间以及其他条件如何妥善安排并有效加以利用，这些都是教学组织形式要解决的问题。

2. 选择教学组织形式的依据

生涯课堂的教学组织形式是要为教学目标服务的，无论采取哪种教学组织形式，生涯教师都需要依据以下几个方面来考虑和兼顾：如何摆正教学关系、师生关系、理论和实践关系；如何搞好教学的结构和程序；如何处理好社会、生产、科技发展和个人对教育教学的要求之间的关系。具体来讲，选择恰当的教学组织形式时要依据以下几个方面来考虑：兼顾知识传授与个性发展、能力提升；兼顾整体提升和因材施教；尊重学生个性和促进主动学习；现有教育资源适合哪种组织形式等。

3. 教学组织形式的发展

教学组织形式是随着社会历史发展而变化的。教学组织形式的总体发展是从个别教学到班级教学制，常见形式有个别教学、班组教学、导生制、班级教学制、道尔顿制、能力分组教学、开放教学、小队教学、自学等。随着我国课程改革的持续深入、互联网技术的发展和应用，除了传统的教学组织形式外，不断有新的教学组织形式出现，比如选课走班制、线上线下融合教学、辅导式教学（团体辅导和个体辅导）等。

4. 生涯课常见的教学组织形式

在上述教学组织形式中，生涯教学采用最多的还是大规模的班级教学，这提升了生涯教育活动的效率。分组教学、辅导式教学等组织形式弥补了班级教学中对个体差异关照不足的问题。

随着科技发展，线上线下融合教学在生涯教学组织中越来越常用。通过虚拟现实、移动通信等技术，联通各类线上、线下的生涯教学场所和教学资源，提供精准的生涯测评、在线咨询、虚拟职场探索等，促进学生自我认知和职业认知，满足生涯教学效率的最大化与个性化的需求，从而提高教学效率、保障教学质量、促进教育公平，成为一种新的教学组织形式和样态。

5. 教学组织的内容

从教学发生的先后顺序上讲，生涯教学的组织包含了课前组织、课堂组织与课后组织。课前组织一般是指教师为了实现课堂教学目标，师生在课堂教学前所做的一系列准备工作。比如，要求学生提前观看指定的教学视频等，或是对学生的问题、需求、现状等进行测评、调研等。课前组织可实现课堂针对性教学。课堂教学组织则主要体现在教师为了实现教学既定的目标，进行教学设计和排除干扰的过程。比如，课堂教学中教师采用"情境沉浸，分享探究"的组织形式，以提出问题—分析问题—解决问题为主线进行教学组织，通过问题引入，创设以解决真实问题任务为导向的学习情境，让学生通过大量的课堂实践训练进行自主探究，辅以教师总结、点评等形式解决问题，激发学生行动热情。课后组织是提供拓展资源、布置实践提升作业进行课内知识深化，让学生进一步落实行动，提升生涯能力，实现生涯知识、技能的学习、掌握、深化与应用。

二、生涯课的结构和类型

（一）相关概念

课的结构是指课的各种因素的有序结合，它取决于课堂教学的内容、教学方法、学生的认知发展水平以及这节课在教学过程中所处的地位等。

课的整体是由教师、学生、教材三个要素组成，而课的结构中三要素的运动构成了三条工作系统，即学习系统、施教系统和教材系统。系统运动的程序及系统因素之间相互制约的关系一起来就是课的结构。

（二）生涯课的类型

课的类型和结构是紧密相连的，课的结构理论影响着课的类型的划分，而课的类型又规定了课的具体结构。课的类型的分类标准是多样的，在教学实践中至今还没有一种统一的分类标准。从不同的角度来划分，生涯有不同的课的类型，如以教学方法为依据分类有讲解课、谈话课、实际作业课等；

以学生独立工作程度为依据分类有独立学习课、讲授课、实习见习课等；以教学目的为依据分类有掌握新知识课、形成和掌握技能课、知识概括和系统化课、综合运用知识技能课、生涯测评课、综合实践课等。

三、生涯课堂的管理

生涯课堂的管理包含两个层面：一方面是指确保教学过程正常进行的教学秩序管理，要确保该过程顺利进行，实现预定的教学目标，就必须有良好的秩序来保证；另一方面是指生涯教学目标的管理，生涯有其既定的教学目标，如何让每一次课都能支撑最终目标的实现，需要运用一定的教学目标管理技巧。

（一）精心设计教学各环节，确保教学顺利展开

要在既定的时间内完成生涯课的教学任务，就需要减少在授课过程中的不确定性，就需要教师对一次课的教学顺序、内容结构、课堂活动和偶发情况处理有充分的准备。关于前两者（教学顺序、内容结构），教师可以采用撰写详细教案和绘制教学流程图的方法进行准备。课堂活动则需要教师基于课堂活动时间精心设计活动的结构，如全班分多少组、小组活动时间、每个人小组内发言时间、允许几个人提问、总结时间等。偶发情况处理最能体现教师的经验积累，需要教师在平常的教学中加强学习，比如学习一些心理学、教育学、行为学、管理学、关系学方面的知识。在现代信息化环境中长大的学生们，具有知识面较广、个性鲜明、思维活跃、崇尚平等、爱好自由等特点，因此，教师需要更新传统的教育观念，不断学习和提升，使生涯课的教学能适应不同年龄段学生的身心特点和发展需要。

（二）建立课程规则，以规则促管理

教师可以充分挖掘和灵活掌握生涯课程的评价空间，建立必要的课堂规则，将课堂表现、活动参与、进步改变、能力提升等纳入平时成绩，并在期末考核中占有恰当的比重；再结合小组成长、团队评比、领导角色、竞争发言等方式，积极引导学生遵守教学规则秩序，以规则促进课堂教学管理顺畅运行。

（三）基于成果导向的任务管理

每一次课结束后学生都有一个学习的成果，教师可以要求学生记录下来，

然后将这些成果按照生涯档案的结构串起来，作为期末考核的重要组成部分。或者，教师制作统一的生涯手册，让学生分别填入在生涯课上自我探索的结果、实践体验的感悟等；还可以指导学生制作个性化的生涯行动手册，让学生根据自己的学业生涯发展规划做成行动计划书等。以上基于成果的任务管理亦可以实现教学管理的作用。

四、生涯课程的教学方法

随着我国的教学改革实践和教学理论的发展，生涯课程的教学方式方法有了更多的突破，比如有翻转课堂教学法、案例教学法、情境模拟教学法、实践体验式教学法、教练式教学法、引导发现式教学法、情感陶冶式教学法、示范模仿式教学法等，这些教学方法都体现出注重发展学生能力的趋势。下面就几种常用的教学方法进行简要介绍。

（一）翻转课堂教学法

翻转课堂的概念是美国学者伯格曼和萨姆斯于 2007 年正式提出。范德堡大学教学发展中心给翻转课堂的定义是：对传统教学的一种翻转，学生首先在课外接触课程即将学习的新材料（通常是阅读文献或观看视频讲座），然后在课堂时间通过问题解决、讨论或辩论等策略完成知识的内化。翻转课堂的核心在于通过对传统课堂的翻转，把大量的直接讲授移出到课外，从而解放了宝贵的课堂时间用来进行有意义的深层学习。翻转课堂与传统课堂的教学流程、结构和方式存在明显差异，所以传统课堂的教学评价并不适用于翻转课堂。与传统课堂相比，在翻转课堂中学生的学习活动和学习过程是整个课堂教学的中心或着眼点。

通过实施翻转课堂，积极提高学生在课程的自主学习和主动探索方面的能力，对提高课程的体验性和学生的参与度发挥较大的作用。目前，很多高校和少数中学建设有本校的生涯在线课程，学生可以选修 MOOC 或者在线平台上其他学校建设的生涯课程，根据教学进度组织学生课前学习，随后在课堂上进行深入讨论学习。比如在线学习了职业价值观的微课以后，教师在课堂上可以组织学生进行价值观讨论或者拍卖的活动，让学生对自己的价值观进行澄清。

（二）案例教学法

案例教学法于 1870 年由哈佛大学最早使用，现已发展成为教学实践的基本方式之一，是增进学生对知识理解和应用的有效方法。案例教学法是教师在课堂上运用所选择的教学案例，以小组或班级为单位，引导学生进行学习讨论，以培养学生的创新能力和实践能力。在案例的选取上，教师要注重搜集本校具有代表性、普遍性的案例，并对其进行深度的解读，这对学生具有重要的启发和参考作用，对课程教学发挥着重要支撑作用。对于学生来说，与之具有可比性的学习成功者或职场成功者会更具有说服力，因此，最好的案例人物不是光芒耀眼的名人，而是学生身边的成功者。每一个生涯榜样人物都是真实亲切的、触手可及的，甚至可以通过各种方式让他们出现在教学现场，进而成为学生未来发展和职场的指导者，生活和学习的良师益友、榜样人物等，为教学服务。

对学生而言，案例教学法的使用既培养了其分析问题和解决问题的能力，激发其学习热情，也锻炼了其表达能力和查阅资料能力；对教师来讲，案例教学法迫使教师深入实际，加强学习，有利于提高教师的素质。

（三）情境模拟教学法

情境模拟教学法也称角色扮演法，即教师根据教学目标和教学内容的实际需要，有针对性地设计某一模拟情境，并要求学生扮演情境中的各种角色，使学生置身于模拟的情境中，运用相关理论和知识，分析并解决实际问题，从而达到提高学生综合素质的一种教学方法。情境模拟演练可以使学生对教学活动有双重的认识和体会，提高其理论联系实际的能力、决策能力、语言表达能力、应变能力、创新能力等，取得多方面的收获，这是传统的教学方法所不具备的。

教师要结合生涯课程的教学目标，创设学生比较熟悉的生涯发展情境，由学生、教师共同参与到情境当中，可以有效活跃课堂气氛，调动学生的积极性、主动性。在模拟场景中，学生的行为方式和决策所产生的结果与其在真实的场景中所做决策产生的结果相同，可以使学生看到自己的决策在人工设计的、没有风险的环境中可能产生的各种影响，并帮助学生提高管理、沟通、协作、决策等方面的能力。比如，在学生面临生涯抉择时，可以通过创设特定的情境，由学生来扮演面试官、招聘者等，进行"把脉""坐诊"，这将有效促进学生进行主动思考和内化吸收所教授的知识。

（四）实践体验式教学法

实践教学对提高创新精神与实践能力有着理论教学不可替代的特殊作用。实践教学法，可以促进教师与学生的良好互动，实现"传"与"授"的有效结合，具有十分重要的意义。体验式教学，是指教师根据学生的认知过程、特点和规律，创设合理的活动和情境，有目的、有计划地开展教学活动。学生在体验式教学过程中能体验到自我实现、不断发现、独立创造、参与合作的快乐，在学习中体验、在体验中分享、在分享中学习、在学习中成长，从而实现自我发展、自我优化。因此，生涯教师要积极强化教学中的实践体验环节，采取形式多样的实践方式和载体，开展生涯课程的实践体验式教学，比如开展社会调查、角色扮演游戏、素质拓展、公益劳动、社会服务、模拟志愿填报、生涯人物访谈、模拟面试、模拟求职等实践体验活动，大力激发学生对生涯课程的学习兴趣，提高教学的实用性、功能性和有效性。

（五）教练式教学法

教练式教学法是将教练理念、思维、技术、形式应用于教学中，采用教练的方法和模式指导学生学习。教师基于一定的教练原则，运用陪伴、聆听、提问帮助学生看到未来，并找到适合自己的解决问题的方法，通过运用强有力的成果导向提问激发学生的生涯主动性，积极掌控自身的生涯发展。这种方法很适合在生涯教学中使用，因为其与生涯建构理论同属于后现代技术，它们都强调多元、主观建构、朝向未来。比如在生涯愿景的教学中，教师可以运用基于逻辑层次的结构式提问：你想成为和谁一样的人？他们的哪些特质是你最想拥有的？对你来说什么样的人生是不负此生的？什么样的学业成果是不辜负你的大（中）学时光的？在行动计划的教学中，教师可以提问：假如在本学期结束时你很佩服自己一个学期的努力，那是因为你实现了哪些目标？如果现在就开始朝向目标有一个小小的行动，那个行动是什么？

教练式教学法的核心是：老师以训练者、激励者、评价者的身份，通过训练培养学生兴趣，引导学生进行自我认知，注重"学中做""做中学"，重新审视自己，挖掘各种潜能，改善那些阻碍成长的不良思维习惯、学习习惯、生活习惯等，从而建立学习自觉，获得成长动能。

（六）引导发现式教学法

引导发现式教学法是培养学生创新意识与创新精神的重要方法，其核心内容是：在生涯教师的引导下，通过对教师所提供的适合于学生进行再发现活动的教学内容的学习，促使学生通过自己的探索、尝试等方式"发现"知识，由此培养学生提出问题、探索发现问题及解决问题的能力。比如，生涯教师通过"引导"学生的过程和手段，让学生"发现"自己能力的优劣势、时间管理中的经验或不足、未来职业变化趋势等知识点，达到培养学生问题解决能力的目的。引导发现式教学法的优势在于，能够根据学生的认识规律和所学知识的特点，引导学生通过观察、思考、讨论、调查等各种途径主动地研究问题、总结规律，达到获得知识、提高能力、促进学生全面发展的目的。该教学法的过程是：教师引导为辅，以学生"发现问题—分析、研究问题—解决问题、学得知识—知识的应用"为主线。学生通过该教学法的训练，可以独立地学习知识、增强实践操作能力、提高问题解决能力。

五、生涯课程的教学建议

当前，在生涯课程的教学过程中存在着以下典型问题：重理论灌输，轻互动体验；重课堂讲授，轻课外实践；重教师教，轻学生自主探索。这导致生涯课堂教学形式单一、内容生硬枯燥，学生难以接受、主体性缺失、学习兴趣缺乏，容易形成授课教师"一堂灌满"，学生"低头一片"的现象。针对生涯课程的教学特点和教学过程中存在的问题，授课教师应结合授课学生的身心特点和发展需求，采取科学的教学策略，打造科学、高效、生动、活跃的生涯课堂。

（一）师生互动上注重体验与引导结合

生涯课上学生是学习的主体，教师要结合不同的教学主题，将学生的成长体验、生活经验、需求与困惑、未来规划等与课程内容相结合，注重体验互动和实践探索，引导学生积极思考和探索自己的生涯发展任务和目标，在对生涯成长的自我检视中，挖掘利用自身的优势、发现存在的问题、明晰努力的方向，引导学生打破常规思维、走出人生困境、解决现实问题，提升自主发展幸福职业生涯的能力。

（二）教学组织上注重讲授与演练结合

教师在做好知识讲授的同时，为了让学生进一步理解生涯的理论、工具、原理等，要增加演练和应用。比如，通过设置学生在生涯发展过程中的若干生涯议题，由学生进行角色扮演，模拟进入生涯角色，尝试解决生涯问题等。在课堂教学提问和互动的过程中，教师要结合学生的实际情况，大胆设置问题情境，提高学生的思辨能力、分析能力、探索欲望和求知欲。

（三）教学方法上注重理论与实践结合

目前各高校所使用的生涯教材大多借鉴了国外的教材内容体系，没有根据本地实际就业形势给出本土化调整和差异化指导，很少带领学生深入就业市场或者企业进行实地的学习。各中小学没有全国通行使用的生涯教材，大多是根据国外、高校的生涯教材改编的，在针对不同年龄段学生的发展特点等实际情况和本土化、实践性等方面存在诸多问题。因此，教师要强化实践教学，以作为对理论教学的重要支撑和补充。在教学过程中，教师通过安排形式和内容丰富的实践教学，提升学生对外部世界的认知水平，提高学生生涯决策的科学性，提升学生的生涯能力和素养。

第五节　生涯的课堂教学秩序与维护

良好的课堂秩序是课堂教学顺利进行、提高教学质量的重要条件。教师要维持好课堂秩序，除了对学生要严格要求，还要不断更新观念，不断改进和创新方法，多站在学生的角度设想，充分发挥学生的主体作用，这样才能形成井然有序的课堂秩序，更好地促进学生发展。

一、相关概念

（一）课堂秩序

课堂秩序是师生、生生之间在课堂情境中为达成预期教学目的而进行的情感、智慧交流的有效互动的活动状态，它是教师对学生的期望与学生对教师的期望彼此矛盾、冲突，最后相互妥协达成一致的产物。课堂秩序总是表现为特定情境下的师生互动的活动状态，课堂秩序的调节需要规则，但规则不是唯一影响课堂秩序的因素，其中还有师生关系、教师教学素质等非规则因素。

由于生涯课的教学内容、教学目标有别于语文、数学等以知识传授为主的学科课，因此，生涯课堂的教学秩序及维护有其自身的要求。生涯课堂的教学秩序要摆脱传统课堂秩序"效率至上""端坐静听"的钳制，教师和学生双方为了达成预期的教学目标，要共同研究具体的教学内容，通过选择合适的教学方法、媒介及手段，进行双向建构、深入对话和有效合作，形成一种使师生双方都充分浸润其中的有序状态。

（二）课堂纪律

课堂纪律是指课堂上学生的行为秩序，反映课堂中师生之间、学生之间的关系，受到教学任务的制约，是保证教学活动顺利进行和教学任务完成的条件之一。要形成良好的课堂纪律，需要教师指导与控制、建立学生集体准则和舆论的约束。学生自觉遵守纪律、课堂教学任务的内容与安排能引起学生学习兴趣，这是良好纪律形成的最佳途径。

良好的课堂纪律是课堂教学得以顺利进行的重要保障条件，有助于维持课堂秩序，减少学习干扰，也有利于学生获得情绪上的安全感，有利于培养学生良好的个性品质，促进学生社会化。根据课堂纪律的形成来源，可以分为教师促成的纪律、集体促成的纪律、自我促成的纪律、任务促成的纪律。

二、建立生涯课堂秩序的策略

（一）转变观念以学生为主体

要想维持正常的课堂秩序、协调学生的行为，以求课堂教学目标的实现，必然要求学生共同遵守课堂纪律。在生涯教学实践中，课堂上监督和控制学生的情况比较常见。有的教师认为课堂纪律是由教师制订并要求学生绝对服从的一种规范，学生违反纪律的直接后果就是受到严厉的惩罚。有的教师认为课堂纪律是维持课堂秩序的唯一准则，学生守纪律就是有秩序的体现，忽视促进学生正确行为的形成。在这种观念指引下，教师往往惧怕混乱，认为混乱就是一种无序，学生处于混乱中就不可能完成有效的教学，从而得出"良好的课堂纪律的表现就是课堂安静"这样不恰当的结论。

生涯教师要明确：良好的课堂秩序，离不开课堂纪律的要求，但不能只局限在学生的"守纪律"上，而是要在师生教学互动中，在守律与违纪、有序与混乱中，引导学生逐渐达到有秩序的状态。也就是说，教师既不能认为良好的课堂秩序就是限定学生的行为，也不能放纵学生的行为。生涯教师要转变原有旧的教育观念，认识到教学活动是师生不可剥离、相互锁定的有机整体，教学活动必须发挥学生的主体性；要认识到课堂纪律与课堂秩序之间不能简单地画等号；教师要改变教学策略，改变旧有课堂秩序不和谐的状态；要明确教师的权威不是为了限制学生的自由；而是促进学生的自由，要重塑在新课程理念下的教师权威。生涯课堂教学要重视学生学习主体的作用，遵循"以人为本""因材施教"等理念，让生涯课堂管理从控制与维持走向引导与激励，从"学生服从"转向"学生参与"，形成和谐有序、包容、开放的课堂秩序。

（二）建立尊重学生的学习共同体

在生涯课堂上，师生在平等、民主、互助的基础上协商课堂应该遵循的纪律和秩序，建立关系和谐的"学习共同体"，通过彼此对话、彼此接纳，共享每个生命的智慧、意义和价值，从而实现彼此间的生涯价值共享、思维共振和情感共鸣。如此，这种人人都参与其中、每个生命都在场，师生之间和生生之间的生命相互摄入的生涯课堂才能焕发出应有的生命活力、生命智慧和生命魅力。而这既是新时代课堂教学秩序应然的存在样态和价值诉求，也是新时代教育思想和教育理念在生涯课堂生活中的生动体现。教师真正需要做的是正确认识课堂教学中的混乱，使之能够转化为有益于教学生成的火花。

生涯教师应当主动倾听而不是预设立场，能接纳和关怀学生，制订清晰而有弹性的规则，对学生抱有积极的期望，坚定地遵守规则。生涯教师可以征求学生对于课堂纪律的意见或与学生协商，赢得学生的理解和认同，并率先自觉遵守和维护经过民主讨论后共同制定的规则，这是真正尊重学生的表现。生涯教师在教育教学中要立足于每个学生的现实发展水平，在课堂上做到一视同仁，把注意力放在每一位学生身上；以情相待，尊重学生；与人为善，不大声斥责学生；持之以恒、善始善终、全心投入、积极参与。

（三）关注学生个别差异

研究发现，教师对学生的行为评价、态度和情绪反应在较大程度上影响着学生的自我评价和体验。教师不当的态度会造成成绩优秀学生的优越感，同时也加强了成绩不良学生的自卑感，造成师生间的敌对情绪，这些都是重建课堂秩序的障碍。因为学生来自不同的家庭、不同的社会阶层、居于不同的社会背景，所以教师必须认真了解每一位学生，而不是只关注表层的现象和阶段性的任务。生涯教师要根据每个学生的个性特征进行教学或辅导，为学生提供宽松的时间，允许学生反复探索、试错、调整，直到达到某种稳定进步的状态。当学生遇到阻碍时，生涯教师要及时跟学生沟通，提供帮助和支持，激励学生积极应对生涯困惑或难题，而不是批判与惩罚。这些将有助于生涯课堂秩序的建立和稳定。

（四）培养学生的自我调节能力和自我负责的态度

自我监控与自我监督为主的课堂管理模式是充分尊重学生的个体性、能动性的，而教师的管理更多是通过引导学生，提高学生的自我调节能力和自我负责的态度来实现的。因此，生涯教师要减少对学生的监控、限制，主动采用自我监控与自我监督为主的课堂管理模式，帮助学生澄清是非，而不是下结论或代替学生自我判断、自我调节；组织引导，尽量让学生参与，促进学生自治，而不是直接处理各种纠纷；鼓励学生制订改进计划，并信守计划，而不是将自己的想法强加给学生，促进学生自我负责。这也是维护生涯课堂教学秩序的目的所在。

（五）处理课堂问题行为要及时、恰当、奖惩结合

课堂的问题行为是指发生在课堂上的、与课堂行为规范和教学要求不一致的、影响正常教学秩序及教学效率的行为。当学生在学习过程中出现违纪行为时，生涯教师要迅速判断学生是有意还是无意地破坏课堂纪律，及时予以处理。一般来讲，如果一个学生只是在课堂上表现得比较消极、散漫，教师不必立即公开处理，可采用沉默、皱眉、眼神提醒等方法。如果一个学生的违纪行为已明显干扰整个教学过程，教师就应该立即处理，并按情况采取提示、暗示、制止，甚至惩罚的方法。如果学生为了吸引教师的注意而接话、出怪声等，教师可以暂时不予理睬，课下再予以处理，或是走到该学生身边悄悄提醒。这样，既不影响上课，也保护了学生的自尊心。总之，在处理违纪行为时，教师要尽量不中断教学的正常进行，尤其是不要频繁地中断教学来处理违纪行为。

奖励和惩罚是矫正学生问题行为常用的方法，但在课堂教学实践中，教师往往会优先选择惩罚手段，尤其是对小学生。惩罚不仅有损学生的身体健康，而且会导致学生丧失自尊、自爱，给他们的心理发展和性格形成蒙上阴影，从而导致人格偏差行为、自暴自弃，甚至由此产生品德上的问题。研究发现，奖励的矫正作用远远大于惩罚，动辄惩罚反而会对错误行为起强化作用，无意中助长了问题行为，而且还会导致学生为逃避惩罚而产生新的问题行为。如果教师以宽大为怀的方式行使权利，学生服从的理性化就会被转化为集体规范。

（六）提高自身修养，营造和谐的课堂气氛

课堂中的纪律状况往往与教师给学生的形象、威信及处理问题的方式等密切相关。为了维持纪律和进行课堂管理，生涯教师要不断提高自己在思想方面的素养水平，热爱本职工作，对工作充满信心，情绪饱满地投入教学；热爱学生，与学生建立融洽的师生关系，要从学生的角度看待问题；妥善处理违纪行为和进行课堂管理，营造和谐的课堂气氛。

生涯教师提高自身修养的另一个方面，表现在要不断提高生涯教学的专业能力，精心设计教学结构，这是管理课堂纪律的一种有效方法。生涯教师要考虑不同年龄段学生的特点，既要以学生的需要、兴趣为前提，也要考虑教学内容的性质，采用适合学生的教学方法，在课堂上有条不紊地推进教学进程，用良好的心理状态去感染学生，减少学生的背离性，避免课堂秩序的混乱。

生涯教师还要和学生协商，建立必要的课堂常规。必要的、稳定一致的课堂常规可以起到规范学生行为、安定学生情绪的作用，容易使学生把注意力集中到当前听讲的学习活动和内容上。教师还应该用富有吸引力的语言和神情吸引学生，尤其是低年级学生，激发学生的学习兴趣、吸引学生的注意力，让学生尽可能地参与到课堂中来。

三、有效组织课堂教学的方法

课堂组织教学是一种艺术。要想组织好教学，生涯教师必须关注每一个学生，运用一定的组织艺术，努力调动学生的有意注意，激发学生的情感，使学生在愉快、喜悦的心境中全身心地投入学习。

（一）目光注视法

眼睛是心灵的窗户，学生通过教师的目光窥见教师的心境，从而引起相关的心理效应，产生或亲近或疏远的、或尊重或反感的情绪，进而形成这样或那样的师生关系，影响教学的效果。因此，教师要恰当地运用目光为教学服务。比如，教师亲切的目光可以使学生情绪安定，从而吸引学生的注意力，使学生愉快地投入学习。

（二）情绪感染法

表情是沟通情感、交流思想、建立联系的过程，教师的表情是学生关心的目标。他们往往从教师的表情中获取信息以确定自己的反应，这就要求教师上课时表情要自然，要让自己的内心活动与外在表情一致，使学生看到教师表里如一、坦诚自然的形象；要充满自信，使学生感受到健康向上的精神；要温和，使学生感到亲切可信。

（三）趣味激励法

兴趣是人的一种带有趋向性的心理特征，是人行为的有力动机。学生不可能在每节课内对某一事物始终保持高度的注意，因此，教师在教学中应设计一些能激发学生兴趣的活动，如一段生涯人物的励志故事、角色扮演、模拟练习、讨论分享等。这些活动，一方面可以调节学生的注意力，同时也可以激发学生的学习兴趣，使学生振奋精神，产生良好的心境，提高学习效率。

（四）目标指引法

在每节课开始时，教师要给学生明确本节课学习的目标及要求，利用语言及其他教学手段，激励学生产生达到目标的欲望和兴趣，从而提高学生的有意注意和主动思维。

（五）疑问法

疑问是激发学习兴趣的基础。巧妙的设疑是组织教学中的一种艺术方法。当某些学生注意力不集中时，教师设置一些疑问让学生思考、讨论或回答，可以促使学生注意力集中。在学生学习情绪低落时，教师可利用疑问，引导学生的学习兴趣，激发学生学习的积极性。当然，设疑需要教师的精心设计，注意提问的思考价值；无目的地设疑反而会破坏教学进程，影响学生的思维。

（六）停顿吸引法

由于各种原因造成课堂教学秩序比较混乱时，教师可突然停止讲课，使学生感到意外，从而达到吸引学生注意力的目的。此时教师特别要注意，不要随意批评学生，以免挫伤学生学习的积极性，打乱教学思维。

（七）激励法

在教学中教师要不断地发现学生的优点并及时给予鼓励。这不仅是对某个学生的鼓励，也是对大家的激励，成功时候的赞扬使学生有了努力的方向，使学生迸发继续向上的欲望。当学生遇到困难时，教师的激励更为重要，它可以使学生产生自强不息的信心，激起学习的欲望。

（八）板演法

教师恰当地选择时机板书，不仅可以使学生很好地掌握知识，更主要的是可以使学生在课堂上进行思维调整。

（九）语言表达法

语言条理清楚、通俗易懂、表达准确、简明扼要、使用得当是组织教学的基本要求和基础。老师讲解有条理性和逻辑性，有助于学生获得系统全面的概念。生涯教师要善于运用语言组织技巧和恰当的语气，使学生加深对知识的理解，吸引学生注意力，活跃课堂气氛。

（十）暗示法

在课堂教学中合理恰当地运用暗示可以使师生间产生默契，使学生保持大脑的激活状态，鼓励学生或吸引学生专注力等，教师可以采用语言暗示、眼色或手势暗示等方法。暗示给予学生自尊，从而调动了学生的学习积极性，增强了课堂效果。

总之，课堂的组织艺术方法是多种多样的，生涯教师在教学中要根据学生的心理特点和心理发展的需要，根据具体情况，采用不同方法因势利导组织教学。组织教学中要以能够激发学生的学习兴趣和积极性为主，保证课堂教学计划的顺利完成，力求最佳的教学效果。

第二章
生涯课程的 "学"

生涯作为一个比较新的学科领域，在国内起步较晚，尚未形成中国特色的大中小学贯通的生涯课程体系、课程资源。生涯课程的学习方式、学习内容、学生学习动机激发、学习动力维持及课堂群体管理等方面的研究尚处于初步研究探索阶段。本章重点对学习动机理论、知识迁移与应用、课堂群体管理等理论和实践研究成果进行简要介绍，旨在帮助生涯工作者，尤其是生涯教师了解生涯课程在学习过程的各种影响因素，提高理论应用水平，促进教学过程的顺利实施，促进学生有效学习、深度学习的发生，实现课堂教学效果和教学目标的有效达成。

第一节　相关学习理论对生涯教学的启示

有关改进课堂学习、提升学习结果的研究，一直是世界各国教育改革的核心内容和教育工作者所关注的重大问题。教育界对于课堂学习的研究主要集中在"学习动机激发""学习方式开发"与"学习内容设计"三大关注领域，分别形成了各自的理论观点和模式。因此，生涯教育工作者一方面要从理论出发，将已有的学习理论运用于实践，去变革与完善生涯教学实践；另一方面要从实践出发，针对实践中的问题，用理论来加以分析、解决，补充完善已有理论，最终形成富有中国特色的生涯课堂学习理论。鉴于学习动机在学生学习过程中的重要作用，本节将重点对学习动机理论及生涯教学实施的启发等做简要介绍。

一、相关概念

（一）动机

动机是激发和推动人去从事某种活动，并将活动导向某种目标的行为动力，是行为的内部原因，它以需要为基础。动机对个体的行为和活动有以下

243

主要功能：唤起行动的始动功能，维持行动趋向一定目标的定向功能，使行动比较容易进行的强化功能，为达到目标形成一定模式的调整功能。它涉及这样三个方面的问题：引发行为的起因是什么？使行为指向某一目的的原因是什么？维持这一行为的原因是什么？

（二）学习动机

学习动机是直接推动学生进行学习的一种内部动力，它是一种学习的需要，是社会和教育对学习的客观要求在学生头脑里的反映。它可以是学生对学习的必要性的认识及信念，也可以是学习的意向、愿望或兴趣，还可以是学生对于未来的一种理想等形式。这些因素都使学生趋向于学习，并对学习具有敏锐的感应性，对学习起着推动作用。

学习动机和学习目的既有联系又有区别。学习目的是学生进行学习所要达到的结果，而学习动机则是推动学生去达到目的的某种动因，它说明了为什么要达到学习目的。具有相同学习目的的学生，其学习动机可以不同，如有的可能是理解到自己对祖国的责任，有的可能是出于个人的物质要求，有的则可能是为了父母的赞赏，等等。同样，学习动机相同的学生，其目的也可不同，有的要达到的目的小些、近些，有的则远些、大些。正如原因和结果的辩证关系，学习动机和学习目的也可以相互转化——在一种情况下是学习动机的东西，在另一种情况下可能成为学习的目的。

（三）学习动机的激发

学习动机的激发指使已有的动机从潜伏状态变为活动状态，使之成为实际上起推动学习投入的内部动因，充分调动学生的学习积极性来解决当前的任务，并使已形成的学习动机不断地得到巩固、加深和提高。

学习动机、学习意义感等是影响学习投入的主要因素之一，归属为个体因素。学习意义感是学生对学习价值的自我认知，这种自我认知对于学生在学习过程中情绪和行为的投入有着重要影响。学习动机是一种向内求的心理趋向过程，它能促使学习者为了实现相应的学习目标而采取一定的行动。对于学生而言，其动机越强，面对困难任务时就会付出更多的努力，进而促进学习投入。生涯学习需要学生对学习意义感的理解和学习动机的投入，才能真正实现生涯教育的目标。

二、学习动机的种类

学生的学习动机是多种多样的，不同的学生有不同的学习动机，有时同一个学生的学习是几种动机同时支配的。学习动机是非常复杂的，不同心理学家的分类标准不同，我国心理学家根据我国教育实际，从不同角度对学生的学习动机进行了分类。

（一）根据学习动机作用的时间长短及起源分类

根据此标准，学生的学习动机可分为直接性、近景性学习动机与间接性、远景性学习动机两大类。直接性、近景性学习动机是指受学习活动本身或学科内容、学习结果吸引而直接引起的内部动力。这种学习动机比较具体，作用的效果比较明显，但作用较为短暂且不稳定，容易受到环境或一些偶然因素的影响而改变。间接性、远景性学习动机是指由于了解了学习的社会意义、学习与个人的前途相连而间接引起的对待学习的态度。这种动机一旦形成，就具有较大的持久性和稳定性，不易为情境中的偶然因素所改变，能在较长时间内起作用。

上述两类动机是相互联系、互为补充的，只有两者有机地结合在一起，才能成为推动学生努力学习的巨大动力。

（二）根据动机的社会意义分类

根据此标准，学习动机可分为高尚的与低级的或者正确的与错误的动机。这种分类是以动机内容是否符合社会需要为标准，具有道德评价意义，有利于教师对学生进行思想教育。高尚的、正确的学习动机的核心是利他主义，学生把当前的学习同国家和社会的利益联系在一起。低级的、错误的学习动机的核心是利己的、自我中心的，学习动机只源于自己个人的或眼前的利益。当然，动机是极为复杂的，仅以高尚与低级或是正确与否来区分常常是不够的。

（三）根据学习动机的效能分类

根据此标准，学习动机可分为主导性学习动机与辅助性学习动机。在正常情况下，学生的学习动机并非单一的，它经常是多种动机交织着起作用的，但在一段时期内或对待某件事情上，总有一些或一种动机处于实际的支配地位，发挥着主导作用，这类动机就是主导性学习动机；而其他处于从属地位，只起辅助作用或不再起作用的动机，就叫作辅助性学习动机。

（四）根据学习动机的动力来源分类

根据此标准，学习动机可分为内部学习动机和外部学习动机。内部动机又称内部动机作用，是指由个体内在的需要引起的动机，可以促使学生有效地进行学习活动。具有内部动机的学生渴望获得有关的知识经验，具有自主性、自发性。外部动机又称外部动机作用，是指个体由外部诱因所引起的动机。具有外部动机的学生的学习具有诱发性、被动性，他们对学习内容本身的兴趣较低。

当然，内部学习动机和外部学习动机的划分不是绝对的。因此，在教育过程中要强调内部学习动机，但也不能忽视外部学习动机的作用。生涯教师一方面应逐渐使外部动机作用转化成为内部动机作用，另一方面又要利用外部动机作用，使学生已经形成的内部动机作用处于持续的激发状态。

三、学习动机的功能

（一）引发功能

当学生对于某些知识或技能产生迫切的学习需要时，就会引发学习内驱力，唤起内部的激动状态，产生焦急、渴求等心理体验，并最终激起一定的学习行为。学生只有主动和自发地学习，并意识到自己的所需所求，才能从内心渴望学习，进而用积极正确的方法获取知识。

（二）定向功能

学习动机以学习需要和学习期待为出发点，使学生的学习行为在初始状态时就指向一定的学习目标，并推动学生为达到这一目标而努力学习。自主学习是一种相对独立的学习。学生的学习渠道是多样化的，面对大量的资源信息，学生容易手足无措。学习动机可以指引学生采取有效的学习行为来完成学习目标。

（三）维持功能

学习动机的维持作用表现为学生在某项学习上的坚持时间、出现频次以及投入状态。学习动机水平高的学生能在长时间的学习中保持认真的态度和坚持完成学习任务的毅力；而学习动机水平低的学生则往往缺乏学习行为的稳定性和持久性。学习动机与学习效率是呈倒 U 形的曲线关系，维持学习动机的最佳水平可以促进学生制订明确的学习目标、制订合理的学习计划、选择学习方法、采取行动并直到完成自己的学习任务。

（四）调节功能

学习动机能调节学习行为的强度、时间和方向。如果行为活动未达到既定目标，动机还将驱使学生转换行为活动方向以达到既定目标。

四、动机理论及启示

学习动机的多样化，会导致对学习动机作用的解释也多种多样，不同心理学家从不同角度对学习动机进行了阐释，由此派生出多种不同的动机理论，分别强调不同的侧面，如强化理论、需要层次理论、成就动机理论、归因理论、自我决定理论、自我成就理论、自我价值理论、自我效能感理论等。

（一）强化动机理论及启示

1. 强化动机理论简介

强化动机理论认为引起动机同习得行为并无两样，都可用强化来解释。该理论不仅用强化来解释操作学习的发生和动机的引起，而且认为当有机体重复被强化的动作时，那样的行为就因强化而被巩固了。斯金纳通过系统的实验操作得出了积极强化对后继行为会有增强作用的结论，为教师激发学生学习动机提供了有价值的建议。

2. 强化动机理论对生涯教学的启示

强化动机理论解释了人们为什么具有某种行为倾向——是由于先前这种行为和刺激因强化而建立的牢固联系。这一学习动机理论过分强调引起学习行为的外部力量（外部强化），忽视甚至否定了人的学习行为的自觉性与主动性（自我强化），有较大的局限性。因此，生涯教学中要注意避免过分强调引起学生学习行为的外部力量，尤其是利用教师的表扬、奖励等所起的强化作用，要清楚表扬、奖励等所起的作用是受许多因素制约的，要注意避免其可能会带来的消极作用。

（二）需要层次理论及启示

1. 需要层次理论简介

需要层次理论是人本主义心理学的一项主要理论，美国心理学家马斯洛是这一理论的提出者和代表人物。在他看来，动机和需要是一回事。他认为，人们的行为是由一定的需要所驱使的。

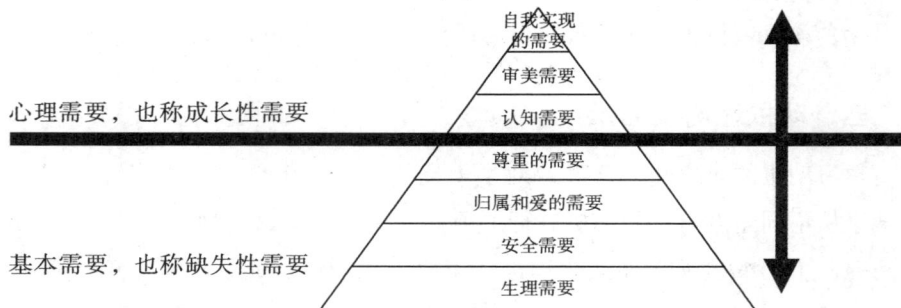

图 4-1　马斯洛的需求层次示意图

马斯洛先后提出人的七种需要，并将这些需要区分为两大需要系统：基本需要和心理需要（如图 4-1）。基本需要，也称缺失性需要，包括生理需要、安全需要、归属和爱的需要、尊重的需要，是由低级到高级按层次排列的，其中的低级需要未得到基本满足难以产生高一级的需要，这类需要满足以后就停止需要。心理需要，也称成长性需要，包括认知需要、审美需要和自我实现的需要，这类需要并不存在严格的高低级关系，其特点是越满足、越产生更强的需要。马斯洛在解释动机时强调需要的作用，他认为所有的行为都是有意义的，都有其特殊的目标，这种目标源于人的需要。不同的人有不同的需要，而且这些需要会随着时间等因素而变化。

需求层次理论将外部动机与内部动机结合起来考虑对行为的推动作用，是有一定科学意义的。但忽略了人们本身的兴趣、好奇心等在学习中的始动作用，有些学习活动并不一定都是由外部动机所激发和引起的。

2. 需要层次理论对生涯教学的启示

根据马斯洛的理论，需要是有层次的，在所有的需要中，最高级的需要是自我实现的需要。只有在基本需要得到满足以后才可能产生高级的需要，这对生涯教学具有重要的启示作用。教师在生涯教学中，不要采用空洞的说教、批评或指责等教学语言或方式，而是创造愉悦的、安全的、充满爱和归属感的学习环境，尊重、平等对待每位学生，满足学生的基本需要；创设适当的外部环境，让学生自己去体会、去思考、去感受。这样的环境，将有利于教师充分发挥学生在学习知识和技能中的主观能动性，挖掘学生的潜能。学生在各种需求的激发下，会不断地自我要求、自我奋斗、自我提高，进入不断发展的良性循环，达到自我实现的最高境界。

（三）成就动机理论及启示

1. 成就动机理论简介

成就动机研究的真正开端是麦克利兰和阿特金森于 1953 年合著的《成就动机》一书。成就动机理论认为，在发展过程中人类有获得一种成就的需要。它是激励个体乐于从事自己认为重要的或有价值的工作并力求获得成功的一种内在驱动力。阿特金森将该理论进行量化处理，他认为个体的动机强度（T）是由成就需要（M）、期望水平（P）和诱因值（I）三者共同决定的，用公式表示即 $T = M \times P \times I$。在这个公式中，M 是个相对稳定值，是个体努力以达到成功的性格特质；P 是个体通过努力后对成功可能性的估计；I 为成功的诱因值，即对成功的自豪感。I 与 P 是互补的，$I = 1 - P$，即任务越难，达到成功的可能性越小，而一旦成功，那么体验到的自豪感更多。

阿特金森认为最初的高成就动机来源于孩子生活的家庭或文化群体，特别是幼儿期的教育和训练的意向。成就动机促使人追求某一社会条件下比较高的目标，促使人以较高的水平达到其目标，促使人去追求成功和回避失败。阿特金森的主要贡献是区分了成就动机中的两种不同倾向：其一是力求成功的需要；其二是力求避免失败的需要。当个体面临任务时，这两种动机倾向通常是同时作用，每个人的成就行为都受到这两种动机相互制衡和消长的影响，人们根据不同目标的实现的主观可能性和目标的主观价值来选择和决定自己的行动。

2. 成就动机理论对生涯教学的启示

根据成就动机理论，教师在开展生涯教学时，要关注学生的生命状态、帮助学生明确生命的意义和生存的价值，并将此作为生涯教育的重点。学生是一个活生生的个体，有着各种各样的情绪和喜怒哀乐，只有赋予学生积极的生命意义和生存价值，学生才会更有激情地投入学习中，逐步明确其追求人生价值和生命意义的成就需要。

另外，教师在生涯教学中要为学生确立恰当的学习目标与任务，或指导学生树立恰当的生涯目标，避免目标与任务过高或过低。目标过高，学生会觉得遥不可及，为其避免失败、不采取行动埋下隐患；目标过低，让学生觉得轻而易举，反而挫伤学生追求成就的积极性。研究显示，趋近50%的成功概率的任务会大大增加学生追求成功的可能。

（四）归因理论及启示

1. 归因理论简介

归因理论最早是由海德提出的一个社会心理学框架，后由韦纳应用于解释动机而发展为动机的归因理论。归因是指个体对影响和决定自己行为和活动的原因的看法，归因的动机作用与三个原因维度相关：控制点、稳定性和可控性。控制点指原因由行为者内部还是外部控制，稳定性指一个原因不随时间而变动的特性，可控性是指原因随主观意志而变化的程度。韦纳从三个维度把归因分为内归因与外归因、稳定性归因与非稳定性归因、可控性归因与不可控性归因，又把人们活动成败的原因主要归结为能力、努力、任务难度、运气、环境和身体六个因素（见表 4-1）。韦纳指出，个人将成功归因于能力和努力等内部因素时，产生的满意感较多。相反，如果一个人将失败归因于缺少能力或努力，则会产生羞愧和内疚，而将失败归因于任务太难或运气不好时，产生的羞愧最少。归因理论通过对各种原因的上述三个维度的分析来解释个体的行为动机，并在教育领域的研究中进行了实际应用。

表 4-1　韦纳归因理论的基本观点

控制点	内部的			外部的		
稳定性	稳定的	不稳定的	不稳定的	稳定的	不稳定的	不稳定的
可控性	不可控的	可控的	不可控的	不可控的	不可控的	不可控的
六因素	能力高低	努力程度	身心状态	任务难易	运气好坏	外界环境

2. 归因理论对生涯教学的启示

根据归因理论，不同的归因方式会影响到主体今后的行为，因此，归因理论对教师的教学行为及效果和学生的学习行为及效果都具有重要的指导作用。

　　一方面，作为教学实施者的教师首先要对自己在生涯教学中的教学行为、教学效果做出实事求是的评价和正确归因。教师在对自己的工作进行评价和自我归因时，应避免仅着眼于单因素归因，而是要从客观事实出发，用全面的、辩证的、发展的眼光去分析和综合，以期进一步改进教学方法，提高教学质量。

　　另一方面，教师在生涯教学中要用归因理论指导学生学会正确归因。研究发现，教师对学生的评价会对学生的行为产生一定的影响，并影响到学生对自己行为的归因。因此，教师评价学生的学习行为时，应该更多地着眼于学生的努力程度方面，避免将失败归因为能力不足而带来消极后果。如果教师对学生的失败给予"脑子笨、不聪明"等这样的评价，学生就会将失败归因为自己的能力，从而导致情绪低落、学习动机下降。因此，教师除了自身要对学生的学习行为进行正确归因，还要教会学生能正确归因，减少在学习环境中的社会比较，提高学生在自我参照标准上的评价，使其将注意力集中在所付出的努力大小和策略的运用上，以达到促进全面发展的目的，这对提高学生的生涯能力、促进学生的生涯发展具有重要作用，也是生涯课程的育人目标之一。

（五）成就目标理论及启示

1. 成就目标理论简介

　　成就目标理论是以成就动机理论和成败归因理论为基础，在德韦克能力理论的基础上发展起来的一种学习动机理论。德韦克认为，人们对能力持有两种不同的内隐观念，即能力增长观和能力实体观。由于人们持有的能力内隐观念不同，他们的成就目标也就存在差异。持能力增长观的个体认为，能力是可改变的，随着学习的进行是可以提高的，持此观点的个体倾向于确立掌握目标，他们希望通过学习来提高自己的能力。持能力实体观的个体则认为，能力是固定的，是不会随学习而改变的，持此观点的个体倾向于确立表现目标，他们希望在学习过程中证明或表现自己的能力。虽然这两类成就目标都可促进个体主动而有效地从事挑战性任务，但它们在很多方面是不同的，具有不同的学习效果。

2. 成就目标理论对生涯教学的启示

　　根据成就目标的理论，具有学习目标的学生在学习过程中有着更为完善的动机模式,即焦虑水平适中、成败归因正确、愿意接受挑战性任务。因此,教师要有意识地培养学生的学习目标,尤其引导学生认识到能力增长观和能力实体观所带来的不同的学习行为,引导学生形成与之相适应的动机模式,将目标聚焦于掌握知识和提高技能本身,通过学习来提高自己的能力,减少在学习过程中证明或表现自己的能力这类表现目标,这在生涯教育中显得尤为重要。

(六) 自我价值理论及启示

1. 自我价值理论简介

自我价值理论是美国教育心理学家卡文顿提出的,该理论以成就动机理论和成败归因理论为基础,从学习动机的负面着眼,对动机理论的研究颇具启发意义,对学校教学实际的应用也有参考价值。

卡文顿研究发现,自我接受的需要是人类最高的需求,只有个体感觉到自己有价值,他(她)才能接受自我。自我价值感是个体追求成功的内在动力。成功使人感到满足,使人自尊心提高,使人产生自我价值感;而成功的经验往往是在克服困难之后才能获得,困难的克服则需以能力为前提。因此,能力、成功和自我价值感三者之间就形成前因后果的连锁关系。也就是说,高能力的个体容易成功,成功的经验会使个体产生自我价值感。久而久之,对自我价值感的追求就成了个体追求成功的动力,并常常把自我能力与自我价值等同看待。卡文顿根据学生追求成功和避免失败的倾向,将学生分为四类。

(1) 高趋低避者,又称成功定向者。这类学生的学习超越了对能力状况和失败状况的考虑,他们往往拥有无穷的好奇心,对学习有极高的自我卷入。

(2) 低趋高避者,又称避免失败者。这类学生有很多保护自己胜任感的策略,使用各种自我防御术,从外部寻找个人无法控制的原因来解释失败。

(3) 高趋高避者,又称过度努力者。他们兼具了成功定向者和避免失败者的特点。一方面对自我能力的评价较高,另一方面这一评价又不稳定,极易受到失败经历的动摇。他们往往有完美主义的倾向,并给自己施加太大压力,往往处在持续恐惧之中。

(4) 低趋低避者,又称失败接受者。他们放弃了通过能力的获得来保持其身份和地位的努力。这些学生在面临学业挑战时会表现出退缩,至少是被动的反应。他们用于学习的时间很少，焦虑水平也很低，对极少获得的成功不自豪，对失败也不感到羞耻。

这一分类模型较为完整地揭示了学生的动机情况，是对成就动机理论的有益发展和补充。

2. 自我价值理论对生涯教学的启示

根据自我价值理论，高自我价值感的人往往具有积极进取的行为模式，而低自我价值感的人往往具有消极畏缩的行为模式。研究发现，影响成功的诸因素中，最为关键的因素不是智力，而是人的主体性和自我价值感。因此，教师在生涯教学中，要注重培养并提高学生的自我价值感，这是培养学生健康个性的关键，是提高学生主体性、促进学生积极进取的重要方法。

对于学生而言，在影响自我价值感的两大因素中，对他们起主要作用的多是外部因素。这是因为学生（尤其低龄学生）多以成人的评价和态度作为自我评价的主要甚至是唯一的标准，他们对自我的评价往往是成人对其评价的"翻版"。生活中的"重要他人"（主要指教师和家长）对他们的评价与态度，将直接影响着他们自我价值感的发展。经常被父母和教师肯定、尊重的学生往往具有比较高的自我价值感水平；而那些经常受到批评、贬低的学生，往往具有比较低的自我价值感水平。因此，生涯教师在生涯教学中要遵循热爱学生、尊重学生、以鼓励为主的正面教育原则，促进学生逐渐形成高自我价值感，成为高趋低避者（或成功定向者）。

（七）自我决定理论及启示

1. 自我决定理论简介

自我决定理论由美国心理学家德西和瑞恩提出。自我决定理论根据个体的自主性将动机分成了自主动机和受控动机。该理论认为，每个个体身上都存在着发展的需要，这是人类最基本的心理需要：自主需要、能力需要和归属需要。自主是指个体能感知到做出的行为是出于自己的意愿，是由自我来决定的，即个体的行为应该是自愿的且能够自我调控的。能力是指个人在与社会环境的交互作用中感到自己是有效的，有机会去锻炼和表现自己的才能。归属是指个体感觉到关心他人并被他人关心，有一种从属于其他个体和团体的安全感，与别人建立起安全和愉快的人际关系。

自我决定理论认为，人类动机的源泉是有机体内在的需求，而不是由外部因素提供的，人类有机体一直在争取能力感、自我决定感，以及与他人的归属感，并且要满足自主性、能力感和归属感这三种基本的心理需要。凡是能够满足个体能力需要、自主需要以及归属需要的环境，都能够增强其行为的内在动机。因此，学生学习动机的能量、性质、内化的程度，会随着基本心理需要得到满足的程度而变化。

2. 自我决定理论对生涯教学的启示

研究发现，教师的支持对满足学生的三种基本心理需要具有很大的影响作用。与具有控制性的教师相比，那些具有支持性的教师更能促进学生产生强烈的内在动机、好奇心和迎接挑战的欲望。因此，老师在生涯教学中要对学生给予积极的支持，增进师生之间的关注、理解和情感表达，满足学生的心理需要，为学生营造具有自主选择、情感理解等特点的自主性学习环境，为学生提供需要的学业帮助、生涯辅导等，这可以增加学生对老师、对班级的归属感，使他们更有可能付出更大的努力和毅力投入学习活动中，更能够让学生在自主环境中培养自主性、创造性，从而发掘自身更多的潜能。

受此理论启示，生涯教师可以积极采取一些策略促进学生的自我决定。比如，教师可以让学生评估自己的兴趣、爱好，让学生参与教育计划和教育目标制订，进行自我指导学习和自我管理，参与问题解决和生涯决策，注意培养学生的正确归因，为学生提供更多自我决定的机会，促进学生自我决定能力的提高，进而提高学生的学习动机。

（八）自我效能感理论及启示

1. 自我效能感理论简介

班杜拉的自我效能感理论是其社会学习理论体系的一个重要组成部分，其核心概念是自我效能感。班杜拉认为，自我效能感是人们对自己实现特定领域行为目标所需能力的信心或信念，人们对自己能力的判断在其自我调节系统中起主要作用。自我效能感不仅是对未来行动的事先预估，而且它直接影响到个体在执行这一活动时心理因素的功能发挥。当个体确信自己有能力进行某一活动时，会产生高度的"自我效能感"，并会去进行该活动，从而构成决定人类行为的一种内部原因。

影响自我效能感形成的条件主要有：

（1）个人行为的成败经验。成功的经验会提高学习者的自我效能感，失败的经验会降低自我效能感。当然，成功经验对效能期望的影响还要受个体归因方式的左右。

（2）替代经验。当学习者看到与自己相当的示范者成功时，就会增强自我效能感，反之，会降低自我效能感。

（3）言语劝说。言语劝说可以使学习者相信自己的能力，确立行动的目标，去做以前不曾做过的事情。言语劝说的效果依赖于劝说者的声望、地位、专长及内容的可信性。

（4）情绪和生理状态。强烈的激动情绪通常会妨碍行为的表现从而降低效能期待，积极稳定的情绪和生理状态则会提高自我效能感。

班杜拉等人的研究还指出，自我效能感具有以下功能：

（1）决定人们对活动的选择及对该活动的坚持性；

（2）影响人们在困难面前的态度；

（3）影响新行为的获得和习得行为的表现；

（4）影响活动时的情绪。

自我效能感理论克服了传统心理学重行轻欲、重知轻情的倾向，日益把人的需要、认知、情感结合起来研究人的动机，具有极大的科学价值，但仍然没有形成一个比较完整的、统一的理论框架。

2. 自我效能感理论对生涯教学的启示

班杜拉指出，在人们掌握了某些知识和技能，显示了自己有能力的时候，适当的外部强化有助于自我效能感的建立。因此，生涯教师要对学生良好的学习行为给以适当的表扬和鼓励，从而增强学生学习时的自我效能感。

研究表明，对成功和失败的不同归因，会对主体的自我效能感产生影响。因此，教师在生涯教学中要有意识地通过一定的训练程序，使得学生掌握某种归因技能，消除在归因过程中自我轻视的偏见，将自己成功的经验归因于自己的能力或努力，避免将失败归结为自己能力的缺陷。教师要培养学生对自己生涯能力的信心，使得学生对每一个阶段生涯目标的完成情况具有积极的归因和积极的自我评价，从而获得下一阶段生涯规划和践行的信心。

在生涯教学中，教师要鼓励学生设置合理的生涯目标，注意远期目标和近期目标的结合；同时，对于不同阶段的目标设置，提供不同的目标检验和评估环节，促进学生自我效能感的形成，有助于下一个目标的设定和完成。教师还要加强生涯榜样的示范性作用。研究表明，特征相似性一般都会增强榜样的影响力。教师可以对校内外优秀他人的成功经历进行筛选，选取与学生的年龄、经历、特点等比较相似的人物作为生涯榜样，让学生认识到自己与杰出人物具有某些特征的相似性，有助于转化榜样的替代经验，促进其自我效能感的形成和发展，激发学生的信心和斗志，进而对自己的生涯发展状态产生良好的认知。

另外，教师对于学生在生涯认知、生涯规划、生涯实践等环节中的表现要给予积极的鼓励，创造轻松的成长氛围，可通过口头、书面等表扬的方式给予学生正面的言语劝导，促进学生自我说服、自我激励，促进自我效能感的形成和发展。在生涯教学过程中，教师要积极组织适当的课外活动，培养学生健康的休闲观，保证学生拥有良好的生理和情绪状态，从而帮助学生自我效能感的形成和发展。

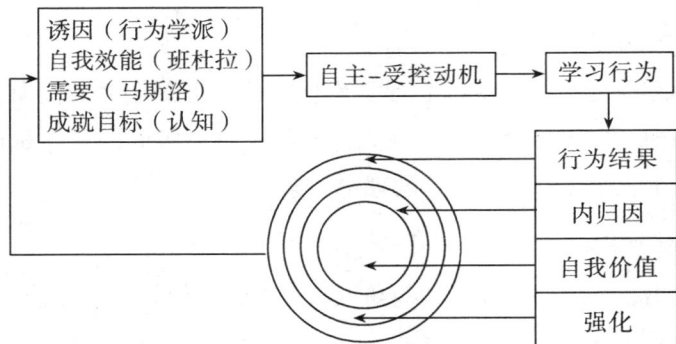

图 4-2　学习动机作用示意图

总之，学习动机的理论众多，不同的理论关注的学习动机的作用点不同（如图4-2）。个体在学习活动开始之前，由于外部诱因和内部需要的共同作用，在个体既有的成就目标和自我效能指导下，产生学习动机，它可能是自主性动机，也可能是受控性动机。在这一动机的驱使下，个体产生学习行为，并得到相应的行为结果。在这一结果中，仅有一部分得到了个体自己以及他人的关注而强化。这部分结果可能是运气、难度等外部原因造成的，也可能是努力、能力等内部原因所致，能让个体体会到成就感的只有后者，并且，只有当个体通过多次的成功体会到能力的实现（即自我价值）时，个体的信心才会树立和发展起来。对于学习结果的强化、归因又会通过反馈影响个体的自我效能感，如此形成动机的一个循环。

早期理论的原理比较机械，轻视人的意识和意志；追求普遍性、一般性，试图用一种理论解释所有现象，但总是顾此失彼。现代的学习动机理论则把个体看作能够自我决定、伴随着积极心理的人；越来越注重理论的实用性；从一般行为的研究转向对特定行为的研究；理论的应用性增强，在教育范围内进行实证和实验；在现实生活中激发了学生的学习动机，提高了学习效果。在教学实践中，广大生涯教育工作者要用发展的眼光、辩证的思维、批判的态度借鉴上述理论工具，并将其作为生涯教育教学工作的指导，从而提高生涯教学效果，真正发挥生涯教育的作用和价值，并通过实践验证或完善已有理论，形成具有中国特色的生涯理论体系。

五、认知信息加工理论及启示

（一）认知信息加工理论简介

盖瑞·彼得森、詹姆斯·桑普森和罗伯特·里尔登在其著作《生涯发展和服务：一种认知的方法》中详细阐述了认知信息加工理论及方法（见第一单元第三章第一节相关内容）。该理论是基于在生涯问题的解决和决策的制订过程中大脑接收、编码、储存和利用信息与知识的理念而形成的一种理论。该理论主要关注涉及解决生涯问题和生涯决策的思维和记忆过程，强调生涯问题的解决是一个认知的过程。该理论认为：一个人要有效做出生涯决策会涉及知识、决策和执行三个层面。知识层面需要对自我知识和外部知识进行了解；决策层面需要有沟通、分析、综合、评价和执行的过程；执行层面需要有对自我概念和决策风格的认识。

（二）认知信息加工理论对生涯教学的启示

基于认知信息加工理论，在生涯教学实践活动中，教师可以引导学生更直观地对外部知识进行了解，同时通过感知、互动、体验来更好地了解自我和环境，这是完成科学生涯决策的基础。通过贯穿小学、中学、大学不同学段的生涯学习和实践活动，学生不断尝试、调整、修正、确定自己的认知，并伴随与之相适应的行动，最终形成个人科学的生涯决策。因此，生涯教师要为学生提供丰富的生涯知识，培养学生生涯决策技能，促进学生的生涯执行力的提高。例如，教师要指导学生在了解自己与职业的过程中，把自己的学业和职业生涯发展联系起来，将自己感兴趣的未来的职业目标群与其所涉及的职业知识技能、职业行为习惯、职业意识、职业道德等职业素养相结合，促进学生提前进行有意识的锻炼与培养，这有利于提升学生的职业竞争力和生涯决策、管理等能力。

第二节　生涯知识的转化与迁移

知识转化与迁移贯穿于人类各种形式的学习中，一直是学习理论中重要的研究内容和领域，对"学习方式开发"和"学习内容设计"具有重要的指导作用。生涯教学重要的目的之一，是教给学生生涯发展所必备的知识和技能，并转化、迁移到真实的生活情境中。学生在学习中能否做到举一反三、触类旁通，能否运用所学的知识解决问题，都属于能否有效进行知识转化和迁移研究的范畴。知识转化与迁移在学习中具有普遍性和重要性，学生学会知识的转化和迁移，不仅有利于掌握学习的内容，而且有利于提高适应新环境、解决实际问题的能力，有利于提高生涯能力。

教师对知识转化和迁移相关理论的学习和应用，有助于其更准确地把握教和学过程中学生外在学习行为形成及内在改变的心理机制，理解并掌握知识转化和迁移发生的规律，积极创设和开发有利于促进学生知识转化和迁移的学习方式和学习内容，创造学习条件和教育契机，精心设计每一节生涯课的教学内容，选择和开发形式多样的学习方式，促进学生主动地转化和迁移应用生涯知识与技能，促进学生生涯发展，达成生涯教育目标。

一、相关概念及分类

（一）知识转化

知识转化是指把陈述性知识转化为程序性知识，以期提高学生的能力和素质。陈述性知识转化为程序性知识的重要标志，就是学生能否运用所学的概念和规则去解决问题。

（二）知识迁移

迁移，亦称学习迁移、训练迁移，是学习的一个重要方面，原指先前的学习对后续学习的影响，后扩展为一种学习对另一种学习的影响。迁移是人类机能的重要组成部分，表现在认知、情感、态度、技能等各个方面。迁移现象之所以存在，是因为头脑中反映客观事物的知识经验以及由此形成的能力、态度等是相互联系和相互影响的。所谓举一反三、触类旁通、闻一知十、一通百通等，都是迁移的意思。

知识迁移是指在学生学习过程中，已有的认知水平对新的学习情境所产生的影响。知识迁移的过程，就是在分析和抽象的基础上，找出先前学习的经验和当前新任务之间的共同本质属性并将其联系起来。人们在日常生活中会不断遇到新的情况，需要运用之前获得的知识或技能来处理。通过知识迁移，人们能够准确、快速判定不同学习内容间的相关性，并选择合适的相关经验和知识资源构建新旧情境之间的联系，提高原有知识和经验的可利用性。

（三）迁移的分类

迁移的类型很多，一般可以分为正迁移和负迁移、顺向迁移与逆向迁移、垂直迁移与水平迁移、一般迁移与特殊迁移。

1. 按照迁移发生的方式

一般迁移：指某种知识向广泛范围发生迁移，这种迁移经常发生在一般观念原理、学习态度、技巧、策略和方法等方面，如对学习的认真态度可以广泛地迁移到生活和工作的方方面面。

特殊迁移：指某种知识只向特定范围的内容发生迁移，如对具体知识、动作的迁移。

2. 按照迁移发生影响的时间

顺向迁移：是指先前学习对后继学习产生影响，举一反三就是顺向迁移。

逆向迁移：是指后继学习对先前学习产生影响，可以使原有的经验、知识结构得到充实、修正、重组或者重构等。

3. 按照迁移发生的效果

正迁移：也叫积极迁移，是指一种学习对另一种学习的促进作用，包括一种学习使另一种学习具有了良好的心理准备状态，或者使另一种学习活动所需要的时间、练习次数减少，或者使另一种学习的深度增加或单位时间内的学习量增加，也指已经具有的知识经验使学习者顺利地解决面临的问题。

负迁移：也叫消极迁移，是指一种学习对另一种学习的阻碍作用，包括一种学习所形成的心理状态对另一学习的效率或准确性产生了消极的影响，或者一种学习使另一种学习所需的时间、练习次数增加，或者阻碍另一种学习的顺利进行、知识的正确掌握等。

零迁移：也称无迁移，是指两种学习之间相互没有影响。

4. 按照迁移发生的方向

纵向迁移：也称垂直迁移，是指低年级知识、概念、规则对高年级学习的影响。

侧面迁移：也称水平迁移，是指难易相同的两种学习之间的影响。

二、知识转化迁移相关理论及启示

对于转化迁移的机制有各种学说，主要有形式训练说、共同要素说、概括化说、关系说等。自从有学习活动以来，人们就很关注知识迁移的研究，根据理论提出时间的先后，可以分为传统知识迁移理论和当代知识迁移理论。随着认知心理学的发展，人们对知识迁移的本质、规律和影响因素的研究越来越深入。本节将简要介绍相关理论及对生涯教学的启示。

（一）传统的知识迁移理论

1. 形式训练说

该理论来自官能心理学，是知识迁移理论中最古老的学说。该理论认为观察、注意、记忆、想象、思维等人类的心理官能，可以像肌肉一样经过训练得到发展。知识的迁移就是心理官能得到训练的结果。形式训练说主张通过官能训练提高感官能力是具有普遍性的，认为该感官能力能够自动地或依据于活动的目的而"迁移"到其他方面。赞成该理论的学者把训练心智等各种心理官能作为教学的重要目标，通过这些方面的发展，促进其他学习迁移的发生。不过，由于该理论缺乏充分的科学依据，引起了一些研究者的怀疑和反对。

2. 共同要素说

该学说认为，只有当两种学习情境存在共同要素时，一种学习才会影响另一种学习，迁移才会发生。相比于只注重形式训练而不考虑实际情境的形式训练说，这一学说开始注意教学内容和实际应用的结合。不过，共同要素说只能解释部分知识迁移的现象，难以揭示全部知识迁移的实质。

3. 概括化理论

该学说认为，共同要素说中提到的两个学习活动之间的共同成分只是迁移产生的必要前提，而在前一种学习中概括出的、可以部分或全部应用到以后学习中的共同原理，才是知识迁移产生的关键。概括化理论强调学习主体对已有的知识经验的概括，认为主体的概括能力或者水平决定着学习迁移，迁移有赖于法则或原理的应用。学生是否善于概括，与教师的教学方法、学生的思维水平等有密切的关系。这一理论被许多心理学家所接受，并被格式塔心理学派进一步发展成关于迁移的"关系理论"。

4. 关系转换理论

该理论认为，迁移不会因为两个学习情境之间具有共同成分，或者具有共同原理而自动发生。该理论认为，迁移是学习者觉察到两个学习情境之间存在手段和目的关系的结果，即学习者所迁移的是"顿悟"——两个情境突然被联系起来的意识。"顿悟"关系才是知识迁移的决定因素。该理论更强调个体的作用。

（二）当代的迁移理论

随着以信息加工观点为基础的认知心理学的发展，当代知识迁移的理论得到极大发展，下面简要介绍三种：与陈述性知识对应的认知结构迁移理论，与程序性知识对应的产生式迁移理论，与策略性知识相对应的认知迁移理论。

1. 认知结构迁移理论

该理论是当代学习迁移研究中的经典理论。该理论认为一个人在情境迁移的状况下，其认知结构迁移能力的高低取决于这个人认知结构的水平以及综合能力、概括能力的高低。该理论认为，在有意义的学习迁移中，过去经验的特征不是指两个情境之间的相似程度，而是指学生在一定知识领域内认知结构的组织特征，诸如清晰性、稳定性、概括性等。认知结构的加强能促进新知识的学习与保持，因此，生涯教学的重要目标之一是促使学生形成良好的认知结构。

后来的学者对该理论展开了深化和细化，并从主客观两方面总结了影响迁移能力和迁移效果的因素：主观因素，包括学习的兴趣和动机、心理状态、认知水平和结构、思维定式；客观因素，包括教师的能力、教材的结构编排和学习情境的相似性。因此，在生涯教学中，教师要注重从主客观两方面促进学生迁移能力的形成，并努力提高自己的教学能力。

2. 产生式迁移理论

该理论是针对技能的迁移而提出的，是思维适应性控制理论的发展。该理论的主要观点是：新旧技能的产生式有共同成分是促使两项技能学习发生迁移的前提。如果两个情境有共同的产生式，或两个情境有产生式的交叉、重叠，就产生迁移；重叠越多，迁移量越大。此外，知识编辑方式对产生式的获得和迁移有直接影响。

该理论作为一种解释程序性知识的迁移理论，其自身存在着不足，它的实证性结论主要来自对计算机程序语言学习材料的研究，是一种简单的机械式的学习，而学生的课堂学习需要复杂得多的智力活动的参与，不是这种机械学习所能解释的。另外，该理论中被试（接受实验和测试的对象）都被理想假定为具有相同的背景知识，没有考虑背景知识对迁移的影响等。因此，对于该理论在生涯教学实践中要加以批判性地使用。

3. 元认知策略迁移理论和认知策略迁移理论

该理论是针对策略性知识的迁移提出的，包括元认知策略迁移理论和认知策略迁移理论。元认知迁移理论认为，认知策略的迁移要想达到可以在多种情境中迁移的程度，一个重要的条件是学习者的元认知水平。该理论认为，认知策略的成功迁移是指问题解决者能够确定新问题的要求，选择已获得的适用于新问题的特殊或一般技能，并能在解决新问题时监控它们的应用。元认知并不直接对学习活动发生作用，而是通过对整个学习活动，包括策略性知识的调控发生作用。元认知策略可以对认知策略进行选择、转换、执行，对其运用进行调节和控制。元认知的水平直接影响着认知策略的迁移。元认知迁移理论把学习者看作学习过程的主动参与者和管理者。

生涯教学要加强元认知知识和技能的教学，将元认知训练、一般认知策略的训练和具体学习方法的训练结合起来进行，这是知识迁移的必要和有效途径。从教学实践的角度来看，元认知训练实际上是"学会学习"的同义语，个体在学习活动中的元认知可以归结为两种认识，即关于"自己已经知道什么"的认识和关于"如何调节自己学习行为"的认识。实际经验也表明，许多学生在学习上的困难都是由缺乏元认知能力造成的。因此，在关于自我认知这部分知识的学习过程中，生涯教师要采用多种教学方法，引导学生通过自我提问、自我评价、自我调节等元认知训练，掌握有效的学习方法和自我认知的策略，并广泛地迁移到不同的学习情境、生活情境中去。

三、促进生涯知识转化和迁移的方法

生涯教学的重要目标就是促进积极转化和迁移的发生。当学生怀着明确的应用意图学习时，所学知识更有可能发生迁移。在生涯教学中，教师要综合考虑众多的影响因素，借助理论工具指导教学实践，通过各种有效手段，促进生涯知识积极迁移的发生。

（一）培养转化和迁移意识

教师要有意识地培养学生的转化和迁移意识，提高他们将所学知识和技能运用到新情境的可能性；培养学生积极进取的学习态度，强调转化和迁移的重要性；引导学生树立生涯知识和技能的学习要为应用做准备、为生涯发展服务的观念；鼓励学生在学习过程中不断思考"我该如何运用这些知识或技能"；并在教学过程中指导学生关注所学内容与当下和未来可能遇到的实际问题之间的相似之处，在认知层面为学生生涯知识和技能的学习与迁移打下基础。

（二）加强元认知培养和基础知识、基本原理的教学

教师要加强对学生元认知的培养，注重基础知识和基本原理的教学。学生对认知过程的自我意识、监控和调节，对职业和社会的了解，有利于学生对自我、环境等的认知和自我调控，有利于学生做出正确的生涯决策。元认知水平越高、对基础知识和基本原理的学习越透彻，迁移到新情境中的可能性越大。

（三）注重生涯教学内容的逻辑性、结构性和关联性

教师要注重生涯知识、技能之间的内在逻辑、联系和整体框架，可以通过提问或提示，帮助学生利用已经学过的知识理解新的、复杂的知识，将课

堂上学习到的技能运用到生活实际中，并且将新知识、新技能整合进已有的知识技能体系框架中。

（四）注重对学生学习方式的指导

教师要注重对学生学习方式的指导，鼓励学生归纳总结，一方面要对所学生涯知识进行总结和归类，以便在遇到相匹配的情境时，能够准确地运用所学知识去解决实际问题；另一方面要唤醒和鼓励学生在认知结构、元认知和认知策略方面有意识地去觉察和总结，发挥学生作为学习者的能动性和自主性，从而提高学生解决问题和自主学习的能力。

生涯知识的教学中要特别强调学生的自主学习和探索，这里的自主既包括学生单个个体的学习活动，也包括学生之间的交流和合作。更多的自主学习和探索体验活动，既能调动学生的主观能动性，也能加强学生的自我管理能力，为自己未来的规划和决策更好地负起责任；还能增强学生间的互动，帮助学生增加多元视角去理解自己和职业世界。这些都有助于生涯知识的有效迁移。

（五）创设有利的学习情境

生涯学习情境的创设要与学生所学习的内容相适配。通过具体情境中的学习，学生可以清晰地感知所学知识能够解决什么类型的问题，又能从整体上把握问题依存的情境，这样学生就能够牢固地掌握知识应用的条件及其变式，从而灵活地迁移和应用学到的知识。大量并且多样化的案例及体验机会能够提高学生将生涯知识和技能应用到新情境中的能力。一般而言，案例越多、体验机会越多、情境越真实，未来产生迁移的可能性越大。

创设有利的生涯知识学习情境，教师应当做生活的有心人，经常关注和反思学生个人成长相关话题、职业世界的发展趋势，特别是要从学生的角度来观察职业世界，并有意识地把生活中的事件与教学内容联系起来，既促进学生对知识的理解，又加深学生对职业世界的认识，这样才能建立起知识与学习情境之间经常的、有机的联系，以便学生对学到的知识进行迁移。

生涯课堂的群体与管理

生涯教育的主要理论依据是人的全面发展理论，其目的是让学生在"衡外情、量己力"的基础上，规划科学合理的生涯发展方向，制定学习和发展的总体目标和阶段性人生目标，解决生涯发展中的各类问题，为学生今后的人生奠定基础。课堂教学是实现生涯教育的有效途径和方式，而课堂教学的好坏取决于群体管理的效果。

一、相关概念

（一）群体的概念及特征

所谓群体，是指人们以一定方式的共同活动为基础而结合起来的联合体。群体是一群拥有同一目标和规范的个体，是相互影响、共同活动、具有内聚力的一个集合体。它的基本特征有：

（1）群体由两个以上的个体组成；

（2）群体成员根据一定的目的承担任务，相互交往，协同活动；

（3）群体成员受共同的社会规范制约。

（二）群体的分类

群体有正式群体和非正式群体之分。

1. 正式群体

正式群体是指由正式文件明文规定的群体。在正式群体中，人们有秩序地从事着由共同的组织目标所规定的行动，并使自己的行动指向这个共同的组织目标。正式群体在学校中占有主导地位，班级、小组、少先队都属于正式群体。正式群体的发展经历了松散群体、联合群体和集体等三个阶段。松散群体是指个体成员只在空间和时间上结成群体，但成员间尚无共同活动的目的和内容。联合群体的成员已有共同目的的活动，但活动还只具有个人的意义。集体则是群体发展的最高阶段，成员的共同活动不仅对每个成员有个人意义，而且还具有重要的社会意义。

2. 非正式群体

非正式群体，是与正式群体相对而言的，是指没有上级的正式规定而自然形成的一种群体组织。它的成员之间的相互关系富有明显的情绪色彩，是以个人之间的兴趣爱好、情投意合为基础的。他们的"领头人"是他们之中最有威望的成员，往往是自然而然地形成他们公认的"领袖"。他们的行为受到他们这个非正式群体中所自然形成的"群体规范"的制约。

3. 群体动力

勒温最早研究群体动力并提出群体动力理论。该理论认为，每个个体都是复杂的能量系统，群体内成员之间相互依存、相互影响、相互作用。群体动力的来源是群体成员间因互动而生成的内在力量和群体自身的整合力量。这些力量诱导着、推动着群体成员个体行为的发展与变化。群体动力系统是群体动力理论的重要内容，包含三个要素：凝聚力、驱动力、耗散力。

二、群体对个体的影响

（一）群体对个体的社会助长作用

社会助长作用，也称社会促进作用，指集体情境对个体的工作有积极的促进作用。研究表明，群体通常对个人活动起到促进作用，但有时群体也会对个人的活动起阻碍作用。这种积极的促进作用是在有良好人际关系的前提下发生的，例如，在解决生涯实践中遇到的问题时，班级或者小组内采用的"头脑风暴法"可以起到集思广益、相互学习启发的作用。

（二）群体对个体的影响因素

生涯课堂里的每个学生不是孤立存在的个体，他们通过相互交往形成各种群体。课堂内存在的各种群体，会对个体的行为产生巨大的影响。反之，个体的言行也会影响群体。学生群体对个体的活动是产生促进作用还是阻碍作用，取决于四个因素：活动的难易；竞赛动机的激发；被他人评价的意识；注意的干扰。

三、班级正式群体与非正式群体的协调

（一）正式群体和非正式群体间的关系

正式群体一般由上一级管理者组建，有刚性的规章制度、活动规范和共

同的目标追求；非正式群体是人们在生活和工作中自发形成的，群体成员的外在表现或许有较大差异，但却具备相似的心理模式。在正式群体中不可避免地会产生非正式群体，因为正式群体的目标具有统一性，规则具有强制性，不可能符合每个成员的所有意愿和需要。这时，一些志趣相同或利益追求相同的成员，就会逐步走到一起，形成非正式群体。非正式群体中，由于参与创建者的心理模式具有相似性，其内部矛盾较为缓和，且群体的规则由所有群体成员创建，更能满足群体成员的心理需求。

（二）班级正式群体和非正式群体间的关系

班级是由学校按一定规则和教育教学需要组建的正式群体。班级非正式群体，也称自然群体，是相对于班级、班委会、少先队、党团小组等正式群体而言的，是无正式规定下学生自发形成的群体。

学校按照班级运行规则和教学需要，设立班委会、各种学习或兴趣小组等管理组织，建立班级规章制度，开展多种形式的文化活动。在班级集体生活中相互熟悉之后，一些趣味相投、个性相近或生活背景类似的学生，就会自觉或不自觉地走到一起，逐步形成非正式群体。在学习和活动过程中，非正式群体会自然产生大家认可的"首领"，并自然形成大家遵守的规则。但是，非正式群体又不是固定不变的。例如，随着时间的流逝、环境的变化，随着学生兴趣爱好的发展、目标追求的变化，有些非正式群体会逐步解散，有些学生会退出这个群体而加入另外的群体。非正式群体主要有这样一些特点：人数不固定，成员自由组合；成员的性格爱好相似；集体活动较多；非正式领导者成为"领头羊"等。

四、生涯课堂的群体管理

不管是正式群体还是非正式群体，都有群体凝聚力、群体规范、群体气氛以及群体成员的人际关系。研究发现，在整体的水平上改变个体的态度或行为，比单独、逐个改变个体更有功效。生涯教师在课堂管理过程中要善于利用群体凝聚力和群体规范等，实现课堂管理的促进功能；还可以通过教学观察、生涯测评等途径，了解和正确认识不同班级的正式群体，了解非正式群体的成因、特点、类型，并采取有效策略对其进行管理和引导，以消除其负面影响，强化其积极作用。

（一） 发挥群体凝聚力的积极作用

群体凝聚力是指个体在群体内团结活动和拒绝离开的程度，通常表现为成员对群体的向心力。它可以通过群体成员对群体的忠诚度、责任感、荣誉感，成员间的友谊和志趣等表现出来。群体凝聚力对课堂管理功能的实现有重要的影响。有关的研究表明，关系融洽、凝聚力强的班级，会使学生们产生强烈的自豪感和认同感，顺利完成课堂教学任务。所以，凝聚力常常成为衡量一个班级集体成功与否的重要标志。

生涯教师在教学或团体辅导中要采取多种措施提高课堂里群体的凝聚力。首先，要了解群体的凝聚力情况。其次，要帮助学生对一些重大事件与原则问题保持共同的认识与评价，形成认同感。再次，引导所有学生在情感上加入群体，以作为群体的成员而感到自豪，形成归属感。最后，当学生表现出符合群体规范和群体期待的行为时，要给予赞许与鼓励，使其行为因强化而巩固，形成力量感。

（二） 引导学生形成正确良好的群体规范

群体规范是指群体所确定的每个成员必须遵守的且已经确立的共同观念、价值标准与行为准则，是维持群体一致性的基本准则。群体规范主要是规定了成员可以接受和不能容忍的范围，它可以是群体领导者根据群体多数人的意愿制定的，也可以是自然而然约定俗成的。它使群体每个成员的认知、情感和行为保持一致，使群体成为有机整体，从而保证其共同目标的实现。

群体规范具备约束或指导群体成员行为的效能，并在群体成员彼此接近和趋同基础上发挥其效能。学生群体行为的监督与评价、群体行为的导向等，都离不开群体规范。群体规范会形成群体压力，对学生的心理和行为产生极大的影响。在群体压力下，成员有可能放弃自己的意见而采取与大多数人一致的行为。

在生涯教学实践中，生涯教师可以通过课堂讨论与分享、社会实践、职业探索等活动，注重引导学生形成正确良好的正式和非正式群体规范、遵守社会认可的群体规范，通过群体压力使学生保持认知、情感和行为上的一致，引领学生群体完成教学任务，为学生的课堂行为、社会行为划定方向和范围，成为引导学生行为的指南。

（三）营造积极良好的课堂气氛

课堂气氛指在课堂教学过程中所表现出来的公共情绪状态，是师生在课堂教学过程中共同创造的心理、情感和社会氛围，是某些占优势的态度与情感的综合状态。课堂气氛是教学能否顺利进行的重要因素。在通常情况下，课堂气氛可以分成积极的、消极的和对抗的三种类型。积极的课堂气氛是恬静与活跃、热烈与深沉、宽松与严谨的有机统一，消极的课堂气氛通常以紧张拘谨、心不在焉、反应迟钝为基本特征，而对抗的课堂气氛则是失控的气氛，学生过度兴奋、各行其是、随便插嘴、故意捣乱。

积极的课堂气氛更有助于促进学生对生涯知识和技能的学习，促进学生深入地探索和了解自我、了解社会、了解职业，有利于促进学生的社会化进程。课堂气氛也会使许多学生追求某种行为方式，从而导致学生间发生连锁性的感染。所以，创造积极良好的课堂气氛是实现生涯有效教学的重要条件。

另外，教师的积极情绪状态往往会投射到学生身上，使教师与学生的意图、观点和情感连接起来，从而在师生间产生共鸣性的情感反应，有利于创造积极良好的课堂气氛。因此，生涯教师要做好情绪调控，保持适中的焦虑，避免呆板或恐慌反应，不断努力改进，以谋求最佳课堂气氛的出现。

（四）善于处理人际关系

人际关系是人与人之间在相互交往过程中所形成的比较稳定的心理关系或心理距离。它的形成与变化，取决于交往双方满足需要的程度。吸引与排斥、合作与竞争是课堂里主要的人际关系。课堂里的人际关系将直接影响课堂气氛，人际吸引和人际排斥使学生在课堂里处于不同的地位，常会出现人缘好的学生、被人嫌弃的学生或遭受孤立的学生。因此，生涯教师自身要善于处理人际关系，增加自己对学生的吸引力；要努力成为善于处理人际关系的"艺术家"，重视学生中的被嫌弃者和被孤立者；通过教学示范引领学生正确对待和处理人际关系；指导学生维持良好的人际关系，增加学生之间的人际吸引，协调学生之间的合作与竞争，提高学生的人际交往能力。

（五）倡导和鼓励学生参与

学生参与是指学生在接受教育服务过程中需要提供的资源或活动，包括智力投入、体力投入、情绪投入等。根据学生参与的场所，可分为课堂内参与和课堂外参与；根据参与的形式，可分为课前准备、参与讨论、团队技能、沟通技能和出席等。课堂规模大小、座位排列以及师生个人的特点，都会影响学生的参与，而学生参与的程度会影响到学生的学习情况以及经验获得。研究表明，人数较少的课堂，学生不易"躲藏"，不会太紧张，更愿意参与；传统的"秧田式"课堂，其座位排列不利于学生的课堂参与，而排列成"U"形或圆形的座位能保证学生彼此之间可以看到，方便学生交流。另外，随着师生之间熟悉程度加深，学生会更愿意主动地参与课堂；如果学生课堂参与的情况计为期末考核成绩，或者可以获得额外学分的话，学生会更加积极主动地参与；允许学生成为课堂参与评分过程的一分子，也有助于提高学生参与的数量和质量。因此，生涯教师要灵活运用上述研究结论，尊重、关心学生，营造有助于学生参与的和谐、民主、积极的课堂氛围，让学生愿意在参与中投入更多的智力、体力和情绪，有更多的收获和成长。

第三章
生涯课程的 "评"

生涯课程的评价是对生涯课程本身、教育教学各个环节中的诸多影响因素、实施效果等进行研究和分析，以判断其价值和适宜性并做出调整的过程，是生涯教育工作的重要组成部分，具有十分重要的意义。本章将对课程评价的理论基础、生涯课程的教学效益，以及学习成效的评价维度、评价内容、评价标准等进行简要介绍，旨在帮助生涯教育工作者了解生涯课程评价的理论及方法、工具，发挥生涯课程评价的功能，为生涯课程的实施、调整、改善、选择、推广以及提高生涯教育质量提供科学的、客观的依据。

第一节　生涯课程评价概述

生涯课程的"评"是指对教师的"教"和学生的"学"进行评价，即对教师教学效益和学生学习成效的评价，这既是对生涯教学效益的评估，又是生涯教学的一个重要环节。教师课堂教学评价是对生涯教学质量进行宏观管理的重要手段，也是对教师教学过程进行检查并促进教师发展的有效措施。学生学习成效的评价是课堂教学的出发点和落脚点，教学的最终目的是促进学生的学习成效。因此，教学评价在学校生涯教学工作中具有十分重要的作用。

一、相关概念

（一）评价

评价是指对人或事物的价值做出判断。评价是指依照一定的价值标准，通过系统地收集资料，对评价对象的质量、水平、效益及其社会意义进行价值判断的过程。评价所反映的是评价对象的若干属性及其对人的需要的意义。它不同于科学认识，但以科学认识为基础和前提。其基本特征有：（1）评价对象是可能产生价值效果的人或事物；（2）评价依据的价值标准具有社会性；（3）评价对象的属性具有系统性；（4）评价是分析与综合，定量与定性的统一；（5）评价既要用实验、调查、观察等方法获取客观资料，又要用推理性的统计分析方法进行判断。

（二）教学评价

教学评价是指对教学活动中教与学双方活动的效能进行有目的、有计划的观察、测定和综合评判。该评价的依据是教学目标和教学原则，然后利用各种测试手段和评价技术，对照教学目标，对教学效果、教学过程、学习质量及个性发展水平做出科学的判断，对教与学的达标（原则）程度给予评定，以便提供信息，调整、优化教学进程或对被评对象（教师或学生）做出某种资格的证明。这里，既要重视教学工作的总结性评价，以便鉴别、甄选，更要重视教学的形成性评价，以利改进教学；既包括外部机构组织对教学系统的检查评判，也包括学校、教师和学生的自我评价。

二、教学评价的基本理论

关于教学评价现阶段存在五类常见的评价模式，它们构建在不同的理论基础上，凝练出了各有所长的核心理论（见表4－2）。

表4-2 关于教学评价的基本理论

理论基础	目标理论		多元智力理论	替代性评价理论	有效教学理论
评价模式	行为目标模式	目标分类模式	多元智力模式	真实性评价	有效教学模式
代表人物	泰勒	布鲁姆	加德纳	海曼	伯利纳、盖奇、多伊尔
核心理论	·强调把学生的行为目标作为评价的主要依据,把教育方案、计划所达到的目标用可以进行观察、测验的学生的行为来表示 ·认为评价就是判断教育活动实际达到目标的程度。也就是找出教育活动偏离目标的程度,通过信息反馈使教育活动尽可能逼近目标	·教育目标是教育教学评价的基础,而教育目标从整体上可以分为认知领域、情感领域和动作技能领域,每个领域在实现最终目标的过程中都有相应的目标系列 ·最为成熟的是认知领域的目标,该目标理论实际解决了在教育和教学评价中测什么的问题	·智力结构至少由八种智力要素组成 ·学生的评价应由"关注学生的智商有多高"转为"关注学生的智力类型是什么" ·评价目的关注的是学生的智力特点及其发展状况 ·评价是多元化的,这不仅体现为评价内容的多元化,还体现为评价主体、评价方式等的多元化	·评价时要求学生演示、创造、制作或动手做某事 ·激发学生较高的思维能力和解题技能 ·用有意义的教学活动作为评价任务 ·唤起真实情境的运用 ·人工评判而不是机器评分 ·教师在教学和评价中担任新角色	·伯利纳:通过研究阅读和数学教学,总结出了有效的教学行为和无效的教学行为 ·盖奇:提出四类课堂教学评价中需要重点关注的教师行为,组织、提问、探究、奖励 ·多伊尔:在综合各方面研究成果的基础上,对教师的各个教学行为特征加以整理,分析和归并,提出了一系列重要的教师教学行为特征表

生涯的教学评价也要遵循一定的教育评价理论，因此，生涯教师要了解生涯相关的教学评价理论及其应用条件，借助理论指导生涯评价的实践工作；要认识到生涯不同于其他学科，其教学评价的方式也区别于别的学科。生涯教学的目标在于引导学生能够自主完成对职业的认识，对自我能力、技术、价值观等深刻了解，帮助学生树立、调整就业观念，进而做出正确的生涯决策，实现自我价值。生涯的教学效果注重的是学生的个性发展、角色认同、选择以及规划的过程，并受多种因素的影响，很难用数据量化来评价，因此，生涯的教学评价以教学评价理论为依据，结合生涯的学科特点，主要从对教师教学评价和学生学习评价两个维度来进行。

三、生涯教学评价的基础

（一）教学目标和内容

生涯教学的评价要建立在对教学目标和内容等准确理解和把握的基础上。生涯教育关注个体需求、促进个体发展、鼓励个体追求更加幸福的生涯，其教学目标方面包含知识的掌握、技能的培养、态度的树立三个方面。因此，生涯课程的教学内容既要有职业探索与认知、自我探索与认知等知识，如对个人和工作世界的了解程度，短期和长期职业发展目标的制订、实施和达成等；还要有生存与生活技能、生活情趣、娱乐与休闲等方面的内容，如生活目标的制订、实施和达成等。在教学参与者方面，生涯教学要求学校、社会、家庭全员参与，并且在师资和教学形式上均需依据不同的学情采用匹配的方式。

（二）教学方法

生涯学科具有其独特性，其教学方法须因地制宜，结合课程内容采取多种形式的教学手段和方法。科技发展带来的在线教育、AI 技术应用等，使得生涯课程教学方法迎来新的变化。因此，生涯的教学评价要根据不同教学方法的特点、结合学生身心发展客观规律等采用不同的评价方法，杜绝做单一标准、一刀切式的评价。

（三）教学资源

教学资源是在教学过程中能够帮助教师提高教学效率和效能的一切可供使用的辅助工具。从教学资源的来源看，可分为校内资源、校外资源；从教学活动中认识的指向性指标看，可将教学资源划分为主观性教学资源和客观性教学资源。主观性教学资源主要是指在教学过程中影响教学活动的、依存于教学活动主体自身的特征。在生涯课程中，师生不仅是教学资源的利用者，而且自身就是教学资源的重要构成者和开发者。客观性教学资源是在教学过程中影响教学活动的、作为认识对象的教学材料、教学环境和支持系统。生涯的教学资源非常丰富多元，对生涯的教学过程和结果会有不同程度的影响，在生涯课程的评价中这些因素是需要着重考虑的维度。

四、生涯教学评价的类型

生涯课程不同于一般的文化课程，所以其评价也有别于一般的文化课程。生涯课程的评价主要从教师的教学成效评价和学生的学习成效评价两个维度来进行。以下重点介绍生涯课程评价常见的评价类型。

（一）依据评价标准

依据评价标准，可以分为相对评价、绝对评价和个体内差异评价：

（1）相对评价是将被评价者放在群体之中，然后把该群体中的各个对象逐一与基准进行比较，以判断该群体中每一成员的相对优势，但不考虑是否达到教学目标的要求；

（2）绝对评价是在被评价者之外确立一个标准，评价时把被评价者与客观标准进行比较，主要用来考查是否达到了教学目标的要求，而不评定被评价者之间的差异；

（3）个体内差异评价是将被评价者个体的成绩与其自身作比较而进行的评价，可能是将被评价者的过去和现在进行比较，或将被评价者的不同方面进行比较，即"跟自己比"。

（二）依据评价的功能

依据评价的功能，可以分为诊断性评价、形成性评价、终结性评价：

（1）诊断性评价是从生涯教学的起点出发，通过测验、观察、谈话等方式了解学生的知识掌握程度和某种生涯能力的水平。此种诊断着眼于素质和过程，以确定起点层次及到达的目标；

（2）形成性评价是在生涯教学过程中，利用口头提问和书面测验等方式对学生的学习过程及结果进行评价，以改进和完善教学活动，主要为了解学生学习过程中的问题和缺陷；

（3）终结性评价是在生涯教学活动结束后对学生学习过程及结果的评价，

旨在评定学生成绩、着眼学习结果，通常采用考试作为评价手段。

（三）　依据评价对象的范畴

依据评价对象的范畴，可以分为整体评价和单项评价：

（1）整体评价是对生涯教学过程各方面所进行的整体评价；

（2）单项评价指仅就被评价对象在生涯发展的某一方面进行评价，目的在于了解某一方面的情况。

（四）　依据评价学校的级次

依据评价学校的级次，可以分为高等学校评价、中等学校评价、初等学校评价：

（1）高等学校评价是指对大专及大专以上学历学位教育中开展生涯教育的情况进行评价；

（2）中等学校评价是指对普通高中或中等职业教育中开展生涯教育的情况进行评价；

（3）初等学校评价是指对初中及初中以下阶段的教育中开展生涯教育的情况进行评价。

（五）　依据评价主体的身份

依据评价主体（教师或学生）的身份，可以分为自我评价与他人评价：

（1）自我评价是指被评价者本人依据指标，参照一定的标准，对自己在教学目标达成，教学行为或学习过程中认知、情感和态度等方面的掌握情况进行评价；

（2）他人评价是指被评价者之间依据一定的评价标准对他人进行评价。

课堂教学质量是学校永恒的"生命线"。教学评价对提高生涯教学质量，及时发现并修正教学过程中存在的问题，促进"教"与"学"的对接，推动教学相长尤为重要，且不可或缺。学生、教师、管理者是课程教学评价中的三大利益主体。通过评价，学生能反馈听课情况，提升学习效果，并参考评价选择后续课程或者调整学习行为等；教师能获取各方对课程及自己教学的意见、建议，不断改进教学；管理者通过综合各方的评价，能了解生涯教学基本情况，推动教师提升教学质量，并调整完善生涯课程设置。因此，将上述不同的评价类型结合运用，并持续动态调整，将会提升生涯课程教学评价的有效性，促进生涯教育质量的提升。

五、生涯课程评价的组成

评价活动会贯穿整个生涯课程实施过程，在实践中通常采用多种评价方法相结合的混合评价方法，但无论用哪种方法，主要从以下这五个方面进行评价：

（1）教学教材的评价：当下学校和教师实施的生涯教学材料能否有效引导学生获得在学习目标上的成就；

（2）教学系统设计过程的质量评价：学校和教师教学过程的执行情况、教学效果、改进之处；

（3）学生对教学的反映评价：生涯课程的内容对学生的吸引力、学生的学习效果；

（4）学生在学习目标上的成就评价：学生达到生涯课程目标的程度；

（5）教学效果的评价：学生将所学迁移到生活环境中的情况，对他们达成生涯目标的帮助和支持情况。

第二节 　教师生涯教学成效的评价

教师教学成效的评价是指对教师教学效果所进行的评价，包括对教师课堂教学行为及教学效果所进行的价值判断。对生涯教师教学成效的评价包括三个方面：一是对教学过程进行评价，主要是对教学过程的构成要素，如教师、学生、教学方法和教学环境等进行评价；二是对学生活动进行评价，是以学生的生涯发展为评价中心，要求对学生在教学中是否得到了认知、情感、能力等的发展和进步进行评价，是以学生在课堂上的行为表现作为基础；三是对教学效果进行评价，是指测量和测试学生是否达到教学目标和是否达到目标水平，是在教学结束之后对学生的进步所进行的评价。

一、教师教学成效评价的类型

（一）教学成效评价类型

根据学校类型、教师实际情况、教学内容、教学模式、评价依据等，教师教学成效的评价类型也不同，目前常用的评价划分依据和类型有以下几种（见表 4-3）。

表4-3　教师教学成效评价的类型

划分依据	类型	定义	简评
评价目的	奖惩性评价	将教学成效评价的结果与对教师的奖惩结合起来,并将其作为对教师进行晋级、嘉奖、降级、解聘等的依据	运用较多,但存在一定弊端,比如难以调动教师的积极性等
	发展性评价	是一种形成性评价,以促进教师专业发展为最终目的,以实现学校的奋斗目标为导向,以面向未来为着眼点	具有发展导向性、多元主体性、动态性、定性分析和定量分析相结合的特点
评价主体	外部评价	不参与教学活动的人员对教师的教学成效进行评价	不同评价者的评价标准可能会有所不同
	内部评价	直接从事教学活动的教师本人和学生群体所进行的评价	
收集评价资料的手段	现场观察评价	评价者进入教学场地,实时实地去听教师讲课并及时进行评价	具有强时效性、强现场体验性的特点,但会受到评价者注意力分配和记录速度等的限制,且评价者的出现往往会使被评价教师和学生的心理与行为发生变化,进而出现误差
	监视监听评价	利用单向玻璃或摄像设备等手段进行的实时教学评价	自然真实,但是无法全面观察
	录像评价	利用录像将教师的教学过程和学生的活动记录下来,进行课后评价和分析	可反复观摩,被评价者也可以参与,客观准确,但会因录像角度影响全面观摩
	问卷评价	采用事先编制好的评价问卷,由教师和学生根据他们对教学过程和效果的主观印象来进行回答	简单易行,但易受评价者主观倾向的影响

教师教学成效评价的目的是期望通过客观的评价，更好地促进教师的发展。我国现阶段大中小学专职的生涯教师不多，尤其是中小学的生涯课程开设还没有普及，对教授生涯课程的教师的教学成效评价进行的研究也很少，生涯教师的评价和监管面临着很多问题，科学化、规范化严重不足。随着数字技术在生涯教学中的应用，在线上进行教学或实践时，如何评价教师教学方法的有效性、教学目标达成度、学生的收获等，都是新的课题。关于如何更好地对生涯教师教学成效进行评价，还有很多值得研究的问题，需要在实践中结合实际情况和上述评价类型不断实践、探索和完善。

（二）常用的生涯教学成效评价方法

作为生涯教师，需要具备设计生涯课程、进行生涯课堂教学、对学生进行生涯指导等能力。因此，对其教学成效进行评价时，建议采用评价目的基于教师专业成长的发展性评价；评价主体可以是内部的，也可以是外部的；可以采用现场观察评价、录像评价、问卷评价等方式。下面对常用的课堂观察听课法、录像评价法进行简要介绍。

1. 课堂观察听课法

课堂观察听课法是指评价者进入课堂进行观察和听课，并对被评价者的课堂教学进行评价。在具体的操作过程中，又有两种模式。

（1）对课堂教学进行如实记录和定性评价

这种方法要求首先对课堂教学过程进行记录，即在听课的时候以教学过程作为主线，将教学过程中师生的语言、行为、活动等记录下来，如对教师的导入和过渡语、教师的提问、教师的独特见解、教师对学生回答问题或完成情况的反馈、学生的提问、学生独特的见解、学生对典型错误的反应、学生在听课时的表现、各项教学活动的用时等进行记录。评价者在听课后整理听课记录，理清课程教学的结构和思路，补充重要的细节，同时对课堂教学的质量进行定性的评价。

（2）根据已有评价量表进行定量评价

这种方法指评价者在听课的过程中，采用事先准备好的相对完善的评价量表对被评价者进行定量评价。这种评价量表将评价内容分解为二到三级指标，每个具体的指标又从不合格到优秀分为五个等级。评价者在听课的过程中借助听课评价表对被评价者的教学成效进行相应的评价。采用这种方法对教师的教学进行评价时，需要注意两点：一是评价表的制作要相对科学，二是要尽量避免评价的模糊性和随意性，因为这种评价结果受到评价者个体的主观经验、学识等影响较大。因此，利用课堂教学评价表进行评价时，还应结合课堂教学记录一起评价。

2. 录像评价法

随着教育技术水平的提高和学校教学设备的完善，采用录像对教师的教学进行评价，成为一种现实而科学的办法。录像评价通常包括准备工作、课堂教学观看与记录、教师反思纪实、录像分析四个步骤。

（1）准备工作

前期的准备工作，除了要准备在课堂观察和听课中需要的物品之外，还要注意观看录像的环境条件，特别是光线是否合适、声音是否清晰等。此外，还需要选用较好的录像设备。

（2）课堂教学观看与记录

即观看录像、记录教学过程并进行评价。由于评价是基于录像资料进行的，因此录像的内容和质量就非常关键，需要按照录课的具体要求进行录制，同时录课时一般要求双镜头。首先要拍下教师向班级授课的每个细节，同时要注意拍摄比较理想的学生学习活动的纪实。由于录像中学生的活动与教师的活动基本一致，因此可以较为完整地体现整个的教学过程与相应的教学效果。两个镜头录制后需要进行整理编辑。

（3）录制被评价者的课后反思

请被评价者简要介绍自己课程设计的指导思想、教学过程和教学手段的使用、教学目标的达成情况、今后改进之处等。

（4）对录像进行分析

评价者可参考现场观察的过程记录，结合录像课的开展情况，得出对录像课的整体评价，评出等级并写出评语。

二、生涯教师教学成效评价的内容和标准

（一）影响教学成效的因素

影响教师教学成效的因素比较多，不同的学者有不同的观点，目前研究结论中比较集中的是以下两个方面。

1. 教师的特征

教师的心理品质和教学行为特征等会对教学成效有影响。瑞安斯采用观察法和因素分析法，确定数量适当的教师行为特征，并利用态度和情感问卷以及词汇智力测验，从教师的态度、信念、智力、情感等维度，构成了涵盖教师在课堂中的认知和行为等九个方面特征的自陈量表。教师的这些特征是共同影响学生行为及学习效果的重要因素。研究者通过研究卓有成效的教师的个人心理品质和行为特征，总结了有效和无效教师的如下特征：

（1）理解、友好、敏感，或冷淡、自我中心；

（2）负责、有条理、有组织，或逃避责任、漫无目的、松懈涣散；

（3）善于激励、富于想象、勇于创造，或枯燥无味、墨守成规；

（4）对待行政人员和其他人员的态度；

（5）对待学生的态度；

（6）对待民主的课堂秩序的态度；

（7）持有以学生为中心的开放教育观；或持有以学业成绩为中心的传统教育观；

（8）言语理解；

（9）情感的稳定性等。

2. 教学的过程和结构

教学的过程和结构对教学的成效也有显著影响。有研究者采用因素分析的方法，将课堂教学分为目标因素、学生因素、教师因素、教材因素、教学方法和课堂管理因素五个子系统，并分别确立各自的指标。

（二）教师教学成效的评价内容及标准

1. 以教学过程和结果为主的评价内容和标准

该类评价是以生涯课的教学过程和结果为主进行评价的，需要进一步实践和验证。

（1）教学内容，包括教学目标的明确度、讲述内容的科学性、重点和难点的处理、课堂练习的难易程度。

（2）教学艺术，包括启发学生思考、照顾个性差异、学习方法上的指导、情境创设、教学语言和板书。

（3）课堂结构，包括教学环节的设计、复习、提问与新课的衔接、讲授与体验活动的比例。

（4）课堂管理，包括按时上下课、严格要求学生、课堂纪律状况、正确评价学生。

（5）教学效果，包括课时计划的完成情况、学生当堂对知识和技能的掌握程度、学生作业或练习的质量、学生负担是否合理。

2. 以学生活动和参与情况为主的评价内容和标准

该类评价主要针对教学中学生的参与状况和参与水平以及相应的学习行为进行评价，包括学生的参与状态、参与广度、参与时间、参与方式、参与品质和参与效果。目前，该维度的评价标准在教师教学成效的评价中还缺乏具体明确的、可操作性的指标定义，尚需进一步研究和实践。

3. 两者结合的评价内容和标准

该类评价主要针对教师的教学活动、学生的学习活动以及师生之间的互动情况进行评价。有学者将评价内容和标准分为三个层次。

（1）基础层次

主要评价师生的下列典型行为：利用多种方式激发学生的兴趣和求知欲；有明确的教学目标；能够根据教学目标安排和组织教学；学生学懂、会用，知识、能力、态度目标都有较高的达成度；以知识结构为中心，教师在创造性使用教材的基础上灵活组织教学内容；重视教学内容的实践性、体验性、生活性，强调学生实践能力的培养。

（2）提高层次

主要评价师生的下列典型行为：把学生作为学习的主人，充分调动学生主动学习的积极性；教师上课情绪饱满，并注意调动学生的情绪；为学生参与教学和合作学习提供充分的时空条件；教师根据教学情况，主动有效地调节课堂节奏；学生积极听讲，认真思考，踊跃发言；师生和生生在充分的认知和情绪交流中，形成良好的课堂心理气氛。

（3）体验层次

主要评价师生的下列典型行为：鼓励学生实践创新，并采用多种措施为学生实践创新提供条件；尊重学生差异，面向全体学生；学生敢于并善于提问，发表不同见解；师生共同体验教和学的乐趣。

三、生涯教学成效评价标准参考案例

本书根据国家相关标准和已有研究成果，制定了生涯课堂教学评价标准（见表4-4）和生涯教师工作评价表（见表4-5）供实践者应用参考。

表4-4 生涯课堂教学评价标准（参考）

一级指标	二级指标	不合格	较差	一般	较好	优秀
教学理念与教学目标（15分）	·教学目标明确、清晰，具有科学性、层次性、可操作性和针对性					
	·教学目标符合生涯发展理念，注重发挥学生主体作用及促进学生发展					
	·从学生的角度进行目标描述；能引导学生根据学情和兴趣创设个性化的学习目标					
教学内容（20分）	·教学内容安排合理，重、难点突出，具有科学性和教育性					
	·教学内容多元化，知识密度适合学生认知水平，能提出启发性问题					
	·教学资源丰富、开放，能针对教学目标和学生情况进行整合					
	·教学内容兼顾理论与实践，注重能力与情感的培养					
教学方法（20分）	·教学活动组织合理、高效，形式恰当，能让学生体验和感悟					
	·教学环节设计结构清晰、恰当、连贯，过程流畅，能生动呈现教学内容					
	·教学方法与内容科学统一，信息化技术手段与方法创新能合理有效地服务于教学内容，有助于促进教学目标的达成					
	·能针对不同学情和学生需求进行个性化指导，且指导过程清晰，符合生涯教育理念					

（续表）

一级指标	二级指标	不合格	较差	一般	较好	优秀
课堂氛围（20分）	·能围绕目标与内容，结合学生个人经验知识、情感、需求，创设良好的教学情境					
	·能引导学生参与到目标、内容、环境的共同创设中，并获得真实、积极的体验					
	·能营造适宜的物理环境，创造民主、平等、自由、多元的学习氛围					
	·能给予学生恰当的评价与反馈					
教学效果（25分）	·教学过程流畅，预设目标达成度高，能保持良好的精神状态					
	·能对学生当前的生涯发展有帮助或指导作用					
	·能引导学生积极参与课堂教学活动，学生的智力、体力或情感等投入深入					
	·学生在教学活动中有感悟、有体验、有收获					
	·对学生生涯发展有长期的影响					
评价建议						
总分						
评价人						

表 4 - 5　生涯教师工作评价表（参考）

评价要素	一级指标	二级指标
制订生涯教学计划	·有完整的生涯教学计划 ·有生涯指导工作计划	·制订每学期的生涯教学计划，教学计划完整，具有可行性、内容全面 ·有团体辅导计划 ·有一对一指导计划

（续表）

评价要素	一级指标	二级指标
为学生提供生涯指导	·指导学生制订自己的生涯发展计划 ·指导学生进行自我认知与环境探索等实践	·指导学生制订符合个人学业目标、职业理想、兴趣特长、未来发展要求的生涯发展计划 ·为生涯困惑的学生提供帮助与指导 ·指导学生掌握自我认知的方法，帮助学生能够客观正确地认识自我 ·指导学生掌握探索环境的方法，形成对社会和职业的正确认知 ·定期与学生的家长进行沟通，及时告知学生的生涯状态及变化
为学生提供生涯发展信息	·为学生提供生涯信息及检索方法 ·指导学生提取有用的生涯信息	·指导学生熟悉并掌握生涯支持与服务系统的使用方法，了解信息收集渠道 ·指导学生掌握生涯信息检索和收集方法 ·为学生提供生涯信息，提高学生的信息筛选能力 ·指导学生结合生涯信息，对学业和未来职业发展进行规划
生涯教育的融合	·将生涯教育和其他学科课程进行融合 ·将生涯教育与德育相结合	·生涯教育理念和意识强，能够把生涯教育和其他学科课程进行融合，为学生生涯决策提供参考依据 ·帮助学生认识到学科课程对未来职业选择、专业发展、从事职业工作的助力作用 ·将生涯教育与德育活动相结合 ·为其他教师开展生涯教育提供专业支持和帮助

（续表）

评价要素	一级指标	二级指标
满足每位学生的发展需求	·生涯教学和生涯辅导要符合不同阶段学生的发展需求 ·生涯教育面向全体学生，针对每一位学生的个性与发展倾向进行生涯指导，强调全面性和平等性	·争取学校内外更多同仁对生涯教育的支持 ·了解每一位学生的生涯发展倾向和具体情况，并根据他们的特点开展生涯辅导 ·在进行生涯教育的过程中，对学生在课堂上的表现和生涯活动中的成果进行记载和存档 ·指导每个学生建立自己的生涯档案 ·有条件的可以建立学校的生涯网站和职业信息库，便于学生获得需要的生涯信息
为学生提供生涯指导	·为学生提供生涯发展的指导 ·指导学生设立自己的学业和职业发展目标	·指导学生进行学业、职业规划和管理，确定自己生涯发展的目标 ·为学生提供适合其生涯发展重点任务的指导，例如，初中生如何迎接中考的指导；高中有哪些选择，应该做些什么准备的指导；大学志愿填报指导；大学生就业指导等
为学生提供生涯实践机会	·为学生提供多种方式的生涯实践 ·指导学生将理论学习与实践和生活实际相结合	·为学生的生涯实践提供多种方式，如进行生涯访谈、职业体验等 ·指导学生了解真实的职业世界，增加与社会的联系 ·为学生提供一些实习或兼职的活动，直接与各种职场人士进行沟通
提供求职指导（职业中学、大学等）	·为学生提供求职指导	·介绍求职渠道及相关信息 ·指导个人求职简历的撰写 ·指导面试技巧等 ·提供就业政策或信息指导

　　使用建议：生涯教育工作者在使用表4-4、4-5时，可根据实际情况做修改、删减或完善；在使用表4-5时，可根据情况对二级指标各细目赋予1~5分的分值。

第三节　　学生生涯学习成效的评价

学生学习成效的评价是对课堂教学效果的评价，它不仅体现为学生在学习中的认知发展成就，也体现在态度、兴趣、个性等非认知领域的发展和成就上。学习成效评价是教学评价的重要组成部分，课堂教学的实质就是通过课堂教学这种方式，达到学生身心有效和高效发展的目的。因此，任何形式的评价，包括对教师教学过程的评价，都离不开对学生学习成效的评价，学生的学习成效是课堂教学的出发点和落脚点。生涯评价关注的是对学生个体学习进展和变化的评价，这是生涯教育教学评价的重点和难点。

一、学习成效评价的功能

对学生学习成效评价的功能主要有四个方面：

（1）诊断功能，即在教学开始之前，通过评价了解学生的原有知识水平、价值观念、学习需求等，这有助于把握学生的学习起点与需求、了解生涯困境等，使教师在教学前了解学生各方面的情况，以便有针对性地开展教学；

（2）导向功能，即教师必须依照教学评价的标准和教学目标来进行教学；

（3）调控功能，即评价结果可以给教师、学生以及学校领导提供反馈信息，反馈信息可以帮助相关人员做出调整，改善行为表现；

（4）发展功能，即发展性评价本身对学生的发展就能起到促进作用，学生通过参与评价，使得评价成为学习的一部分，并在评价的过程中获得发展。

二、生涯学习成效评价的维度

基于生涯教育的对象特质和生涯课程内容、评价原理、核心素养与三维目标，结合已有实践研究成果，学生生涯学习成效的评价主要从文化基础（知识）、社会参与（技能）、自主发展（情感态度）三个维度进行，这三个维度互相关联，构成生涯学习成效评价系统。

（一）文化基础：知识的理解和掌握维度

生涯教学涵盖了解自我、学业规划、社会认知、职业探索、生涯管理、生涯规划、生涯决策等内容，因此从学生的角度出发，促进其自我价值和社会需要的结合以及实现自由而全面的发展是重要的教学目标，对此方面知识的理解和掌握也是达成核心素养发展目标的需要。结合生涯的教学目标，我们需要结合不同学段的学生的身心发展特点，明确学生需要理解和掌握的知识内容，以促进学生积极自我概念的建立和能力提升，这是对生涯知识维度的评价。

（二）社会参与：能力的培养和提升维度

生涯教学的目标之一是要提升学生的各项生涯能力，最终实现个人与社会的和谐发展。不同阶段学生需要重点培养和提升的能力有所不同。传统教学评价的内容主要指向学生的学业成就，生涯学习成效的评价则要求对教学实施过程中学生主体的需求和参与情况予以关注和评价，对学生自我认知能力、社会适应能力、生涯规划能力、生涯决策能力等的培养和提升予以关注和评价，从而促进学生的社会参与，实现个人与社会的和谐发展。

（三）自主发展：情感、态度与价值观的培养和树立维度

生涯教学的另一个重要目标是帮助学生逐步形成积极的情感、态度以及正确的价值观念。学生作为具有独立精神和个性特点的全面发展个体，必须要具备丰厚的文化基础，积极参与社会实践，具备学会学习、健康生活的能力，才能借助文化基础和社会参与的支持，持续获得和谐成长与生涯发展。因此，除了评价学生生涯发展能力外，还需要着重对学生是否形成自主、自立、自强的态度进行评价，要基于全人教育的理念，注重对学生积极的心理品质、正确的价值观念和生涯态度等方面的评价。

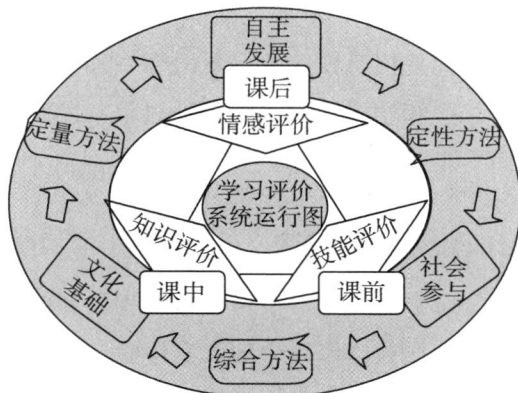

图4-3 生涯学习成效评价系统运行图

三、生涯学习成效评价的组成

对生涯学习成效的评价，主要包括教学过程和学习活动中学习成效的评价，以及教学效果的评价这三部分（见表4-6）。

表4-6 生涯学习成效评价组成

	教学过程中的学习成效评价	学习活动中的学习成效评价	教学效果的评价
评价对象	侧重教学过程中学习者的反应	侧重学习经验的获得，是和教学过程相联系的	侧重教学成果，如学生产生的反应与变化
主要评价观点	·教学内容的适当性 ·教学方法的可行性、有效性 ·教学指导的启发性 ·学习者思维反应的灵活性等	·理解知识、形成技能的心理过程 ·学习过程的积极性与持续性 ·学习情绪变化与自信程度等	·达到认知、技能与情感领域教学目标的程度 ·获得上一条中效果的原因与问题
学习者样本	全体学生	每个学生	全体学生及每个学生
评价方法	主要由第三者观察分析（参考教师与学生的自我评价）	基于学生的自我评价（参照教师和第三者的观察）	教师与第三者测定与评价（参照学习者的自我评价）

上述三部分在本质上是相对独立的，不论哪一方面对改进教学实践都有重要意义。由于教学过程和学习过程是统一的过程，因此，在评价中必须注意两者的相关性，而不能把它们机械地分开。

四、生涯学习成效评价的方法

生涯学习成效评价通常是教师对学生学习过程中和学习之后的评价。学生的自我评价是检验自己在这门课程中的真实体验。发展是学生学习成绩中最重要的目标，因此它也是教学中应用最广泛的评价对象。对学生学习成效进行评价主要有两种方式，一是传统的标准化评价方法，二是新兴的非标准化评价方法。

（一）标准化评价方法

标准化评价方法一般采用纸笔测验题目的形式，主要有客观性试题和主观性试题。

1. 客观性试题

客观性试题，是指按预定的客观标准计分的试题。客观性试题对于学习成就与能力的测量是一种高效和有用的题目类型，可以测量学习成就领域中从简单到复杂、从低级到高级的广泛的学习结果。生涯课程客观性测量常见的有选择题、是非题、简答题等客观性较强的试题。客观性试题需要经过较为严格的开发过程，由于生涯属于发展性、实践性强的学科，在目前没有普适性的统一教材的情况下，客观性试题只能作为评价学生学习本课程成效的部分依据。

2. 主观性试题

主观性试题是指在试题中设置问题情境并提出作答要求，允许学生根据自己的思想认识自由作答，主要包括论述题、作文题等。主观性试题适合考查学生的分析与综合能力、组织表达能力、推理能力、态度和价值观念等高级学习成就，与客观性试题一样，它也是学习成就测试的重要类型。生涯课程涵盖的知识领域比较广，在涉及兴趣、性格、价值观、态度、能力等非结构性问题时，没有单一的、正确的答案，需要学生对问题情境或材料内容深入地领会和理解，因此，主观性试题比较适合生涯课程学习效果的测评。主观性试题能比较好地测量学生是否具有组织各种生涯价值观念、整理各种证据材料、构思确凿论据的能力，批判性评价各种生涯价值观念、生涯规划和决策的能力，清楚而令人信服地表述这些观点的能力，还能使教师了解学生的独立性与创造性思维、学生的性格特点和认知风格、学生的态度和价值观念、学生对问题的敏感性、生涯决策状态，以及是否掌握解决问题的策略等。

（二）非标准化方法

对学生生涯学习成效评价的目的是调动学生学习的积极性，保证学生通过学习能够获得成长。由于标准化测验其编制相对比较困难，而且无法做到评价主体的多元性和被评价者的参与，特别是测试内容与现实社会的真实情境相差比较远，因此，对学生生涯学习成效的评价更多采用的是非标准化的测试方法，采用过程性评价与终结性评价并重、定性评价与定量评价相结合的方式。比如，将学生的课堂参与度、课后实践情况等作为评价依据；根据学生对于课程的体验，采用座谈交流、问卷调查、行为倾向性或表现、书面报告等方式得到评价结果等。鉴于生涯独特的学科特点，本节将对生涯学习成效评价的非标准化评价方法做比较详细的介绍。

1. 表现性评价法

表现性评价也被称为真实性评价法，是指以学生在日常生活和教学活动中的真实性表现来评价学生某方面能力的评价方法，主要由真实性任务和评价量规两个部分组成。真实性任务是指现实生活中或模拟现实生活中的任务，学生可以用他们所学的知识和技能去解决这些任务。评价量规是指评价的标准，包括评价项目和评价等级。

（1）表现性评价的特点

①表现性评价不仅能够评价学生知道什么，而且还能评价学生能够做到什么。

②表现性评价强调考查学生学习和思考的方法，特别是学生解决实际问题的高阶思维能力。

③表现性评价要求所设计的任务必须是与真实生活情境相联系的。

④表现性评价的实施过程和所产生的作品是评价的重点。如生涯人物访谈的表现性评价，既考查了学生联系生涯人物的社会交往能力、与人交流沟通的能力，还需要评定学生的生涯访谈报告所反映的学生的认识深度以及学生的书面表达能力等。

⑤表现性评价要求进行评价的教师事先确定评价学生作业表现的规则和标准。

（2）表现性评价的类型

①口头报告与答辩

口头报告是要求学生对自己开展的活动进行口头汇报。例如，学生进行了生涯人物访谈后，跟同学分享其访谈收获。答辩则不仅要求学生对学习收获进行口头汇报，还可以在口头汇报之后，由教师或其他学生对其所表述的内容进行提问，由该学生对所提出的问题做出进一步的解释或回答。例如，在大学自主招生面试或是学生求职面试中，面试官往往会先要求面试者做自我介绍，之后由面试官进行提问。在生涯表现性评价中则可采用模拟面试的方法。

②项目调查

项目调查的具体做法可以分成如下几种：个人单独完成调查并撰写调查报告；小组（两个人以上）合作完成调查项目，可对合作水平和成果质量进行评价；还可以小组合作设计调查问卷、开展调查、收集资料，但需每个人单独撰写一个调查报告。项目调查的方法在生涯教育中往往可以用于中小学生初步了解职业种类、了解某个社会问题、对大学及专业等的调查；大学生对社会某方面的调查，对某个行业领域、职业发展或就业形势等的调查。

下面介绍三个利用调查方法评价高中学生生涯学习结果的案例。

案例1："我心仪的大学九宫格"

班级：　　　　　姓名：　　　　　　　　　考核等级：

说明：请你全方位了解一所你心仪的大学，并完成"大学九宫格"。

大学历史及校训	学校类型（如综合、理工、政法、财经、医学、师范、研究型、应用型、职业技能型）	所处城市
师资队伍与资源	我心仪的大学（写出名称）	国际合作资源
特色或优势专业	毕业生就业率及去向	校园环境

案例2：生涯人物访谈报告

班级：　　　　　姓名：　　　　　　　　　考核等级：

说明：结合自己感兴趣的职业，选择该职业人物2~3人进行访谈。以下访谈程序供参考，请在最后写出自己的访谈结果。

第一步，预约访谈对象：选择你感兴趣的行业，在此行业选择2~3个行业人物，包括行业成功人士和一般人员。思考谁能帮助你联系到所需的访谈对象，如何联系，计划何时开始。

第二步，准备访谈提纲：你想了解的生涯问题有哪些？（以下问题仅作为

参考）

此职业主要工作内容是什么？
此职业的工作时间、薪酬、工作环境、晋升路径怎样？
您为何选择这个职业？
您是如何找到现在的工作的？
就您目前的工作而言，您最喜欢什么？最不喜欢什么？
这份职业与哪些大学专业相关？与哪些高中学科相关？
从事这个职业，需要什么素养、能力和人格特征？
其他问题：

第三步，实施访谈的具体计划。

第四步，整理访谈结果：将访谈结果与个人兴趣、能力和价值观进行对照。

（访谈整理结果填写处，可自行续页）

案例3：最心仪的大学专业调查报告

班级：　　　　姓名：　　　　　　　　考核等级：

说明：结合自己感兴趣的职业和大学，对你最心仪的专业进行调查并完成下面的调查报告单。

向往的职业		
与该职业相关联的专业		
最想选择的1个专业		
该专业最想选择的大学		
该专业对选考科目的要求		
该专业	培养目标	
	主要课程及课程主要内容	
	就业方向及大学毕业生去向	
	该专业未来发展趋势	
	近三年录取平均分与录取线差	
	当年该专业在当地招生计划	
	招生方式与要求	
	大学综合实力	
	该专业大学排名	
	继续深造的机会	

提示：

录取线差＝当年平均录取分数－当年相应批次控制分数线，比如中央民族大学某年教育学专业平均录取分为539，当年相应批次即本科一批的控制分数为495，那么当年该大学该专业的录取线差为539－495＝44；

招生方式与要求指普通高考还是强基计划等，有无提前专业考试或面试，对身体有无特别要求等；

继续深造机会指考研、考博、留学等资源与机会。

③角色扮演

角色扮演是指一种使人暂时置身于他人的社会位置，并按这一位置所要求的方式和态度行事，以增进人们对他人社会角色及自身原有角色的理解，从而更有效地履行自己角色的心理学技术。角色扮演一般可通过模拟真实情境，帮助学生获得相关经验或感悟。作为一种教学方法，角色扮演能够让学生体验社会人际关系和改善自身行为，意味着学生在安全的环境中尽可能创造性地、游戏性地担任某一角色，可以学习新技能，应对未来生活。此方法常被用于生涯模拟活动，如模拟面试、模拟招聘会、生涯模仿秀等活动。这种模拟情境下的角色扮演情况，可作为学生的表现性评价并对学生的生涯适应产生影响。

④小论文

小论文是要求学生就某个现象、问题或者观点用小论文的方式进行描述、分析、解释、总结、评价或论证的评价方法。小论文可以有效地评价学生对某个问题或事物的理解程度，也可以考查学生价值态度的正确性、观点的新颖性和论证的清晰性，以及表现出来的批判意识和批判能力等。在生涯课程评价中，小论文的方式可用于学生撰写自我推荐信、行业就业分析等。

此外，在生涯课程中，表现性评价还可以通过实验、学习日志以及艺术作品的创作等对学生的学习情况进行评价。比如运用学习日志让学生记录每次生涯课的所得所思，作为生涯课程的过程性评价的参考。

（3）表现性评价实施的参考步骤

第一步，明确评价的目的。评价的目的是确定要评价学生哪些方面的进步和表现，从而为确定相应的活动类型和标准奠定基础。如想考查学生对问题的辩证思考与批判性思考的能力，则可考虑采用小论文或者口头报告。

第二步，设计评价任务。即具体考虑采用什么样的任务来达到表现性评价的目的。

第三步，确立评价的标准。评价标准尽量要求表达清晰、简要，内容涉及可观测、可量化的行为。

第四步，制作评价量规。具体步骤包括：①观看作品，观看一些好的和不好的作品，并讨论好或坏的原因；②列出标准，列出优秀作品的必要特征；③标明质量等级，找出最好的和最差的质量等级，然后根据自己所掌握的知识和讨论结果，找出中间的质量等级。师生可一起参与制作量规。

第五步，评价和反馈。根据制作的量规对学生完成任务的情况进行评价，并及时反馈评价结果，不断修正教师的教和学生的学。

（4）注意事项

表现性评价法在实际运用的过程中需要注意以下方面：一是信度，可以通过对评分者进行训练及制定评分规则来提高信度，同时，可以通过增加评定任务数量及评分者人数，适当解决重测信度问题；二是效度，可以通过调查学生完成任务时所经历的过程来加强表现性评价的结构效度。

2. 成长档案袋评价法

随着多元评价理论的盛行，成长档案袋评价法逐渐成为一种重要的记录学生成长和进步的方法。成长档案袋评价法也可以为老师和学生建立生涯档案袋提供丰富的资料和素材，是一种重要的自我评价方法。

（1）概念及基本特征

学生成长档案袋评价是根据教学目标的要求，有意识地收集和记录反映学生成长过程中的实证性材料，并依此进行评价的方法。

学生成长档案袋评价的基本特征有：①档案袋的基本成分是学生的作品，而且数量很多；②作品的收集是有目的，有计划的；③可以提供学生发表意见和对作品进行反省的机会。

（2）功能

①记录成长过程，促进自我反思与自我评价，增加学生的能动性；②通过彰显学生自身在某方面的独特能力，提升自尊，获得成功感受，有助于培养学生多元智能；③为教师发现并诊断问题、与学生沟通打下扎实的基础；④增进师生沟通，使教师更全面地了解学生。

（3）类型

成长档案袋主要包括展示性档案袋和过程性档案袋两大类：

①展示性档案袋。此类档案袋主要收集能够反映个人成就的材料，如自己的最佳作品、代表性作品，及获奖证书、奖章、实习见习的成果等。例如，中学生综合素质评价平台就使用了大量档案袋评价的方法。该平台让学生收集并提交自己取得的社会实践、特长发展、学业发展等方面的成果，上传平台后还可以得到老师和同学的评价。该平台对记录学生成长、推进学生发展

起到了很好的促进作用。

②过程性档案袋。此类档案袋主要收集反映不同时间段个人表现的材料，其中不仅有自己最满意的作品，也有最初的不太成熟的作品，如一篇文章的初稿、修改稿和定稿都可以放进档案袋。生涯教师可以根据所教授生涯课程的内容设计生涯课程学案，让学生把生涯课程学习的记录留存起来，最后装订成册，可以直接变成学生的生涯档案袋，既帮助学生记录自己的生涯课程学习收获，又可以成为学生评价的重要材料。下面列出了生涯成长档案的目录供实践者借鉴和选用（见表4-7）。

表4-7　学生生涯学习档案袋目录（参考）

项目	生涯档案内容	页码	完成时间
生涯认知	·兴趣探索		
	·我的成就事件		
	·我的学习风格		
	·我的学习规划		
	·		
	·		
生涯探索	·生涯人物访谈报告		
	·我的职业体验报告		
	·职业与未来发展趋势探索		
	·我心仪的大学探索		
	·		
	·		
生涯行动	·我的生涯目标与规划		
	·我的生涯周计划		
	·我的社区志愿行动		
	·展望10年后的我		
	·		
	·		

（4）构成

成长档案袋中通常包括以下几方面的内容：

①封面。可包括作者照片、作者介绍和对自己学习过程与进步的总结。

②目录。反映档案袋中的内容及所在页码（见表4-7）。

③内容。可包括必选内容和可选内容。必选内容是每个学生都有的，提供了评价的共同基础，可选内容则反映学生的独特性。学生既可以选择自己最好的作品，也可以选择有问题的作品，并分析原因；还可以选择作品的初稿和修改稿，反映进步的过程。

④日期。每个作品都应记录时间。

⑤反思。可以出现在不同阶段，包括对个别作品的反思和对整个档案袋的反思。对个别作品的反思可涉及以下问题，例如：我通过这个访谈报告学到了什么？我哪些方面做得好？我为什么选择这个作品？在这个作品中我还要提高什么？我对我的表现感觉怎样？

（5）注意事项

成长档案袋评价法的优点是强调学生的主体性，突出正面的鼓励性评价，可以帮助学生发现自己的闪光点、建立学生的自信。但是，成长档案袋评价法有其局限性，因此要予以注意：

①尽量不要增加教师的工作量。成长档案袋评价法的工作量和持续时间跨度比较长，因此，要发挥学生主体作用，指导学生积极主动参与、持续参与，以减轻教师工作量和负担。

②该评价方法只适用于过程性评价，不能作为筛选的依据。由于缺乏有效的评价标准，成长档案袋评价法难以评定分数，因此不能将此作为筛选或选拔的依据。

3. 评语评价法

评语评价法是通过写评语的方式来评价学生在某一阶段或某一门学科的学习情况。客观生动的评语往往能够打动被评价者的内心，激励被评价者更加努力地学习。但是，评语评价法也具有局限性，评价者需要对被评价者比较了解，才能写出客观真实的评语。另外，评语评价法不像分数那样直接，不适用于测量学生的成绩、考试等情况。

常见的评语类型有学生评语、班主任评语和小组评语。

学生评语是由学生本人或同学写的评语，既可以是学生个体单独进行的评价，也可以是全班学生整体进行的评价。由于参与评价人员的多样性，这种评价获得的评价资料较多，客观性较强。

小组评语是由学生所在的小组经过协商之后，针对学生的学习、活动和行为等，对小组成员做出价值判断的过程。小组成员通常由 3 ~ 5 人组成，经过集体协商之后做出评价。

目前，学生综合素质评价中较多地用到了评语评价的方法，里面主要包括了同学评价、教师评价和家长评价，评价内容涉及学生的德、智、体、美、劳等多方面的表现，对促进学生成长起到了一定的作用。

在生涯课程中，评语评价可以用于辅助教师对学生作品的评价。除了等级，还可以写上积极的、鼓励的评语，这对于学生是一种很好的鼓励和促进。

4. 心理量表评价法

教师在对学生开展生涯教育的过程中，为了更好地帮助学生了解自我，有时需要借助心理测量量表对学生进行评价。心理测量量表是依据一定的心理学理论编制的，是经过一系列标准化的过程、经过实践检验的具有较高的信度和效度的心理测量工具。

在生涯教育的过程中应用比较多的心理量表有生涯适应力量表、价值观量表、霍兰德职业兴趣量表、MBTI 类型量表等（详见本书第五单元生涯测评相关内容）。教师在指导学生应用相关心理量表进行测试之前，应该告知学生，作为自陈量表，在作答时必须诚实才能获得真实有效的测试结果。应用心理量表评价之后，一般会出具一份测试报告。该测试报告具有较高参考价值，需要生涯教师就相关测试报告给予学生更具体的解释和辅导。总之，心理量表评价法是生涯教师了解学生，以及学生自我了解的重要参考工具。

五、参考案例

以下是常用的生涯课程学习成效评价的参考案例（见表 4 - 8、表 4 - 9、表 4 - 10、表 4 - 11），供实践者参考借鉴和完善。

表4-8　生涯课堂学习评价标准（参考）

一级指标	二级指标	不合格	较差	一般	较好	优秀
学习准备与学习目标（15分）	对学习目标、学习任务、学习程度有一定了解					
	对完成学习目标做好必要的课前准备，具有一定储备知识和经验					
	能在教师指导下预设多元化的学习目标；学习目标符合生涯发展理念，有助于促进生涯发展					
学习内容（20分）	能在教师指导下理解课程的重、难点，掌握相关知识和技能					
	对教师提问能认真思考，积极发表看法，探索解决路径					
	能在教师指导下高效利用课程资源，巩固学习内容，拓展知识边界					
	能在教师指导下进行知识的迁移和实践应用，并在情感态度价值观方面有收获					
学习方法（20分）	能在教师引导下积极、主动、有序地学习					
	学习过程精力集中、认真听讲，能用适合个人的方法学习和掌握教学内容					
	能开展并参与多样化的学习活动，能与教师和同学进行多向交流					
	能依据个人学情和课程要求，掌握一定的学习方法并善于思考、反馈					
学习参与（20分）	能在教师引导和多方对话下，激发学习主动性，具有一定的创造性					
	能参与到学习氛围的建设中，具有主人翁意识和责任意识					
	能在有序的学习活动中高效地学习					
	能积极参与课堂互动、分享、评价与反馈					

（续表）

一级指标	二级指标	不合格	较差	一般	较好	优秀
学习成效 （25分）	能完成学习任务，达到个人预设目标，并保持积极主动的学习状态和良好的精神状态					
	能将所学应用到当前的生涯发展中，得到帮助或支持					
	能在老师引导下，积极参与课堂学习活动，智力、体力或情感等投入深入，能跟上学习进度					
	在学习活动中有感悟、有体验、有收获、有分享					
	获得对个人生涯发展有长期影响的知识或能力的培养与提升					
评价建议						
总分						
评价人						

表4-9　生涯课程学期评价参考案例

考核项目	平时成绩60%						期末综合考核40% （学生自选一项）	合计
	学生出勤＋学习态度	学生学案完成情况					A．生涯规划书 B．自荐信 C．自我探索任务 D．职业探索任务 E．生涯管理任务 F．另选	
		A＋＋	A＋	A	B	C		
		100	90	80	70	60		
所占比例	20%	40%					40%	100%

说明：本评价为学期学习成效评价表，采用百分制形式计分。可根据实际工作需要删减或修改。

表 4－10 生涯管理能力定量评价标准参考案例

序号	评价指标	评价标准
1	学习一个学年的生涯课程	完成得 2 分，多 1 年加 2 分
2	体验 2 种职业	完成得 1 分，多 1 种加 1 分
3	阅读 2 本名人传记	完成得 1 分，多 1 本加 1 分
4	完成 3 次生涯测评	完成得 1 分，多 1 种加 1 分
5	完成 1 份规划	完成得 1 分，多 1 份加 1 分
6	确立 1 位生涯榜样	完成得 1 分
7	明确 1 个人生目标	完成得 1 分

说明：此表为张珏研发的上海市奉贤区生涯教育研究成果，本书对部分内容做了修改。

表 4－11 初中生涯管理能力评价标准参考案例

序号	一级评价指标	二级评价指标	分值	分值权重	
				定性	定量
1	自我认知能力	·理解个人兴趣、技能、能力、价值观与获得职业成功之间的关系 ·了解与认识自我，理解自我认知与生涯发展之间的关系	5	40%	60%
2	生涯探索能力	·了解工作世界中的职业分类 ·能够辨别 1～2 种职业所需的知识与技能 ·知道如何将学科知识与技能运用于生活实践及相应的职业领域	5	40%	60%

（续表）

序号	一级评价指标	二级评价指标	分值	分值权重	
				定性	定量
3	生涯适应能力	·初步树立生涯意识、规划意识 ·树立生活自主意识、责任意识，具有较强的自我调节能力和人际交往能力 ·有理想目标，并愿意为之克服困难、付出努力去完成目标 ·能处理好近期目标与长远目标之间的关系，对未来充满信心和希望	5	40%	60%
4	生涯资源利用能力	·掌握探索职业信息的各种渠道和信息收集、筛选方法	5	40%	60%
5	生涯觉察能力	·理解受教育经历与职业成功之间的关系	5	40%	60%
6	生涯规划能力	·明确升学规划的重要性	5	40%	60%
合计			30		

　　说明：此表为张珏研发的上海市奉贤区学生生涯管理能力的六大评价维度，本书对二级指标做了部分修改。以上六大评价维度按照不同学段的生涯教育实施过程进行划分，采用"生涯成长学分"的形式进行量化评价，总分100分，要求初中生完成30分。

第四章
生涯课程的资源

生涯课程的顺利实施和生涯教育质量的提升，必须要有大量的、丰富的课程资源来支撑，为生涯课程目标的达成奠定坚实的基础。丰富的课程资源能改变教师的教学方式和学生的学习方式，有助于提升学生学习的主体地位，让学生从知识的接受者转变成为知识的建构者，激发学生的学习积极性和主动性，也有利于提高生涯教育的质量。本章将从生涯课程资源的构成、分类、开发和利用的原则、方式与过程、途径等方面予以简要介绍，旨在强化生涯教育工作者课程资源意识，从身边各种各样的资源中挖掘生涯课程资源的要素，用最有效的资源去辅助教学，利用课程资源深化教学内容、丰富课堂教学，为生涯课程目标的有效达成提供必要的支持。

第一节　生涯课程资源概述

课程资源是指形成课程的因素来源与实施课程的必要而直接的条件。按照不同的分类标准，课程资源可以划分为不同的类型：按空间划分，可分为校内课程资源与校外课程资源；按功能特点划分，可分为素材性课程资源与条件性课程资源；按课程资源的来源，可分为社会资源与自然资源；按课程资源的存在形式，可分为物质形态资源和精神形态资源等。总之，课程资源的分类是多维度的，界定课程资源的关键是看资源本身是否能够为课程实施服务、是否有利于课程目标的实现。

一、生涯课程资源的概念

学校生涯课程的实施，离不开课程资源的支持。本书认为，生涯课程资源是指能够服务于生涯课程开发、有效支持生涯课程的实施、实现生涯教育总目标的人力、物力、财力及自然资源的总和。在众多的资源中，学校要围绕生涯教育的目标以及生涯课程的形式，筛选出具有针对性的、高价值的、促进学生成长和生涯发展的资源，这才是真正有价值的生涯课程资源。

二、生涯课程资源的内部构成

生涯教育课程资源的内部构成要素包括目标资源、内容资源、组织资源、评价资源。

（一）目标资源

目标资源就是指帮助学校和教师确定生涯课程目标的资源，这是在设计课程之初就必须收集并整理好的资源。只有在目标资源充分的条件下，才能够明确生涯课程目标，并在此基础上整合资源、开发课程。目标资源的重要性在于帮助学校和教师明确方向，化繁为简。对于学生的生涯发展而言，有太多需要教育和辅导的内容，但教师的精力是有限的，教师很难做到面面俱到，这就需要梳理目标资源，明确哪些资源能决定生涯课程目标，这样才有助于集中高效地开展生涯课程。

目标资源包括三大类：

（1）社会大环境的需要。例如国家的发展战略、行业发展前景、人才需求、新高考改革政策、就业现状、创业政策等。

（2）学习者自身的需求。例如学生生涯发展现状、生涯困惑等。

（3）学科专家的建议。例如生涯教育专家、课程专家、经验丰富的生涯教师的建议或者经验等。

（二）内容资源

生涯课程内容主要来自理论和实践两个层面。前者主要是研究者根据研究获得的生涯发展和教育的普遍规律，后者则是实践者的经验和教训。教师可以根据实际需要把这些理论和实践资源进行筛选、梳理和整合，从而形成适合学生发展需要的生涯课程内容。当然，生涯课程内容并不是不变的，需要不断地学习和添加生涯理论和实践资源，根据大环境和学生的变化不断调整内容，这样才能做到真正贴合实际。

内容资源主要包含两大类：

（1）学科知识。例如心理学、教育学、管理学、社会学等与生涯相关的知识和生涯发展的理论等。

（2）社会生活经验。例如具体的教育教学活动、学生真实的生活经历、体验感悟等。

（三）组织资源

组织资源就是在生涯课程目标的指引下，将生涯课程内容进行科学、系统的组织并呈现出来的资源。这是生涯课程实施的保障，是教师呈现生涯课程的方式，也是学生接触生涯课程的途径。组织资源需要根据学生认知的发展水平，进行合理的安排和呈现。

组织资源包含两大类：

（1）学科知识的组织和安排。例如课程维度、教学模块设计、课时安排、每节课的设计和顺序等。

（2）整合和设计生涯教育活动。例如学校举办的各种生涯活动或者实践活动、活动流程和形式、学生参与方式等。

（四）评价资源

生涯课程评价是指根据预先设置的标准，用科学合理的范式来评估生涯课程的目标、内容、组织等是否符合生涯科学的要求和学生的实际需要，以及满足到什么程度。

评价资源包含两大类：

（1）对教师生涯课程教学效果的评价。例如课程是否按照设计进行、目标达成情况、上课过程中有没有出现科学性错误等。

（2）对学生生涯学习成效的评价。例如课堂上学生的参与程度和活跃程度、学生作品完成情况，及课后学生反馈、行为改变等。

三、生涯课程资源的外部构成

（一）人力资源

1. 专职或兼职生涯教师

专职或兼职生涯教师是指接受过系统生涯教育理论和教学实践的培训，并具有较强的生涯教育技能和经验的校内教师或校外生涯教育专业人员。生涯教师是学校生涯课程的核心设计者和执行者，他们掌握生涯发展理论，因此能够对学校生涯课程进行校本化设计；他们了解学生的发展特点和具体学情，因此能够针对学生共性的现实需要设计出具有实操性的具体课程；他们具有丰富的生涯教学和辅导实践经验，因此能够用鲜活灵动的、吸引学生的教学内容充实每一节生涯课程。总体而言，专职或兼职生涯教师是学校开展生涯课程最重要的，也是最核心的资源，是决定学校生涯课程专业性、系统性、有效性的重要保障。

2. 生涯规划师

生涯规划师是指获得生涯教育相关专业培训、具备生涯规划岗位胜任力的校内外专业人员。在国内生涯实践中，又细分为学业生涯规划师、职业生涯规划师、升学规划指导师等不同岗位。生涯规划师能够运用规划和指导等相关知识、技能和资源，指导个体对自我和外部环境进行探索和了解，明确生涯角色、树立生涯目标、形成生涯抉择、制订生涯计划、促进生涯行动，以提高个体的生涯能力等。由具备生涯规划胜任力的校内外专业人员为有需要的学生提供团体或个体的生涯规划指导和辅导，是当前学校生涯教育发展的大方向。很多大中小学都在尝试学校相关工作者兼任生涯规划师的模式。一方面，学校内的生涯规划师可以对学校生涯课程的开发、实施和评估等提供来自学生的个体信息支持，帮助学校改进生涯教育工作；另一方面，学校里有数量足够的专兼职生涯规划师可以确保每一名学生得到更全面、更充分、更个性化的教育和辅导，因此生涯规划师是学校生涯教育中不可缺少的资源和力量。

3. 生涯咨询师

生涯咨询师是指获得生涯教育及生涯咨询的相关专业培训、具备生涯咨询岗位胜任力的校内外专业人员。生涯咨询师运用咨询知识和技能，为个体或团体提供与生涯发展相关的商讨、指导、援助等服务，以协助个体解决与生涯准备、生涯选择及生涯适应等有关的困扰或冲突，消除个体情绪和认知上的障碍，促进其生涯角色之间的融洽和谐，促进个人的生涯适应与发展并实现其生涯目标。生涯咨询师能够将生涯理论和实操技能进行深度消化，并结合学生的个人特点，给学生提供个性化的、深入的个体辅导或咨询，解决学生生涯发展中的困惑，帮助学生将普遍化的生涯知识和技能与自己的实际相结合，从而真正解决学生个性化的问题，促进学生获得生涯能力的提升。

4. 班主任老师（辅导员）

班主任老师（辅导员）在指导学生生涯发展方面有着特殊的地位和作用。班主任（辅导员）作为平时和学生接触最多、最了解学生的教师，他们能够将生涯教育的理念和实践与学生的需要相结合，进而更有针对性地解决学生生涯发展的困惑和问题；他们更能够将学校固定的生涯课程转化为更符合班级特色、更适合班级需要、更引领班级文化的课程，并依托生涯课程，形成具有更广泛和更长久影响的班级生涯教育氛围。

5. 学科（专业）老师

虽然学校生涯课程是一门区别于其他学科课程的独立课程，但所有学科（专业）教师本身都是生涯教育的人力资源，他们能够从学科交叉融合的角度为生涯课程提供非常宝贵的信息和支持。学科（专业）教师能够从学科的角度出发，挖掘学科本身的生涯资源，例如学科与专业、职业的关系，学科对个体发展的长远影响等，这些都是生涯课程的实践基础和宝贵资源。同时，学科（专业）教师还能够帮助学生进行更充分的自我探索，包括自己的学科兴趣、专业特长、专业理想等。将这些学科专业资源引入生涯课程中，不仅能够让生涯课程更加贴近学生的现实情况，让他们能够更好地理论联系实际，也能够拓展生涯课程的广度。有学科（专业）教师参与的生涯课程，将使学生的生涯视角更加开阔。

6. 学校非教学工作人员

除了教师外，学校内还有部分从事非教学工作的人员，他们也能够成为生涯课程的人力资源。生涯课程作为一门实践类课程，需要大量丰富的生涯资料和素材来开阔学生的眼界、打开学生的思路。学校生涯课程的一大限制是拘泥于教学工作人员，以致很多资源集中在教育行业，学生很有可能始终围绕着教育行业来进行生涯学习和探索。如果要以最小代价来最大限度地解决这个问题，可以将校内非教学工作人员也引入生涯课程中，成为生动的"生涯教材"。首先，非教学工作人员能够展示生涯发展的多样性和可能性，例如，除了教师外，支撑学生学习和学校运转的工作者还有管理者、财务人员、校医、实验员、厨师、保洁、维修员等。其次，这些工作人员能够给学生提供教师以外的职业展示和体验机会，例如生涯课程中的职业体验课就可以由校医、园艺工作者、厨师等来设计并实施，拓展学生经验。最后，这些工作人员也能够为学生展示生涯发展的环境背景和系统性，让学生从更宏观的角度来看待个人的生涯发展。

7. 学生资源

学生的生涯发展是贯穿其生命始终的，而不是从接受正规生涯教育时才开始的，因此，每一个学生都是带着丰富的生涯经历与经验进入学校生涯教育中的。这些成功或者失败的应对经验是学生拥有的最宝贵的生涯教育财富，而这种内化的经验也远比单纯的说教更能走入学生的心中。因此，积极看待学生的发展，帮助学生发现自身的资源是生涯教育的重点探索方向。学生在各类社会实践活动中也能够充分发掘并发挥自己的潜能，变成生涯课程的资源。

8. 家长资源

和教师一样，家长自身的生涯发展经验能够为学生提供最鲜活、最真实的案例，让学生沉浸式地了解和感受生涯发展的过程。例如，学校可以将家长资源引入生涯课程中，形成"生涯课之家长课堂"。家长的职业背景和经历的差异性、多元性可以为生涯课提供大量真实的素材。通过家校协同的生涯实践活动，家长可借助生涯课程平台，向更多学生传递有关生活、社会、行业、职业发展等信息，并展现良好的职业精神、职业能力和生活能力。比如，学校可以邀请优秀家长作为学生的生涯榜样人物、生涯导师；可以请家长作为职业人物进行相关的职业介绍，为学生提供职业人物访谈素材；可以请家长提供职业影随的场地、工作体验平台或短期的职业见习，为学生提供宝贵的社会实践和职业体验的机会等。

（二）物质资源

1. 生涯教材

生涯教材是学校生涯课程的重要依据和参考，能够让生涯课程更加科学、系统，并且具有传播性和可重复性。学校除了选用成熟的全国或区域通用的生涯教材外，还可以结合生涯理论和实践经验，开发具有本校特色或本专业特色的校本化生涯教材，形成学校特色的生涯课程体系和成果，构建完整的、更有针对性的课程框架体系。

随着高科技新技术的快速发展与广泛应用，教学信息化的快速发展拓展了生涯教材呈现形式。因此，学校在开发生涯教材时，可以考虑纸质教材与数字化教学资源一体化设计的理念，为纸质教材配套相应的电子书或数字学习资源，将其作为传统纸质化教材的重要补充。在教材的呈现方式上，减少大篇幅枯燥文字的叙述，综合运用图例、表格、实物照片等，使教材图文并茂，增加适读性与可读性，从而激发学生的学习兴趣和热情。

2. 生涯教具

生涯课程的教具非常丰富，只要是和生涯发展相关的信息或者物品都可以成为生涯课程的教具。首先是生涯信息资料，包含生涯信息的各种报纸杂志、生涯理论书籍和文献、各地的生涯教育经验介绍和汇报材料，以及生涯相关的影音视频资料、互联网资源等；其次是生涯测评工具，包括专业的问卷、量表、活动性评估等；最后是各种活动道具，例如职业卡牌、沙盘、拼图、折纸、彩笔等。

3. 生涯教育场地

学校专门设置的生涯教室，或者学生成长指导中心、学生生涯辅导教室等，都可以成为生涯课程最重要的场地资源。这些场地作为专职场所，能够为生涯课程提供最贴合、最便利的支持。这些场地具备较强的独特性，能够专场专用，并且配备专业的生涯设备和相应的装饰，能够让学生沉浸式体验生涯教育。专兼职生涯教师、生涯咨询师、学科（专业）老师等生涯教育工作者和学生能够在这里组成专门的生涯课程小组，开展生涯课程教学活动或者辅导。

除此之外，只要有意识地设计或者用心地挖掘，校园的任何场所都能够成为生涯课的教育场地，将"环境育人"的理念用于生涯课教学场地的规划设置中。例如，某一个角落可以设置为生涯读书角，教师可以在这里开展生涯阅读和分享课程；某一面墙可以设置为生涯展示墙，学生可以在这里展示学习成果、分享职业知识等；食堂、操场也可以成为生涯课程中活动课程的场地，方便学生探索和活动。

（三）活动资源

1. 生涯专题活动

生涯课程作为实践课程，其实施并不局限在课内，它包括了很多课外活动课程。老师在开发生涯课程资源时，需要确定适宜的内容，选择合适的时间，设计新颖、方便、操作性强的活动，从而实现生涯教育的目标。本书推荐以下几个常见的生涯专题活动资源：

（1）职业人物访谈

学生利用寒暑假时间选择职业人物进行访谈。访谈前，学校对学生进行统一的培训，帮助学生明确访谈目标、访谈框架、访谈技巧。访谈结束后，学生可以完成学校提供的格式化的访谈记录模板（可以参考本单元生涯任务访谈的案例），或自行整理访谈内容，提炼访谈重点，并结合自身的生涯发展理想和规划，记录访谈体会和收获。

（2）走进父母工作岗位

学生利用寒暑假时间进入家长的工作单位，跟随家长进行至少1天的职业体验，让家长成为学生的职业体验指导师。在体验过程中，家长需要向学生介绍工作单位的信息及工作岗位的任务、要求、特点等，学生可以采用旁听的形式进行学习，也可以参与到力所能及的工作任务中进行沉浸式体验。活动后，学生同父母分享、交流体验中的收获和困惑，并进行记录。学校可以统一设计学习成果展示平台或交流机会。

（3）职业体验

学校组织学生进入不同类型的企事业单位进行职业体验。学生深入不同岗位了解工作内容、职业要求和职责等，并进行基础工作的体验。活动后，学校组织班级、年级分享和展示活动。

（4）模拟招聘

学校联合社会资源，招募多个行业的人力资源专员，开展模拟招聘活动。活动前，学生需进行简历书写和面试技巧的统一培训，同时根据自己的生涯理想和招聘信息选择心仪的面试岗位并撰写简历。活动时，学生携带简历，和人力资源专员进行一对一模拟招聘面试或无领导小组谈话。活动后，人力资源专员对每名面试学生的情况进行反馈，由学生进行活动总结。这类活动通常适合在高中和大学进行。

2. 社会实践活动

学校可以将原有的社会实践活动或者特色活动有意识地融入生涯课程的体系中，使其成为非常重要且有效的生涯课程资源；有意识地将自我探索、环境探索、职业了解等生涯主题梳理并整合，对其进行课程化设计，融入社会实践活动中，让学生在实践中将生涯知识和技能融会贯通，寓教于乐。例如，学校在劳动实践、研学旅行、志愿服务等综合实践活动时，可以让学生在过程中有意识地观察活动中的职业人，体验某种职业，将实践活动变成观察类、体验类生涯课程。活动后，学生可结合自我探索工具和活动中的具体表现进行总结交流，加深对生涯知识的迁移和应用。

3. 学生活动（社团、兴趣小组等活动）

社团活动是学生展现自我、提高综合素养的有效方式，很多学校都有学生社团或者兴趣小组。学生社团或兴趣活动，为志趣相投的学生搭建了交流、切磋、展示的平台，使学生积极、主动地参与校园文化建设，增进学生的自我探索和环境探索，培养学生的责任意识与服务意识，增强学生的归属感。因此，学生活动也为生涯课程提供了素材和实践资源，增强了生涯课程的实践性。

第二节　生涯课程资源的开发与利用

生涯课程资源的开发是学校在符合国家政策的基础上，参考与生涯相关的理论，依照学校自身的特色和学生生涯发展的实际需要与问题，进行生涯课程资源的挖掘、梳理和利用的过程。课程资源是服务于课程需要的，生涯课程资源的开发要紧紧围绕生涯课程的目标，进行多方位、多渠道的挖掘，梳理相应的课程资源，形成相对完整的学校生涯课程体系及配套的课程资源。

一、生涯课程资源开发与利用的原则

生涯课程资源的开发与利用不是随意而行的，需要遵循一定的原则。基于生涯课程和生涯课程资源的基本特点和多样的类型，其开发与利用应遵循如下一些原则。

（一）开放性原则

生涯课程资源的开发与利用要以开放的态度对待人类创造的一切文明成果，尽可能开发与利用有益于教育教学活动的一切可能的课程资源。这种开

放性包括类型开放性、空间开放性和途径开放性。类型开放性，是指不论以什么类型、形式存在的课程资源，只要有利于提高生涯的教育教学质量和效果，都是开发与利用的对象；空间开放性，是指不分校内或校外、城市或乡村、国内或国外，只要有利于提高生涯的教育教学质量，都可以加以开发与利用；途径开放性，是指课程资源的开发与利用不应局限于某一种途径或方式，而应探索多种途径或方式，并且能够尽可能地协调配合使用。

（二）经济性原则

生涯课程资源的开发与利用要尽可能用最少的开支和精力，达到最理想的效果，具体包括开支、时间、空间和学习的经济性。开支的经济性，是指用最节省的经费开支取得最佳效果，尽可能开发与利用那些不需要太多经费开支的生涯课程资源，避免以开发与利用课程资源为借口而不计成本、铺张浪费。时间的经济性，是指应尽可能开发与利用那些对当前生涯的教和学有现实意义的课程资源，而不能一味等待更好的条件或时机，否则就会影响生涯课程的实施。空间的经济性，是指生涯课程资源的开发与利用要尽可能就地取材，不应舍近求远、好高骛远，校内有的不求诸校外，本地有的不求诸外地。学习的经济性，是指尽可能开发与利用能激发学生学习兴趣、适合学生身心发展水平的课程资源。如果引入的生涯教学活动的课程资源生搬硬套、晦涩难懂，不仅达不到预期的目的，反而还可能加重学生的学习负担。

（三）针对性原则

生涯课程资源的开发与利用是为了课程目标的有效达成，针对不同的生涯课程学习主题和教学目标开发与利用与之相应的课程资源。每一种生涯课程资源对于特定的课程目标具有不同的作用和功能，因此，需要开发与利用与不同年级段、不同教学内容、不同教学活动和不同教学目标等相对应的课程资源。由于课程资源本身的多质性，同一的课程资源可以服务于不同的课程目标，因此，生涯课程资源的开发与利用必须在明确生涯课程目标的前提下，认真分析与课程目标相关的各类课程资源，认识和掌握各自的性质和特点，这样才能保证开发与利用的针对性及有效性。

（四）个性原则

生涯课程资源是多种多样的，基于不同的地区、学校、学生年龄段和教师，可供开发与利用的课程资源具有极大的差异性。因此，生涯课程资源的开发与利用不应强求千篇一律，而应从实际出发，发挥地域优势，强化学校专业特色或办学特色，体现生涯学科的特性，展示教师风格，扬长避短、扬长补短、突出个性。生涯课程资源的开发与利用本身就是一项极具创造性的实践活动，失去了个性，也就失去了创造性，也就容易流于机械主义和形式主义，这是生涯课程资源开发与利用中需要特别加以注意的问题。

二、生涯课程资源开发与利用的基本方式

生涯课程资源的开发与利用需要国家、学校和教师的共同参与，三者扮演不同角色，发挥不同作用。国家可以通过政策宏观协调社会各部门资源，建立全社会生涯课程资源共享网络系统及相应的管理体制。学校更要有生涯课程资源开发与利用的意识，在确保充分开发与利用校内生涯课程资源的基础上，积极主动地开发与利用校外生涯课程资源。作为教师，要深刻认识和领悟到生涯课程资源开发与利用对于新一轮课程改革、提高教育质量、促进学生就业能力提升的重大意义，不断探索生涯课程资源开发与利用的有效方式方法。对教师而言，课程资源的开发与利用实际上就是如何把课程资源引入教育教学活动的过程。在当前的生涯课程实施中，常见的资源开发与利用有以下几种基本方式：

（一）实践体验式

从课程资源的角度看，生涯教材是最重要的课程资源。由于生涯课程具有很强的实践性，因此，生涯课程的教学活动不能局限于教材，更要避免采用单一的"讲授—接受"的教学模式，否则，将不利于达成提高学生生涯能力的目标。生涯教材不是唯一的知识载体，学生自我认知、社会了解、职业探索、规划与行动等生涯能力的提升更多的是来源于实践。因此，教师要根据生涯课程的各级目标，有针对性地组织学生参与一些实践活动，使学生在实践活动的过程中，自觉地把生涯理论知识与直接的感受和体验结合起来，这将有利于增强学生的生涯意识，激发其学习积极性，培养其掌握和运用生涯理论知识的态度和能力。

采用这种方式时教师要注意分析课程目标，确定适合学生身心特点的生涯实践类型；在实践活动过程中，加强引导并给予必要的调控；在活动结束

313

后，及时组织学生进行个人体验总结，不断提升生涯发展相关的能力。

（二）问题探究式

教师可以围绕一定的问题组织学生探究，指导学生通过调查、征求意见、资料查阅、实践等活动，在解决问题的过程中学会知识的迁移和应用，强化问题意识、创新意识，培养合作精神、提高生涯能力。问题既可以是学生自己提出的，也可以是通过教师设置一定情境引发的，还可以由教师直接提供；既可以来自生涯课堂，也可以是跨学科或交叉学科的，还可以源于家庭或社区（乡、村）。这种方式让生涯课的教学活动不局限于教材和书本，而是在学生对问题的探究过程中确立学生生涯决策和行动的主体地位，促进学生在生涯发展中由被动变主动。

教师在采用这种方式时要考虑到实际的条件以及学生的能力水平，注意尊重学生的个性，允许学生以不同的方式多角度地探究问题的答案，坚持过程评价与结果评价的统一。

（三）情境陶冶式

情境陶冶式是指依据教材范例创设问题情境、仿真情境或现实情境，直接刺激学生感官激发情感，产生觉知、体悟的方法。教师可以通过开发和利用社会环境、文化传统、工作场所，借助生涯榜样、楷模的人格魅力等课程资源，创设一定的教育教学情境，让学生在情境中扮演某些角色（岗位），体会这些角色（岗位）的地位、作用、处境等，陶冶学生的情操，培养其良好的个性品质、正确的价值观、职业道德等，增强学生对生涯知识的应用能力，提高问题的分析与处理能力。

教师采用这种方式时要有充分周密的准备，根据教学目标和要求，开发所需要的教学用具、教学场所，关注如何组织运用，教师在授课过程中进入什么角色，不同情境涉及哪些基本理论与正确方法，一般发生过程有哪些，学生在该情境中模拟演练后可能出现哪些思想分歧、不同结论和有关困难，怎么处理等问题。这些需要教师在生涯课程资源的开发和利用中予以关注，仔细分析不同情境、不同角色的地位作用、处境及应当具有的能力，只有这样才能开发出符合教学目标的课程资源。

三、实践中生涯课程资源开发的过程

在生涯课程资源开发的实践中，我们可以围绕生涯课程开发的四个阶段（即目标、教学活动、组织教学和评估方案）进行课程资源的开发和利用。因此，生涯课程资源开发要经历生涯课程资源开发目标的确定、生涯课程资源的搜集、生涯课程资源的优化开发，以及生涯课程资源开发效果的评价四个阶段。

（一）　确定生涯课程资源开发的目的

生涯课程资源开发目的是指开发者确定生涯课程资源开发是出于何种原因、为了达到何种目的。生涯课程资源开发的目的决定了开发者要开发什么样的课程资源，以及如何来开发这些课程资源。

确定生涯课程资源开发的目的，要综合地考虑教育目的、培养目标、社会对培养人才的需要、学生核心素养发展等对生涯教育所提出的需求。生涯课程资源开发的目的与学校育人目标要保持一致，这样才能保证生涯课程资源开发方向的正确性，才能真正地服务于生涯课程的实施，服务于学生发展的需求。

（二）　生涯课程资源收集

由于生涯课程资源具有丰富性、潜在性的特点，在校内外、日常生活中存在着丰富多彩、各式各样的生涯课程资源，因此，要对这些资源进行分类、鉴别、收集，可以根据生涯课程资源的内部结构或者外部结构分门别类地收集、标示、整理。

生涯课程资源的收集，既包括对已有的生涯课程资源的收集，也包括对具有潜在意义的生涯课程资源的收集。多数情况下，已有的生涯课程资源有一部分可以直接被生涯课程所利用，绝大多数的生涯课程资源需要进行二次或者多次加工才能真正进入生涯课程的教学中。在这个阶段要充分收集生涯课程资源，为进行下一阶段的资源开发奠定坚实的基础。生涯课程资源的收集，既要符合开发生涯课程资源的目的，也要为下一步优化生涯课程资源的开发奠基。该环节在生涯课程资源的开发过程中起到了承上启下的作用。

（三）　生涯课程资源优化开发

生涯课程资源具有生成性、发展性的特点，要避免对第二阶段收集到的

课程资源进行简单的堆砌和初步加工处理等浅层次的开发。这个阶段要对生涯课程资源进行充分的整合，改进生涯课程资源的组合方式、呈现方式、使用场景等，使生涯课程资源得到创新利用，这是开发生涯课程资源的关键一步。优化生涯课程资源的开发，不仅仅是对生涯课程资源进行加工，使其符合"教""学""用"的实际需要，而且要能够真正使其充分进入生涯课程活动中，发挥生涯课程资源的价值。

（四）进行生涯课程资源开发效果评价

进行生涯课程资源开发评价是指对生涯课程资源开发的程度，以及达到何种效果进行判断和评定。生涯课程资源开发的主要目的是服务于生涯教育的目标，因此，对生涯课程资源开发程度和效果进行评价，要回答以下几个问题：生涯课程资源的开发对落实生涯课程目标有哪些作用？对学生形成正确的生涯意识有哪些作用？对培养学生生涯决策、规划或行动等有哪些帮助？这几个问题是评价生涯课程资源的开发效果的根本性问题。

以上四个环节是开发生涯课程资源实践的四个阶段，但是在实际开发过程中，并不一定按照上述四个阶段的顺序进行。根据实际需要，第一、第二个阶段的顺序可以颠倒，有的环节需要反复进行，比如生涯课程资源的优化开发可能需要多次的重复进行之后才能达到最大限度上的充分开发，同时该环节不是一次就可以完成的，需要反复多次地进行，是一个螺旋上升的过程。在进行生涯教育课程资源开发评价之后，要利用好评价的修正作用，需要再次或多次重复生涯课程资源开发上述四个阶段或部分阶段，以期达到生涯课程资源的最佳开发效果。

四、生涯课程资源开发和利用的主要途径

当今已进入数字化时代，数字化技术的优势为生涯教育带来的不仅是技术上的革新，也是理念上的革新，对生涯课程的"教"和"学"提出了新要求，也为生涯课程资源的开发和利用带来了发展机遇。学校和教师要通过对课程资源的深度开发和利用，结合线上和线下的优势，家校社政协同，创新生涯教育的开展方式，提供更多的学生期待的教育内容和形式，更好提升生涯教育的实效。在数字时代，生涯课程资源的开发和利用有以下几个途径：

（一）建立生涯教师专业发展共同体

生涯课程具有很强的跨学科性，大多数生涯教师对生涯课程及资源开发的认知、收集、分类、梳理、设计、实践策略等还不够清晰。仅靠某一个学校的几位生涯教师进行生涯课程资源的开发，存在着明显的人力、物力、财力不足等困难，因此，生涯课程资源的开发和利用需要依靠和借助同一学校或是跨学校、跨学段、跨专业教师群体的多元学科背景，实现对生涯课程资源的深度开发。

生涯教师专业发展共同体是由来自不同学校、不同专业背景的生涯教师组成的，是生涯课程资源开发和利用的核心领导组织。它能够发挥专业团队在生涯课程建设中的优势，对生涯课程及课程资源进行系统的设计和建设，理顺生涯课程间层次性和隶属性的关系，促进生涯教师专业的优势互补和课程资源优质要素的渗透。生涯教师专业发展共同体可以以学校为单位，也可以以区、县（市）等区域为单位，高等教育阶段的生涯教师专业发展共同体还可以按照专业大类进行跨学校建设。在数字化时代，生涯教师团体内部和团体之间可以轻松实现课程资源共享，建设和利用网络交流展示平台，开展集体备课、教学研究活动，分享生涯课程教学经验等。生涯教师专业发展共同体可以开展生涯课程和资源的多元模块设计，制定课程和资源的评价标准，整合生涯课程目标、内容、结构和评价，理顺课程之间、课程和资源之间的逻辑关系；还可以促进生涯课程资源的多元场景布局，完善制度与政策，搭建研究与实践的平台，拓展课程集群的资源，改变生涯课程散乱实施、课程资源孤立建设的现状。不同层次的生涯教师专业发展共同体形成不同的指导和管理生态，横纵向层次间形成有机联系，从而促进生涯教师专业能力的提升和发展，促进生涯课程资源形成"开发→共享→利用→再开发"的良性循环。

（二）建立学校共同体

生涯课程资源的开发不仅需要教师专业发展共同体，更需要学校共同体的建立，需要以学校的联结为纽带，促进教师、学校、家长、社会、政府的通力合作，推动生涯课程资源的开放和教育智慧的共享。学校共同体建设可以依托高校的就业指导中心，或者中小学的名校长、名师工作室等组织结构、机制和资源，向内延伸至学校内部的教师、课程和资源，向外集合社会、政府、家长、社区（乡、村）、企事业单位等生涯课程资源，组建生涯课程资源开发和利用的地区联盟、专业联盟或行业联盟。

（三）共建生涯课程集群

课程集群，又称课群，是指以现代教育思想和理论为指导，对教学计划相互间本可构成独立完整的教学内容体系的相关课程，进行重新规划、设计、建构的整合性课程的有机集群。

生涯课程作为新兴课程，还未形成完整的体系。大多数学校对生涯课程及资源的开发和利用还不够清晰，因此，需要借助生涯教师专业发展共同体和学校共同体，实现对生涯课程及资源的深度开发，建立生涯课程集群。

共建生涯课程集群，能实现课程及资源建设和实践上的合理分工、课程及资源主导权的有效分配、课程及资源边界和学校边界的快速打通。这有利于生涯课程实现其育人目标，有助于突破生涯课程及资源"碎片化""断层化""片面化"的探索和实践，有助于关联和整合具体课程和各类资源，有助于促进生涯大课程体系和资源系统的建设与完善。

（四）搭建课程资源网络平台

随着数字时代技术与教育事业的融合发展，信息传播技术和平台的发展为生涯课程及资源的开发、生涯教师专业发展、生涯学习提供了更为丰富且能够兼顾学生个性发展的场域。优质的生涯课程资源可以通过网络传播，突破传统的时空、手段和方式的局限，融入生涯课程广阔的教学实践中。通过大数据的收集、整理、筛选和拓展课程资源，搭建集生涯课程和师生发展为一体的各级生涯课程资源网络共享平台，促进生涯课程资源的构建与展示。还可以通过网络平台开展区域之间、学校之间、校企之间的合作研制，共同开发网络生涯课程资源，组织生涯教育各项研究，组织与实施线上线下相结合的师资培养、生涯咨询与就业指导等服务，拓展生涯教育的公共空间，提升学生的生涯意识和生涯能力，提升公众对生涯教育的关注度和参与度，营造良好的生涯教育社会环境和氛围。

（五）协同开发利用校内外资源

校外的生涯课程资源是非常丰富多样的，其开发是一项专业性、综合性、系统性工程，需要多角度、多途径、多方面参与。校外资源方面，需要有政府的财政、政策支持，或通过校企合作项目为学生提供更多机会参加与职业相关的活动，获得与工作有关的体验。国内外的成功经验包括专业研发、政府主办、社团参与、家校配合、校企合作。随着社会分工和职业分类日益精细，生涯课程资源开发也日益专业化，比如理工科、医学、艺术等领域的资源开发，都需要结合学科和职业特点，融入生涯教育的理念。从主办和参与资源开发与利用的机构来看，既有政府，也有学校，还有社团组织或专业机构。学校要充分利用自身、政府和社区、企业等资源，助力生涯教育的高质量开展。

总之，生涯课程资源的开发和利用不是某个政府部门、某所学校、某个企业、某个专业组织单独就能完成的事情，而要靠多部门、跨行业、跨学校、跨机构的协作才能完成。

生涯测评

生涯测评为生涯教育实践提供了重要的工具和途径，也是生涯教育不可或缺的重要过程和组成部分。生涯测评不仅为个体做好生涯探索与决策提供了工具与途径，也是进行生涯教育研究、生涯教学、生涯咨询、生涯辅导和生涯实践不可或缺的工具和途径。本单元将从生涯测评相关的理论、常用的生涯测评工具、生涯测评工具的开发与应用、生涯测评中的伦理、常见误区及应对等实践应用方面进行简要介绍，旨在帮助生涯教育工作者了解生涯测评的理论、工具及应用方法，正确运用生涯测评及结果，提高生涯教育教学、辅导咨询等工作的科学性、针对性和实效性，提高生涯教育工作者的专业能力和职业道德素养。

第一章
生涯测评及应用

生涯测评在人才培养和选拔、生涯教育、生涯辅导、生涯咨询以及个体对生涯进行管理等过程中都有着广泛的应用。在生涯教育过程中，生涯测评可以帮助生涯工作者更了解个体的生涯发展状况与水平，便于提供有针对性的、个性化的教学、指导、援助等措施，进而提高生涯教育、生涯辅导、生涯咨询等的科学性、实效性。生涯测评还可以帮助个体了解自我与环境、唤醒生涯意识、提升生涯认知、厘清生涯困惑，引导个体进行积极探索。本章旨在对生涯测评的主要内容、生涯测评常用的工具、生涯测评工具的开发及应用进行介绍。

第一节　生涯测评概述

生涯测评源自心理测量，对生涯测评的研究及应用有赖于澄清生涯测评的概念，了解生涯测评的基本特征。因此，本节重在阐明生涯测评的基本概念，阐述生涯测评的基本特征。

一、生涯测评的概念

从广义上说，测量是依据一定的法则，使用测量工具对事物的特征进行定量描述的过程。生涯测评源自心理测量，因此，生涯测评与心理测量有着一定的共同之处。根据广义测量的定义及心理测量的知识，本书将生涯测评定义为：生涯测评是依据一定的生涯发展理论，使用合理有效的测验工具对人一生中以学业和职业为主的互动性活动经历进行定量描述、评估的活动。这一定义包含以下四个方面内容：

（一）生涯测评的依据

上述定义显示，生涯测评依据的法则是心理测量学的知识及生涯发展的相关理论。当今社会，生涯测评在个体生涯发展中扮演着越来越重要的角色，但是就国内生涯测评的总体情况而言其发展还不够成熟，还有许多认识未能达成一致。因此，以较为成熟的生涯发展理论及心理测量学的理论作为指导是实施生涯测评的基础。

（二）生涯测评的工具

这个定义认为生涯测评的重要保障是合理有效的测评工具。生涯测评的工具与心理测验的工具一样，实际上都是由一个一个"题目或项目"（以下简称"题目"）组成的，这些题目是为了引起相应行为反应而精心设计、精心编排的。生涯测评的内容众多，内容和形式的多样性说明了实践需求的丰富性，也说明了测验编制的复杂性。

（三）生涯测评的内容

这个定义规定测量的内容是对人一生中以学业和职业为主的互动的经历

进行定量描述、评估的活动。生涯测评的主要内容围绕着个体的学业准备、学业发展、职业准备及职业发展展开。因此，在考虑所测内容的同时，测评工具的开发也要符合个体生涯发展的年龄特点。

（四）生涯测评的结果

这个定义还表明，生涯测量的结果是对测量对象进行定量描述，不是定量描述的结果就不是测量活动的结果。根据这一点，生涯测评与心理测量同样需要数学和统计学的支持。事实上，作为现代科学重要组成部分的生涯测评，涉及了心理学、数学、统计学，还有教育学、社会学、管理学、广义的认知科学和计算机科学等多门学科。

二、生涯测评的基本特征

（一）生涯测评的测量学特征

生涯测评的工具是生涯测评所用的量表，它是由一个一个与所测生涯发展状况有关的题目组成的。由于测评目的不同，生涯测评内容可以千差万别，测评的形式也可以各种各样，但是其本质是不变的。除去它的内容和形式，世界上任何测量工具都是一个有参照点和测量单位的数字系统。参照点和测量单位是测量量表的两个要素。

1. 生涯测评要有参照点

参照点是测量的起点，也称零点。测量的零点有绝对零点和相对零点之分，相对零点也称人为零点。绝对零点的"零"是可以绝对地理解的零，如果测量的测值为零，即指所测特质"一点都没有"，比如说长度和重量为零都是这个意思。相对零点的"零"是一个人为指定的零点，是不可以绝对地理解的零，如果测量的测值为零，只能说所测特质处于"零点"这个状态。摄氏温度的零点就是相对零点，是人为指定的一种温度状态，所测温度为零，只能说温度处于"零摄氏度"这个状态，不能说一点温度都没有。从测量工具的性能角度看，有绝对零点的量表比只有相对零点的量表性能更好。

生涯所使用量表的参照点只能是人为的参照点。例如，某人在某一职业能力测验中所有题目得分均为零分，卷面分是零分，但也不能据此就说此人此种能力"一点都没有",只能说此人的这种能力低于测验编制者所设定的测量起点。换句话说,如果测验编制者降低测量起点,此人的这种能力就可能不是零分了。

2. 生涯测评要有测量单位

测量工具的另一个要素是测量单位,也即测量的度量单位。优良的测量单位应该具备两条性质:其一,有统一的意义;其二,有恒定的价值。测量的单位有统一的意义是指该"单位"在任何人心目中的理解是一致的,不应有不同的理解,更不应有歧义。测量的单位有恒定的价值是指该"单位"的价值在任何情况下都是不变的。

生涯测评所使用的单位要经过某种统计处理后才能达到有统一意义、有恒定价值的要求。一般的测评使用的单位都是"1分",但同样的"1分"在各个测验中的含义显然是不一样的。实际上,绝大多数测验所使用的"1分"都是不相等的。即使在同一测验内部,测验所使用的"1分"的价值严格来讲也不是恒定的。通常在一个测验中,会有多个题目被赋予"1分",而各个"1分"题的难度不能保证都是相等的,因此"1分"的价值也就不是恒定的。但是,为了处理的方便,在一个测验的内部,都是假设测验所使用的"1分"是"相等"的。这也恰恰说明生涯测评的复杂性和挑战性。

（二）生涯测评应用的普遍性

从当今社会的发展来看,生涯测评的应用具有普遍性。从个体的生涯发展来看,高考选科、应聘求职、生涯咨询等都需要生涯测评。生涯测评可以帮助个体更好地探知自己的性格、兴趣、职业能力、职业价值观等,从而助力个体做好自我认知。生涯测评应用的普遍性标志着社会的发展和进步。生涯测评的繁荣发展既对心理测量及生涯测评本身提出了更高的要求,同时也呼唤着有更多的专业人员关心和从事该项事业,去研究生涯发展理论及测量理论,钻研测量技术,开发出更多、更适用的生涯测评工具。

（三）生涯测评的间接性

就当前的科学技术水平而言,个体生涯发展的具体情况难以直接测量,只能通过测量人的外显行为来推测,因此,生涯测评是一种间接测量。与直接测量相比,间接测量的难度更大,要做好间接测量必须找准中介媒质。生涯测评的中介媒质是个体具体的外显行为，利用的是个体的外显行为与其生涯发展状况的相关关系。作为测量中介媒质的外显的、具体的行为种类众多而且复杂多变，外显的、具体的行为与人的生涯发展的具体状况的相关程度也有高有低，加上人还有保护自身安全的心理防御机制，使得同是间接测量的生涯测评，要比温度、湿度等物理测量的难度更大。随着科学技术的发展，个体更为直接、更为有效的生涯测评方法与工具或将会出现。

（四）生涯测评的科学性

1. 生涯测评工具的开发以理论为依据

一套合理的科学的生涯测评工具的开发是以生涯发展的理论及心理测评的理论为基础的。为了保证测验有较高的信度和效度，在编制测验时对每道题目都要进行定性和定量分析。定性分析是判断所测内容是否符合测验的目的，定量分析是判断所测内容的区分度。测验的目的是每道题目都能较好地将不同的受测个体区分开，并且需要施测的题目是通俗易懂的。

2. 生涯测评过程的科学性

生涯测评的科学性体现在施测的过程中。所有受测者应在相同的条件下施测，应有相同的测验情境、相同的指导语、相同的测验时限，要严格按照测验的标准进行施测，避免在施测的过程中出现系统误差和随机误差。

3. 生涯测评结果解释的科学性

生涯测评的科学性还体现在测评结果的解释中。解释测验结果可以参照预先研究得出的划界标准，确定受测者达标与否，这被称为参照标准解释分数。还有很多心理测验是参照常模解释分数。常模是解释测验结果时的一种参照指标，其中最常用的标准分常模是依据测验适用对象总体的平均成绩制定出来的。全国常模要在全国范围内随机地抽取具有代表性的样本，受测者完成生涯测评后，将其原始得分参照全国常模加以转换，就可以知道受测者的生涯发展状况与常模相比处在什么水平上。

4. 生涯测评以计算机科学做支持

生涯测评的科学性还体现在以计算机科学为支持。近年来随着测评的发展，生涯测评云平台在生涯测评中越来越占据重要的位置。生涯测评云平台技术是基于已有的生涯测评研究成果积淀和行业实践经验，利用云计算和大数据技术打造的一套综合性的测评云平台。生涯测评云平台为平台用户提供各种专业化的测评服务，测评种类既有按行业打造的整体测评解决方案，如企业人才测评、大学生涯规划测评、高中新高考测评，也有为平台用户量身打造的个性化测评方案。

（五）生涯测评对生涯发展的影响性

生涯测评对个体生涯发展的影响性是指无论主试的主观愿望是什么，只要实施了生涯测评，它就会给被试的生涯发展带来影响，这个影响可能是积极的，也可能是消极的；可能是短期的，也可能是长期的。

1. 科学合理的生涯测评带来积极影响

合理科学地使用质量可靠的生涯测评会给人带来积极的影响。生涯是人一生中以学业和职业为主的活动互动的经历。比如说，在中学阶段科学合理地使用职业兴趣测评，可以帮助个体更清楚地了解自己的兴趣，促使个体进行自我探索、外部探索，助力个体高考科目组合的选择、未来专业的选择及职业的选择等。在大学到职场的转换阶段，个体通过职业能力测评以了解自身的职业能力，可以更好地找到与自身匹配的岗位。高效度的职业能力倾向测验可以帮助个人和用人单位更加了解个人的能力特长，做到人与职业的和谐匹配。

2. 不科学、不合理的生涯测评带来消极影响

不合理、不科学地使用生涯测评，会给个体的生涯发展带来消极的影响，尤其是当测验被误用和滥用时。比如，不科学地解释职业价值观的结果，可能会让受测者迷失努力方向；不合理地使用职业性格测验，可能会严重伤害人的自尊，甚至对个体生涯发展产生不可逆的伤害。使用准确性不高的测验，特别是质量低劣的测评工具，会对被试做出错误的描述，从而导致社会、单位以及个体自身做出错误的判断和决策，引发无法预料的严重后果。

总之，只要开展生涯测评就会给个体的生涯发展带来一定的影响，这种影响可能是积极的也可能是消极的，有时两种影响可能是并存的。为了尽量发挥生涯测评对个体生涯发展的积极影响，避免消极影响，生涯测评的研究者、编制者和使用者在编制、选择和使用测评工具以及面对被试，特别是儿童、青少年被试时，都要非常慎重。

（六） 生涯测评误差存在的不可避免性

任何测量都是有误差的，误差的区别只在于误差的性质、误差的大小、误差的来源和误差控制的难度上。想要完全消灭测量误差是不可能的，生涯测评也不例外。从一定意义上说，研究生涯测评的主要任务，也是最富挑战性的任务，就是研究如何控制测量的误差。

1. 测量误差及种类

测量误差是指测量所得值与想要测量的生涯发展状况的实际值之间的差异值。与其他测量一样，生涯测评中的测量误差有两种类型：一种是随机误差，另一种是系统误差。测量的随机误差是指测量所得值与想要测量的生涯发展状况的实际值之间的大小和方向都会随机变化的差异值。测量的系统误差是指测量所得值与想要测量的生涯发展状况实际值之间的大小和方向都不变的差异值。在生涯测评中，造成测量误差的情况很复杂。在通常情况下，生涯测评的随机误差和系统误差是与实际测量值共居一体、混淆难分的，因此，将测量误差从实际测量值中分离出来，评估它们的大小，研究进一步控制它们的办法是至关重要的。

2. 出现误差的原因

造成生涯误差的原因是多方面的。

首先，作为测量目标的人的心理特质及心理状态的特殊性质会使测量产生误差。人的心理特质具有内隐性、抽象性，这可能使个体对测量目标认识不清晰从而导致测量误差的产生。另外，人的心理状态还具有不稳定性，被试即时的生理、心理状态的不同都会造成所测特质的波动起伏，从而导致误差的产生。也可能被试未掌握正确的作答技能，致使作答不能代表其真实水平而产生误差。还有一种特殊的情况是被试故意掩饰心理实际状况，致使测验对他的评价出现误差。

其次，使用质量不高的测量工具可能造成测量误差。生涯测评是间接测量，故需要靠编制题目"刺激"出人的外显行为来推测人的生涯发展状况，如果所编的测验题目"刺激"出的外显行为不是想要测的代表性行为，或所编测验题目只"刺激"出了预测生涯发展的一部分行为，或"刺激"出的外显行为还不是那么清晰和稳定，都会造成测量误差。

再次，生涯测评施测过程和施测环境安排控制不好也可能造成测量误差。比如施测过程没有统一要求、测试指导语没有统一版本、作答起始时间和长短不统一、施测时的内外环境令被试不能集中精力等，这都可能造成测量误差。一种特殊的情况是测试过程失控、纪律混乱，因舞弊而导致更为严重的测量误差。

最后，生涯测评中施测者（主试）的一些不良品质也能造成测量误差。就目前的技术水平而言，生涯测评对主试还有着较多依赖。如果测量工具是主试选择的，当主试对所测内容的理解有误时，就会导致测量的误差；如果测量是由主试组织并实施的，当主试实施的程序有误时，也会导致测量的误差；如果测量的结果是由主试评定的，当主试对评分标准掌握不准确时也会导致测量的误差。

3. 误差的控制

误差控制是将测量测得的量值减去参考量值之后的差值，通过后期计算和处理等人为改变，达到人们满意的程度。测得的量值简称测得值，代表测量结果的量值。所谓参考量值，一般由量的真值或约定量值来表示。对于误差而言，人们往往想彻底理想化，但现实环境中很难做到零误差。实际上，它是一个人为控制误差的概念。

测量误差的控制应从误差来源入手，比如测验准备尽可能充分细致，施测各个方面严格按照标准化程序，题目编制认真用心，测验标准化等。

第二节　生涯测评常用的工具

选择适合的生涯测评工具是进行生涯测评的前提。本节内容旨在介绍生涯测评的主要内容及其常用的测评工具。

一、人格及人格测验

（一）人格的概念

人格一词源于古希腊语"persona"，即面具，原意是指希腊戏剧中演员演出时因剧情所需佩戴的面具，面具随人物角色的不同而变换，体现了角色的特点和人物性格。后来，这个词演变成内容繁多、应用广泛的术语，见诸历史、宗教、哲学、法律、社会学、心理学等领域。心理学沿用面具的含义，转译为人格。人格，也称个性，是个体在对人、对事、对己等方面的社会适应中、行为上的内部倾向性和心理特征，表现为能力、气质、性格、需要、动机、兴趣、理想、价值观和体质等方面的整合，是具有动力一致性和连续性的自我，是个体在社会化过程中形成的独特的身心组织。人格是一个具有丰富内涵的概念，它具有独特性、稳定性、统合性、功能性、社会性。

随着现代人格心理学在我国的普及与发展，我国人格心理学家不断地发掘与发现中国人的人格结构及其内涵，其中比较有代表性的有中国人的大六人格、大七人格、自立人格、厚黑人格、善恶人格等。这些研究结果，从不同的侧面丰富了关于中国人人格的研究，进一步深化了对中国人行为模式及其背后人格因素的描述与解释。

（二）人格的发展特点

人格的发展是稳定性与可变性的统一，在具有相对稳定性的同时，也会受社会环境因素的影响而不断变化。研究表明，不同阶段个体的人格发展表现出不同的特点，同时也有如下一些普遍性的特点：

（1）个体在早年的经历中具有很强的依赖性，尤其是婴幼儿时期，其最大的特点就是对成年人完全的依赖，需要有人照顾他们，否则他们就不能够顺利发育成长，甚至会死亡。这十几年的幼稚期为塑造其适应社会所需要的人格提供了时间，并可以在这段时间使人类的社会实践及教育发挥作用。

（2）人类个体行为与动物的固有行为模式是不同的。人类的行为以社会为主，而动物的行为是以本能行为为主。所以人出生后，为了适应不断变化的社会生活，就必须不断地进行学习。

（3）人格发展是一个连续不断的发展过程，其早期的发展为后期的发展提供基础，早期的经验和实践对其未来发展有着重大的影响。

（4）从群体角度来看，人格发展趋向于遵循共同的模式发展；从个体角度来看，人格发展的发展过程又存在着极大的个体差异。人们都要经历某些共同的人格发展阶段，在这些阶段内部又有着一些共同的人格特征。随着个体的成长，人格特征会有不同程度的差异，表现在认知、价值观、运动、生活方式、气质、人格、智力等方面。

（三）人格理论

人格是体现个体心理差异的领域，有着异常复杂的心理结构。最有代表性的人格理论是特质理论、类型理论和整合理论。

1. 特质理论

特质理论起源于 20 世纪 40 年代的美国，主要代表人物是美国心理学家奥尔波特和卡特尔。特质理论认为，特质是决定个体行为的基本特性，是人格的有效组成元素，也是人格测评常用的基本单位。

（1）奥尔波特的特质理论

奥尔波特于 1937 年首次提出了人格特质理论（如图 5 - 1）。他把人格特质分为两类：共同特质和个人特质。共同特质指在某一社会文化形态下，大多数人或一个群体所共有的、相同的特质。在研究人格的文化差异时，可以比较不同文化中的共同特质。个人特质指个体身上独有的特质。个人特质依其在生活中的作用又可分为三种：首要特质，即一个人最典型、最有概括性的特质，它影响着一个人各方面的行为，例如，多愁善感可以说是林黛玉的首要特质；中心特质是指构成个体独特性的几个重要特质，每个人身上一般有 5 ~ 10 个，例如，林黛玉的清高、率直、聪慧、孤僻、内向、抑郁、敏感等都属于她的中心特质；次要特质是指个体的一些不太重要的特质，往往只有在特殊的情况下才会表现出来，除了亲近他的人外，其他人很少知道，例如，一个人在外面表现得很粗鲁，而在自己的父母面前却表现得很温顺，温顺就是他的次要特质。

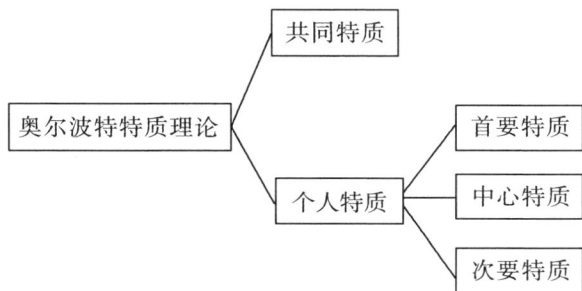

图 5 - 1 奥尔波特特质理论

（2）卡特尔的人格特质理论

卡特尔受化学元素周期表的启发，用因素分析的方法对人格特质进行了分析，提出了人格特质的结构网络模型。模型分成四层，即个别特质和共同特质，表面特质和根源特质，体质特质和环境特质，动力特质、能力特质和气质特质（如图5-2）。

第一层：共同特质和个人特质。源自奥尔波特的特质理论，故不做赘述。

第二层：表面特质与根源特质。表面特质指从外部行为能直接观察到的特质。从表面上看，它们好像是一些相似的特征或行为，实际上却出于不同的原因。例如，同样都是"干家务活"，在这些表面相似的行为中，却可能有着不同的原因，如"为了让妈妈得到更多的休息"，或者"为了得到零花钱"。根源特质是指那些相互联系并以相同原因为基础的行为特质。例如，"焦虑"是害怕考试和体育比赛时双腿发抖的同一原因。在这里，"焦虑"就是一种根源特质。表面特质和根源特质既可能是个别的特质，也可能是共同的特质，它们是人格层次中最重要的一层。

第三层：体质特质与环境特质。第二层的根源特质又可区分为体质特质和环境特质两类。体质特质由先天的生物因素决定，如兴奋性、情绪稳定性等，而环境特质则由后天的环境因素决定，如焦虑等。

第四层：动力特质、能力特质和气质特质。人格特质模型的最下层是动力特质、能力特质和气质特质，它们同时受到遗传与环境两方面的影响。动力特质是指具有动力特征的特质，它使人趋向某一风格，包括生理驱力、态度和情操。能力特质是决定人如何有效完成预定目标的特质，包括流体智力和晶体智力。气质特质是决定一个人情绪反应的速度与强度的特质。

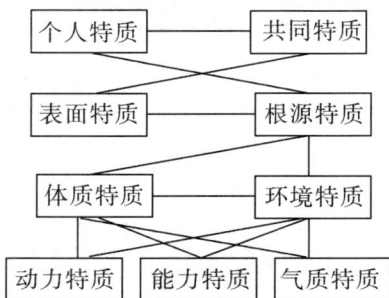

图5-2　卡特尔特质理论

2. 人格类型理论

人格分类论的思想由来已久，这种思想主要用来描述一类人与另一类人的心理差异，即人格类型的差异。人格类型理论有三种：单一类型理论、对立类型理论、多元类型理论。

（1）单一类型理论

该理论认为，人格类型是依据一群人是否具有某一特殊人格特征来确定的。美国心理学弗兰克·法利提出的 T 型人格，就是单一类型理论的代表。他认为 T 型人格具有冒险、好刺激的人格特征，把积极、健康和建设性的冒险列为 T + 型，而将消极、病态和破坏性的冒险归属于 T − 型。

（2）对立类型理论

该理论认为，人格类型包含了某一人格维度的两个相反的方向。例如，瑞士著名人格心理学家荣格依据"心理倾向"来划分人格类型，最先提出了内 − 外倾人格类型学说。荣格认为当一个人的兴趣和关注点指向外部客体时，就是外倾人格；而当一个人的兴趣和关注点指向主体时，就是内倾人格。在荣格看来，任何人都具有外倾和内倾两种特征，但其中一种可能占优势，因而可据此确定一个人是内倾还是外倾。

3. 人格整合理论

艾森克是该理论的代表人物，他提出了人格结构的四层次模型，将类型理论与特质理论有机地结合起来，使两种理论的特点互为补充，因而能更全面、更系统、更富有层次性地描述一个人的人格。

（四）人格测量常用的工具

经过了一百多年的发展，以及几代心理学家的努力，学界发表了很多评估人格的技术和工具，传统的测量工具有客观量表类测验、投射测验、作业法测验等；非传统的测量方法和工具有精神分析学派、人本主义心理学家在各自理论的基础上编制的非传统测量工具。传统的人格测量工具虽然测量方法各不相同，但在人格测验学中已经得到广泛的认可，本书主要介绍几种传统的客观量表类测量工具。

1. 艾森克人格量表

艾森克编制的最早的问卷问世于 1952 年，后经过多次修订和完善，于

1975 年形成较为成熟的艾森克人格问卷，其主要特点是引进了精神量表，该量表共 90 个题目，并发展为成人问卷和青少年问卷两种格式。1985 年，艾森克等人针对该问卷精神量表信度较低的缺点再次修订，修订版的艾森克人格问卷共 100 个题目。同年，艾森克等人编制适用于成人的艾森克人格问卷简式量表，该量表共包括四个分量表，每个量表 12 个题目，共 48 个题目。

早在 20 世纪 80 年代初，我国学者陈仲庚、龚耀先、刘协和分别进行了艾森克人格问卷中国版的修订。陈仲庚通过调查研究编制了包含 85 个题目的艾森克人格问卷成人问卷并形成了中国常模。钱铭怡等人在 2000 年修订了艾森克人格问卷简式量表。修订形成的艾森克人格问卷简式量表中国版共包括四个分量表，每个量表 12 个题目，总计 48 题。

2. 大五人格量表

大五人格结构模型（外向性、神经质、责任心、开放性、宜人性）得到了广泛的研究并被证明具有跨语言、跨评定者和跨文化的稳定性，在维度层面上得到了人格心理学家的广泛接受。约翰等人在 2008 年编制了英文版的大五人格问卷。该问卷被广泛地用于相关研究，特别是在有时间限制的情况下。该问卷由 44 个描述性格的短语组成，且具有较高的信效度。王孟成等人在 2010 年编制了中国版的大五人格问卷，该问卷包括五个维度，每个维度下面又分别包括 3 ~ 5 个侧面特质分量表，共有 22 个侧面特质分量表，每个侧面特质包括 6 ~ 7 个题目，共 134 题。量表采用六级评分，从 "1 = 非常不符合" 到 "6 = 非常符合"，问卷具有较好的信效度。2011 年王孟成等人在已有的研究基础上修订形成了包含 40 题的大五人格简版问卷，简版的问卷信效度良好。

3. 迈尔斯－布里格斯类型指标（MBTI）量表

迈尔斯－布里格斯类型指标量表是基于卡尔·荣格的心理类型理论编制而成的一个自陈量表。此量表包括四个维度，每个维度包括两个相对的极点，代表不同的偏好倾向。四个维度的基本偏好不同组合便构成了 16 种人格类型。苗丹民、蔡华俭等人分别将 MBTI 翻译成中文并进行修订。结果都表明，修订后的 MBTI 量表在中国企事业单位的人才选拔和培养、大学生群体中的应用具有较为理想的鉴别力、良好的信度和效度。

4. 16PF 量表

美国著名的心理学家卡特尔将人格分为 16 种因素，编制了卡特尔 16 种人格因素测验量表。该量表信效度高，应用广泛，适用于 16 岁以上群体，既可单个独立施测也可以团体施测。16 种因素按照低分和高分区分，其中低分为 1～3 分，高分为 8～10 分，参考对应的分数和解读，即可深入分析自我性格特征。徐蕊、宋华淼和苗丹民曾以中国军人和大学生为研究对象对卡特尔 16PF 量表进行中文版的修订。

5. 中国人个性测量表（CPAI）

中国人个性测量表，又称跨文化（中国人）个性测量表。20 世纪 90 年代，香港中文大学的张妙清、梁觉以及中国科学院心理研究所宋维真、张建新、张建平等学者共同开发、编制的中国人个性测量表公开发表。CPAI 量表的开发者则采用一种文化普适性与文化特异性相结合的视角，对中国人的人格特征设计了既包括跨文化一致性又保留文化特异性的主－客位相结合的双重测量范式。CPAI 在一般人格维度分为领导性、可靠性、情绪稳定性和人际取向，在临床人格维度分为情感问题和行为问题。其中，具文化特殊性的"人际关系性"维度包含众多"本土化"的人格构念，凸显了中国人在传统文化影响下的现代社会中如何"做人"的行为模式。CPAI 开发的初衷旨在以科学的方法建立一套既符合心理测量学规范，又具有文化适切性的人格量表，为中国人提供一个尽可能准确、可靠并且有效的人格测量工具。

CPAI 量表分青少年版和成人版。青少年版适合于 12 岁～18 岁，共包括 25 个一般人格量表、14 个临床量表和 3 个效度量表，共计 509 个题目。成人版共包含 28 个一般人格分量表、12 个临床分量表、3 个效度量表，共计 541 个题项。经过了 20 多年的发展和再修订，CPAI 被翻译成英语、日语、韩语、越南语、荷兰语及罗马尼亚语共 6 种语言，香港中文大学建有专门的网页，为研究者和测评者提供了简体、繁体中文及英文的研究用途和评估服务。

CPAI 在对青少年职业生涯发展等变量的解释上，具文化共通性的"领导性"和"可靠性"与大学生的职业探索行为有显著相关，具文化特殊性的"人际取向"也具有可观的增益效度。

总之，人格测试并无对错之分，如何从中分析出自己的优势和不足，制定适合个体成长和发展的方案是至关重要的。

二、能力及能力测验

（一）能力的概念

能力的概念很复杂。广义的能力是指完成某种活动的身体和心理方面的本领，包括完成一定活动的具体方法以及所必需的心理特征。狭义的能力是指直接影响人顺利有效地完成某种活动的个性心理特征。它是在人的生理素质的基础上，经过后天教育和培养，在实践活动中形成和发展起来的，可分为一般能力和特殊能力两种。在英语中，能力通常用两个意义相近但不完全相同的词来表示：ability 和 aptitude。ability 指个体在某项任务或活动上现有的成就水平，因而人们已经学会的知识和技能就代表了他的能力；而 aptitude 指容纳、接受或保留事物的可能性，在这个意义上，能力不是指现有的成就，而是指个体具有的潜力和可能性。能力作为一种心理特征，同时包含了以上两方面的内容，但与其他心理特征又有所不同。能力表现在个体所从事的各种活动中，并在活动中得到发展。

（二）能力的发展特点

能力的发展有一定的趋势，但又存在个体差异。

1. 能力发展的一般趋势

童年期和少年期是某些能力发展最重要的时期。从 3 岁~13 岁，个体智力的发展与年龄的增长几乎等速。以后随着年龄的增长，智力的发展呈负加速变化：随着年龄增加，智力发展趋于缓和，人的智力在 18 岁~25 岁达到顶峰（也有人认为到 40 岁）。智力的不同成分达到顶峰的时间是不同的。成年是人生最漫长的时期，也是能力发展最稳定的时期。成年期（25 岁~40 岁）又是一个工作时期，这时期人们经常完成一些富有创造性的活动。

2. 能力发展的个体差异

能力的发展存在个体差异，包括高低差异、发展早晚差异、结构差异、性别差异等。（1）发展水平的差异：在同一年龄层中，能力的发展水平有明显的个体差异；（2）表现早晚的差异：能力表现时间上的个体差异也十分明显，某些人少年早慧，某些人则大器晚成；（3）结构的差异：能力是多种心理特征的综合，且组合方式有所不同，由此就构成了能力结构的差异。了解能力差异，有助于教师因材施教，更好地促进学生的发展；了解能力差异也能帮助每个人根据自己的实际情况进行生涯规划，找到适合自己的生涯发展路径、能发挥自己能力的工作岗位，做到人尽其才，才尽其用。

（三）能力的理论

1. 能力的二因素理论

1927年，英国心理学和统计学家斯皮尔曼根据人们完成智力任务时成绩的相关程度，提出能力由两种因素组成：一种是一般能力或一般因素，代表人的基本心理潜能，是决定一个人能力高低的主要因素，正是由于这种因素，人们在完成不同智力任务时，成绩才会出现某种正相关；另一种是特殊能力或特殊因素，它是人们完成某些特定的任务或活动所必需的。许多一般因素与特殊因素结合在一起，就构成了人的智力。人们在完成任何一种任务时，都有这两种因素参加。

2. 群因素理论

美国心理学家瑟斯顿突破了过去的能力理论框架，认为个体的能力应该包括多种平等的基本能力因素，这些基本能力因素的不同组合便构成每个人独特的能力整体。他采用因素分析方法，在统计了56个不同测验结果的基础上，提出了七种基本心理能力。

（1）语词理解，理解语词含义的能力。

（2）语词流畅，迅速、正确地进行词义联想的能力。

（3）数字运算，迅速正确进行计算的能力。

（4）空间关系，方位辨别及空间关系判断的能力。

（5）联想记忆，机械记忆能力。

（6）知觉速度，借助知觉迅速辨别事物异同的能力。

（7）一般推理，根据经验做出归纳推理的能力。

3. 多元智能理论

多元智能理论由美国心理学家加德纳提出。他通过对脑损伤病人的研究及对智力特殊群体的分析，提出人类的神经系统经过100多万年的演变，已经形成了互不相干的多种智力。加德纳认为智力的内涵是多元的，它由八种相对独立的智力成分构成。每种智力因社会对它的需要、奖赏以及它对社会的作用不同，其价值也不同。

（1）言语智力，包括阅读、写文章或小说，以及用于日常会话的能力。

（2）逻辑－数学智力，包括数学运算与逻辑思考的能力，如做数学证明题及逻辑推理的能力。

（3）空间智力，包括认识环境、辨别方向的能力，如查阅地图等。

（4）音乐智力，包括对声音的辨别与韵律表达的能力，如拉小提琴等。

（5）运动智力，包括支配肢体完成精密作业的能力，如打篮球、踢足球等。

（6）人际智力，包括与人交往且能和睦相处的能力。

（7）自我认知智力，包括认识自己并选择自己生活方式的能力。

（8）自然智力，包括认识、感知自然界事物的各种能力。

（四）能力测验常用的工具

1. 智力测验——韦克斯勒智力量表

为了更真实地反映一个人的智力状况，韦克斯勒编制了若干套智力量表。韦氏成人智力量表，适用于 16 岁以上的成人；韦氏儿童智力量表适用于 6 岁～16 岁的儿童；韦氏学前儿童智力量表适用于 4 岁～6.5 岁的儿童。这些量表测量了范围较广泛的能力。龚耀先等对韦氏成人智力量表和韦氏儿童智力量表进行翻译、修订，建立了中国常模。

2. 学业能力倾向测验

能力倾向指的是一个人的潜在能力，是可以预测个体在将来的活动中成功的可能性的心理结构。能力倾向测验是对个体能力倾向有无和程度的测量。学业能力倾向是指学生完成学校课业学习所必须具备的能力，这些能力与学生未来的学习关系密切并能够预测其成功的可能性。学业能力倾向测验主要通过测量学生的基本学业能力，来评估其在学业能力上的优势和劣势，并能预测后继学业成绩的好坏，预测是否能够在新的学习环境中成功学习。

学业能力倾向测验在国外尤其是欧美发达国家，已经被广泛使用，并起到了很好的作用。相对而言，我国在学业能力倾向测验开发和应用领域所做的工作还停留在初级阶段，亟须加强研究和实践。20 世纪 90 年代前，老一辈心理学家林传鼎、张厚粲等人改编或编译了适用于小学毕业生的《少年儿童学习能力测验》、适用于小学五年级的《学能测验》。进入 21 世纪，主要有张月娟编制的《中学生学业能力倾向测验》和郭靖编制的《小学生（四～六年级）学习能力倾向测验》。

《中学生学业能力倾向测验》主要用来测评中学生的基本学业能力倾向，可以用于中学生的学习和生涯发展咨询。本测验为可以团体施测的纸笔测验，含有 A、B 两套测验，两套测验都包括 3 个分量表和 7 个分测验。3 个分量表分别为语文分量表、数理分量表和图形分量表。测验共包含 128 个项目，控制在 60 分钟左右完成，各测量学指标优良。跟初中生相比，本测验更适合高中生。

《小学生（四～六年级）学习能力倾向测验》主要用来测评小学高年级学生解决语文、数学新异性或复杂性问题有关的基本学习能力。本测验包含三个分量表：语文、数理和空间分量表。本测验所有题目都是单选题，测验控制在 60 分钟内完成，测验结果提供总量表分和分量表分，总分数代表一般学习能力，各分量表分数代表学习能力的不同侧面。测量学研究表明，测验的难度、区分度、信度、效度都达到要求。相比较于四年级学生，本测验更适用于五、六年级的学生。

3. 就业能力测验

大学生就业已经成为当前我国非常重要的一个社会问题，大学生可就业能力是影响个体生涯发展的重要因素。就业能力测评对于个体完成职业转换顺利步入职场有着重要的意义。于海波等人编制的可就业能力量表是大学生就业能力测评的常用工具，该量表包括职业认同、人际关系、乐观开朗、问题解决、社会支持、学习能力、团队合作和网络差异八个维度，共计 36 个题目，问卷采用李克特式五级计分，该量表信效度良好。

三、成就及成就测验

（一）成就概念

成就是指个人通过学习和训练所获得的知识、学识和技能。学业成就（学绩）指的是经过一定的教学或训练所学到的，在一个比较明确的、相对限定的范围内的学习效果。尼采等人则认为，成就是通过学习和训练所习得的知识和技能。由此，成就可以概括为经过一定的学习和训练所获得的知识和技能，它是在一个比较明确的、相对限定的范围内的学习效果。

从测验的角度来看，成就测验、能力测验、能力倾向测验三者有所区别。成就测验是对学习和训练效果的测量，涉及特定学习经验，同时以过去或当前为准；能力测验涉及广泛的学习经验，并以现在为准；能力倾向测验也涉及广泛的学习经验，但以未来为准。成就测验和能力测验都是描述现状，指明一个人已经学会了什么和能做什么；而能力倾向测验是用来预测将来能学会什么和能做什么。但三者的区别是相对的，能力倾向测验和能力测验的成绩不能排除正规学习训练和特殊知识经验的影响，而成就测验也可能包括与课堂学习或正式教育经历无关的经验，并且能力和成就测验也可用作为将来工作或成就的预测源。

（二）成就发展的特点

对个体而言，个体的生涯发展与个体的成就有着密切的联系。不同的阶段个体取得的成就程度不一，25 岁之前个体以学业发展为主，取得的成就也大多与学业有关；步入职场后，个体取得的成就则与其职业发展有着密切的联系。

此外，生涯信念、生涯自我效能会影响学生的学业成就，对升学的价值评价越高，生涯自我效能越高，学生的学业成就越好。个体心理因素、家庭因素、年龄性别等人口统计学因素都会影响个体的生涯发展状况及个体取得的成就。因此，个体成就的发展呈现出阶段性和差异性的特点。

（三）成就动机理论

成就动机是一种社会性动机，是个人对于自己所认为重要的或是有价值的工作，去从事、去完成、去追求成功并欲达到某种理想状态的一种内在推动力。

1938 年，默里提出"成就需要"，并通过主观统觉测验（TAT）评定该状态。到 20 世纪 50 年代，麦克利兰创立社会成就动机理论，他把人的高层次需求归纳为对成就、权力和亲和的需求，并对这三种需求，特别是成就需求做了跨文化研究。1957 年，阿特金森提出"期望—价值"成就动机理论。1974 年，韦纳提出成就动机归因理论。1977 年，班杜拉提出自我效能理论，丰富了成就动机理论的研究。1988 年，中国台湾学者余安邦、杨国枢基于社会现实，提出"个我—社会"取向成就动机理论。随着社会现代化程度的发展，个我取向的成就动机将成为不同文化背景下个体成就动机的主要标志。

（四）成就测验常用的工具

韦克斯勒个人成就测验是1992年编制的适用于幼儿园到高中群体的成就测验量表。测验内容包括基础阅读、数学推理、拼写、阅读理解、数字运算、听力理解、口头表达和书面表达8个分测验，分属于阅读、数学、语言和写作4部分。

都市成就测验（简称MAT）是测验学生课堂教学中所获得的知识和技能的团体施测的标准化测验，该量表适用于幼儿园至高中。其初版发表于20世纪30年代，最新的修订本为都市成就测验第七版，由贝罗等人修订，发表于1992年。MAT所评估的内容涉及阅读、数学、语言、科学和社会研究等五个领域，共分为14个水平，包括12个分测验。其在每一个水平上都包括一个调查成套和一个指导成套。调查成套用于特殊技能领域的详细评估，指导成套可给出关于整体成就的信息，并可比较学生在不同学科上的相对强弱。

广泛成就测验1984年版是测量"阅读、拼写和算术"成就的测验，量表分5岁~12岁和12岁~75岁两个版本。该量表测量的主要内容是拼写、计算（数学）、阅读。

约翰逊1977年编制的心理教育成套测验包括两部分的内容（现已发展为第四版）。第一部分为认知能力的"标准"测验；第二部分是成就测验。该成就测验测量被试的阅读、数学、书面语言和科学、社会科学与人文学的知识，适用群体为学前儿童到老年群体。该量表的取材范围广，能代表学校课程的内容并且能很好地测验正常人群。

四、兴趣及兴趣测验

（一）兴趣的概念

兴趣亦称爱好，是个人力求接近、探索某种事物和从事某种活动的态度与倾向，具有广博性、效能性、稳定性、倾向性的特点。兴趣是人们活动的动力之一，是推动成功的重要条件。兴趣的倾向性是指兴趣所指向的具体事物。

职业兴趣是兴趣在职业方面的特殊表现，是指人们对某种职业活动表现出的比较稳定的、持久的倾向。个体的职业兴趣影响着生涯规划，职业兴趣的发展分为有趣、乐趣、志趣三个阶段。

（二）兴趣发展的特点

海蒂和瑞宁格提出了兴趣发展四阶段模型，并将兴趣的发展划分为情境兴趣的激发、情境兴趣的保持、个体兴趣的萌芽、个体兴趣的成熟四个阶段。兴趣的发展也是一个连续的过程，并且每个阶段并没有明显的界线。在早期阶段，积极情感是兴趣的一个重要指标，注意力集中及其积极的情绪产生都是兴趣初期阶段的明显特点。在后期，兴趣激励发展的程度由其积极的情感、所积累的知识和经验、所储藏的价值、反复参与某一领域的内容及其能力等诸多重要的指标共同构成。

（三）霍兰德职业兴趣理论

美国著名心理学教授霍兰德在 1959 年提出了职业兴趣理论，该理论的发展源自他当时对职业测评使用过程中的疑惑，并从疑惑中产生解决问题的思路，进而不断探索发展成理论。

霍兰德认为兴趣是人们活动的动力，有职业兴趣的人能够更积极快乐地工作，能够增强其职业适应性和稳定性。研究发现，职业兴趣与工作绩效、工作坚持性呈正相关，职业兴趣能提高工作坚持性。霍兰德职业兴趣理论将个体分为六种类型，即实用型（R）、研究型（I）、艺术型（A）、社会型（S）、企业型（E）、事务型（C），每种职业兴趣类型有相应的类型特征和适合的职业类型。

（四）兴趣量表

1. 儿童活动量表

评估儿童兴趣的问题之一是没有什么合适的测量方法，大多数测量是为 14 岁以上的人设计的。儿童活动清单修订版是一个专门为儿童设计的工具，它提供了霍兰德 RIASEC 类型的分数。

2. 个人球形职业兴趣量表中国版

个人球形职业兴趣量表简版中文版本由张宇等人在 2015 年修订，该量表中，高中生和大学生的职业兴趣包括八种基本职业兴趣类型，它们呈现为八边形的结构，共包括 40 个题目。该量表信效度良好，可广泛应用于青年学生职业兴趣的评估。

3. 霍兰德职业兴趣量表

霍兰德职业兴趣量表是由霍兰德根据其本人的职业类型六边形理论开发的，主要用于确定被试职业兴趣与倾向。该量表由六个维度共计 48 个题目组成，每个维度包含八个题目。量表的六个维度分别为实用型兴趣、研究型兴趣、艺术型兴趣、社会型兴趣、企业型兴趣和事务型兴趣。该量表为自评式量表，采用五点计分方式要求被试自我评定，其中 1 代表"完全没有兴趣"，5 代表"完全有兴趣"，分数越高表明个体更倾向于该种类型的职业。

五、价值观及价值观测验

（一）价值观的概念

价值观自 20 世纪 30 年代由奥尔波特进行开创性研究以来，成了心理学、社会学、教育学等领域研究的重要课题。价值或价值观是比态度、信念更宽泛的概念，通常指个体对事物及意义评价的观念系统，即推动并指引人们采取决定和行动的价值取向和标准。价值观也是人对社会的价值评价，即人生价值，是人生观的核心内容，为人生提供理想、信念和价值导向。

（二）价值观发展的特点

个体价值观的形成是一个将价值心理倾向提升为价值观念，进而发展为价值观的过程。在这个过程中运行着个体价值观形成和发展的心理机制，即价值理解、价值认同、价值选择、价值整合。个体通过价值理解、价值认同、价值选择不断地将各方面的社会价值纳入个体价值体系中。但是随着个体不断成熟和生活环境的变迁，个体的价值理解、价值认同、价值选择会不断地发生变化。

（三）价值观及职业常用的测量工具

国内外研究者对价值观不同测量方法的研究，形成了两种测量取向——直接测量与间接测量。直接测量是向个体呈现一系列的价值观，让其评价不同价值观的重要程度。间接测量倾向于为个体呈现一系列的行为选择，通过个体的行为选择来推断其价值观结构。不同的价值观测量方法各有优势，需要根据研究或测量的目的采取综合方法，如直接测量方法和间接测量方法的结合能够从意识和潜意识两个层面更加全面地测量价值观的结构。当前，越来越多的研究和实践采用行为情境法和两两比较法，并呈现出将多种价值观测量方法相结合的发展趋势。

职业价值观是指体现在职业选择方面的人生态度和人生目的，它具有相对稳定性的特点，能够指导个体的就业行为并产生重要影响，同时为个人职业选择的评判提供一个特定的标准。帮助个体探索和澄清自己的职业价值观的途径有很多，其中最常用的方法就是职业价值观测评。舒伯十分重视价值对个人生涯的影响，曾发展出 21 种价值观，其中的 14 项价值分别可用《职业价值观量表》和《重要性量表》测得。这 14 项价值为：

- 能力运用
- 生活方式
- 成就感
- 体能活动
- 审美学
- 名声地位
- 利他主义
- 冒险犯难
- 自主性
- 社交互动
- 创造力
- 多样性
- 经济报酬
- 工作条件

达维斯和洛夫奎斯特编制的 1975 年版的"明尼苏达重要性问卷"，以及伊里泽 1984 年编制的"职业价值观问卷"是国外最常用的职业价值观问卷。而我国学者在他人研究的基础上对职业价值观问卷进行了一系列的修订，宁维卫在舒伯的职业价值观量表基础上形成了中文版的职业价值观问卷，凌文轻编制的大学生职业价值观量表为大学生职业价值观的测量提供了可靠的工具。

六、生涯决策及生涯决策困难测验

（一）生涯决策及生涯未决的概念

生涯决策是个人根据各种条件，并经过一系列活动以后进行的目标决定，以及为实现目标而制定优选的个人行动方案。生涯决策是一个复杂的认知过程，通过此过程，决策者组织有关自我和外部环境的信息，仔细考虑各种可供选择的生涯发展前景，做出决策行为的公开承诺。从这个概念可以看出：生涯决策是一个过程，而不单单是一种结果。

生涯未决是生涯发展领域在理论与实践中特别关注的一方面，指个体未能对希望从事的生涯做出决定。职业认同、状态焦虑、特质焦虑、控制点、抑郁以及不良生涯思维都与生涯未决有着密切的关系。

（二）生涯决策风格

决策风格是个体在面对决策情境时表现出的习惯性的反应模式。每个人的兴趣、能力和价值观不同，其决策风格也各有不同之处。生涯决策风格分为理智型、直觉－冲动型、依赖型和逃避型四种类型。

理智型决策风格的个体在做决定时会广泛地收集充分的生涯相关信息，且充分分析各个选项的利弊得失，以做出最佳、最合理的决定。直觉－冲动型决策风格的个体在做决定时，以自己在特定情境中的感受或情绪反应做出决定，做决定时以知觉为主，较为冲动，且较少会系统地收集其他的相关信息。依赖型决策风格的个体在做决定时，会等待或依赖他人为自己收集信息并替自己做决定，决策时不系统地收集信息，决策较为被动与顺从，缺乏主见，十分关注他人的意见和期望，从而做出选择。逃避型决策风格的个体在做决定时，虽然会收集很多的相关信息，问东问西，但却常常处在挣扎中，难以做出决策。

（三）生涯决策有关的测量工具

1. 决策平衡单

决策平衡单法是将重大事件的决策方向集中到四个主题上，即自我物质方面的得失、他人物质方面的得失、自我精神方面的得失、他人精神方面的得失。通过平衡单法，个体能够系统地分析每一个选项，根据每一个选项对自身影响的大小进行加权，再根据加权后的计分排出各个选项的优先顺序，执行最优先的选项。

平衡单可以帮助个体分析每一种选择的具体情况，判断利弊得失，然后依据其在利弊得失上的加权计分排定各个选项的优先顺序，最后敲定出最适合个体的方案。生涯平衡单以斯温的生涯规划模式为框架，引导学生在 7 个选项中择优选择 3 个。斯温的生涯决策三角形模式（如图 5－3）指出，影响生涯选择的三个因素分别是自我、环境和资讯。自我包含当事人的兴趣、能力、性格和价值观等，环境包含当事人的重要他人期望、家庭或同伴影响、社会潮流等，资讯包含网络、媒体、讲座等。

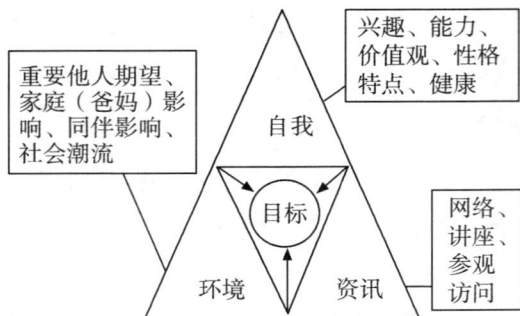

图 5-3 斯温的生涯决策三角形模式

生涯抉择平衡单操作步骤：

（1）明确选项：7 个选择；

（2）根据斯温的生涯决策三角形，从自我、环境和资讯三个维度列出所有影响选择的因素；

（3）把所有因素写入平衡单中；

（4）评估标准：根据该因素对个体的重要程度，赋予它权数，加权范围的 1～5 倍，权数越大说明个体对该因素重视程度越高；

（5）打分：根据每个方案中的要素进行打分，优势为得分，缺点为减分，计分范围为"-5"至"+5"；

（6）计分并确定最终方案：将每一个选择的所有因素得分与其对应的权数相乘，然后相加计算出总和，并以此分数来做出最后的决定，总分越大说明该选择越适合当事人。

2. 生涯决策困难量表

盖特等人将生涯决策的过程划分成几个不同的成分，认为每个成分都由各种困难构成。他们将这些困难按层级划分成三种类型：缺乏准备性（包括缺乏动机、犹豫不决、不良信念）、缺乏信息（包括对决策过程缺乏了解、对自己缺乏了解、对生涯缺乏了解以及对获得其他信息的途径缺乏了解）、不一致信息（包括不可靠的信息、内在冲突以及外在冲突）。缺乏准备性发生在决策过程之前，缺乏信息和不一致信息则发生在决策过程之中。该决策模型从决策困难角度探讨职业决策问题，易于理解，尤其适用于面临很多选项时以理性的方式做出职业选择的情况。盖特等人根据此决策模型编制了生涯决策困难问卷，问卷由 35 道态度和信念项目构成，测量三类困难（缺乏准备性、缺乏信息和不一致信息），采用 9 点记分。其中包含 2 道效度题目，1 道总体困难评估题目。

刘长江等人将盖特等人编制的生涯决策困难问卷在中国大学生中进行了试用，结果表明中文版本的生涯决策困难问卷具有一定的信度和效度，但缺乏准备性维度尚需进一步考察。田璐等人修订的生涯决策困难量表中文版包括 44 个题目，量表采用 9 点计分（1 = "非常不像我"，9 = "非常像我"）。问卷包括十个分量表，描述了十种生涯决策困难，从属于困难的三个主要类别：缺乏准备、缺乏信息和不一致信息。该量表的信效度良好。杜睿和龙立荣、李西营以及侯志瑾针对不同的华人群体对量表进行了修订。

七、生涯适应力及生涯适应力测验

（一）生涯适应力

生涯适应力是个体因应生涯角色变化并与之保持平衡的能力，被视为个体在快速变化的现代社会中获得生涯成功的关键能力。生涯适应力是个体建构生涯以应对变化的能力，主要包括生涯关注、生涯控制、生涯好奇和生涯自信四个维度。

（二）生涯建构理论

生涯建构理论由美国学者萨维科斯于 2002 年提出，其基本观点认为人的生涯发展是一个发展的、动态的过程，个体通过积极有意义的生涯探索和生涯体验（经历）来构建自身的生涯发展。与传统生涯理论相比，生涯建构理论有两个转变。一是从人—职匹配到自我生涯建构的转变。传统的人－职匹配理论假设社会对生涯的界定和分类是清晰且确定不变的；生涯建构理论则认为，个体的生涯发展不是客观选择题，也不存在所谓现成的、固定的生涯发展模板，而是个体内心世界和外部环境之间不断"互动－调整"的建构过程。二是从生涯成熟度到生涯适应力的转变。生涯成熟度通过与他人或社会客观标准进行比较来衡量个体的生涯发展水平，生涯适应力则关注个体在生涯发展过程中面对外部挑战所具备的核心能力，即个体在生涯发展过程中进行自我调整的心理资源。

（三）生涯适应力的测量工具

侯志瑾等人对生涯适应力量表进行了中文版本修订。该量表由生涯关注、生涯控制、生涯好奇、生涯自信构成，采用李克特五级计分，从"不强"到"非常强"依次计分，得分越高代表生涯适应力越强。该量表具有较好的信度和效度。

赵小云以大学生群体为研究对象编制了包含生涯关注、生涯控制、生涯好奇、生涯自信、生涯调适、生涯人际六个维度共计 35 题的生涯适应力量表。该量表验证了萨维科斯关于生涯适应力四维建构的跨文化适应性，也进一步丰富与完善了生涯适应力的理论结构，且体现出了中国特色，即相较于萨维科斯的理论建构多了生涯调适与生涯人际两个因子。该量表的结构清晰信效度良好，可用于评估大学生的生涯适应力。

第三节　生涯测评工具的开发与应用

在编制各种测验工具时，不同编制方法之间既有共性又有个性。遵从测验编制方法的共性是为了保证所编测验的基本质量，倡导编制方法的个性是为了在更高水平上提高测验的质量。本节简要介绍生涯测评工具的开发与应用的一般步骤。

一、生涯测评工具的开发

生涯测评工具的开发过程主要包括明确生涯测评的目的、设计测验编制方案、制订测验编制计划、题目编写与修订、测试分析、组卷、信度效度调查、编制测验分数系统、编写测验使用手册、编制测验备份等几个部分。

（一）确定测验目的

在开发生涯测评工具前要确定测验的目的，每一种测评工具都是针对特定人群使用的。因此，可以从以下三点来确认测验的目的：

（1）明确测验的对象。包括明确测验对象的社会身份、生理特点和心理特点、分布的范围与数量等。

（2）明确测验的心理特质。在编制测评工具时要确定测验的是能力还是兴趣、人格等。

（3）明确测验结果的作用。包括明确测验结果是用作确认个体的性格特点，还是个体突出的能力等。

（二）设计测验编制方案，制订测验编制计划

生涯测评工具的测验目的明确之后，就要设计一个科学、详细、可行的测验编制方案。方案科学是指方案从目标到内容和方法都要符合心理学和心理测量学原理，方案的每项选择都必须是针对测验目的的各项要求，结合心理学、生涯发展理论与技术统筹考虑后的最佳选择。方案可行有两层含义：其一是科学意义上的可行，如果所设定的测验目的从科学的角度看是不可能达到的，则不要勉强为之；其二是主客观条件意义上的可行，如果所设定的测验目的理论上可行，但是有些主客观条件目前还不具备，也不要勉强。测验编制方案的内容主要包括对测验目的的详细分析、根据测验目的所设计的测验方案和具体的测验编制计划。测验编制方案要对测验方法、测验类型、测验的题型及其分布、测验的题量及其分布、测验的分数系统、测验质量的评价方法和测验质量的总体目标进行详细的设计和规定，同时要对整个编制流程提出详细的设计和要求。可以从以下几点出发：

1. 搜集相关资料

测验计划编好后，就要搜集有关资料作为设计项目（题目）的依据。一个测验的好坏和测验材料的选择适当与否有密切关系，为此要注意以下几个问题：

（1）资料要丰富

资料搜集越齐全，设计项目（题目）便越顺利，这样测验内容便不致有所偏颇，而且能提高行为样本的代表性。如编制兴趣测验，搜集的资料应包括兴趣的主要理论，相关的兴趣测验工具，兴趣测验的种族和文化偏见等。

（2）材料要有针对性

测验对象为大中小学的学生时，针对不同阶段的学生都要有对应年龄段的配套资料。

2. 项目选择形式

测验编制者还必须确定测验内容的表现方式，比如是纸笔测验还是操作测验。在大多数情况下，任何内容都可以用几种形式呈现，问题是如何选择"最优的"表现方式。在选择项目（题目）形式时，要考虑以下三点：

（1）测验的目的和材料的性质

如果要考查学生掌握概念和原理的能力，宜用简答题；要考查对事物的辨别和判断的能力，宜用选择题；要考查综合运用知识的能力，宜用论述题。但总体还是要看学生的年龄阶段，不同年龄阶段的学生适用的测验形式不一样。

（2）接受测验的团体的特点

如小学低年级学生宜用口头测验，年龄阶段较大的学生可以使用文字测验，特殊儿童可以使用绘画测验等。

（3）各种实际因素

选择项目（题目）形式时要考虑各种实际因素，比如，当被试人数过多、测验时间和经费有限时，宜用选择题进行团体纸笔测验；而当人数少、时间充裕、有某些实验仪器和设备时，则可用操作测验。

（三）题目编写与修订

1. 测验题目的编写

测验题目是测验的基本元素，也是测验的主体材料。测验的题目有很多类型，主要可以分为客观题和主观题两大类型。两大类题型在性质和功能上各有不同，总体上具有互补的倾向。每种具体的题型都具备自己的独特性质和独特功能，从而有各自独特的编制方法和编制要求。编写题目时一定要按照编制要求，充分发挥题型功能，编写出能够达到预测内容的题目。各种题型的结构各有不同，但所有的题型都有题干和作答要求。题干是对题目内容的陈述，题干编写的最基本要求是内容科学、语言精练。

2. 作答要求的编写

作答要求是题目对被试作答内容、作答方式和作答方向的规定。阐述作答要求的语言要准确无歧义，信号要强烈醒目。客观题的备选答案既有正确选项也有迷惑选项，迷惑选项要有适度的迷惑力。主观题编写还包括参考答案的编写和评分标准的编写，必须保证答案的科学性和评分标准的客观性。

3. 题量分布

除了要按照不同题型特点对每个题目进行认真编写之外，题目编写还要按照测验的题量分布进行。测验的题量分布应是测验编制计划中规定好的，通常包括题型分布、所测心理特质或知识内容分布、题目难度分布。编写的题目量应该按照设计好的各种题量比例分布，这样才能保证组卷时有足量的题目供选择。

（四）测试分析

对编写或征集来的题目必须进行严格的质量评估和筛选才能作为正式测试题。题目质量评估和筛选的指标有定性指标也有定量指标。定性指标旨在评估题目的科学性，特别是与所测心理特质的相符性、答案的正确性、表述的准确性等。心理测量学还为题目质量评估设计了一些定量指标，这些定量指标可以用来评估生涯测评工具。这些定量指标都有各自的定义和计算方法，也有各自的质量优劣标准，前提是必须有测试数据才能一一求证。所以，测验编制的一项任务就是进行测试分析。测试要有对象，测试对象应该是未来测验使用对象的有代表性的样本，样本必须有足够的容量，参测者应该有与正式测试相同的动机水平，测试应该在拟真的环境中进行，这样才能保证所采集的数据是可信可用的。有了测试数据就可以计算每一个题目的各项质量指标，可以按指标的优劣对每一个题目做出留用、修改留用、修改再测、淘汰等决策。

（五）组卷

有了足够的高质量题目就可以进入组卷阶段。组卷时既要保证入选的题目都是高质量题目，还要严格按照设计好的各种题量分布选调题目。入选题目确定之后还要合理安排题目顺序。一般先按照题型顺序排列，同一题型再按照难度或强度顺序排列；也有按照测验内容简易顺序排列，或按照所测心理特质层次顺序排列的。组卷时严格按照设计好的各种题量分布选调高质量题目，并合理编排题目顺序，这都是为了有效控制测验的系统误差。

（六）信度、效度调查

在严格按上述要求和程序组成测验后，还得对所组测验的整体质量做进一步的调查取证。调查取证的主要内容是测验的信度和效度证据。测验的信度和效度的取证方法很多，特别是效度的取证，不仅方法有多种，证据的类型也有多种，效度的取证更需要多方法、多类型证据的"共证"。针对各种不同的测验，又可以选择不同的方法和不同的角度来证明其信度和效度是否达到要求。求取信度一般只需测验自身的测试数据，而求取效度除了需要测验自身的测试数据，还需要测验外部的一些相关凭证，如有关测验目标内容结构或心理结构的文献、有关测验对象相关实践活动的档案记录等。只有取得了足够的信度、效度凭证，并且所取得的信度、效度凭证都达到了一定标准的测验才是可以付诸实际使用的测验。

（七）编制测验分数系统

测验的原始分数或称测验的卷面分数是被试在测验上的成功率，是以测验内容为参照背景的一种分数。如果测验的目的就是获取以测验内容为参照背景的分数，原始分数就可以作为测验的报告分数。如果测验的目的是获取以被试群体为参照背景的分数，或是获取以某种客观标准为参照背景的分数，为了理解和解释的方便，就必须将原始分数转换成其他某种报告分数的形式，这一过程称为编制测验的分数系统。

（八）编写测验使用手册

正规测验必须备有测验使用手册，以便指导测验使用者正确使用测验。

测验使用手册一般含有以下内容：

（1）测验目的与性质说明；

（2）适用对象说明；

（3）测验内容结构、题型结构介绍；

（4）测验编制方法介绍；

（5）测验施测方法说明；

（6）评分方法与标准说明；

（7）测验编制过程中测试对象范围、数量、来源、抽样方法说明；

（8）测验信度、效度报告；

（9）分数系统编制方法及分数解释方法介绍；

（10）测验使用人员资质要求说明。

（九）编制测验备份

正规测验还需要编制测验备份。测验备份应该是正式测验的平行复份。理论上，两平行复份之间除了题目表面文字不同之外，其所测心理特质、内容结构、难度或强度结构、题型结构以及信度和效度都应该是完全"相同"

的。如果用于同一个被试，两个复份的测验结果分数应该是完全"相等"的。正规测验配备测验备份，有的是为了应对一些突发事件，有的是为了一些特殊的研究需要，也有的是为了取得更可靠的测试结果。不管是从目的还是从要求看，编制测验备份都应该与正式测验有完全相同的过程和标准，或者说应该在正式测验编制时就规划好两份测验，编完后再任意指定谁是 A 份、谁是 B 份，两份测验的地位是完全平等的。

以上按照编制正规测验的步骤与要求简要介绍了编制测验的过程，按照上述严格的步骤与要求编制的测验，如果信度、效度能达到规定标准，就成了上述的标准化测验。正规测验或标准化测验编制要求高、编程长、投入大，故不可能要求所有的测验都是标准化测验，实践中也需要一些内容针对性强、方法灵活多变、编程短的自编测验，比如学校内使用的成就测验，大部分都是教师自编的测验。当然，自编测验也应该尽量按测量学理论与技术要求编写，以提高自编测验的质量。

二、生涯测评工具的应用

由于个人生涯选择受到内在与外在条件的影响，测验结果的应用也因人而异，差异颇大。从大体上说，完整的生涯测评分为以下的几个主要步骤。

（一）选择测验

首先针对测验目的选择一个合适的测验。选择合适的测验是为了控制测验的误差，提高测验的信度、效度。合适测验的含义包括：所选测验的内容和报告分数形式要符合测验目的；所选测验的形式和方法要适合被试的身心特点；所选测验的信度和效度要能达到标准；还要考虑所选测验的施测方法与结果解释是否需要有特殊资质的技术人员，以及在现实条件下有没有这样的技术人员。以上各条有一条不符，都不能称之为合适的测验。有时候为了某种研究目的而使用测验采集数据，那么对测验的选择就更要慎重，按惯例在研究报告中必须如实报告所选测验的各方面性能以供检验。

（二）实际施测

有的测验施测较为简单，有的测验施测则较为复杂。一般团体测验、纸笔测验施测相对简单，个体测验、操作测验施测相对复杂。无论是简单的还是复杂的测验，都应该由具备相应资质的技术人员严格按照测验指导书的要求和步骤实施。实际施测中，测验环境的布置、测验指导语的宣讲、测验材料的发放、测验进程的控制都应该是规范统一的。规范测验的实施是为了控制测验过程中可能产生的各种误差，提高测验的信度、效度。

（三）评分

有的测验评分在测验实施过程中进行，而多数测验评分在测验实施完成后进行。如果评分在测验实施过程中进行，需要高质量的技术人员来实施。测验的评分应该严格按照测验指导书规定的方法和标准进行。客观题可以交由计算机评分，主观题目前还主要采用人工评阅。生涯测验的主观题一定要由具备相应资质的生涯测评人员评阅。大规模测验中主观题的评阅要先筛选优秀阅卷员并进行严格培训以统一评分标准，必要时还应该进行阅卷质量监控，有条件的地方可以采用网上阅卷系统协助控制阅卷误差。

（四）测验结果解释

不同测验结果的解释方法是不同的。常模参照测验注重报告被试在群体中的相对地位，标准参照测验注重报告被试合格与否或达到了何种等级水平。但要注意的是，不要忘记任何测验都会有误差，生涯测验的误差有时是十分严重的，造成误差的原因也是很复杂的，所以对生涯测验结果进行解释时一定要有辩证思维，不要绝对化，更不要标签化。要以发展的眼光评价和解释任何一个个体的测验结果，防止生涯测验对被试造成负面影响，阻碍个体的发展。特别要注意对测验结果处于劣势地位的青少年儿童的解释，要善于在个体内部作比较，要更多强调优势特质，鼓励改善劣势特质。

（五）测验的应用

1. 探索自我或职业世界

生涯测验常应用于探索自我或职业世界。一个设计良好的、适用于生涯探索的测验，其结果能使被试迅速、有系统、有所依据地在一个特定的职业群里进行探索的行动。结合此类测验所得的数据，有助于受测者探索自我、缩小生涯选择的范围，抑或是扩展生涯探索的领域，有助于受测者对聚焦自我或相关的职业或教育世界做进一步深入的了解。

2. 探索个人与环境的关系

生涯测验也常应用于探索个人与环境的关系。生涯的选择不可能自己关起门来决定，必然会受到环境的若干因素的影响，这些因素包括家庭背景、父母师长的期望以及社会价值与社会需要等。这类生涯测验的结果能够使个体增加对自我的了解程度，增加"自由选择"的强度。测验数据可以供个体"知己"，即了解自己的兴趣、能力、能力倾向和价值观；由"知己"延伸到"知彼"，即一方面了解受测者想要选择的关联，另一方面更全面地了解来自家庭与社会的不同期望和影响。

3. 生涯决定

生涯测验最终的目的是帮助受测者厘清困惑，做好生涯决定。一个好的生涯决定，必须以"知己"与"知彼"为基础，而测验的结果为这个知己知彼的基础提供了不可或缺的数据。所以，生涯测验的实施是一种方法和手段，而生涯决定才是测验在生涯辅导上应用的最终目的。

测验结果的运用能够有效地增进个体对自我的了解。在这个概念模式的架构中，测验结果的应用不仅仅在于协助了解个人的诸项特质，还希望能以此为起点引发更进一步的探索活动，最终的目的在于协助个体对眼前或未来的生涯做出清楚的决定。因此，测验在生涯教育和生涯辅导等方面都具有很大的应用价值。

第二章
生涯测评应用的注意事项

随着生涯教育越来越普及和被重视，生涯测评的应用也越来越频繁。但由于我国的生涯教育和生涯测评均处于起步探索阶段，生涯工作者在实践中会遇到很多实际的问题或困惑。本章结合国内对生涯测评的规范要求和实践成果，分别从生涯测评者的专业素养、基础素养和职业道德、生涯测评中的伦理问题、生涯测评中的常见误区及应对等进行介绍，旨在帮助生涯教育工作者重视自身专业素养的提升、重视职业道德和职业操守，规范地遵守伦理守则，避开生涯测评中的误区，以便更专业地做好生涯测评工作，发挥生涯测评在生涯教育、辅导、咨询等中的积极作用。

第一节　生涯测评者的专业素养

随着人们对生涯教育、生涯辅导与生涯咨询的需求不断增加，对生涯测评的需求也随之增加。要想提供高质量的生涯测评服务，生涯专业工作者需要具备良好专业素养，掌握丰富的专业知识，具备扎实的专业能力、拥有良好的专业精神，具有厚实的基础素养，遵循规范的职业道德。以下将从这五个方面展开，探讨生涯测评人员的专业素养要求。

一、掌握丰富的专业知识

生涯测评是一份专业性要求较高的工作，需要生涯教育专业人员具备并掌握的专业知识较多，大致可分为以下几点：

（一）要具备生涯测评相关的理论基础

1. 掌握生涯相关理论基础

生涯测评专业人员需要掌握生涯测评相关的理论基础，包括了解生涯的相关概念及应用、生涯学的发展历史、生涯发展的相关理论、影响生涯发展的社会因素等。

2. 了解生涯测评的基本特性

生涯测评专业人员需要掌握生涯测评的概念、明确定义，了解生涯测评的基本特性。第一，生涯测评具有普遍性，被应用于众多领域，如教育、人才测评、就业服务等；第二，具有间接性，只能通过测量人的外显行为来推测其生涯发展状况；第三，具有复杂性，生涯测评内容众多，形式多样性、实践需求丰富；第四，具有文化适应性，文化背景不同会对测评带来影响，比如同一套测评工具，可能适用于美国的学生，却不适合中国学生；第五，对生涯发展具有影响性，实施生涯测评，会给受测者的生涯发展带来不同影响。

3. 了解生涯测评的标准

生涯测评专业人员还要了解生涯测评的标准，知道信度、效度是评价一个测评工具质量高低的首要依据。高信效度是每个测评工具的设计目标和追求，但高信效度的测评工具也并不意味着就可以代表专业判断或者能代替个体做决策，它只能作为一个参考来使用；还需要熟悉测验的常模，比如地区性常模、全国性常模、年级常模、年龄常模等；了解生涯测评误差的不可避免性（所有测评或多或少都有误差）。

4. 熟练掌握常用生涯测评工具

生涯测评专业人员需要熟练掌握常用的生涯测评工具，如能力测验常用工具韦克斯勒智力量表、人格测验常用工具大五人格量表，还有儿童兴趣量表、职业价值观量表等。

（二）更新自己对生涯测评的认识

1. 坚持学习，不断更新知识

生涯测评是近几十年来的新兴领域，目前仍在蓬勃发展中，也不断出现生涯测评的新理论，如无边界生涯理论、生涯混沌理论等。新理论的出现本身也反映了当前时代人们生涯发展的整体变化。当理论在逐步更新时，意味着生涯测评的工具也会有较快的更新。比如霍兰德职业兴趣量表，如今在使用时就会暴露出明显的局限性，如量表的部分题目具有年代感，会让现在的学生难以回答，比如"您能修理收音机吗？""您喜欢做无线电报务员吗"等题目，现在的学生可能都没见过收音机，也不知道无线电报务员这种职业类型，就可能无法回答。目前也有一些新出的职业兴趣量表，比如个人球形职业兴趣量表等。因此作为生涯教育专业人员，也需要时刻不忘学习，紧跟生涯发展前沿的理论，了解最新的生涯测评工具。

2. 广泛学习相关领域的知识

生涯测评涉及了多门学科。因此，对于生涯测评的学习需要更加广泛，对心理学、教育学、管理学、社会学、统学计等相关领域的知识，需要有一定的认识和了解。

（三）知悉生涯测评的局限

1. 生涯测评对少数群体有所忽视

生涯测评因其主要考虑一般性，可能会忽视少数群体，比如低收入者不会寻找高于其能力的职业，女性会较多寻找社会型、事务型职业等。因此，生涯教育专业人员要关注并了解少数群体，如少数民族学生、残疾学生、留守学生、贫困学生等独特的生涯发展需求。

2. 生涯测评对文化和群体的多元性关注不够

很多测评工具可能因种族、文化、语言、性别、性取向、宗教信仰、身体状况不同而出现系统偏差。也就是说，生涯测评主要还是适用于一般人群，结果解释也更注重普遍性。当受测者的文化、语言等不同于一般人群时，测评结果就会出现一些偏差，可能难以反映其真实情况。

3. 生涯测评会受到自我影响而不准

自我有多个层次、多重自我。一个人有多种不同的角色，比如可能同时扮演着老师、母亲、女儿、妻子等角色。同一个人在不同角色下、在不同场景中可能表现出不同的样子，在做生涯测评时可能会因此而受到影响。

另外还存在多时间我，指个体在不同时间段，主要是不同的年龄阶段，其自我是会发生一定改变的。这会在一定程度上会影响到生涯测评的结果，比如人在不同时期做兴趣测验，结果可能会有所不同，在青少年时期偏好艺术类型的工作，成年时期又可能对科研更感兴趣。

此外还有文化影响外显的我，指的是自我扮演的社会角色，会受到文化、社会环境的影响，比如在集体主义的文化背景下，个体做霍兰德兴趣测评时，就容易得到社会型的结果。

总之，生涯测评结果可能只代表这个时期的受测者，尽管一些特质或能力具有一定的稳定性，但并不代表在人的一生中它是不可变动的，人的心理本身也具有复杂性。因此生涯教育专业人员对结果的解释要慎重，须告知受测者不能完全依赖于测评结果，应该将测评结果作为参考。

二、具备扎实的专业能力

随着生涯测评的需求在增加，生涯教育专业人员的资格训练也是件不容忽视的事情。想要提供良好的生涯测评服务，就需要生涯教育专业人员具备扎实的专业能力。以美国国家生涯发展协会 1997 年修订的生涯咨询师应具备的基本专业能力等作为参考，本书提出我国生涯教育专业人员应该具备以下七种生涯测评相关的能力：

（一）开展生涯测评的能力

能正确使用测评工具是生涯教育专业人员的基本功之一，要能够熟练使用生涯测评的各种工具及其他技术来进行测评，能够按生涯测评的整个流程来开展。

（二）对生涯测评工具的解读能力

能够激发受测者自我探索和对生涯发展规划中一些可能选择的探索，并且能够和各种职业与生活角色、生活形态加以结合链接，要注意唤起个体的生活经验。

（三）沟通协调、组织管理的能力

能够一对一、一对多开展生涯测评，能有效地和受测者、协助开展生涯测评的相关人士协调和沟通，可以组织和管理人员有秩序地进行测评。

（四）处理由文化差异引起的测评问题的能力

能够针对不同文化背景的受测者，在选取测试工具时考虑到这个工具是否适用，可采取哪些方式进行测评，如采用质性评估（卡片分类、叙事等）。

（五）协助少数群体选择和准备职业的能力

能协助少数民族学生、残疾学生、留守学生、贫困学生等特殊群体妥善处理其在选择学业或职业时遇到的更多受限情况，协助其处理准备职业中将会面对的更加复杂和困难的问题。

（六）制订生涯规划的能力

能够和受测者合作制订生涯发展规划，并能够对完成的生涯发展规划做有效而周密的评估。

（七）信息技术应用能力

信息时代的来临对很多领域都产生了深刻影响，其中也包括了测评领域。在线生涯测评已经在蓬勃发展，越来越多的个体需要网上提供的测评服务，因此，生涯教育专业人员要加强信息技术技能的提升，以在测评中更好地发挥在线测评的优势。

三、拥有良好的专业精神

生涯测评工作是以助人为首要职责的职业，生涯教育专业人员的专业精神也是影响生涯测评效果的重要因素之一。一个优秀的生涯教育专业人员应具备以下几种精神。

（一）敬业尽责

生涯教育专业人员要与受测者建立信任关系，需要意识到自身对受测者、对社会的责任。生涯教育专业人员必须按照专业行为标准行事，按规范的流程和步骤开展生涯测评，澄清自身的专业角色和义务，对自己行为负责。生涯教育专业人员也需要与其他专业人员和学校、机构进行协商、沟通或合作，以满足受测者的最大化利益。现在生涯测评行业内还是鱼龙混杂，生涯教育专业人员需要关注同行的行为是否规范，是否遵守伦理准则。每个生涯教育专业人员都需要在这一方面贡献自己的一些时间和精力，维护行业的环境和名声。

（二）为他人着想

生涯教育专业人员应努力让受测者受益，在生涯测评的过程中保护受测者的利益与权益。当生涯教育专业人员的工作职责与对他人的关心之间发生冲突时，应尽量以负责任的方式解决冲突，避免伤害。比如，当受测者对生涯教育专业人员出现移情的情况，又或者生涯教育专业人员对受测者产生移情，如表现为对受测者过分关怀和爱怜，都会给生涯辅导和咨询的开展带来阻碍。生涯教育专业人员要处理好自己的感情，注意自己的态度与行为，不能以此试图影响受测者的思想和判断。

由于生涯教育专业人员的判断与行为可能会影响他人的生活与心理状态，所以需要提高警惕，谨慎选择工具和进行结果解释，避免给受测者带来负面影响。

（三）诚信

生涯教育专业人员在工作中应做到诚实守信，不能窃取受测者个人信息，不能欺骗或参与欺诈，伪造或故意陈述虚假的事实状况。生涯教育专业人员要努力履行自己的承诺，同时避免不明确或不明智的承诺，在测评实践、研究及发表、各类媒体的宣传推广中保持真实性。

（四）公正

生涯教育专业人员需清楚地了解，公平、公正应贯穿到所有的生涯测评工作当中去。生涯教育专业人员应公平、公正地对待专业相关的工作及人员，需保证测评中的流程、步骤、服务的质量对每个受测者都是一致的，须采取谨慎的态度防止自己潜在的偏见、能力局限、技术局限等导致的不恰当行为的出现。

（五）尊重个体权利与尊严

生涯教育专业人员应尊重每位受测者，尊重个体的权利和价值，以及隐私权、保密性和自我决定的权利，同时也需尊重不同的文化、个体和社会角色的差异，包括基于年龄、性别、种族、民族、文化、国籍、宗教、性取向、残疾、语言和社会经济地位的差异，并在生涯测评中考虑到这些因素。生涯教育专业人员应该尽力消除这些因素对测评产生的偏见影响，并且不因这些偏见对受测者采取有意或纵容的行为。

四、培养厚实的基础素养

（一）思想素养

1. 树立科学育人观

生涯测评与教育息息相关，生涯测评本身也是生涯教育的一部分，因此生涯教育专业人员也需要同教育者一样，树立科学的育人观。生涯教育专业人员需全面贯彻党的教育方针，树立科学的教育发展观、人才成长观、选人用人观，坚持立德树人，牢记为党育人、为国育才使命，努力培养担当民族复兴大任的时代新人，培养德智体美劳全面发展的社会主义建设者和接班人。

树立科学成才观念，坚持以德为先、能力为重、全面发展，将科学育人观、立德树人思想等作为生涯测评的指导思想，在对学生的生涯测评过程中，切实引导学生坚定理想信念、厚植爱国主义情怀、加强品德修养、增长知识见识、培养奋斗精神、增强综合素质。

2. 坚持科学的生涯观

个体是具有生命力的自发的实体，生涯发展具有主动适应的特征，要相信个体对生命发展的渴望、自我成长的能力。生涯教育专业人员要从未来和发展的角度关注个体，引导受测者不断提高生涯适应力，帮助其拓展学习经验，主动创造机遇，拓展生涯探索的空间，使受测者在人生的各个阶段都能够主动积极地适应环境，实现自我发展和终生发展。

坚持以人为本，突出主体作用。生涯测评的一个重要作用就是使个体可以发掘、认识到自己的潜能，尽量让每一个受测者的潜能得到全面发展。每个人都具有多方面发展的天赋潜能，这些潜能就是多方面发展的可能性，它是相对于已经表现出来的现实发展水平而言的。全面发展是个体自身发展的要求，社会生活的丰富性也要求人的全面发展。个体的全面发展是不断接近、没有终点的目标。生涯教育专业人员就是要帮助受测者尽可能实现这一目标，把多方面潜在发展的可能性转化为现实发展的确定性。

每个人都是独特的个体，有不同的兴趣爱好、不同的人格特征、不同的三观、不同的创造潜能等，都是千差万别的。生涯教育专业人员要承认每一个受测者都有自身的独特性，要尊重受测者的个性，关注其自身优势的发挥，鼓励受测者积极探索自身的兴趣与特长，帮助受测者发展自己的独特个性。

（二）心理素养

生涯教育专业人员作为教育相关行业的从业人员，其对心理素养的要求会高于普通人的标准，这是由职业特点决定的，因此，要更加注重提升心理素养。拥有良好的心理健康水平是对生涯教育专业人员的基本要求。一个合格的生涯教育专业人员应具备以下心理素养：

（1）有稳定的情绪。在测评过程中不会被受测者的情绪过度影响，能合理地表达和控制自己的情绪。

（2）理智、客观。与现实有良好的接触，能够客观地分析事物，做出正确的判断。

（3）能保持良好的人际关系。生涯测评本身也是与人打交道的工作，需要与受测者建立信赖关系，因此需要生涯教育专业人员能尊重理解他人，友善、宽容地与人相处，与他人保持和谐的人际关系。

（4）充分地了解自己。能够合理地分析自己的能力，并做出恰如其分的判断。比如生涯教育专业人员要在清楚了解自己能力限制的基础上，去选择测评工具，不能盲目地选择自己无法掌握的工具。

（5）具有从经验中学习的能力。生涯测评领域的研究及工具都在不断更新，因此生涯教育专业人员也不能停止学习，要不断努力提升自己，从过往的经验中吸取教训，把经验转化为能力。

（6）能保持人格的完整与和谐。生涯教育专业人员个人的价值观要能适应社会的标准，组成人格的各要素，如性格、气质等不能存在明显的缺陷和偏差。

（7）热爱生活。能充分发挥自己各方面的潜力，不因挫折和失败而对生活失去信心，对生活中的事物都保有热情与活力。

（三）身体素养

健康的体魄是工作、学习、生活的基础和前提。健康的标志可分为：精力充沛，能应付日常生活和工作压力；身体各部分发育良好，功能正常；能适应外界环境的各种变化等。作为生涯教育专业人员，自然需要保持健康的体魄、充沛的精力，才能够进行高效率、高质量的工作，才能够更好地服务于社会。因此，在日常的生活中，生涯教育专业人员要养成合理的饮食习惯，进行适宜强度的体育锻炼等。身体健康，也有利于保持心理健康。

五、遵循规范的职业道德

生涯测评是心理测评在生涯发展中的应用，因此生涯教育专业人员理应遵守中国心理学会颁布的《心理测验工作者职业道德规范》（2015 年），具体如下：

凡以使用心理测验进行研究、诊断、安置、教育、培训、矫治、发展、干预、选拔、咨询、就业指导、鉴定等工作为主的人，都是心理测验工作者。心理测验工作者应意识到自己承担的社会责任，恪守科学精神，遵循下列职业道德规范：

第1条　心理测验工作者应遵守《心理测验管理条例》，自觉防止和制止测验的滥用和误用。

第2条　心理测验工作者必须具备中国心理学会心理测量专业委员会认可的心理测验使用资格。

第3条　中国心理学会坚决反对不具有心理测验使用资格的人使用心理测验；反对使用未经注册或鉴定的测验，除非这种使用出于研究目的或者是在具有心理测验使用资格的人监督下进行。

第4条　心理测验工作者应使用心理测量学品质好的心理测验。

第5条　心理测验工作者有义务向受测者解释使用测验的性质和目的，充分尊重受测者的知情权。

第6条　使用心理测验需要充分考虑测验结果的局限性和可能的偏差，谨慎解释测验的结果和效能，既要考虑测验的目的，也要考虑影响测验结果和效能的多方面因素，如环境、语言、文化、受测者个人特征、状态等。

第7条　应以正确的方式将测验结果告知受测者。应充分考虑到测验结果可能造成的伤害和不良后果，保护受测者或相关人免受伤害。

第8条　评分和解释要采取合理的步骤确保受测者得到真实准确的信息，避免做出无充分根据的断言。

第9条　应诚实守信，保证依专业的标准使用测验，不得因为经济利益或其他任何原因编造和修改数据、篡改测验结果或降低专业标准。

第10条　开发心理测验和其他测评技术或测评工具，应该经由经得起科学检验的心理测量学程序，取得有效的常模或临界分数、信度、效度资料，尽力消除测验偏差，并提供测验正确使用的说明。

第11条　为维护心理测验的有效性，凡规定不宜公开的心理测验内容如评分标准、常模、临界分数等，均应保密。

第12条　心理测验工作者应确保通过测验获得的个人信息和测验结果的保密性，仅在可能发生危害受测者本人或社会的情况时才能告知有关方面。

第13条　本条例自中国心理学会批准之日起生效，其修订与解释权归中国心理学会心理测量专业委员会。

生涯测评虽然是心理测评的一部分，但它也有不同于一般心理测评的地方。虽然现在我国并没有出台具体的生涯教育专业人员职业道德规范，但在实践中，生涯教育专业人员除了需要遵循以上提到的规范以外，还需要注意以下一些方面：第一，生涯教育专业人员除了需要具备测评使用资格以外，自己也需了解自身的能力范围，不做范围外的测评；第二，不仅需要选择品质好的测评工具，还需要了解该测评工具是否适合来访者；第三，要确保为测评工具做的宣传和介绍是没有误导的。

第二节　生涯测评的伦理问题

生涯教育专业人员在进行生涯测评时，经常会遇到伦理两难的问题。比如，受测者的父母非常希望你能够提供孩子的测评结果，那是否应该提供呢？来自少数民族地区的学生想了解自己的生涯成熟度，但你现在只有一种生涯成熟度的量表，并且还没有建立起与受测者情况相似的样本常模，是否该进行测评呢？以上这些情况都存在伦理两难的问题。生涯教育专业人员在进行生涯测评的过程中，在保密性、文化差异、性别差异、价值观等众多方面，都存在着许多伦理问题。本节将重点讨论测评中的伦理问题。

一、生涯测评伦理概述

伦理可以定义为"关于道德的行动、道德的决策，以及怎样过好生活的哲学研究"。专业伦理是当专业人员面对道德困境时，伦理可以帮助他们做出选择，其出现的形式就是特别针对某种职业的伦理准则或标准。伦理标准可以规范从业人员的工作职责、职业资格、专业行为、教育培训等重要方面。

作为一名生涯教育专业人员，在生涯测评的过程及其相关活动中都需要符合一些生涯测评的伦理准则，它会向生涯测评相关的工作者们阐明需承担的道德责任、为测评过程中的行为划分明确的界限、指出哪些是能做和不能做的事情。

伦理准则的功能有以下几点：

（1）提供专业人员的指导，有助于为工作者们构建一个行动方针，起指导和提醒作用；

（2）保护受测者；

（3）保护专业人员的自主性；

（4）增加专业的威信；

（5）增加受测者对专业的信任；

（6）详细说明专业人员的适当行为，以保护专业人员，如对生涯测评过程、保密设置、价值取向、文化及性别差异等方面都有相应的指导。

在美国，生涯教育专业人员需要遵守美国咨询协会和国家生涯发展协会的伦理准则。即使某些生涯教育专业人员不属于协会的人员，也同样需在测评过程中遵守这些伦理准则。我国虽然没有针对生涯测评出台专门的伦理准则，但由于生涯测评本就是心理测评在生涯发展中的应用，因此生涯教育专业人员也应当遵守中国心理学会颁布的《心理测验工作者职业道德规范》和《心理测验管理条例》。

比较中美的生涯测评伦理准则后可发现，几乎所有伦理准则都会包括以下几方面：

（1）检查测评工具的信度和效度；

（2）必须具备测评使用资格的人才能使用生涯测评；

（3）向来访者介绍测评的性质和目的，尊重受测者的知情同意权；

（4）解释所有测评的局限性；

（5）做好被试个人信息和测评结果的保密和安全性；

（6）考虑影响测验效果的多方面因素，如语言、文化等；

（7）用正确的方式解释测评结果，避免造成伤害。

二、生涯测评中的保密设置

（一）保密原则的内容

生涯教育专业人员有责任保护寻求专业服务者的隐私权，同时明确意识到隐私权在内容和范围上受国家法律和专业伦理规范的保护和约束。

在正式开始进行测评前，生涯教育专业人员需做到以下几点。第一，有义务告知受测者，在整个测试过程中都会对其信息进行保密，不会将个人信息告知其他人，包括家属。第二，需要提前告知受测者，测评结果仅用于研究使用，不会对外公开个人信息。只有在充分告知的前提下，才有助于消除他们对测评的顾虑，提高作答的真实性。与此同时，还有些测评因涉及隐私，或多或少会对被试造成一些影响，研究者应该设计一种安慰程序，运用令人感到安慰和有尊严的方式，来帮助受测者摆脱测验情境所造成的不良影响。

除了在测评前对受测者个人身份信息保密外，还需要在遵守法律法规和专业伦理规范的前提下，对测评过程中的任何一个阶段，对受测者的个人资料、测评记录、文件、录音录像等进行严格保密。

如果因专业工作需要，在案例讨论、教学、科研、写作中需要采用测评数据结果或者个案资料，生涯教育专业人员应隐去可能辨认出受测者的相关信息（如姓名、家庭背景、特殊成长或创伤经历、体貌特征等），采取必要措施保护当事人隐私。

（二）保密例外

生涯测评是生涯教育专业人员工作的组成部分，经常在生涯辅导和咨询中被用来对受测者进行评估，因此生涯测评中的保密例外也应遵守《中国心理学会临床与咨询心理学工作伦理守则》（第二版）。生涯教育专业人员有责任向被试告知测评的保密原则及其应用的限度、保密例外情况。下列情况为保密原则的例外：

（1）发现寻求专业服务者有伤害自身或他人的严重危险；

（2）不具备完全民事行为能力的未成年人等受到性侵犯或虐待；

（3）法律规定需要披露的其他情况。

遇到上述的情况，生涯教育专业人员有责任向寻求专业服务者的合法监护人、可确认的潜在受害者或相关部门预警，有义务遵守法律法规，并按照最低限度原则披露有关信息，但须要求法庭及相关人员出示合法的正式文书，并要求他们注意专业服务相关信息的披露范围。

三、生涯测评中存在的文化及性别差异

（一）文化差异

文化对人的影响，具有潜移默化、深远持久的特点，会影响人的认知思维方式和实践活动。不同的文化可使人形成不同的价值观念，产生不同的行

为活动。面对不同文化背景的来访者，生涯教育专业人员在建议、实施、解释测评时都要有一定的文化差异敏感性。

1. 与西方文化的差异

跨文化心理学研究已证明，不同文化会对人的心理、行为产生重要影响，而东西方文化存在显著差异。例如在"自我"的概念上，中国文化中的自我概念与西方文化中的自我概念是有所区别的。在个体主义文化中的自我概念（以北美、西欧等国为代表），研究者将其称之为"独立型自我"，指个体偏向通过关注自我并发现和表达自身独特的内在特质，保持自我的独立性。在集体主义文化中的自我概念（以中国为代表的东亚国家），则被称为"依赖型自我"，个体注重自身与他人的内在联系，重视与他人的相互依赖。独立型的自我图式中不包括他人，个体被潜移默化地影响成为独立的自我。依赖型的自我图式中除了自身，通常还包括一些重要他人（如家庭成员）。因此，生涯教育专业人员在选择测评工具时，应考虑测评工具在特定文化中的效度，对结果进行解释时需要慎重。

2. 中国区域文化差异

俗话说："一方水土养一方人。"我国是一个由多民族组成的国家，历史悠久、地域广阔，有各具特色的区域文化，且各地经济社会发展的类型和水平差异显著。在一定区域文化内的个体在宗教、语言、行为、习俗等方面具有共同性，形成区域内普遍、稳定的心理定式和价值取向。

有研究结果显示，不同省份的高校毕业生在就业选择上存在区域差异。人生活在某一个区域中，必然会具有区域所独有的文化性格，所以当对受测者的职业价值观或者就业选择倾向等进行测评时，需要谨慎地对结果进行解释，要考虑到区域文化对个人职业价值观、就业选择倾向等的影响。

此外，生涯教育专业人员也要考虑到文化适应的问题。少数民族学生存在跨文化适应困难、价值观念和宗教信仰冲突带来的困惑或迷茫、语言和交往中的文化适应困难等问题。因此，生涯教育专业人员在选择测评工具时，需考虑到文化特定性、特定人群等因素，判断其是否符合测评的常模数据；如果受测者属于特殊人群且人数较多的话，生涯教育专业人员可以考虑建立起适合该群体的标准数据。另外，尽量多综合运用标准化的和非标准化的、正式的和非正式的测评方法。

（二）性别差异

在一些生涯测评结果、常模群体的数据中会存在性别差异，因此，很容易产生性别偏见的问题，这也是生涯教育专业人员在挑选测评工具、进行结果解释时需要注意的地方。

例如，我国女性在 STEM（科学、技术、工程、数学）领域的代表性不足，性别刻板印象对学生 STEM 生涯期望有显著的影响，数学刻板印象强化男生在数学成绩上的优势，降低女生对自己数学能力的评价，进而会降低女生进入该领域的学习动机，限制了女生在 STEM 科目的学习和职业选择，因此产生职业性别隔离。因此，生涯教育专业人员在使用测评工具时，尤其是职业兴趣、能力方面的测评，要清楚结果部分呈现的性别差异不一定就反映了真实情况，解释时就要考虑到性别偏见所带来的问题，避免对来访者造成不利的影响。

性别差异也会带来就业歧视、职业刻板印象等问题，使男女大学生在择业动机、择业领域等方面有比较明显的差异。女生在就业中受到的就业歧视更多，有研究结果显示理工类女学生在校期间的学业状况明显优于男生，但其毕业后的工资起薪却显著低于男生。因此，女生的择业价值观更偏向求稳、务实；相比之下，男生在职业选择时表现出对地位、金钱、自我价值实现有更强烈的追求，自我创业的意愿也更强。此外，男性的职业自我效能感比女性要强，这背后是传统社会所建构的性别关系秩序对女性社会生活和文化活动的束缚与抑制。通常在生涯测评中都会建议使用同性别的常模标准进行比较，但部分测评工具的常模并没有区分男性和女性的常模标准。因此生涯教育专业人员要帮助来访者分析评估结果、解释部分与职业和社会化有关的内容，建议最好是分性别、分阶层等来分别报告标准和常模。

最后，女性可能比男性更容易出现焦虑、抑郁等心理问题。有研究结果显示，农村女性心理健康总体水平低于农村男性，比起农村男性，农村女性有更强的自杀意图，更焦虑抑郁，自卑心理更强、更敏感，情绪更不稳定、更追求完美，在人际关系、学业和就业方面有更多的困扰，更容易表现出睡眠困难、进食困难等症状。所以在对女性进行生涯辅导和咨询时，就要重视这些症状及问题。如果在辅导和咨询中忽视了女性的这些问题，也是不符合伦理标准的。

四、生涯测评中的价值取向

（一）要保持与国家育人目标一致的价值导向

2020年10月，中共中央、国务院印发的《深化新时代教育评价改革总体方案》（以下简称《总体方案》）提出，"全党全社会要树立科学的教育发展观、人才成长观、选人用人观"，"坚持立德树人，牢记为党育人、为国育才使命"。积极的生涯发展理念是要将个人的发展与时代的发展、社会的需要紧密结合的。因此，作为生涯教育专业人员，也需要加强价值引领，要坚持以立德树人为导向，树立科学的教育发展观、人才成长观、选人用人观，将社会主义核心价值体系融入生涯测评中，让生涯测评从横向的角度满足学生多元成才的个性需求，从纵向的角度发展性地关注学生的成长。

（二）要关注学生全面发展的价值导向

《总体方案》中明确指出："坚决克服唯分数、唯升学、唯文凭、唯论文、唯帽子的顽瘴痼疾。"本质上是说要用多元的评价体系取代单一的评价体系，坚持德智体美劳"五育"并举，全面发展素质教育。为此，生涯测评需要提供科学、专业的"五育"测评工具，建立对应的常模和评价标准。五育的评估指标可以参考教育部颁发的《关于全面提高高等教育质量的若干意见》《普通高中学校办学质量评价指标》《义务教育质量评价指标》。品德发展包括理想信念、社会责任、行为习惯；学业发展包括学习习惯、创新精神、学业水平；身体发展包括健康生活、身心素质；审美素养包括美育实践、感受表达；劳动与社会实践包括劳动习惯、社会体验。编制五育的测评工具可以为客观、全面、科学、定量化地评估学生的综合素质能力提供依据，有助于教育者们不以单一的学科成绩来评价学生。建立常模标准也有利于对学生整体的五育发展水平做评估和衡量，能了解具体的每一个学生在整体中处于哪一个阶段或水平。

（三）要遵循发展性增值评价的价值导向

《总体方案》中还提出："改进结果评价，强化过程评价，探索增值评价，健全综合评价。"传统的评价以总结性评价为主，发展性评价不足，注重的是对学生的横向比较，难以关注到学生自身的成长，也不利于学生的全面发展。

增值评价不同于以往的常模参照评价和标准参照评价，它衡量的是学生当下水平与原有水平对比所获得的发展进步，更注重纵向发展，关注过程变化，强调未来的发展性，体现了发展性的理念，能够更加科学有效地反馈评价结果。增值评价具有全程性、发展性、灵活性、多主体性等属性，是对传统评价模式的超越。生涯教育专业人员可以给学生每个人建立纵向的个人生涯成长档案，关注生涯测评结果中学生进步、提升之处，把增值性评价的关注点聚焦在学生的发展上，以挖掘学生潜能为目的，激发自我成长的能力，从而对他们终生发展和创造与享受美好生活等方面产生积极影响。

五、在线测评中的伦理

随着网络的广泛使用，网络上有大量有关生涯的在线测评问卷。由于在线测评的网络环境鱼龙混杂，许多伪测评工具充斥其中，导致许多高质量的测评工具的有效性也会受到质疑。即使是一些被广泛使用、非常知名的生涯测评工具，在被许多网站盗版使用时，也存在指导语不清晰、题目错字或漏题、计分方式不规范等问题。

与传统的生涯测评一样，在线测评的编制者、发布者、使用者在使用测评、计分和结果解释的过程中都需要遵循一定的伦理和道德。

巴拉克总结了 23 条在线生涯测评平台中的伦理问题，这些问题在国内在线生涯测评中也有出现。

（1）受个体计算机和网络使用技巧的影响。个体需要能够掌握一定的计算机和网络使用技巧，才可以熟练地在网络上使用在线测评工具。

（2）缺乏筛选。有些在线测评工具没有标注其适用的对象范围，包括年龄、性别、文化等。

（3）不受控制的个人干扰因素，比如恐惧计算机技术、阅读水平等对测评结果的影响。

（4）侵权。有些在线生涯测评平台的工具没有得到官方授权就进行使用，且缺乏行业标准。

（5）保密与隐私。有些在线生涯测评平台不注重保护使用者的隐私，未做好相关数据的保密工作。

（6）未经谨慎处理或不受管制的结果报告。没有对测评结果的报告有一定的规范限制，比如有些在线生涯测评平台会对 MBTI 人格测评的结果中加上恋爱、性格配对等方面的结果解释，但这些并不属于原有测评结果中的内容。因此需要对在线生涯测评平台的测评结果进行规范、谨慎处理。

（7）缺乏对被试的监控。不熟悉测评工具的人可能进行不当使用，最好是能在生涯教育专业人员的指导下进行使用。

（8）可能的技术故障。在线平台也可能存在一些技术故障问题，导致测评过程出现错误，影响测评结果。

（9）缺乏使用者和拥有者的合同关系。测评工具的使用者并没有和工具的拥有者之间签订使用合同。

（10）缺乏测验的相关信息，如目的、开发者、心理测量学指标、适用性及可能应用、隐私及限制等。这样可能导致使用者对测评的了解不足，从而选择了不太适合自己的测评工具。

（11）专业人员水平不足。在线生涯测评平台的工作人员可能存在不够专业的问题，有限的技能和意识可能导致有问题的辅导行为。

（12）测验情境缺乏标准化。在线测评平台无法保证使用者能在同样的测验情境下作答，因此会存在一定的测量误差。可以在测评前提醒使用者需要在怎样的环境下进行测评，这样可能效果会好些。

（13）纸笔测验和计算机化测验的结构差异性。

（14）数字鸿沟。虽然现在网络较为发达，但还是存在一些人根本没条件使用网络的问题。

（15）缺乏非正式评估的信息。在线生涯测评平台很难像线下测评那样获得一些非正式评估的消息作为补充。

（16）单一测评方法的普遍使用。在线生涯测评平台的测评方法大多比较单一，可能无法满足部分使用者的需求，因此使用者要谨慎对待测评结果，将其作为参考之一进行决策。

（17）测评解释中存在问题，因此使用者须避免过分依赖测评解释。

（18）存在大量的伪心理学测验。伪心理学测验带来的无效或有偏评估可能最终导致扭曲的职业决策，也可能会导致使用者错误或有偏的投入。

（19）过时的测验。有些比较老的生涯测评工具已不太适合继续使用了，需要对测验工具进行管理或者改进。

（20）测验管理员缺乏资质、特定培训。有些生涯测评工具是由不懂心理学的人开发的，又是由不懂心理学的人在使用这些测评工具，测验管理员缺乏一定的专业培训。

（21）缺乏与测验结果有关的援助与支持、测验结果的滥用。

（22）隐性商业协议的存在。可能存在隐含不良信息、故意错误解释的情况，需要进行行业整顿规范。

（23）虚假的商业宣传。有些在线生涯测评平台的宣传会过于夸大测评的作用，引起使用者的误解，使用者应对其宣传的效果保持谨慎的态度。

使用在线的生涯测评一定要注意解释例外，尤其是用于个体决策的时候。如果有来访者带着或者记住了自己的测评结果来找生涯教育专业人员解答时，对于来源不明的结果一定要谨慎对待，也可以借此机会当成了解来访者想法的话题。

六、遵循伦理使用生涯测评

生涯测评的伦理准则是生涯教育专业人员、受测者、测评行业的保护伞，生涯教育专业人员要了解生涯测评伦理的准则，在测评全程都需要遵循伦理。以下从认知和施测过程这两个方面，分别讲述该如何遵循伦理使用测评。

（一）认知方面

1. 明确自己的责任

专业责任：进行专业人格的修养，保持身心健康，提升专业技能，理解并坚持专业伦理信念。

伦理责任：为受测者提供合格的专业服务，维护当事人基本权益，增进公众对生涯测评领域的信任。

法律责任：保护受测者隐私权，预警与举发责任，避免处理不当或渎职。

2. 伦理方面的要求

生涯教育专业人员要熟悉伦理守则，多阅读伦理相关书籍，有条件的话可以进行伦理训练。保持对伦理问题的敏感度，在遇到困境或者无法解决的道德困境、伦理问题时，可以寻求督导与协助。

3. 价值观方面的要求

生涯教育专业人员必须尊重受测者的文化多元性，应充分觉察自己的价值观，了解自己的价值观对受测者可能产生的影响，并尊重其价值观，避免将自己的价值观强加给受测者，不替对方做重要决定。

（二）施测过程

1. 施测前期

（1）生涯教育专业人员必须具备生涯测评的专业知识，接受生涯测评的专业训练，了解关于测评的使用结果、信效度检验、常模及相关的研究报告。

（2）要使用信效度高、有使用标准或常模、符合资质的测验。

（3）使用符合受测者需求的测验。在受测者要求做测验时，生涯教育专业人员要协助探讨受测者想要测评的理由，进一步判断测评工具是否适用于受测者。

（4）在与受测者就测评工具选择和测评目的达成一致后，还需要判断受测者在情绪和心理上是否有能力完成测评。

（5）生涯教育专业人员要了解自身的能力范围，不能进行超出自己培训或能力范围的测评。

（6）尊重受测者的权利，保障受测者的知情同意权，充分告知测验的信息，保证在被试完全理解后，让其自主选择是否参与。

（7）与受测者建立良好的信任关系。

（8）不做误导性宣传。

2. 施测中期

（1）在施测时要规范化施测。采取标准化施测程序，最大程度避免各种随机误差和系统误差。

（2）当操作计算机化或网络化测验时，要确认系统的正常功能以及受测者的正确操作。

（3）施测情境要进行严格控制，测验场地（通风、光线、噪音）、座位、答案纸型等，都会对测验分数有一定影响。

（4）在测评过程中，主试要经过训练，保持良好、客观、中立的态度。避免出现以下这些情况：以测验来威胁受测者，以让其循规蹈矩；警告受测者一定要尽力，因为"这份测验很重要"；告诉受测者答题要快，不然答不完；恐吓受测者"如果测验失败，会有不良后果"等。

（5）注意监控和记录测验的过程细节。

（6）尽量消除受测者的测验焦虑。测验焦虑指受测者因为接受测验而产生一种忧虑和紧张情绪，它会影响测验结果的真实性。生涯教育专业人员有时可采用保证测试结果的保密性或鼓励等方法来消除测验焦虑。

3. 施测后期

（1）生涯教育专业人员要与受测者多进行双向沟通讨论，应尊重受测者对测验和评估结果进行了解和获得解释的权利。

（2）生涯测评的结果解释要力求客观、正确。在评鉴测验时，不能带有批判性的态度，解读负面结果时小心谨慎，避免受测者对测验或评估结果造成误解。

（3）解释测评结果的局限性。让受测者知道结果只是一个估计，不能完全依靠某一个结果来进行决策，同时也要考虑很多其他的因素。

（4）维持测验结果的保密性。未经过受测者的同意，不得将测验结果公开，不得向非专业人员或机构泄露其相关测验和评估的内容与结果。

（5）测评资料与结果的保管，需要相应的安全措施和保密规定，查阅时也要依据规定的程序。

（6）使用计算机化或网络化测评工具时，要考虑避免误解与伤害，也需要有适当的保密考虑。

（7）生涯教育专业人员要统整测验的结果到整体助人服务的过程中。

第三节　生涯测评中的常见误区及应对

目前，从事生涯教育的工作者主要包括各学校的心理健康工作者、校内教师及相关行政人员、校外生涯咨询机构工作人员。三者中，心理健康的工作者对测评相关知识的了解主要是基于心理测评，还需要进一步学习生涯测评的相关知识；行政工作人员和教师，往往还需对测评理论、测试的使用和解读进行系统的了解和学习；在校外生涯咨询机构任职的工作人员，有部分经过了系统的培训、有相关的知识，但针对校内学生的发展特点在选择适合的测评工具方面，还需要学习教育学、发展心理学等相关领域的知识。因此，上述三者在生涯测评方面都存在相关知识不够系统全面的共性，容易在具体测评操作中陷入一些盲点和误区。此外，社会大众以及受测者，对于生涯测评可能也会存在一些认知和使用上的误区。本节将对此做一个归纳和梳理，并提出相应的应对策略。

一、常见的认知误区及应对

生涯测评的施测者在面对初次接触过生涯测评的学生或来访者时，很容易遇到以下一些问题：生涯测评是什么？生涯测评的目的和意义到底是什么？生涯测评的适用场景有哪些？是不是只有没有或难以做出决定的人才需要生涯测评？什么样的人群适合做生涯测评？这些问题的出现往往都反映来访者对生涯以及生涯测评理解的片面性和局限性，存在一定的认识误区。因此，如何辨识和应对这些误区是非常重要的。

（一）受测者对生涯测评的认知误区

1. 对生涯测评理解的误区

（1）生涯测评的服务对象

究竟什么样的人需要接受生涯测评呢？这个问题在过去的生涯研究中，被生涯发展领域的学者们进行了反复的推敲与研究。生涯测评作为生涯辅导与咨询的重要组成部分，与生涯教育是密不可分。在生涯辅导的服务对象范围中，被广为接受的是金树人的分类。他认为，生涯辅导很难像心理辅导一样进行分类（如一般心理问题、严重心理问题、心理障碍等类别），原因是生涯辅导的个案大多具有多元维度的现象，换句话说，无论如何分类，都可能出现与其他类目相重合的情况。因此，在生涯领域内很难形成一套广泛使用的标准，但大致上可以将服务对象分为生涯已决定者、生涯未决定者、生涯犹豫者以及生涯适应不良者。

生涯已决定者，通常指在生涯发展的过程中，已经做出了生涯决定的个体。如一位高一的学生已经决定了选科，一位高三的学生已经决定要去学习心理学专业，或一位在职人士已经决定了从策划工作转向做销售工作等。从理论上来说，生涯已决定者通常都对自身有一个较为明确的理解，对自己的兴趣、能力及发展方向等都有清晰的认知，那么对于这样的个体来说，生涯测评的作用主要在于帮助其再次验证决策的合理性、进一步梳理自身的目标，以及确认个体是否属于"假性定向"者。"假性定向",即受测者是出于他人或环境的压力做出决策,却误以为这是自己的真正想法。对于这种类型的个体,生涯测评可以提供一定的警示和启发。

生涯未决定者,通常指在生涯发展的过程中,个体面对生涯选择有了模糊的规划和方向,但是尚未形成具体的承诺。如一位小学生,还未面临直接的生涯决策,但是在家庭成员的影响下,认为自己未来会成为一名医生或一名教师;再如一位正在填报志愿的高三考生已经确定了要学工科类专业,但是还未决定是选择环境工程还是土木工程。生涯未决定的个体,通常存在以下情况:一是尚在生涯探索期,还未直面生涯决策;二是面临决策时,未收集到足够的决策信息;三是面临决策时,在多重选择的情况下难以做出决定。

生涯犹豫者与生涯未决定者相似,但又存在不同。生涯犹豫者也处于一种不确定的状态,但往往伴随着不同程度的焦虑状态。这类个体的犹豫状态主要与两种因素有关:一是人格状态,如焦虑症、强迫症等;二是长期的非理性认知,如"我只要做出了选择就再也没办法改变"(对自己的)、"我必须是个完美的孩子,所以不能选错"(对他人的)。

生涯适应不良者,通常指在生涯发展的过程中有部分不适应症状产生的个体,如害怕被同事或朋友欺骗、无法顺利地融入集体或完成集体工作、对他人表现出明显的敌意等。这些不良症状的出现可能是基于角色转变的适应期,也可能是基于个体的人格状态。若不能及时帮助个体解决问题,那么可能会造成意想不到的后果。

综上所述,生涯测评的对象是多元的,无论个体是在生涯决策的哪个阶段,都可以使用生涯测评来辅助生涯教育、辅导或咨询。

(2)生涯测评使用范围的误区

"我是不是只有选科、报志愿或择业的时候才需要使用生涯测评"这个问题,涉及了生涯测评的使用范围。美国心理学家布朗将测评理解为"测量一个行为样本的系统程序"。因此,从定义上来说,生涯测评关注的是个体在生涯过程中的行为和变化,既可以包括工作过程,也可以包括人生过程。从个体层面看,人生的每个阶段都会有生涯发展问题的出现,都需要相应的生涯辅导和测评去服务,帮助人们发挥潜能,顺利地进行生涯发展。因此,无论处在哪一年龄段、生涯发展的哪一阶段,都可以使用生涯测评。

2. 生涯测评目的的误区

受测者对生涯测评目的的理解也可能存在一定的误区。部分受测者会特别选在临近升学、选科、志愿填报或择业的时间点来寻求咨询和辅导，期待通过生涯辅导与测评的结果直接进行生涯决策或借此来验证此前自己决策的正确与否。这类受测者可能会期待生涯教育专业人员将目前事件所有的选项排列出来，拒绝测前的外部探索与信息搜集，希望"一测了之"；又或者是先前已经做出了一个选择，想要得到权威他人的认可和支持。上述情况属于生涯探索与决策的范畴，生涯教育专业人员需要在确认来访者是否为"假性定向"后，对受测者说明生涯探索与决策中生涯测评的目的及其功能。

生涯测评是生涯探索、发现生涯问题、促进咨询过程中问题讨论的工具，是生涯决策重要的基础，但是并不具有决定性的作用。如在生涯决策理论中，测评只是生涯教育专业人员获得受测者各方面信息的途径之一。如在一场有关生涯决策的咨询中，来访者想要知道自己适合什么类型的工作，生涯教育专业人员使用了霍兰德职业兴趣量表来了解来访者的兴趣倾向，但不会将其作为决策的决定性因素。

3. 生涯测评工具选用的误区

在正式生涯测评的实施过程中，大多数时间都是由生涯教育专业人员结合受测者需求推荐相应的测评量表工具，受测者不会有太多选择上的误区发生。

在现实生活中，网络上存在很多相关的测验，名字都很吸引人，如"测一测你的智商""你在恋爱中是什么样的"等。实际上这些测验大多不符合测量学的标准，可信度不高，仅供娱乐，但很多人却十分信服，认为测试结果都是准确的。被试可能会根据测试的结果表现出一些行为，轻则无影响，重则会因测验结果产生一定的心理问题。如一名已经选择了文科科目组合的高中生在娱乐网站上做了一个测验，结果显示他更适合理科科目组合，这让他产生了严重的自我怀疑和困扰。

因此，学校生涯教育专业人员在日常生活中应该加强学生对生涯测评相关概念的教育，让学生们知道正确选择测评工具的重要性，以及能够区分什么是标准的测验，什么是娱乐性的测验。

4. 生涯测评解读误区

（1）解读结果标签化

在生涯测评的解读过程中，受测者很容易走进结果标签化的误区。"标签化"意为模板化、测验化，即唯结果论，忽略个体间的差异，将同样的测试结果视为两个测试者处于完全一样的状态或拥有同样的性格。如一名来访者想要了解自己的人格类型，在网上进行了 MBTI 人格测试，测试结果显示他是 E 型人格。在没有咨询师解读结果的情况下，来访者容易给自己贴上"无论什么时候都会保持外向"的标签，殊不知 MBTI 测试结果大多体现在倾向性。即一名来访者是 E 型，说明其在生涯场景中更倾向于表现出外向性格特点，但也会有内向的时候出现。

（2）测评结果决定化

部分受测者对于生涯测评抱着莫大的期待，认知上认为"一定要按照生涯测评的结果来填报志愿或是找工作""生涯测评的结果一定是准确的"，行动上按照测评的结果进行一系列的生涯决策。过度依赖测评结果，实际上也是一种认知方面的误区，首先是对于生涯测评本身的了解不够充分，其次是进行测试的目的也有所偏颇。

（二）生涯教育专业人员对生涯测评的认知误区

1. 对生涯测评理解的误区

在生涯测评领域中，一提到经典理论、经典测验，生涯教育专业人员第一反应大多都是"人格特质论""霍兰德职业兴趣理论"及它们相对应的量表。这些理论、量表经过多年反复的使用，证明了它们的科学性和广泛适用性，但并不代表在工作中只需要熟练使用这些理论、量表就可以了。经典的生涯理论及生涯工具有它们的独到之处，但不同理论、不同测评工具之间都具有局限性。从量表内容来说，在国外编制的量表，必须先准确、无歧义地翻译成中文，再使用国内的常模对量表进行修订；在多年前编制的量表，放至当今来测，也需进一步的修订。从理论方面来说，传统的生涯理论在今天依然有闪光之处，但也有需要与时俱进的地方。如今，生涯的无边界性和不确定性愈发明显，生涯混沌理论等现代理论更具有指导意义。这在企业中尤其明显，企业的人才招聘中，测评不单单是"人—职匹配"，还会接受马克思主义哲学、唯物辩证法等思想的指导。因此，除了常用的工具和理论，生涯教育专业人员还应该多关注领域内的发展和动态，做到与时俱进。

2. 生涯测评目的的误区

生涯测评的目的不只是帮助咨询师分析和诊断的工具，也不是按照生涯测评的结果就可以开展生涯咨询活动的。在生涯咨询发展早期，测评结果主要用作进一步分析和诊断的工具。在生涯理论从特质理论到生涯阶段论的发展过程中，咨询师逐渐改变了对待生涯测评的态度，从将测评视为获取受测者信息的途径，变为了将其视为受测者积极参与生涯发展的过程。此外，在生涯理论的基础上，还要考虑受测者的价值观、思维模式、自我效能感等诸多生涯因素对生涯决策的影响。面对影响因素的多样性和复杂性，生涯教育专业人员需有系统的理论指导。

生涯测评对于生涯教育专业人员来说，其目的主要是帮助受测者解决相应的生涯问题、深入地了解自己、提升受测者生涯素质的一个过程。

3. 生涯测评工具选用的误区

测评工具的选择是使用测验的前提之一，也是顺利进行生涯测评的重要保证。测评工具的选择需注意三个方面：

（1）选择的测评工具需符合测评目的。不同的测验有不同的用途和适用范围，施测者应在施测前对工具的功能、优缺点有具体的了解。例如，小王想要知道什么样的职业是适合自己的，生涯教育专业人员给他做 MBTI 人格测试，这显然是不合理的。

（2）选择的测验必须是符合测量学要求的。生涯测评的科学性体现在量表的编制过程中：选用的量表是否经过了标准化、是否具有良好的信效度、使用范围是否适合受测者。例如霍兰德兴趣测验并不适合年龄太小的儿童使用，儿童可以使用儿童活动量表。

（3）在基于不同的生涯理论选择工具的时候，也会出现误差。量表是在发展过程中不断修订的，不同量表的常模也不一样。经典的生涯理论对现在来说具备相应的参考意义，但指导意义并不是最大的。在当前的生涯研究领域中，许多专家认为生涯建构论、生涯混沌理论以及生涯不确定性等理论会更贴合当下的时代与生活，生涯教育专业人员在选择量表的时候需要有所注意。

4. 对生涯测评结果解读的误区

（1）解读结果陷入测验化

生涯教育专业人员尤其是生涯咨询师对生涯测评的解读容易陷入测验化的误区。生涯测验化具体表现为：生涯咨询师忽略来访者生涯问题的性质和状态，机械化地使用生涯测验的结果，并将其认定为生涯咨询的决定性基础或咨询结果。生涯咨询是依照一定的生涯理论技术，通过咨访关系对来访者施加影响的过程。这个过程通常包括建立咨访关系、了解问题、诊断分析、咨询治疗、巩固和发展几个阶段，而测评只是几个阶段中的一个环节。通过生涯测评，咨询师可以深入了解来访者问题的性质，帮助来访者更好地了解自己，也可以帮助自己更好地确定咨询目标和方案。生涯咨询是一个动态的过程，而测评在其中不一定是一个必备的环节。在来访者的问题比较普遍、常见的情况下，就不一定要使用生涯测验；在有必要使用时，也要根据具体的情况选择适当量表，并根据使用规范，科学地向来访者解释测评的结果。

因此，不顾来访者的具体问题，一味地追求通过生涯测评的结果进行咨询服务，是生涯咨询中形式主义的表现。这不仅不能够达到解决问题的目的，还容易给来访者带来误导，甚至造成伤害，留下对生涯咨询的刻板印象。

（2）解读结果陷入知识化

生涯知识化表现为通过向来访者讲解生涯知识，用生涯理论或生涯原理向来访者解释生涯测试等方式来解决生涯问题，没有把握生涯咨询的实质。这是生涯教育专业人员在对生涯测评结果进行解读时常见的误区。虽然在生涯辅导中也会用到生涯知识，生涯知识也是生涯教育的重要内容，对开展辅导也具有重要的影响，但这种影响是相对间接的，缺乏针对性，很难让来访者获得深入的感悟并将其转化。

（3）解读结果陷入思想政治化

思想政治化表现为将生涯问题等同于思想政治问题，如将性格内向视为不相信集体、将难以融入团队视为脱离集体等，并试图通过思想工作解决问题。虽然思想政治工作与生涯咨询的目的都是为来访者解决问题，但二者存在实质上的不同：在理论基础上，思想政治工作以思想政治理论为基础，生涯咨询以咨询心理学、生涯发展理论为主；在目标导向上，生涯咨询解决的是生涯发展问题，思想政治工作解决的是来访者立场、观念等方面的问题；

在评价目标上，生涯咨询更多地关注来访者生涯问题的解决，增强来访者的生涯适应力、生涯决策力等发展性能力，而思想政治工作主要以提高来访者的认知水平和思想觉悟水平为目标。因此，这二者不能混淆而谈，若不顾生涯咨询和思想政治工作的区别，就会造成生涯教育专业人员的角色错位和咨询目标的偏差。

（4）解读结果时仅关注当下问题

在解读生涯测评的结果时，生涯教育专业人员容易陷入只关注眼前的问题、把咨询变成"一次辅导解决一个问题"、忽略来访者生涯能力提升的误区。生涯辅导和咨询的对象是成长中的个体，因此，生涯测评作为生涯辅导和咨询的重要组成部分，需着重围绕来访者相应生命发展阶段的生涯发展任务来展开。

（三）针对认知误区的应对策略及建议

1. 开展系统的生涯测评教育与宣传

无论在学校或是社会的层面上，心理健康教育已被积极地广泛推行，但生涯教育的开展还不尽如人意，同时带来的便是生涯测评的相关教育不足。很多学校或社会组织会自发性地开展团体心理辅导，组织参观心理健康中心，开展心理健康教育讲座，定期开展心理普查等活动，这些形式都是值得生涯测评参考、学习和推广的。进行系统的生涯测评教育，一方面能够让人们重视生涯问题，另一方面也能让人们对生涯教育产生正确的理解，包括上述提到的有关生涯测试的各类误区与问题。

2. 对生涯测评专业人员进行系统化、规范化的培训

目前社会上从事生涯测评的人员复杂多元，水平参差不齐，其中大多数没有经过生涯测评及心理学等相关知识、技能的训练。为了生涯测评专业性的发展，急需对生涯测评人员进行系统化、规范化的专业培训。

3. 解释生涯测验结果时要遵循的原则

（1）客观性和发展性原则。解释测验分数应全面、客观，不随意下结论，要利于个体的发展。不能夸大问题程度，尽量减轻个体的心理负荷和害怕情绪。

（2）通俗化原则。向个体解释结果的过程中，使用的语言不能过于学术化和专业化，对测验分数的解释不能与学生的年龄、性别、家庭情况等背景割裂开，以便做出合理的判断。

（3）时代性原则。在常模参照的测验中，分数解释要随着常模的变化而变化，要根据个体的具体情况分析。

（4）多重比较原则。因为测验分数存在误差，所以生涯教育专业人员不能做绝对的定论性解释，即"一定是这样的"。在成就测验的分数解释中，可以进行被试间的横向比较和被试自身的纵向比较。

4. 生涯测评要服务于不同阶段的生涯发展任务

（1）服务于促进个体自我概念的发展

舒伯认为生涯是人一生中随着时间的变化带来的"位置"转换的总和。具体来说，就是人一生中扮演各种角色（如孩子、学生、工作者等）的总和，而将这些身份串联起来的便是自我概念。自我概念包含对自身的认知和理解，也包含了对他人、对环境的理解，及对生活的认知和评价等。生涯辅导的若干理论都认为个人的生涯计划和决策行为是一种对自我概念的实现，因此，通过必要的生涯测评帮助个体获得清晰的自我概念，从而促进其自我成长与自我发展，是生涯测评的目的，也是生涯辅导中的重要工作。

（2）服务于促进个体生涯决策能力的发展

人在一生当中会遇到很多的生涯选择，如何决策便是生涯辅导和咨询关心的问题。因此，在生涯辅导和咨询中，通过必要的生涯测评及时地协助个体发展生涯决策的能力，帮助个体在面对不同的生涯决定点时，通过对自我特性和外在环境的更多了解和觉察，提升搜集、过滤、运用各种相关信息的能力。

二、施测过程中的误区

（一）受测者在施测过程中存在的误区

1. 施测前期的误区

现在市面上有很多免费的测试，如微信小程序上就有 MBTI 或者霍兰德职业测试，且会自动生成报告，那么是不是个人也可以进行生涯测评？

心理工作领域与生涯领域是密不可分的，因此在伦理守则上，本书认为，生涯咨询师等生涯教育专业人员需要参考心理学的相关守则。因此，无论是咨询还是测试，都需要生涯教育专业人员具备相应的专业知识。生涯教育专业人员需通过生涯测评的专业培训掌握测量的方法，避免出现测量中常见的误区。在生涯辅导和咨询开始前，受测者有权且有必要了解生涯教育专业人员的职业资格、受训背景和胜任能力的佐证材料。

2. 施测中期的误区

在施测的中期，受测者最容易出现的问题是随意作答，或作答讨好施测者。随意作答的出现可能是因为受测者对测试"不屑一顾"，认为测评"没有作用"或长时间得不到及时的反馈。讨好施测者的情况常见于学校测试和企业招聘中的测试，受测者会猜测施测者更期待什么样的答卷，测评对其来说已经不是一份关于自己的调查，而是一场考试，"考生"会尽可能做出一份"满分"答卷。如一名转学的学生，被要求通过心理测试后才能顺利入学，那么这名学生大概率会将所有的题目往好的方向填写。

遇到这类情况，就要求施测者协助受测者加强测评的目的意识，告知受测者测评只是参考，并非决定性因素，希望受测者按照自身的真实情况作答。

3. 施测后期的误区

由于生涯教育专业人员的权威性，受测者容易对施测者产生"他（她）说的都有道理"的看法，即无论专业工作者说的是否通俗易懂、是否有理有据，受测者都会说"是的""好的"。在这种非讨论的情境下，受测者很容易随着生涯专业工作者的主观想法进行接下来的辅导或咨询，造成被动地听信，被动地盲从，从而可能对自我探索和认知带来负面影响。对此，需要受测者加强自身的观念和信念，确认自身的咨询目标，增强主动探索意识，也需要专业人员在旁协助。

（二）生涯教育专业人员在施测过程中存在的误区

1. 施测前期的误区

在施测的前期，有两件事是很容易被忽略却又非常重要的，忽略或不到位可能会为后续的测评过程带来阻碍。

（1）咨访关系建立的问题

建立良好的咨访关系是所有生涯教育专业人员，尤其是生涯咨询师的必修课，也是在每一场生涯辅导或咨询开始时的必备工作，但也会出现例外。几乎所有的生涯咨询师都会遇到类似的来访者，他们在来访前已经有较为清晰的来访目标，如想要解决某个具体的问题，或是想要获取一份专业的量表并进行测试。这时，如果生涯咨询师直接和来访者讨论这个"具体问题"，或是给来访者完成量表测评并对结果进行解释，那显然是不对的。例如一名来访者到访，想要围绕"以后从事哪方面的工作"的话题进行咨询。选择工作的影响因素非常复杂，除了来访者对自我的看法、对环境的适应，同时也包括了环境对来访者的评估，而这些显然不能单靠一个方面的讨论或一个职业兴趣问卷来解决问题，需要通过良好的咨访关系让来访者打开心扉，在表达出内心真实想法的同时，结合真实的测评结果帮助来访者进行思考和决策。不良的咨访关系可能会导致来访者心门紧闭，或是拒绝进行测评。

（2）受测者的知情同意及尊重自主的问题

部分生涯专业工作者在咨询或辅导过程中往往会默认来访者同意进行咨询过程中的所有环节，很容易走入来访者不知情的误区。知情同意一般主要指向来访者。斯皮内洛对"知情同意"的解释是："'知情'是某人对某事自愿表示出意见一致的意思。要使得同意有意义，前提必须是某人对某事'知情'，即他（她）知道即将发生的事件的准确信息并了解其后果。"生涯测评中的知情同意主要是指在生涯测评与咨询、辅导中，专业人员有义务向受测者清楚地说明和解释测评的相关信息（如测评目的、风险、收费、保密和保密例外情况）。若受测者是未成年人或没有自主能力的人，应该告知受测者的家长或其他法定监护人，这是受测者的知情权。在了解这些信息后，由受测者自主决定是否接受测评，这是受测者的同意权。

2. 施测中期的误区

将量表发给受测者后，生涯教育专业人员只要坐着等待受测者完成测试即可吗？这是施测中常见的误区。在测评下发之后，还有很多需要注意的部分。首先是在测试开始前，需要确认受测者是否准确地理解了指导语、是否能准确地理解题目等。其次，要注意避免过多地进行解释，在受测者答题的过程中尽可能多地减少误导行为，如过多的咳嗽、观察受测者的作答情况时点头或摇头，要尽量减少对受测者的心理暗示。此外，目前线上测试的模式愈来愈被广泛使用，对线上答题的注意事项，施测者也应该有所了解。

3. 施测后期的误区

生涯教育专业人员在施测后期的任务主要包括向受测者解释测评结果以及测评结束的后续处理。

（1）测评结果的告知误区

常有受测者对做测试十分不满："我做了这么多测试，结果什么都不告诉我！"这个现象无论是在学校还是在职场都不少见，更多的见于进行群体施测的场景。测评的结果到底应不应该告知受测者，这是很多生涯教育专业人员都会遇到的难题。告知，可能会面临冗长和繁复的结果解释；不告知，对受测者来说好像又不负责。这里忽略了生涯测评的作用：一是对施测者来说，测评结果有助于全方面了解受测者的情况，有助于为生涯咨询或辅导的开展提供依据；二是对于个人来说，可以帮助受测者全面地认识自我、发展自我、掌握能力倾向与职业兴趣等，为受测者后续做出生涯选择打下良好的基础。

因此，生涯测评不仅仅是施测者了解受测者的过程，也是受测者自我了解的过程。作答越认真，越能真实地反映自身的情况，有效信息也越多。然而作答者付出得越多，对反馈的需求也越强烈，倘若反馈需求总是不能被满足，受测者对测评工具会产生厌烦、抵触等负性态度。

（2）测评结果的保密处理

如果测试的内容不是特别的隐私，是不是就不用保密了呢？答案当然也是否定的。除了极端情况，任何咨询过程中的内容都应遵循保密原则。生涯测试保密原则是指生涯教育专业人员（尤其是生涯咨询师）有尊重来访者隐私的义务，应该采取适当的措施保护来访者的各种信息和隐私权，不得将来访者的信息透露给其他人。保护原则是指咨询师有责任保障可能的受害者（来访者或者其他人）的权益，特别是人身安全。《中国心理学会临床与咨询心理学工作伦理守则》（第二版）规定：咨询师有责任保护寻求专业服务者的隐私权，同时明确认识到隐私权在内容和范围上受国家法律和专业伦理规范的保护和约束。

但对于学校的生涯教育专业人员，有时候保密是一项非常艰难的工作。在学校内，心理健康、心理危机干预、生涯教育工作等需要行政系统的支持，生涯教育专业人员必须和其他同事、领导保持经常的联系。面对同事对学生的关心，生涯专业人员需要提供部分信息，以便他们可以针对问题进行处理。

比较困难的是，当同事得知信息后可能会做出伤害学生的处理，这会让生涯教育专业人员在专业伦理与行政伦理之间挣扎。对此，生涯教育专业人员在处理一些特殊问题的时候，需要在测评前与受测者说明相关的保密条例，取得受测者的同意。

（三）施测误区的应对策略及建议

在施测过程中，较为重要的一点是遵守生涯测评的工作制度。生涯测评有自己的工作制度，比如知情告知原则、保密原则、非双重关系原则、时间限制原则等；同时也拥有自身的伦理原则，如必须具备相应的专业知识，不使用超出自身能力范围的工具，与来访者建立良好的咨访关系等。严格遵守生涯测评的工作制度，既是对来访者的保护，也是对生涯测评师自身的监督。

生涯教育具有发展性、全面性、针对性和系统性等特点，因此生涯教育实践的主体、内容、方法、组织形式、场所、教育设施及设备、途径等就具有多样性和丰富性。本单元结合国内生涯教育实践的经验和成果，分别从校内、校外（又分家庭、社区、企业）不同的生涯教育实践途径、模式、方法、评价等进行介绍，旨在帮助生涯教育工作者将生涯理论知识和生涯教育实践相结合，借鉴一些具体的、可操作的案例，并在此基础上进行应用和创新，探索更多适合中国国情、有中国特色的生涯教育实践模式，总结提炼出中国特色的生涯教育理论体系。

第一章
学校生涯教育实践

近年来，我国从国家政策、法规等层面相继对大中小学各个学段的生涯教育与就业指导等发布了相关的纲领性文件，可以说，生涯教育实践对于每个个体全面而有个性的发展、对国家的人才战略和社会的发展进步、对中华民族的伟大复兴等都具有十分重要的价值和意义。学校进行生涯教育实践的核心目标是提升学生的生涯管理素养，以帮助学生规划整个人生中的学业、职业及社会生活。也就是说，学生在学校里获得的所有教育经验，是为学生未来的生涯发展做准备的，因此，生涯教育实践是促进个体全面发展的应有之义、必要之举。本章将从学校生涯教育实践的概念、分类、价值、要素、现状与问题、实施策略和质量评价等方面进行简要介绍，旨在帮助生涯教育工作者了解学校生涯教育实践的全要素，以便有目的、有计划、有策略地开展生涯教育实践，提高生涯教育质量，并在工作中尝试更多开创性的教育实践。

第一节 学校生涯教育实践概述

学校是开展生涯教育实践的首要场所，学校生涯教育实践的价值在于在对个体生命历程宽广而深远的透视的基础上，教给学生适应未来社会发展所需要的关键的知识、技能与态度，使之在人生的各个阶段都能主动、智慧、持久地适应社会，实现自我发展与终生发展。

一、相关概念及分类

（一）教育实践

教育实践是指人类有意识地培养人的活动。广义的教育实践是指一切增进人的知识、技能、身体健康及形成或改变人的思想意识的活动。狭义的教育实践是指学校教育工作者对受教育者的身心有目的、有计划、有组织地施加教育影响的活动。教育者是教育实践活动的主体；受教育者是教育实践活动的对象，同时又作为学习活动的主体而存在于教育实践活动中；教育的内容、方法、组织形式和各种教育设施及设备是教育实践活动的手段；经过培养的人是教育实践活动的产品。本节采纳的是狭义的教育实践含义。

（二）生涯教育实践

生涯教育实践是指教育工作者有意识地培养学生积极心理品质、提升生涯素养、培养生涯发展关键能力的活动。教育工作者通过多种形式和途径的生涯教育实践，促进学生掌握生涯方面的知识和技能，并将所学的生涯知识和技能运用到指导自身生涯发展的过程中，促进学生终生的生涯发展。

（三）学校生涯教育实践

学校生涯教育实践是指以学校为主导、以学生为服务对象，依托生涯课程（包括学科教学课程、独立的生涯课程）和生涯实践活动，指导学生进行自我探索和环境探索，有效管理和规划自己的学业、职业与生活，为未来的职业发展、社会适应和幸福生活做准备的一种教育活动。

（四）学校生涯教育实践的分类

学校生涯教育实践的分类标准比较多，根据学校生涯教育实践的途径，可以分为生涯课程学习和生涯实践活动参与；根据学校开展生涯教育实践的场所，可以分为校内生涯教育实践和校外生涯教育实践，校外生涯教育实践又分为家庭、社区、企业等生涯教育实践。

二、学校生涯教育实践的价值

学校生涯教育是一种为学生未来发展服务的教育活动，是教育与社会、学生与职业、现在与未来的连接点，其价值与定位因不同的对象、不同阶段的学校而有所不同。

（一）学校生涯教育实践对不同对象的价值

根据学校生涯教育实践的价值体现对象来分，生涯教育实践的价值与定位分别从学生、教师、学校三个方面进行表述。

1. 有利于促进学生全面发展和终生发展

学校生涯教育实践的目的在于让学生尽早认识自我，有效管理和规划自己的学业与生活，为未来职业发展和社会生活做准备。学校通过引导学生在大中小学期间对自己的兴趣、性格、能力和价值观等各方面循序渐进、不断深入地了解，促进学生立足当下的学习与生活，连接未来的生涯发展，从知识、技能和综合素质方面提升自己的职业竞争力和生活适应力，提升生涯管理素养，有利于其终生发展。

2. 有利于促进教师的职业发展，促进教师终生学习

教师作为生涯教育实践的组织和实施者，对学生的学业发展和终生发展起着重要的引领作用。教师在学科（专业）教学中融合生涯教育理念，就能多一种教育视角，有利于促进自己的专业成长与发展。教师在对学生进行生涯教育时，需要对社会以及学生自身的特点进行深刻全面的了解和分析，此过程也是教师接触社会、了解社会、贴近学生、管理学生的再学习、再提升和发展的过程。

3. 有利于促进学校的可持续发展

学校将生涯教育实践融入日常教学教育中，营造良好的生涯教育氛围，

增加学生的内驱力，促进学生自主自发地学习和提升，以生涯教育促进学校形成尊重差异、以人为本的育人氛围。这种育人氛围反过来又促进更高质量的生涯教育，最终形成良性循环，促进学校的可持续发展。

（二）不同学段生涯教育实践的价值与定位

1. 小学阶段生涯教育实践的价值与定位

价值：在小学阶段，开展生涯教育有助于学生更好地认识自我、发展兴趣，从小培养职业责任意识，认识到不同社会角色肩负的责任与使命，从而帮助其树立起正确的职业观和价值观，让处于人生起始阶段的小学生树立最初的梦想，对未来发展充满希望。

定位：小学生处于生涯启蒙的发展阶段，小学生涯教育的重点应是引导学生了解自我，形成积极的自我概念，初步认识和了解职业，培养良好的生活习惯和学习习惯，提高人际交往、自我管理等生涯能力，进行生涯启蒙。

2. 初中阶段生涯教育实践的价值与定位

价值：初中阶段的生涯教育具有承上启下的重要作用。初中阶段的生涯教育价值在于帮助学生更充分地了解自我与环境，探索自我与环境的关系，积极主动应对现实中的困难和对未来的困惑，形成正确积极的自我概念，因此，生涯教育对初中生而言具有重要的价值引领作用。

定位：初中生涯教育的重点是帮助学生形成初步的生涯规划意识，获得初步的职业体验，初步掌握做决定的方法与技巧，进一步了解和认识自我，了解自己和周围环境的关系，主动探寻职业梦想和未来的发展路径，做好学业规划，获得一种目标引领和意义感，从而激发学生为梦想而努力的动力，为升学、择业、未来生活做好准备。

3. 高中（含中职、中专等）阶段生涯教育实践的价值与定位

价值：高中生阶段是世界观、人生观、价值观形成和未来人生发展选择的关键阶段。对高中生进行生涯教育，有助于学生树立正确的生涯发展观，在全面认识自我的基础上，提高学生对专业和职业的正确认知；有助于学生理性选择学业、专业、职业目标，提高生涯管理能力；有利于学生将个人发展和国家发展相结合，实现个人价值。

定位：高中阶段的生涯教育应着眼于提高学生生涯管理素养，促进学生

客观地认识自己，引导学生学会分析内外部环境，提高自主选择能力，寻找个人兴趣爱好、就业和知识学习之间的契合点，做出高中后就业或是继续升入高等学校深造的选择，正确认识和处理好个人发展与社会发展和国家需要之间的关系，并做出正确价值判断和行为选择，促进学生未来生涯的顺利发展。

4. 大学（含高职、高专）阶段生涯教育实践的价值与定位

价值：大学阶段生涯教育有助于学生正确认识自我，学会有效学习，确立符合社会需要和自身实际的积极的生活目标，培养责任感和创新精神，养成自信、自律、敬业、乐群的心理品质；有助于学会竞争与合作，树立正确职业理想，培养职业兴趣，提高适应社会、应对挫折、求职就业的能力，增强职业竞争力，实现自己的职业目标与理想。

定位：大学阶段的生涯教育应着重于引导学生进行职业规划，引导学生做好职业准备，掌握职业技能，培养职业精神，提高就业竞争力；引导学生正确认识自身的个性特质、现有与潜在的资源优势，帮助学生重新对自己的价值进行定位并使其持续增值；引导学生对自己的综合优势与劣势进行对比分析，进而明确职业发展目标与职业理想；引导学生评估个人目标与现实之间的差距，结合实际情况和前瞻性，找准职业定位，搜索或发现新的、有潜力的职业机会，确认自己的"职业锚"，完成"准职业化"。

三、学校生涯教育实践的要素

教育要素是指构成教育活动的成分和决定教育发展的内在条件。就生涯教育实践活动而言，其构成要素有主体要素，包括教育者和受教育者；过程要素，包括生涯教育的实施策略与途径、教育教学方法、组织形式等；环境要素，包括生涯教育实践的资源等。

（一）生涯教育实践的主体要素：教育者和受教育者

生涯教育实践的主体要素包括行政领导、教研员或专业督导、教师、学生、家长与社区（乡、村）成员等所有与生涯教育有关的人员，他们组成一个教育共同体。其中，学生、教师是生涯教育最核心的角色，包含了许多职责与任务。

1. 作为决策主体的行政领导

行政领导是生涯教育质量好坏的关键要素，包括区域教育领导、学校的管理者在内的行政领导对生涯教育的环境、政策和气氛起决定作用，也有的行政领导可能会直接参与生涯教育相关政策的制定及生涯课程的设计、实施、评估等过程。如果学校之间、教师之间或是师生之间存在良好的工作关系，那么生涯教育的实施、推进和革新都很有可能实现。

2. 作为专业指导主体的教研员或专业督导

区域内的教研员或专业督导通常是学校生涯教育的专业指导人员，属于学校生涯教育的协助者和指导者。他们未必参与生涯课程实施的全过程，却会在有需要的时候或是关键环节被邀请参与研讨、分析困难因素、协同解决复杂问题、评估课程实施和效果等。

3. 作为执行主体的教师队伍

学校生涯教育需要学校教职员工全员参与、层级分工、通力协作。学校全体教师都是生涯教育的组织者、引导者、培训者、信息的提供者，绝大部分时间里，教师同时也是生涯课程的设计者、实施者、改革者。因此，生涯教师不仅需要具备生涯教育的专业知识，还需要具备组织教学和管理教学等相应能力，最重要的是，需要在情感上和学生有所联结——认识、理解、指导学生，真正了解、关心学生的成长和毕生发展。

4. 作为生涯发展主体的学生

学生是他们各自生涯发展历程的主体，是学校生涯教育实践的服务对象，也是生涯教育实践的参与者、体验者、设计者、受教育者、信息获取者。学生的主体作用还体现在对学校生涯教育理念、目标和任务的接受与内化上。近年来，学生作为学习的主体，被认为需要给予机会主动塑造自己的教育，因此在生涯教育实践中，学生作为教育的"塑造者"角色也逐步得到重视，他们正以伙伴或是学习同盟的角色参与课程实施和教学过程。如果学生从课程中看到价值和实用性，感受到自己的影响力，那么作为课程的主动参与者，他们就可能兴趣高涨、热情满怀地投入学习。因此，每个学生是否能将生涯教育目标和任务等作为自己应该达到的目标以及应完成的任务、能否在面对生涯教育的实施时从被动适应到主动接受再到自主探索，是学生生涯有效发展的关键要素。

5. 作为校外生涯教育主体的家长和社区成员

家长和社区成员作为校外生涯教育主体的作用很容易在生涯教育中被忽略。教育工作者应该意识到，学生在家庭和社区度过的时间比在学校度过的时间更多，同时学生在学校之外并不停止学习。生涯教育需要突破学校的围墙，让学生更多通过家庭和社区内的企事业单位、机构等了解职业世界，为家长开展生涯教育相关的讲座，或者邀请家长或社区成员参与生涯教育，其关键点是建立家校社之间的信任与合作关系。

（二）生涯教育实践的过程要素：生涯教育实施策略与途径

生涯教育实施策略和途径体系是生涯教育系统的过程要素，亦是其重要的组成部分，而本身又自成体系。从系统论的角度来看，学校生涯教育实施是相对独立的统一整体，是由诸多要素有机结合构成的具有整体性、层次性、开放性的实施系统，是实现生涯教育目标的核心要素。

学校生涯教育实施的途径是落实生涯教育理念的方式与过程，它是学生接受、参与和反馈生涯教育的主要方式，是生涯教育科学性、有效性和创新性的具体体现（详见本章相关内容的陈述）。

（三）生涯教育实践的环境要素：生涯教育资源保障

生涯教育保障体系是学校生涯教育系统中的环境要素，通过生涯教育决策主体和实施主体的组织与协调，为生涯教育的可持续实施提供保障。学校组织属于开放系统，通过与外部环境的联系，强化学校教育内在机制，优化各种资源，促进学校发展与学生发展，并使学校与外部环境之间形成相互促进的良性循环系统。因此，学校生涯教育系统的有效运行，一方面需要学校内部环境的支持与引领，吸纳和创生学校的内在资源；另一方面需要外部环境的支持，为生涯教育提供持续性的资源保障（详见第四单元第四章生涯教育资源的相关内容陈述）。

四、学校开展生涯教育实践的形态

学校教育是为学生的终生发展服务的。广义来讲，学校教育都是生涯教育，但生涯教育不是简单的一门学科课程或是一项主题教育。学校生涯教育实践是将生涯教育的理念、方法和策略融入校内外所有教育教学活动中来实现的，也就是说生涯教育的形式是多种多样、因校制宜的。当前学校的生涯教育实践大致有以下五种外显形态。

（一）以生涯课程教学的形式进行

基于广义的生涯教育概念，当前学校生涯教育多以生涯课程教学的形式进行，在实施呈现时又有不同的形式。

1. 生涯学科课程

生涯教育最主要的类型和途径是生涯学科课程，一门立足学生全程生涯发展、实践性强、重视学生主体性、跨学科领域的课程。生涯学科课程旨在以学生已有的经验为基础，通过与外界的互动作用，主动构建生涯发展的知识、能力和态度价值体系，培养的是学生的各项生涯能力，关注的是教学过程中学生的体验、感悟、收获与成长。

在基础教育阶段，生涯学科课程通常是部分学校以行政班级或年级为单位开展的学科门类课程。该课程立足于学生核心素养的发展，以学生为中心，关注和尊重学生的需求，提供指导和帮助，促进学生生涯探索与规划行动。

在中等职业教育阶段，生涯课程通常是以《心理健康与职业生涯》等必修课程的形式开展的。该课程立足于中职生的职业道德和职业精神教育，强化与职业能力密切相关的学科核心素养培养，满足学生未来职业发展的需要。

在高等教育阶段，生涯学科课程通常是以《大学生职业发展与就业指导》等必修课程的形式开展的。该课程立足于大学生就业能力的培养，以学生为主体，引导学生主动构建生涯，提高生涯能力。

2. 学科融合生涯课程

生涯教育与各学科关联密切，因此学科融合课程也是生涯教育的重要形式。融合的课型可以有：

（1）学科绪论课

介绍学科价值、学科核心素养，关联学科涉及的专业、职业、就业机会，激发学生内在学习动力，促进学生认同学科学习价值，同时发现生涯发展机遇。

（2）学法指导课

介绍本学科的学习方法，并融入教学过程中，帮助学生建立学习本学科的信心，有助于学生自我评估、目标建立、改善方法、学会学习。

（3）主题融合课

将生涯教育要点与教学内容进行关联，如介绍学科的榜样人物的生涯经历；某专业知识应用领域及产业价值、专业发展前景与未来职业和职业素养；介绍学科前沿，洞见未来发展趋势等。帮助学生建立积极的生涯发展信念，树立远大人生理想，拓宽视野、扩大胸怀，提升学生的家国情怀和责任意识，促进学生思考、选择、规划、行动。

（4）跨学科融合课

基础教育阶段，可以将生涯教育融入项目式学习、STEAM 课程、研究性学习等跨学科领域，进行深度融合，拓展学生对学习重要性和知识的价值等方面的认知，如近视预防、社区交通规划、校园垃圾的分类与回收、科学小制作等。这类课程的设计要注重学生高阶思维能力、知识迁移应用能力的培养，为学生探索未来专业方向打好基础。

中职和高等教育阶段，可以构建协调可持续发展的学科体系、课程集群，打破传统学科之间的壁垒，促进基础学科、应用学科交叉融合，促进文理渗透、理工交叉、农工结合、医工融合等多学科、多形式交叉，根据经济社会发展需求设置新兴交叉学科，突破单一学科对人才培养的局限，扩大职业学校和高校院所对创新人才培养的空间，提高学生面对未来时的就业能力。

（5）项目化专业课程

项目化专业课程是指中职学校和高校根据职业能力培养的需要，密切联系地方产业发展实际，将专业基础课程和专业课程的教学内容设计成某些技能提升的训练项目。专业课程的项目化有助于突破学校知识导向的课程体系设置和专业教学模式，为学生提供真实或模拟真实的职业工作情境。

（二）以生涯实践活动的形式进行

1. 生涯主题班会课程

班会是对学生进行生涯教育的重要途径。有些高中实行走班制之后没有了行政班，或是大学不再有班会，取而代之的是"学生导师定期会面"或"辅导员组织会谈"等，但也都在发挥"班会"的作用。生涯主题作为学生各阶段发展的重要议题，正是班会的重要主题。生涯主题班会可以基于学生不同发展阶段的生涯任务来选择，也可以基于学生成长发展的实际问题来选择。

2. 社团与校园主题活动

各类社团活动是学生探索和发现自己的兴趣、培养和提升能力、发展良好的个性和社会性的重要活动形式。校园主题活动，比如开学典礼、运动会、联欢会、成人仪式、毕业典礼、艺术节、科技节、校庆等活动，针对性比较强，能激发学生强烈参与的愿望，使学生获得丰富的情感体验、深刻感悟和价值认同；有助于学生思考人生意义，形成积极的人生价值观，培养家国情怀。

3. 综合实践活动

综合实践活动是学生在真实的情境中通过自主发现和探究而获得知识经验的过程。各类综合实践活动为学生提供了生涯实践的延展平台，有助于促进学生的内外生涯探索和就业准备。

4. 社会实践与职业体验

社会实践与职业体验是生涯教育的重要形式。学生走出课堂，在家庭、校园、社区、社会进行实习实训以及各种实践和职业体验，有助于加深学生对社会、职业的认识与理解，培养学生的实践能力和创新精神。

随着互联网技术在生活中的广泛应用，还可以开展线上职业体验，发挥互联网的技术优势，开发线上虚拟体验内容，为高校指导学生就业、创业发展开辟新的途径，也为中小学生提供多种线上职业体验活动。

（三）以生涯测评的形式进行

学生的生涯发展是一个动态的过程，这个过程也是个体不断进行自我探索和外部探索进而做好生涯决策与管理的过程。在生涯教育实践中，生涯测评不仅为个体做好生涯探索与决策提供了工具与途径，也是进行生涯教育教学和研究、生涯咨询和辅导、生涯实践等不可或缺的工具。生涯测评的主要内容围绕着个体的学业准备、学业发展、职业准备及职业发展展开，常见的有人格测评、能力测评、成就测评、职业兴趣测评、价值观念测评、生涯决策困难测验、生涯适应力测验等（详见第五单元"生涯测评"相关内容）。

（四） 以生涯咨询和辅导的形式进行

1. 生涯个体咨询

生涯个体咨询是指由生涯咨询专业人员以一对一的方式，运用咨询相关的专业理论和技术协助个人克服生涯困惑与问题，清除情绪与认知上的障碍，达成各种生活角色之间的融洽和谐，以增进个人的生涯发展与生活适应的协商和辅导过程。个体生涯咨询对生涯教育专业人员的专业化程度要求最高，对当事人的帮助也最大。

2. 生涯团体辅导

生涯团体辅导是指围绕一定的生涯主题，采用团体咨询的助人理论与技术，促进个体在生涯发展中的认知、情感、态度及行为等方面的成长与发展，团体人数一般为 20～30 人。相较于生涯学科课程，生涯团体辅导可以帮助个体更深入地进行生涯探索。

（五） 以家长教育的形式进行

通过对家长进行生涯教育知识的普及和相关辅导，向家长普及学业、职业、职业探索与实践等生涯相关知识，提高家长的生涯教育和指导能力，这是协助学校做好生涯教育的重要形式。

五、学校开展生涯教育的现状及问题

相较于发达国家，我国生涯教育起步晚、底子薄，无论是高等教育还是中职、基础教育阶段，对学校生涯教育的规范开展、系统的质量评价等都还处于探索阶段。相较而言，高校和中职学校开展生涯教育情况要好于基础教育阶段。随着 2014 年新一轮课程改革的推进，生涯教育在基础教育中也得到了很好的普及和强化，但主要在高中学校进行，且生涯教育理论与实践发展相对滞后，全国生涯教育开展出现不均衡的状态，其中台湾、香港、澳门、北京、上海、浙江、广东等地的生涯教育推进相对比较领先。当前，生涯教育在学校的工作中仍存在边缘化、师资力量严重不足、经费和课时保障不充足等问题。

（一） 学校生涯教育组织管理不完善

学校在实践探索的基础上形成了多样化的组织管理模式，但是整体来看，

学校生涯教育组织管理不完善、随意性较强，尤其是在中小学。由于教育行政部门没有明确学校生涯教育组织机构设置、师资配置、评价等组织管理方面的问题，学校生涯教育的实施普遍没有固定的管理部门；学校生涯教育工作制度比较模糊，甚至没有相应的工作制度；生涯课程没有固定的课时，缺少统一规范的教材；生涯教育缺少规范系统的评价标准等。

（二）生涯教育师资专业性亟待提高

目前，学校生涯教育的师资来源多元化，师资力量总体薄弱。因为高校生涯教育起步比较早，其师资整体力量强于基础教育阶段。目前，无论是专职还是兼职的生涯教师，其数量都严重短缺，且专业化程度较低。当前我国缺乏全国统一的生涯教育师资的资格认证，而且生涯教师专业发展的支持体系不完善。

（三）生涯教育价值被遮蔽，内容被窄化

当前，"生涯教育"的概念虽被认可，但大中小学在实践中普遍存在学校生涯教育的价值被遮蔽、被矮化、被功利化的现象。基础教育阶段的生涯教育的内容被窄化为择校、选课选考、志愿填报、高校选择，或是被动回应新高考政策的要求，基于问题解决、功利性强。中职和高等教育阶段的生涯教育价值被矮化现象仍然普遍存在，生涯教育内容仍以职业指导为主，把职业作为生活和个人认同的核心，忽视生涯的全面与平衡，忽视家庭角色、休闲者、国家公民等其他角色的教育，忽视对学生的理想信念、人际交往、身心健康、家庭生活、个人情感等方面的发展和指导。同时，生涯教育仍然以静态的匹配论为理论依据，忽视生涯的变化与不确定性等。

（四）以大众化的教育方式为主，不能满足学生多样化需求

生涯具有个性化、差异性的特点，生涯教育应根据对象需求的不同，采取不同的教育方式。但由于师资、场地、课时等因素的限制，目前大中小学的生涯教育仍然以班级、年级的形式开展，以大众化普及为主，主要包括大课教学、讲座、计算机自助测评等，而深入的生涯团体辅导、个体一对一咨询等形式还很少。

（五）以经验理性指导为主，忽视生涯教育的主动性和创造性

当前学校的生涯教育以升学指导或职业指导为主，生涯教师往往扮演

"专家"这种权威角色，给予经验性指导教育，如讲授升学途径、选科或志愿填报策略、求职技能、面试技巧等，劝说学生"升学第一""先就业再择业"，在面对升学还是就业的选择时多是给予学生理性化的建议，而较少指导学生进行个性化的探索，忽视学生的独特性、主动性、创造性。

（六）生涯教育实施路径零散，呈现碎片化

学校生涯教育实施路径大致分为生涯专门课程、生涯个体咨询与辅导、校内生涯主题活动以及校外生涯社会实践四大类。实践中，高校以职业规划和就业指导的公共必修课为主，缺乏生涯实践活动；中小学校则大多以碎片化的校内活动为主要路径，包括主题班会、专题讲座、社团活动，缺少生涯专门课程。无论是高校还是中小学，都缺少个别咨询和生涯团体辅导，缺乏注重专门课程与生涯实践活动相得益彰的实施方式。

总之，学校生涯教育还存在不少问题，还有很多需要突破和深入研究的地方，亟待家校社政协同，不断实践和探索，共同推进生涯教育扎实地开展。

第二节　学校生涯教育实践的实施策略

国外生涯教育的实施具有早期化、系统化特点，有的国家生涯教育是从小学阶段开始持续到大学阶段，也有不少国家是从初中阶段开始并持续到高中阶段，使学生在较长的时间内从生涯意识的启蒙逐渐走向生涯决策的成熟。国外生涯教育的研究和实践提供了不少研究成果和先进的实践经验，值得学习、参考和借鉴。

一、以"生涯指导"新范式引领生涯教育实践

生涯教育从提出至今已有一百多年历史，经历了从"职业指导"为中心到以"生涯指导"为中心的范式转换。

（一）以"职业指导"为中心的局限

"职业指导"以帕森斯的特质—因素匹配论、霍兰德的人格—职业选择论等为基础，认为生涯教育实践是一种认知性的问题解决过程，通过指导学生探索自身与职业的匹配度，从而帮助学生选择适合自己的职业。这种关注

"人—职"匹配的生涯教育体现的是一种线性的单一目的取向，容易导致教师与学生认为生涯规划只是一个选择职业的静态过程，不适应当下多变的、不确定的时代背景，有其明显的局限性。

（二）以"生涯指导"为中心引领生涯教育实践

1971 年美国联邦教育总署署长马兰突破了以"职业指导"为中心的范式，提出"生涯教育不是'职业教育'、'通识教育'或者'大学准备教育'的代名词，而是将此三者完全地整合到新的课程之中"。新范式下的"生涯指导"和原有范式下的"职业指导"在指导的取向、试图解决的问题，以及指导的结果等维度是不同的（见表 6 - 1）。

表 6 - 1 生涯教育中两类指导的差异

	旧范式下的职业指导	新范式下的生涯指导
指导的取向	线性的、单一目标取向	动态的、变化的生长取向
解决的问题	你长大后想干什么工作？（将职业与生活的其他部分割裂开来）	你想成为怎么样的人？你想过怎样的生活？（将职业和生活的其他部分联系起来）
指导的结果	选择职业（谋生）	创建生涯（创造生活）

因此，"生涯指导"范式下的学校生涯教育不只是帮助学生做职业规划，还要帮助学生规划整个人生中的职业、学业及社会生活。学生在学校所获得的所有教育经验，应该是为学生未来的职业发展、经济独立、个人的自我实现、生活的幸福和对工作尊严的品鉴等做准备的。

二、基于生涯管理素养构建生涯教育的目标体系

随着世界范围内基于核心素养的教育变革趋势的形成，生涯教育也受其影响，多个国家提出基于生涯管理素养的生涯教育，从素养本位的路径重新思考和引领生涯教育的发展，确立了生涯教育要帮助学生探索和指引生涯发展的生涯管理素养框架。

基于生涯管理素养的生涯教育目标体系是促进学生在学习生活、职业生活和社会生活以及三者的相互关系中做出恰当而明智的选择与行动。具体来

讲，生涯教育的目标是：

(1) 要促进学生在与他人的社会互动中认识自己；

(2) 在终生的工作、学习及生活中把握生涯发展机会；

(3) 做出生涯选择与行动。

由此，生涯管理素养是学生应对一生中生涯发展的不确定性而必备的能力与品格。生涯管理素养目标体系的建立将生涯教育为学生发展终生奠基的价值取向进一步明确化，使学生在丰富的生涯发展与规划经历中获得"可持续"的发展力量。

三、超越心理学视野、探索生涯教育多元化的实施路径

国内生涯教育的推进多数是依托校内的学生心理辅导平台开始的，心理辅导教师成为生涯教育的主要师资。学校一般开设以职业指导为主要内容的课程或讲座，通过团体辅导和个别辅导的方式，帮助学生认识自我、探索职业以及进行自我与职业之间的匹配。课程或讲座中的内容主要以心理学理论为基础，故无论从课程内容还是实施主体来看，这样的生涯教育都带有较浓厚的心理学特征。

随着基于"生涯指导"新范式的生涯教育实践的不断推进，生涯教育超越了心理学，在更广阔的视域中获得发展，探索了多元化的实施路径。

(一) 与学校课程实施相融合

在国内外实践中出现了生涯教育与学校课程融合、学校生涯教育课程化的趋势，国外研究者认为整个学校的课程成为"生涯教育的（of）课程"和"为了（for）生涯教育的课程"。黄秀英提出学校生涯教育课程化、学科化的实施路径，将生涯教育与日常教学相融合，认为学科课程是生涯教育的主要载体，学科教学是生涯教育的主要形式，学科教师是生涯教育的主要力量。这种生涯教育与学校课程的融合，体现在生涯教育与学术性课程之间的紧密联系：高校和职业学校越来越重视学生的专业学习与未来就业和职业发展的关联；越来越多的中小学学校在开齐开足国家课程后，还开设了丰富的校本选修课程，为学生提供了代表不同专业领域、不同生涯路径的生涯课程群，比如人文艺术类、科学技术类、综合服务类等丰富的选修课程，为学生自我探索、职业探索、社会认知等提供了丰富的生涯课程群。

（二）与体验式实践活动相整合

体验式实践活动通过各种任务让学生卷入思考、感受和行动的过程中去，将生涯教育和体验式实践活动相结合，让学生在一定情境中参与活动，以此来体现对知识的应用、对能力的培养、对责任的担当等，为学生认知、情感、精神等发展提供多种学习途径和可能的选择。生涯教育强调人一生的发展是一个持续学习如何与他人相处的过程，而体验式实践恰恰是实现这一过程的媒介。我国在生涯教育方面出台了一系列的法律法规和文件，提倡学校开展各种丰富多彩的生涯体验活动，如职业博览会、职业体验日、职业设计大赛、大学访学日、模拟招聘会等，成为生涯教育的又一重要实施路径。

（三）与劳动教育相融合

我国十分重视劳动教育，并出台相应的文件，要求培养学生正确的劳动观念、锤炼劳动精神、锻炼劳动能力、培养劳动习惯，增强学生的生涯规划意识和能力，将生涯教育与劳动教育的整合提高到国家制度和政策层面进行顶层设计，为生涯教育的实施提供了更多的路径。日常生活劳动教育、生产劳动教育和服务性劳动教育，让学生进入真实的职业场景，在劳动中获得相应的职业体验、了解社会、提高劳动技能和生存本领，培养正确的劳动价值观和良好的劳动品质，这是进一步将文化学习、职业世界和个人生活相结合的生涯教育思想。

劳动实践是检验技能、积累经验的必要途径，有助于培育学生的社会认知能力、社会劳动基础能力，有助于培育拥有家国情怀、社会意识、个人理想的人才，有助于培养学生生涯管理素养。通过劳动教育，学生在认识世界的基础上获得有积极意义的价值体验，学会建设世界；学会塑造自己，实现树德、增智、强体、育美的目的；对于自己的能力、兴趣、生涯方向等更加明晰，从而助力于他们整个生涯发展。劳动教育拓展了生涯课程的内容和教学场所，不将学生限制于生涯理论知识的学习中，而是让学生亲历劳动实践活动，在现实社会和职业情境中理解和应用所学知识，进而积累经验、培养能力，帮助他们对自己的未来做出更好的规划。

四、提升生涯教育师资专业水平

（一）研发生涯教育师资岗位胜任力培训课程

当前国内生涯教育师资的来源、组成、专业能力等方面亟待提高，生涯教育师资在数量和专业能力两个方面都不能满足为全体学生的生涯发展提供适切指导的需要，这是制约我国生涯教育质量提升的一个关键问题。生涯教育师资的素养提升是一个现实中亟须解决的课题，也是一个难题。目前部分高校、研究机构和社会组织在生涯教育师资专业胜任力培训方面进行了多种实践探索，形成了一定的经验，为生涯教育师资培训资源、体制与机制建立等提供了参考。在今后生涯教育实践中，期待政府部门、高校、研究机构等共同携手生涯教育师资培训、考核认证方面的研发和推进工作，推动生涯教育师资培训、考核、认证等规范化发展。

（二）试点推进生涯教育师资准入制度

在制度层面，可以采用试点推进生涯教育师资的准入制度。试点区域的政府部门、高校以及中小学校可以共同建立生涯教育师资的培养、考核和保障机制。例如，在高校设立有关生涯教育本科层次的相关专业，相关部门制定生涯教育师资资格的准入制度，建立生涯教育师资的专业标准等。这不仅可以持续地保持生涯教育师资的专业性及来源的可持续性，而且在聘任与培训生涯教育师资时亦可更加规范。同时，也要建立相应的评价保障措施，将生涯教育与学校办学质量考核、教师的评奖评优和职称评定等相结合，激励教师积极参与生涯教育，从而保证学校生涯教育师资团队的专业性。

（三）建立学校全员"生涯指导"模式

学校教育不是以职业目标为终点的，而是一个涉及终生学习的旅程，因此，生涯教育是需要所有学科、所有教师参与的，是超越心理学单一视野的。大中小学的所有学科教师都负有发展学生的学习技能、与人相处技能，以及生涯发展知识及技能的责任，而学生需要把在各门学科中学到的知识与自身的志向及兴趣联系起来，与日后可能的职业及生活联系起来。因此，建立学校全员"生涯指导"模式是我国生涯教育发展的趋势。

在学校全员"生涯指导"模式中，全体教职员工都可以是参与生涯教育与指导的工作者。要保证全员"生涯指导"模式的推进，学校需要引导全体教师积极参与生涯教育，以师资建设为根本，采用多样化培训方式提高教师生涯教育与指导的专业能力，这不仅可以让其明了"指导什么"，也可以让其学会"如何指导"。学校只有拥有足够的具备专业胜任力的生涯教育师资，才能为每个学生提供必要的生涯指导，更好地促进学校生涯教育的开展。

第三节　基于学校的家校社协同生涯教育模式

每个个体在不同的生涯发展历程中扮演着不同的角色，有需要完成的各种生涯发展任务，这个历程不仅是个体的自我发展，更是个体与所处环境之间相互协调与发展的过程。个体的各种生涯发展任务，是需要家庭、学校、社会相互协调配合、协同教育才能完成的。家庭、学校与社区在学生成长过程中主动、密切合作，不但会提升学生的教育抱负，促进学生成长，而且对改善家校关系、提升家长育人水平、提升学校教学和管理效能等都有积极作用。

一、相关概念

（一）家庭、学校、社区协同

家庭、学校、社区协同，简称家校社协同，是指家庭、学校和社区以学生为核心，以培养德智体美劳全面发展的人为共同目标，以国家教育政策为宏观指导，双向互动、共同合作，形成促进学生健康成长的教育合力，对学生进行有效教育活动的合作育人模式。

在生涯教育中，家庭、学校与社会具有同等重要的地位，三方要协作配合，共同服务于学生的生涯发展。家长不仅要成为学校或社会生涯教育工作的配合者或协助者，还要成为孩子最重要的关系者，指导孩子的生涯发展；学校可利用独特的组织优势，以及师资优势，挖掘学生潜能，组织学生开展生涯课程的学习和实践活动，促进学生生涯管理素养的提升；社区更是生涯教育中不可或缺的一环，社区里的生产和生活设施、图书馆、科技馆、企业等机构，都能为学生提供丰富的生涯资源和实践场所。

（二）教育模式

学界对教育模式有不同的解释，本书中是指教育和教学过程的模式，反映活动过程的程序和方法。生涯教育的模式是指学校开展生涯教育过程中的程序和方法、形式等。

二、相关理论

（一）马克思主义实践论

实践育人是马克思主义的重要教育思想。马克思主义认为，实践可以有效地影响人的思想和行为，培育和提高人的思想道德素质，促进人的全面发展和健康成长。实践具有普遍性和直接现实性的品格，能够为学生形成关于普遍规律和客观现实的正确思想认识提供坚实的基础。人们的社会实践不仅要改造自然界，还要改造人类社会，也正是由于实践对社会的改造，人们才能够感受、变革社会关系，了解、认识社会规律，把握、内化社会规范，促进人的思想道德进步，进而促进人的全面发展。可以说，实践是促进学生德智体美劳全面发展的基础。

基于马克思主义实践论，生涯教育更要重视和实践相结合，尤其要重视和生产劳动相结合。我国历来十分重视实践育人，重视教育与实践的结合，坚持生涯教育与生产劳动相结合。只有将生涯教育和生产劳动实践相结合，学生才能深刻理解生产劳动在社会发展中基础性的、决定性的作用，进而增强劳动观念，树立正确的生涯发展意识；才能了解现代科学技术的社会价值和自身的历史使命，了解人与人、人与社会的关系，增强团队合作意识和集体主义精神，了解生产劳动和其他社会实践的关系，树立积极参加各种社会实践活动的意识，树立正确的生涯价值观、成才观，增强青年学生的社会责任感。当前，学校教育受"应试教育"的影响还很深，仍存在过分看重分数和升学率的功利倾向，仍存在重理论轻实践、重传承轻创新、重知识传授轻能力培养等种种弊端。因此，在生涯教育中要坚持深入贯彻马克思主义的实践论，要坚持实践育人的思想，引导学生积极参与各种社会实践，发挥社会实践的教育功能，提升学生的实践能力，为学生的终生发展奠定坚实的基础。

（二）交叠影响域理论

该理论是由美国霍普金斯大学的全美家校合作联盟研究中心主任兼首席科学家爱普斯坦提出。该理论的核心观点是学校、家庭和社区对学生成长产生交互叠加的影响力，对学生成长发展具有教育的合力。这些相互叠加的影响是无法分割的，但在教育实践中，家庭、学校、社区的侧重点不同。该理论认为要从改进教育实践的立场去建立家庭、学校和社区之间的新型伙伴关系，要主动、密切地合作；要动态地观察家庭、学校和社区对学生成长的影响，这对提升学生的理想抱负、促进学生成长、改善家校关系、提升家长育人水平、提升学校教学和管理效能等都有积极作用。

基于交叠影响域理论，学校、家庭和社区三者既可以从不同角度单独对学生的成长和生涯发展发挥各自的育人作用，也可以作为伙伴关系产生交互叠加作用，协同承担学生德智体美劳全面发展的任务和责任。家校社协同的生涯教育应该以学生为中心，共同构成学生成长和生涯发展的场域。家庭、学校和社区在学生的生涯教育上相互配合、交互影响，是双向的教育活动，家庭是学校的支持者、参与者，学校是学生教育的组织者、主导者，社区是学生教育的资源和场所，家庭、学校、社区共同承担学生全面发展的任务和责任，协同推动学生的健康成长和生涯发展。

（三）参与式管理理论

该理论是美国学者劳勒提出的。参与式管理早期是为了提高企业工作绩效的一种管理方式，从权利、信息、知识与技能以及奖酬四个方面架构了企业员工参与管理的可能性前提。参与式管理理论也深深影响着学校的组织管理，对于建立现代学校管理制度、构建家校社协同的生涯教育模式具有重要的借鉴意义。

基于参与式管理理论，可以给家长、教师、学校和社区以及其他利益集团一定的教育决策权，调动各方力量参与生涯教育的积极性。比如，邀请家长参与学校生涯教育活动，参与学生生涯实践活动的组织策划，参与学生的生涯决策等管理活动；促进教师从学校生涯教育管理的客体转变为管理的主体，赋予全体教师育人的责任感和使命感；调动社区成立相关的生涯教育指导中心、生涯实践基地等的积极性，授予社区负责生涯教育指导中心或基地的组织、运行权利等。通过整合家庭、学校和社区在生涯教育方面的专业力量和教育资源，建立家庭、学校、社会三方参与、协同配合的生涯教育模式和运行机制，增强和提升教师和家长的生涯教育观念与能力，挖掘社区生涯教育资源，共同为学生的生涯发展承担责任和履行义务，提高生涯教育的质量，促进学生全面发展。

（四）人类发展生态学理论

该理论是美国著名的人类学家和生态心理学家尤·布朗芬布伦纳提出的。该理论认为个体的发展与周围的环境之间相互联系并构成了若干个系统，即微观系统、中间系统、外在系统以及宏观系统。环境对于个体行为、心理发展有着重要的影响，人类发展所涉及的几个关键性的环境因素是学校、家庭和社会因素等。该理论的核心观点认为，个体在发展过程中并非孤立的存在，而是能动地与周围的环境相互依赖、相互依存、相互作用，同家庭、学校、社会、自然等因素发生着千丝万缕的联系。正是在这种相互联系、相互作用中，个体才获得了发展。

基于人类发展生态学理论，任何一个系统都无法单独完成培养学生全面发展的任务，因此，在开展生涯教育时，要遵循家庭、学校和社会相结合的原则，要构建学校、家庭和社会协同的生涯教育模式。基于该理论，在开展生涯教育时，作为微观系统的教师和家长要建立平等合作的伙伴关系，家庭和学校这两个中间系统要互相支持、互相配合，构建和谐统一的中间系统，共同承担起生涯教育的责任，为学生的生涯发展而共同努力。家长可以通过组织或机构等外在系统，对学校的教育进行直接或间接的指导和帮助。例如，通过社会上的专门渠道，给教育主管部门提出教育建议、见解、议案等，进而影响国家教育政策的制定，影响学生成长的宏观系统，这无疑会促进我国教育的发展。总之，学生生活在若干个相互关联的系统中，这也意味着在构建家校社协同的生涯教育体系时，需要各个系统形成合力、协调发展，共同促进学生的生涯发展。

三、构建家校社协同生涯教育的意义

构建家校社协同的生涯教育模式对学生的生涯发展具有重要意义。《中华人民共和国家庭教育促进法》也从国家立法层面明确规定"家庭教育、学校教育、社会教育紧密结合、协调一致"。

（一）有利于生涯教育资源的优化

家校社协同可以整合家长、学校、社区的生涯资源，最大化地将各项资源应用于促进学生发展。学校生涯教育的资源有限，生涯教育的开展需要家长与社区的共同配合。学校的生涯优势在于课堂与活动的组织，生涯教师有生涯教育的经验，但大多限于校内与课堂；家长拥有更多的社会工作经验，社区的生涯资源更为广泛，这些可以弥补校内生涯资源的不足。因此，家校社协同的生涯教育模式，有利于根据学生生涯发展的需求，优化生涯教育资源，最大化地为学生提供生涯教育与指导服务。

（二）有利于增强家长的生涯教育意识

学生的生涯教育不仅是学校、社会单独某一方的工作，还是家庭教育重要的一部分。家长参与学生的生涯教育工作，既可以增强家长对孩子的生涯规划意识，也可以提高家长对自我的生涯规划。生涯规划是贯穿人一生的任务。家长了解到生涯规划的重要性，有利于增强家长自身的规划管理意识，更好地规划和设计自己的生活与工作，有利于家长的职业发展，也有利于家长为学生的成长营造良好的家庭氛围和提供更好的生涯资源支持。

（三）有利于促进学校生涯教育的发展

家校社协同的生涯教育模式有利于学校有条不紊地开展生涯教育工作。该模式明确了学校工作人员、家长和社区人员的职责权限，规范生涯工作要求，做到工作有据可依、有迹可循，确保生涯教育的顺利开展和实施，有利于不断完善生涯教育模式，提高学校生涯教育的质量，促进生涯教育的蓬勃发展。

（四）有利于学生生涯定向

生涯教育的目标是引导学生树立正确的世界观、人生观、价值观，培养德智体美劳全面发展的社会主义建设者和接班人。生涯教育对应的是"学生"角色，但生涯教育工作是为了提高学生的生涯管理能力，适应"工作者""公民"的社会角色和"家庭成员"的家庭角色等。家校社协同的生涯教育模式，帮助学生架起学校与社会的生涯桥梁，更好地确定未来的学业或职业发展方向、确定未来的社会角色和家庭角色定位，促进学生做好生涯定向，提升学生的生涯能力。

（五）有利于提升学生生涯管理素养

生涯教育的对象是全体学生。无论是家庭、学校或是社会的哪一方作为教育主体，其主要目的都是学生的终生发展。三方相互配合、发挥优势，为学生的发展提供更好的发展生态系统，更好地促进学生的社会化，提升生涯管理素养，有利于学生健康快乐地成长，担任学习者、工作者、公民、家庭成员等多种角色。

四、以学校为主体的家校社协同生涯教育策略

在家校社协同的生涯教育模式中，家庭、学校、社区是一个不可拆分的整体，共同构成影响学生生涯发展的若干个系统，但各自在生涯教育中的侧重点和关键点又有所不同。学校是同一年龄阶段的学生群体聚集处，具有非常好的组织功能与空间集聚优势，具备开展并组织各项生涯教育工作的先决条件和优势。本节只介绍学校在家校社协同生涯教育模式中的作用，有关学校生涯教育的内容、途径、评价等见本书其他章节相关内容。

（一）发挥学校作为主导者的作用

学校是有目的、有计划、有组织地利用一定设施和规范化场所进行系统教育、培养人才的机构。因此，学校在家校社三者协同中处于主导地位、发挥主导作用，是生涯教育实施的专门机构，担负着对生涯教育进行整体设计、实施、评价、反馈、协调等职责。学校要落实国家有关政策，将生涯教育纳入学校整体发展规划中，使生涯教育活动与学校培养目标保持一致；学校要

引进、培养和支持生涯教师的发展；学校要创新生涯教育方法，为学生提供生涯课程学习、生涯实践、生涯辅导等专业服务，与家庭和社区等协同为学生提供生涯实践和体验的机会等；学校要为生涯教育提供资源、指导相关部门合理分配生涯教学时间、获得家长和社会公众的支持和认可等，要优先考虑生涯教育。

（二）　发挥学校作为教育者的作用

学校所有的课程都是为学生终生的生涯发展服务的，学校课程是学校实施生涯教育的重要方式，因此，学校全体教职员工都是学生生涯发展的教育者。从国内外实践经验来看，生涯教育采用跨科教学、独立课程、课外实践活动三种方式并行的模式效果是最好的。此外，学校还要对生涯教师进行培训，以提升教师的生涯教育专业能力；面向家长开展生涯讲座和指导，以提升家长的生涯教育指导能力；对社区相关的生涯实践工作者进行培训和指导，以提升社区工作人员的生涯实践指导能力。

（三）　发挥学校作为组织者的作用

学校要担负起生涯教育组织者的职责。有效而完善的制度保障是学校组织落实生涯教育的关键因素，因此，学校要建立健全生涯教育的管理及工作制度；建立合理有效的家校社协同工作机制；成立生涯教育相应的组织机构；制订生涯教育具体的工作目标、计划、内容，并组织落实；要有学生发展与指导工作的规划、生涯实践活动实施制度；要保障生涯教育活动经费。学校要有大资源观，挖掘家庭和社区的教育资源，积极地组织开发家庭和社区内一切可资利用的力量服务于学校工作；建立健全家长委员会等家校社协同工作的组织机构；挖掘社区的文化资源、人力资源和物质环境资源，经过学校的有效组织而使其成为学校生涯教育的教学内容、师资、场地、设备等的重要补充和学校管理的支持力量，有计划地作用于学校的生涯教育。

（四）　发挥学校作为指导者的作用

在家校社三方协同中，学校是生涯教育的专业指导者。学校在生涯教育的课程内容、活动安排、课时设置、服务规范等方面，对教师、家长和社区有关人员担负有指导作用。学校要指导生涯教师的专业发展，以发挥教师在生涯教育中的作用；学校要为有生涯发展困惑或问题的学生提供指导服务，以提高学生的生涯能力；学校要为家长提供指导服务，协助家长做好孩子的生涯教育工作；学校还要为社区的生涯教育从业人员提供指导服务，以促进社区为学生提供更多的生涯教育服务，营造重视生涯教育的社会氛围，助力学生终生的生涯发展。

第四节　学校生涯教育质量的评价

教育评价事关教育发展方向，有什么样的评价指挥棒，就有什么样的办学导向。对学校生涯教育质量的评价，则事关生涯教育的发展方向。

一、相关概念

学校生涯教育质量评价是指对学校开展生涯教育工作成效的评价，是对学校在生涯教育方面处于什么程度的评判，属于现状评价。学校生涯教育质量评价能使学校认识该校在生涯教育与管理等方面与上级要求之间的差距、在学校群体中所处的位置，并对工作的成功与失误、进展与退步做出科学的分析；有助于学校正确认识自己、克服薄弱环节，加强管理，搞好生涯教育工作；也有助于上级加强对学校的指导与帮助、督促与检查，并有计划地改进生涯教育工作。

对学校生涯教育质量开展规范、系统的评价，将有利于促进学校以自我评价为中心，以学校间相互评价和比较为动力；有利于教育行政部制定相应的政策法规进行宏观调控；有利于社会专业组织等第三方评价机构执行监督和审查，形成我国生涯教育多主体、多层次的教育质量保障方式；有助于学校安排管理活动，对生涯教育质量进行全面管理，促进学校形成办学质量持续改进的控制机制，促进学校自身内部质量保证和质量提高。

二、学校生涯教育质量评价的内容

学校生涯教育质量评价主要包括下列项目：

（1）生涯教育的指导思想与方向。包括对国家有关生涯教育的方针与政策的落实情况，学校生涯教育的计划、特色等。

（2）学校生涯教育管理的水平。包括学校生涯教育和教学的管理机构与体系，管理民主化、科学化的措施，管理水平等。

（3）生涯教育师资队伍的建设水平。包括生涯教育师资队伍的结构与现状，生涯教育师资的培养计划与管理制度（如考核与奖惩制度、教研活动制度）等。

（4）学生生涯发展的水平。包括现有学生在德智体美劳等方面的质量，学生生涯发展水平，近年来学校培养的人才在后续生涯发展过程中的反映等。

（5）生涯教育资源支持水平。包括生涯教育的经费支持情况，仪器、场地、设备等配置、改善及使用情况等。

三、学校生涯教育质量评价的流程

本书将以中共中央、国务院印发的《深化新时代教育评价改革总体方案》、大中小学的办学质量评价指南等相关文件为依据，基于 PDCA 循环（又称"戴明环"）的全面质量管理理论和学校生涯教育实践经验，对学校生涯教育质量全面评价的内容、方法及实施过程进行梳理、总结，为一线生涯教育工作者的实践提供参考和借鉴。

PDCA 循环包括计划（plan）、执行（do）、监控（check）和改进（action）四个阶段，被广泛用于指导质量持续改进的管理过程，有的国家将其应用到对大学教育质量的评价和改进中。将 PDCA 循环引入学校生涯教育质量评价系统，有助于从整体视角监测学校生涯教育的全面质量管理水平，发掘学校生涯教育的改进空间。学校生涯教育质量的评价，将从学校生涯教育的规划设计和资源配置（计划决策－P）、学校生涯教育的实施途径和策略（运行设计－D）、生涯教育实施过程的监测和反馈（过程监控－C）、生涯教学效果和学生生涯能力的评价与持续改进（结果评估和改进－A）四个环节对学校生涯教育质量进行全面评价（如图6－1）。该评价体系涵盖学校生涯课程及资源建设、教学实施、教学过程及效果评价、师资专业水平、学生学习效果、学生生涯状态测评结果、学校生涯教育改进措施等各个方面，根据学校生涯教育的推进阶段，建设全链条、多维度、多评价主体的学校生涯教育质量的评价体系和流程。

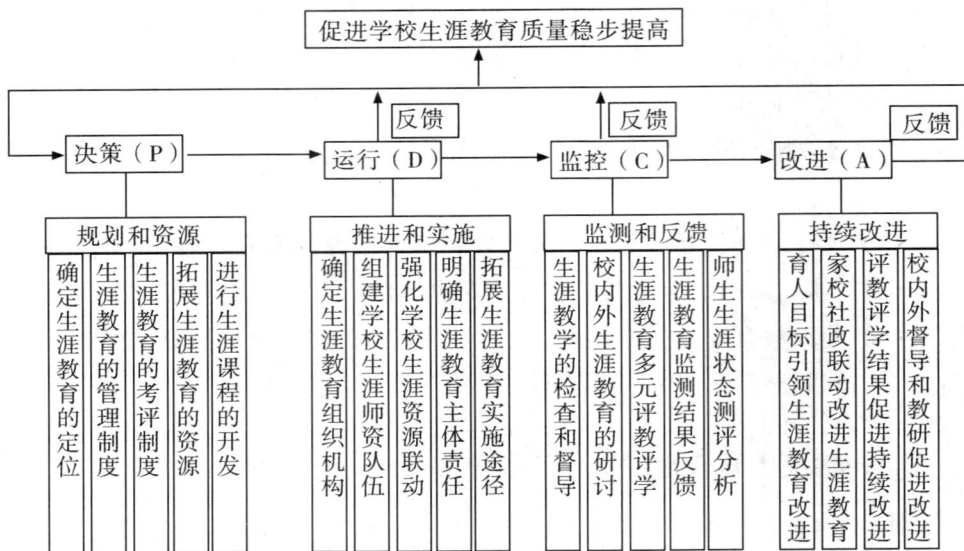

图 6-1　学校生涯教育质量的评价流程

（一）生涯教育决策阶段的评价

在计划决策阶段，需要对学校生涯教育的规划设计和资源配置情况进行评价，评价内容主要有：

1. 生涯教育的规划设计

生涯教育的规划设计包括学校生涯教育的目标定位确定情况，学校生涯教育管理制度的建设情况，生涯教育相关的考评制度（包括学生学习效果评价、教师教学效果评价和生涯教师专业发展评价等），学校生涯教育资源的投入、配置和拓展情况（机构设置、专职教师、课程教材、资金配置、信息资源等）。

2. 资源配置情况

根据生涯教育资源的空间维度，学校生涯教育资源分为内部支持与外部支持：内部支持包括生涯课程、生涯教育师资队伍、生涯体验中心、生涯教育社团、生涯咨询辅导中心；外部支持包括家校合作共育、社会职业体验、企业参观实践、高校协作指导等。做好对资源投入的落实和评估工作、进一步细化支持策略、制订节点计划、强化环节控制是开展生涯教育的必要前提条件。学校系统的开放性决定了学校与外部环境会发生相互作用，生涯教育尤其如此，因此，这个阶段需要通过评价不断优化内部资源，并与外部资源形成良性的循环系统。

（二）生涯教育运行阶段的评价

在执行实施阶段，需要对学校生涯教育的推进落实情况、实施的途径和策略进行评价，评价内容主要有：生涯教育组织机构建设情况、师资队伍建设情况、各个部门之间在生涯教育工作中的协调配合情况、各部门的职责分工是否明晰、各个责任主体承担责任和任务完成的情况、生涯教育的实施过程、采用了哪些途径和策略等。

（三）生涯教育监控阶段的评价

在过程监控阶段，需要对学校生涯教育实施过程进行监测和反馈，评价的内容主要有：学校对生涯教学的检查和督导情况、生涯教师参加校内外生涯教育教学研讨的情况、生涯教学效果的多主体评价工作开展情况、学校生涯教育检测结果及反馈、教师和学生的生涯状态测评结果（学生的测量指标包括自我认知评价、学业发展指导、生涯决策能力、生涯适应能力等）。

（四）生涯教育改进阶段的评价

在结果评估改进阶段，需要对学校生涯教学效果和学生生涯能力进行评价，并对持续改进措施和效果进行评价，其主要内容有：教师生涯课程的教学成效、学生生涯课程的学习效果（包括学生的自我认知、社会理解、生涯决策、生涯定位、发展规划、生涯行动等）、家长对学校开展生涯教育的评价、根据教师教学效果所做的改进措施、根据学生学习效果所做的改进措施、根据家长对学校生涯教育的评价所做的改进措施、根据上级教育主管部门的督导评价结果所做的改进措施等。

四、学校生涯教育质量的评价指标

虽然不同类型、不同学段、不同区域的学校在开展生涯教育实践过程中的做法千差万别，但是学校生涯教育质量的评价指标体系还是有内在一致性的，国家为学校教育质量的评价制定了相关的政策和法规。

本书根据《深化新时代教育评价改革总体方案》《关于深化本科教育教学改革　全面提高人才培养质量的意见》《普通高等学校学生心理健康教育课程教学基本要求》《高等学校辅导员职业能力标准（暂行）》《普通高中学校办学质量评价指南》《义务教育质量评价指南》《中小学德育工作指南》《中小学教师专业标准（试行）》等相关文件，结合实践，总结了学校生涯教育质量的评价指标体系（见表6-2），供学校在实践中参考。

表6-2　学校生涯教育质量评价指标（参考）

重点内容	关键指标	考查要点
A1. 明确生涯教育价值导向	B1. 全面贯彻党的教育方针	·生涯教育要以落实立德树人为根本任务，通过德智体美劳"五育"并举，促进学生核心素养提升，成长为担当民族复兴大任的时代新人 ·生涯教育要坚持德育为先，促进全体学生全面而有个性的发展，培养学生知行合一，培养学生树立正确的价值观念、拥有必备品格和从事未来职业的关键能力 ·学校要树立正确生涯教育理念，提高生涯教育能力，促进每名学生的生涯发展，避免将生涯教育窄化、功利化
	B2. 创建良好生涯教育氛围	·坚持正确舆论导向，促进学生树立劳动最光荣、职业平等、行行出状元等正确的职业价值观；评选、表彰优秀学生时不唯分数论，不炒作学校升学率；聘请生涯榜样人物、生涯导师等时不唯名校论，不唯名人论，不攀比、不跟风 ·完善学校、家庭、社会协同的生涯教育机制，拓展校内外生涯教育资源，营造良好的育人氛围 ·坚持理论学习和生涯实践相结合，杜绝形式主义；坚持生涯教育和其他学科教学的融合，规范生涯教育相关的实践活动、竞赛活动等，减轻学生过重课外负担

（续表）

重点内容	关键指标	考查要点
A2. 健全生涯教育组织领导	B3. 健全领导机制	• 学校建立健全生涯教育统筹协调机制、各部门联动机制，每学期定期做生涯教育工作总结，及时发现问题、解决问题、总结经验、深化推进 • 学校成立生涯教育领导组织机构，加强生涯教育师资队伍的选拔、培养和团队建设，形成校内外专兼职相结合、政治素质过硬、生涯教育专业能力强、尊重教育规律的生涯教育专业团队 • 处理好生涯教育与德育、心理和其他学科教学之间的关系，最大程度地发挥生涯教育的功能，促进学生生涯发展，促进学校生涯教育特色的形成，提高生涯教育整体水平
	B4. 强化考核督导	• 把生涯教育质量纳入学校办学质量考核督察范围，对负责生涯教育的干部和教师进行考核评优 • 学校要强化生涯教育的教学检查和生涯教育质量的评价，严格监管生涯课程实施和教材的使用 • 依据考核评价结果，建立奖励问责机制
A3. 生涯教学条件保障	B5. 保障足够学时	• 学校要整合协调生涯教育工作，制定生涯课程方案，确保生涯教育的课时，确保生涯教育面向每个学生
	B6. 保障教学设施	• 学校要配备生涯教学的设施设备、图书、器材等，加强学生生涯档案管理、生涯测评系统等信息化建设；配备生涯团体活动、生涯实践、生涯辅导的必要场所 • 拓展校内外生涯教育资源，利用好社会各类综合实践基地，开发好社区场馆、企事业单位、家长等生涯教育资源，支持学校开展生涯教育活动
	B7. 保障经费预算和支持	• 统筹优化学校经费支出，确保生涯教育课程研发、教学设施、师资培养、教研活动、生涯实践等有足够的经费预算和支持

（续表）

重点内容	关键指标	考查要点
A4. 生涯教育师资队伍建设及专业发展	B8. 加强师德师风建设	·加强生涯教育师资队伍的师德师风建设，落实生涯教师师资的职业行为准则，结合考核评价结果，积极选树先进典型，奖优罚劣 ·关心生涯教育师资队伍的思想状况，加强思想政治工作和人文关怀，帮助解决生涯教育师资队伍的思想问题与实际困难，促进其身心健康发展
	B9. 重视生涯教师的准入审核和督导	·学校要制定生涯教育师资准入审核制度和岗位职责，生涯教育师资需要达到专业标准要求，具备较强的生涯教育专业能力，以及必备的信息化素养和信息技术应用能力 ·校长及生涯教育主管领导要不断提高生涯教育理念及教学领导力，积极参与生涯教育教学研讨、听评课活动，加强对生涯教育工作的检查和督导，加强对生涯教育师资队伍的指导，督促生涯教师认真履行岗位职责
	B10. 保障教师课酬	·依照标准对承担生涯教育教学任务的校内外师资给予课酬，并足额按时发放 ·发挥学校在生涯教育师资聘用中的主体作用，按照生涯教育师资的准入制度，聘请校内外优秀人才担任学校的生涯教育师资；鼓励优秀生涯教育师资为乡村学校、薄弱学校提供教学、教研、指导等学术支持，并按标准提供课酬
	B11. 提高生涯教育师资队伍专业素质	·制定生涯教育师资的专业发展规划和定期培训制度，确保生涯教师完成规定的培训学时；优化生涯教育师资队伍的学科结构和专业背景，加强生涯骨干教师的培养，提高生涯教育师资队伍专业水平 ·健全生涯教研制度，加强教研管理，积极开展校内外生涯教研活动；鼓励生涯教师参与区域或全国性生涯教育研讨会，持续提升专业水平

（续表）

重点内容	关键指标	考查要点
A4. 生涯教育师资队伍建设及专业发展	B12. 健全生涯教师激励机制	·完善校内生涯教师激励机制，坚持公开公平公正，注重精神荣誉激励、专业发展激励、岗位晋升激励、绩效工资激励、关心爱护激励 ·树立正确激励导向，突出生涯教育的全面育人功能和教学实绩，避免将生涯教育边缘化、功利化，充分激发生涯教师教书育人的积极性、创造性
	B13. 落实生涯教师的地位待遇	·依法保障生涯教师的合法权益，合理核定生涯教师的工作量，完善生涯教师的绩效考核办法 ·制定奖惩制度，定期表彰奖励优秀生涯教师
A5. 生涯课程教学实施	B14. 落实生涯课程方案	·学校制定生涯课程方案，对生涯课程所月的教材或教学资料进行审核，确保使用审定合格的生涯教材；参考或使用国外生涯课程资料时，必须要经过学校相关部门审核，不得直接使用境外生涯课程或教材 ·加强生涯课程及资源的建设，加强生涯教育和德育及其他学科的融合，有效开发和实施生涯课程
	B15. 规范教学实施	·健全生涯教育管理制度，统筹生涯教学计划，按照课程标准实施生涯教学，确保生涯课时，完成教学任务 ·完善校内校外相结合的生涯教师集体备课制度，健全生涯教学评价制度，注重教学诊断与改进。学校生涯负责干部要深入课堂听课、参与教研、指导教学 ·健全生涯作业管理办法，科学布置符合生涯学科特点的实践性作业；统筹调控作业量、次数和时间，避免布置脱离社会和学生生活实际的作业，避免用笔试代替生涯实践，防止施加给学生过重的负担

（续表）

重点内容	关键指标	考查要点
A5. 生涯课程教学实施	B16. 优化教学方式	·积极学习应用优秀的生涯教学案例和成果，结合国家建设和社会实际，利用好专业、职业、就业、创业等信息资源，鼓励生涯教师改进和创新教育教学方法，注重探究、体验、案例、实习、见习等教学方法的应用，推进理论与实践、学科（专业）教学与生涯教育的深度融合 ·坚持生涯普及教育、生涯团体辅导和个别指导相结合；结合生涯测评建立学生生涯档案，坚持因人而异、因材施教，培养提升学生的生涯能力，重点帮扶生涯困惑学生 ·强化实践育人，积极开展生涯实践活动，培养学生的社会责任感、创新精神、生涯适应力、决策力和行动力等
A6. 学生生涯发展质量	B17. 建立学生生涯发展档案	·加强学生生涯发展档案的规范建设和使用，慎重选择生涯测评、学业测评、心理测评等工具，并对测评结果进行科学、客观、规范、发展性的解读，反映学生德智体美劳全面发展的整体水平及变化情况
	B18. 思想品德发展 B19. 学业发展 B20. 身心发展 B21. 提升艺术素养 B22. 劳动与生涯实践 B23. 探索职业和工作世界 B24. 生涯管理能力	·各考查要点略，参见第三单元第二章第1～3节，小学、中学、大学生涯课程的学习主题及内容要求

五、学校生涯教育质量评价的实施策略

不少学校已经开展了形式多样的生涯教育，其质量如何、有何不足、如何改进等问题，都需要在对学校的生涯教育进行评价的过程中找到依据，以便促进生涯工作的深入开展，并将学校开展生涯教育质量的情况作为评估学校的办学质量和人才培养质量的依据之一。根据实践经验，学校生涯教育质量评估的实施主要有以下策略：

（一）采用多主体评价

学校生涯教育质量评价可以由学校自评或是上级相关组织部门与机构进行评价，也可以采用学校之间互评的办法，还可以由教师、学生、家长、用人单位等对学校进行评价。这样能使收集到的对学校生涯教育质量的评价尽可能实现全方位、多主体、多角度，较为客观地反映出学校生涯教育工作的优点和不足。

（二）进行多途径评价

对学校生涯教育质量进行评价时，可以要求学校提供生涯教育工作计划、生涯教师的教学计划、生涯指导计划、教案、生涯活动实录、生涯工作总结、学生生涯档案等，可以采用听取生涯教师个人汇报、查阅档案、听评课及现场交流等多种方式进行评价。

（三）发挥好评价的功能

学校生涯教育质量的评价要采用诊断性、形成性、终结性评价相结合的方式，自我评价和专家评价相结合。通过评价，促进学校重视生涯教育、促进生涯教师完成教学任务、实现生涯课程的育人目标；通过评价，促进生涯教育师资队伍建设、提高教师生涯教育的专业水平；通过评价，激发学生自我成长的潜能、提高学生生涯管理能力。

第二章
校外生涯教育实践

　　生涯教育的重要内容是生涯实践，这是学生将学业、专业、职业、志业建立联系，促进学生将生涯课程学习中的知识内化于心、外化于行，做到知行合一的重要途径。校外生涯教育实践作为学校生涯教育实践的重要补充，是学生将学校内所学知识与技能迁移到生活实际中的重要途径。当前，很多学校在校内生涯教育实践方面做了很多有益的尝试，积累了丰富的经验和成果，但在校外生涯教育实践的探索方面还处于初期阶段。为此，本章将重点探讨校外生涯教育实践的相关问题。本章将从校外生涯实践概述，家庭、社区、企业生涯教育实践的原则、策略、内容、途径和方法，生涯教育师资培养等方面进行简要介绍，并提供一些参考案例，旨在帮助生涯教育工作者树立生涯教育的资源意识和终生学习意识，借鉴理论知识和书中提供的实践案例及经验成果，拓宽思路，勇于创新和实践，不断提升自身的专业胜任力，促进生涯教育质量的提升。

第一节　校外生涯教育实践概述

　　校外生涯教育实践是校内生涯课程教学和实践活动的重要补充，二者是互相促进、密不可分的。相较于其他学科课程，生涯教育更加重视与社会实际情况相联系的校外生涯教育实践活动的开展。研究发现，参与实践活动对提高学生的认知水平、学业成绩、社会适应力、就业质量等方面的影响不容忽视、不可替代，因此，生涯教育工作者要重视对校外生涯教育实践活动的设计和落实，发挥实践育人的价值和功能。

一、相关概念

（一）实践育人

　　所谓实践育人，是指教育工作者遵循学生的成长成才规律和教育活动规律，通过激发学生课外自我教育和互相学习的热情与兴趣，以学生在学校课堂中学得的理论知识和间接经验为基础，以开展与学生专业发展和成才成长密切相关的各种实践活动为途径，加强对学生的生涯教育，促进他们形成高尚品格、正确的价值观念、创新精神、就业能力等的新型育人方式。

（二）生涯实践

生涯实践是指学生参加的、与生涯教育相关的学习活动，分为校内实践活动与校外实践活动。各学段的学生在积极主动参与各类生涯实践活动的过程中，把知识学习和专业、职业相结合，把职业理想与社会现实相结合，通过实践增进对自我、社会、职业等的认识和了解，形成良好的劳动观、职业观、成才观等，并促进生涯行动、提升生涯能力等。

（三）校外生涯实践

校外生涯实践是指教育者充分开发和运用社会资源提供的人力、物力、资源、场地等，让学生在模拟或真实职业环境中开展生涯实践活动，以达到帮助学生实现生涯启蒙与探索、生涯决策和职业准备等目的。校外生涯实践着力帮助学生增加对社会环境和职业、工作世界的探索与认知，明确未来社会发展需要什么样的人才，从外部世界出发更好地认知自我；同时引导学生在自我认知的基础上，结合自身意愿与社会发展的需要，科学合理地进行生涯决策和规划，开启生涯行动，并将职业理想、人生目标与国家需要相结合，在国家需要中实现自我价值。

二、生涯实践的特点

（一）专业性

生涯实践活动属于教育活动，具有较强的专业性和严肃性。生涯实践活动以丰富生动的形式为学生传递生涯知识与技能，生涯实践过程实际上是一种专业学习过程，并非娱乐性质的活动。学生在教师、家长或相关专业人士的指导和帮助下，亲身体验生涯角色，习得生涯专业知识和技能，并通过自我反思与建构，展示生涯实践的学习成果，为今后的生涯发展奠定基础。

（二）自主性

生涯实践活动是学生参与的实践活动，教师和家长应充分调动学生的主动性与积极性，引导学生自主、自愿、自觉地参加到生涯实践活动中。学生应以主动积极的态度去了解、认识、感知、体会不同的职业和工作场景，不断地学习与自我反思，更好地获得自主发展与提升。

（三）体验性

生涯实践活动非常重视学生的体验，因此在设计校外生涯实践活动时，要创设一定的情境让学生亲身实践、体验、感受。体验既是一种过程又是一种结果。作为过程，学生在真实或模拟的情境中，尽可能真实地了解社会、接触到不同的职业种类和工作场景，亲身体验不同的角色，增强对社会和职业感知；作为结果，学生通过体验活动的亲身实践，获得不同的职业认知、态度和情感体验。

（四）适切性

生涯实践活动的设计要具有适切性。一方面，社会是不断发展与变化的，因此，校外生涯实践活动的设计要适应社会现状及发展要求，准确反映社会发展趋势；另一方面，学生在每个年龄阶段的身心发展都具有不同的特点，因而生涯实践活动内容的设计和形式的选择要适应学生的发展，切合学生身心发展规律，有助于提高学生身心发展水平。

三、开展生涯实践的原则

（一）国家需要与个人需要相结合

校外生涯实践活动要具有教育价值，引导学生树立正确的价值观念。生涯实践活动不仅要促使学生认知社会、认知职业世界、帮助自我成长，还要处理好国家需要、社会需求与个人需求之间的关系。

（二）广度与深度相结合

开展校外生涯实践是为了帮助学生更广泛地接触、了解、认知、体验职业世界，帮助学生通过实践获取信息、获得感受，结合对自身的认知做出理性的生涯决策和生涯规划。因此，在开展校外生涯实践的过程中应尽可能拓展不同类型的实践平台，形成校外生涯实践的广度。随着校外生涯实践的推进，需要开展更加深入的生涯实践，帮助学生在广泛探索后逐步确定、聚焦未来的方向，进而更加深入地去实践，确立最终的职业理想，开启生涯行动。

（三）趣味性与实效性相结合

校外生涯实践要符合各学段及各年级学生的认知特点、认知水平。在各项活动的开展上，针对不同年龄阶段学生的特点和需要，设计互动性强、趣味性强的实践活动，吸引更多的学生参与其中；同时，不能仅停留在活动形式本身，还要重视活动背后的教育原理、教育价值和意义，启发学生的反思与总结，真正达到活动开展的实效。

（四）阶段性与系统性相结合

学生在大中小学各个学段均有各自的生涯发展任务和目标，因此，各学段学生应注重把握好、完成好本阶段的目标任务。同时，学生的成长与发展是一个连续的、系统的工程，需要将各学段有机衔接形成一个完整的系统，每一个学段均是为下一学段的开启而做准备的。因此，在设计当下学段的生涯实践内容和目标任务时，需要将下一学段的目标任务纳入考虑范围，形成完整的、连贯的、系统性的校外生涯实践内容体系。

（五）全面覆盖与分类开展相结合

开展校外生涯实践活动时，要根据活动的属性和学生需要，做到既有面向全体学生、人人参与、全面覆盖的活动，又有根据不同学生群体的特点、意愿和需要进行分类设计和开展的活动，以满足不同学生个性化发展的需要。

（六）线下开展与线上开展相结合

开展校外生涯实践最重要、最深入的方式是线下实践，但随着信息技术的发展，例如各种虚拟现实与增强现实技术手段在教育中应用的普及和深入，可以采用线上实践，这有利于突破地域和时空的限制，给学生提供更丰富的实践内容。因此，线上线下实践相结合、互为补充，更有利于提高生涯实践活动的效率和质量。

四、校外生涯实践的活动类型

校外生涯实践活动类型划分的标准不尽相同，可以按时间长短、报名方式、学习结果、参与形式等方式来划分，并没有统一的标准，在实践过程中可根据实际需要选择和实施。本书根据学生参与形式和学习结果将其分为以下几类：

（一）观察类

这类实践活动是指学生通过对自我和他人、社会环境、职业和工作场域等的观察思考、调查了解等，将观察到的结果同实践之前的情况加以比较、对照，从中得出正确的结论，形成和强化对自我、对社会、对职业等正确客观的认知，为生涯规划、决策和行动提供丰富的、客观的信息等。

（二）参与类

这类实践活动是指学生直接参与到实践活动中，在检验、证实、掌握书本知识的同时，理解知识带来的价值，培养创新精神、合作意识，提高问题解决能力、创新能力，进而树立正确的劳动观、职业观、成才观等，提高学生的生涯适应能力、生涯行动能力和就业竞争能力等。

（三）职业体验类

这类实践活动是指学生在企事业单位的实际工作岗位上或模拟的职业情境中，获得对职业生活的真切理解，发现自己的专长，培养职业兴趣，形成正确的劳动观念和人生志向，提升生涯能力。

（四）身心健康类

这类实践活动是指学生通过参与有一定体能和心理挑战的、比较艰苦的实践活动，锻炼和磨砺意志品质、抗挫折能力和抗压能力，提高身心素质，增强集体主义观念，养成吃苦耐劳的精神，磨砺坚韧不拔的顽强意志品质。

五、生涯实践的社会资源来源

按照学校开展校外生涯实践的社会资源来源与运用的情况，将生涯教育中的社会资源分为以下几类：

（一）家庭及家长资源

在校外生涯实践教育方面，家庭及家长本身就是重要的教育资源。一方面，家庭可以为学生提供经济、文化和社会等方面的资源，家长可以就自身所在的行业、所处的岗位等向学生进行分享；另一方面，家庭所在的社区、家长所在的工作单位都可以成为学生生涯实践的场所。

（二）校友资源

大中小学的毕业生均可成为各学段的学生校外生涯实践的重要资源。校友在进入高一学段的学校或者步入职场后，均可为低年级段或在校的学生提供丰富的生涯实践所需要的信息、资源等。

（三）学校资源

学校本身是生涯教育实施的主体，可以为本校以外的学生提供校外生涯实践的资源。高校和中职院校能为中小学开展校外生涯实践提供重要的、丰富的生涯教育资源，包括大学生活学习环境、实验室场景与设施设备、专业与职业相关的信息等；同时，大中小学作为事业单位，本身可以为以教育行业为职业目标的大学生们提供生涯实践的场所和资源。

（四）社区及社会组织资源

目前有不少社区成立了生涯实践基地，为学生提供了在社区内开展相应的生涯教育实践活动的场地和机会。同时，社区本身是一级事业单位或组织机构，学生到社区参与的各类体验与实践活动都是生涯实践。随着生涯教育的普及，一些官方或民间的组织也应运而生，为学生的生涯教育提供相应的帮助。

（五）企业资源

企业是各学段学生校外生涯实践资源的重要来源。企业资源为学生广泛接触不同行业、岗位提供了体验和实习、见习机会。企业可以为学生提供专业的人力资源专家，也可提供具有各类专业知识的职业专家；可以提供校外生涯实践的职场环境，也可提供动手操作的实践条件。

（六）产学研融合的校外生涯实践基地

由于国家对学生生涯教育的重视，目前出现了产学研融合一体化的校外生涯实践基地，提供相对真实的职业生涯实践环境和生涯指导。学生在基地可以进行角色模拟、职业环境体验等，学校、家长和学生可以根据需要择优选择。

六、校外生涯实践活动的实施

校外生涯实践活动属于综合实践活动，具有准社会活动的性质。结合《大学生职业发展与就业指导课程教学要求》《中小学综合实践活动课程指导纲要》和相关研究成果，本书认为，生涯实践活动课程的实施主要分为三个阶段：活动准备阶段、生涯实践体验阶段、活动成果展示与总结应用阶段。活动的具体展开过程如下：

（一）活动准备阶段

本阶段主要分为活动宣传、兴趣评估与意向评估指导、选择主题、制定活动方案、搜集资料五个部分。活动准备阶段的主要任务是借助特定的场所或职业情境，激发学生了解社会、探究职业奥秘的兴趣，帮助学生通过多种途径搜集相关职业知识，了解职业的现状和社会价值，形成对社会、就业、职业等的感性认识。

（二）生涯实践体验阶段

本阶段的主要活动有观察与学习、实际演练与亲身体验、扩展主题与多领域探究三部分。观察与学习是学生在真实或模拟的工作与生活情境中进行观察和学习。实际演练与亲身体验是生涯实践活动的核心部分，学生在初步观察学习的基础上，在教师或专业人士的指导下，亲自参与到实践活动中进行体验。扩展主题与深入探究是引导学生在实践体验过程中发现问题，跨领域、多方面深入研究。此阶段，学生通过近距离观察、接触、体验，初步了解了真实的工作情况，了解了基本的职业知识与技能，感受不同岗位的特点与责任，形成理性认识。

（三）成果展示、总结与应用

本阶段的主要活动有成果展示、总结提炼、拓展应用三部分。成果展示常以小组为单位进行，由小组成员讨论成果展示方法，力求用多样性与创新性的方法进行展示，互相交流和借鉴。总结提炼是对生涯实践活动进行总结、反思，并撰写总结报告或学习心得，提炼经验。指导人员要对学生在实践中的表现进行评价，可将评价结果或成果放入学生生涯档案袋进行留存。拓展应用是指导学生依据生活情境，将生涯实践中所学到的知识、技能应用到自己的生涯决策或社会生活中。

七、校外生涯教育实践的评价

（一）评价的主要内容

校外生涯教育实践的评价是对校外教育活动开展的目标、活动实施过程和效果进行评价、回顾与总结，包括对教育者教学组织情况、教学过程和学生学习收获的评价，并将评价结果向教育者和受教育者进行反馈，以期进行改进、提升并推广示范。评价的内容主要包括生涯实践开展主题是否鲜明、内容是否适切、体验是否充分、学生是否有收获、有哪些收获等。评价的方式主要有过程性表现记录、评价表评价、问卷调查表、质性评价等。

（二）评价的实施

校外生涯教育实践的评价实施要坚持评价的发展性、指导性、客观性、公正性等原则，要坚持学生成长导向，通过对学生实践过程的观察、记录、分析，促进教育者把握学生的生涯发展状况，了解学生的个性与特长、思想创意和体验感受等，不断激发学生的潜能，为更好地促进学生成长提供依据。同时要避免评价过程中只重结果、不重过程的现象，杜绝对学生的实践过程随意打分和简单排名等功利主义做法。

生涯教师或实践组织者以及学生本人都要做好写实记录，客观记录参与实践活动的具体情况，包括活动主题、持续时间、所承担的角色、任务分工及完成情况、体验感受、总结反思等，及时填写实践活动记录单，并收集相关事实材料，为生涯实践活动的评价和建立生涯档案袋提供必要基础。生涯教师或实践组织者要依据生涯实践的目标和对学生活动情况的观察，对学生生涯发展状况进行科学分析和评价，并予以及时的指导，引导学生扬长避短，明确努力方向。

第二节　　家庭生涯教育实践

家庭是社会的基本细胞，不仅为学生提供了物质与经济支持、情感支持，还提供了关系与社会资源支持。个体从出生到独立生活，其成长过程中的大部分时间都是在家庭中度过的，有一个相对较长的对家庭生活的依附期。个体的全部生活始终与家庭小集体有密切的联系，家庭全程参与个体的生涯发展，因此，家庭生涯教育是生涯教育不可或缺的一部分，且具有系统性和连续性，对个体的一生起着持续的潜移默化的作用。因此，需要家校社合力、相互促进，让生涯教育落到实处。

一、相关概念

（一）家庭

家庭是指以婚姻和血统关系为基础的社会单位，包括父母、子女和其他共同生活的亲属。如今，家庭的类型越来越丰富，除了以异性恋血亲制度为特点的传统家庭，还出现了如收养家庭、寄养家庭、单亲家庭、同性家庭等多元的家庭形态。

（二）家庭教育

家庭教育是指父母或者其他监护人（以下统称"家长"）为促进未成年人全面健康成长，对其实施的道德品质、身体素质、生活技能、文化修养、行为习惯等方面的培育、引导和影响。

（三）家庭生涯教育实践

家庭生涯教育实践包括两方面的含义：一方面是指家长为促进子女的生涯发展，对子女实施的生涯素养等方面的培育、引导、训练和影响等教育活动；另一方面，是指学校或社区的相关机构和专业人员为提高家长在子女生涯教育方面的能力，对家长进行的生涯相关的专业性支持、服务、培训和指导等教育活动。

二、家庭生涯教育实践的原则

（一）坚持育人为本、科学性原则

学校和社区通过对家长开展生涯教育，使家长形成一种全新的生涯观、科学的教育观、正确的成才观，避免家长因对孩子分数和排名等学业成绩过分关注而忽略孩子的全面发展，不断提高家长的生涯教育和指导能力。

家长在对孩子开展生涯教育时，要引导孩子探索生命的意义和价值，帮助孩子了解自己的个性与潜能，明确自己想要做什么、未来该往何处去等问题，把孩子的学业与未来发展紧密联系起来，将孩子的全面发展、终生发展放在首位。家长要尊重孩子的身心发展规律，尊重孩子的合理需求与个性发展，创设适合孩子成长的必要条件和生活情境，促进孩子自然发展、全面发展、充分发展；家庭要成为孩子追寻人生梦想、完成生涯任务的坚强后盾，可以说，好的家庭生涯教育是教育回归育人为本的重要举措，能够有效地促进孩子多元化成长，更好地适应新时代、新社会对人才培养的要求。

（二）坚持家长主体、适用性原则

学校和社区在面向家长开展生涯教育时，要树立为家长服务的观念，要了解不同类型家庭的需求，尊重家长的愿望，提供适用性的生涯知识和技能，调动家长参与培训和学习的积极性和主动性，重视发挥家长在孩子生涯教育和指导过程中的主体作用及影响。家长要确立对孩子进行生涯教育的责任意识，不断学习、掌握适合孩子年龄特点的生涯知识、方法和技能，提高自身修养，为子女树立生涯榜样，为其健康成长和生涯发展提供必要条件。

（三）坚持多向互动、实践性原则

家庭生涯教育要借助学校、社区、家庭等多方力量的支持，建立以学生为中心，生涯教育专业人士、教师、社区工作人员、家长多方联动的服务机制；建立家庭、学校、社区互动协同的工作机制，努力营造良好的生涯教育生态环境。家庭生涯教育要坚持实践性原则，让孩子在生活和劳动实践中体验、探索、发现、反思，提高孩子的生涯能力。

三、立足家庭的家校社协同生涯教育策略

（一）发挥家长作为引导者的作用

家长对子女的影响巨大，特别是对未成年子女的生涯规划和发展往往起着决定性作用。例如，在日常生活中，家长对孩子的学业期待、职业期待等都对孩子起着潜移默化的作用，影响着孩子的生涯决策。当孩子面临生涯决策时，家长的态度、意见是孩子的重要参考。家长的职业价值观、家庭的教养方式同样对孩子的职业兴趣、职业价值观有着重要影响。因此，家长应明确生涯教育的重要性，有意识地引导孩子对生涯的好奇和关注，唤醒孩子的生涯主体意识，培养其责任心，并承担起自己的生涯决策责任，提高生涯规划的积极性，培养孩子的良好心理品质，提高孩子的生涯能力，以面对生涯发展过程中的挫折。

（二）发挥家长作为参与者的作用

家庭参与生涯教育家校社协同工作的类型，主要可分为"利用家长资源"

与"开发家长资源"两种类型。

第一种参与类型是家长配合学校或社会的生涯教育工作，参与学生的各类生涯体验活动，并作为重要的人力资源补充学校或社会层面组织人员的不足，在生涯教育的活动中担任志愿者或工作人员，协助活动的有序开展；同时，在参与生涯教育的过程中，增进对孩子的了解，了解孩子的兴趣爱好、性格特征、职业偏好等，以便于更好地参与到孩子的生涯教育中。

第二种参与类型是家长利用自己掌握的生涯资源，成为孩子校外生涯教育和实践活动的教育者、主导者。家长可以在日常生活中关注孩子的个性特征、行为方式、兴趣爱好，引导他们学会自我剖析，认识自己的优势与不足，帮助他们把兴趣爱好发展成特长。同时，家长还可以就一些具体的生活事件，有意识地多与孩子交流生涯发展方面的问题，培养孩子的觉察能力，促进其自我探索并形成正确的自我意识，为生涯抉择奠定基础。另外，家长可开发和利用自身的教育资源，开展由家长组织或主导的生涯教育活动，如家庭生涯教育的经验分享会、职业介绍会等，提供就业信息，组织资源，以教育者、主导者的角色参与孩子的生涯教育。

（三）发挥家长作为示范者的作用

家长自己的生涯发展历程可以作为子女的生涯启蒙素材，并成为子女生涯发展的榜样和示范者，给予子女生涯的启示。大多数大中小学生的家长其自身的生涯发展大多处于建立与维持阶段，家长怎样统筹资源、巩固职业岗位、迎接职场挑战和困难、建立自己的事业等，都可以为孩子提供良好的生涯教育及示范。家长所从事职业的内容、信息以及家长对待职业的态度、价值观等，都是对孩子最好的职业示范。家长通过与孩子沟通自己的职业，以及从业的感受，可以给孩子做好职业启蒙，为孩子树立好的职业榜样。

家长的职业影响着孩子性格的形成。每一种职业都有着独特的思维方式、行为模式和相关的专业技能，孩子很可能会受家长的思维方式和行为模式的影响，从而形成相应的性格，为今后从事相关职业提供可能。家长具备的某些能力，一方面很有可能遗传给孩子；另一方面，在孩子成长的过程中，家长也可能会有意识或无意识地对孩子进行训练，孩子有可能在耳濡目染和对家长的模仿中学会相关技能，容易培养对某一职业或行业的生涯兴趣，还可以获得生涯发展相应的资源。此外，家庭这个基本社会组织机构里有着丰富的社会关系网络，孩子在这些社会关系的互动中接触各行业的人士，获得更多生涯认知和体验的机会，有助于其开展生涯探索、做出生涯决策与行动。

（四）发挥家庭作为支持者的作用

家庭可以为孩子的生涯教育提供经济、社会和文化方面的支持、帮助和资源，有助于孩子获得生涯教育的支持。

家庭经济条件是孩子参与各种学习活动、获得生涯教育支持的基础。家长可以为孩子的生涯教育提供相关的财力、环境、资源和机会，从而影响孩子获得生涯教育的质量。例如，家长可以通过购买生涯教育服务产品、让孩子到大学参观访问、提供机会让孩子体验不同的职业、提供物质条件支持孩子尝试做自己感兴趣的事情等。

家庭能为孩子提供社会支持，这种支持分为内部的和外部的。家庭提供的内部社会支持表现在家长对孩子有相应的教育期望上，家长对孩子的学业提供不同的态度和情感支持，并不同程度地参与孩子的学业、职业、生活等方面的规划。家庭提供的外部社会支持表现在家庭为孩子提供的人际支持网络上，家庭为孩子的生涯教育提供相应的各种社会支持等，例如利用家庭所处的社区、街道、居委会或村委会等社会组织，家庭所处的城市、城乡接合地区或是山区农村等社会环境，为孩子提供生涯实践活动的机会或场所等。

家庭可以为孩子提供不同的价值观念、行为规范、行动模式和信念体系等文化支持，并通过家庭成员之间的互动得以传递。家庭的文化支持，是造成不同阶层学生学习成就差异的重要驱动力，它可以通过家长对孩子生涯教育的参与起到作用。研究表明，家庭文化越深厚丰富，对生涯教育的认知水平会越高，家长支持和参与孩子生涯教育的可能性越大。家长对孩子提供精神支持，能有效提升孩子生涯规划的能力。研究显示，家长教养方式的情感温暖与孩子的生涯决策自我效能感和生涯成熟度呈显著正相关。家长要给予孩子充分的尊重与理解，对孩子充分信任，同时理性教育，不溺爱、不盲从，能有效促进孩子进行生涯决策和行动，促进孩子生涯成熟。

四、家庭生涯教育实践的具体内容

习近平总书记强调："广大家庭都要重言传、重身教，教知识、育品德，身体力行、耳濡目染，帮助孩子扣好人生的第一粒扣子，迈好人生的第一个台阶。"家长自身的生涯发展可以对子女的生涯进行启蒙，并成为子女生涯发展的榜样，给予子女成长的启示，培养子女的生涯兴趣，因此，提升家长自身的生涯素养是家庭生涯教育的根本。家庭生涯教育主要有两个方面的内容（见表6-3）：一方面要提升家长自身的生涯管理素养，另一方面要提升家长生涯教育和指导的能力，促进家长对孩子生涯管理素养的提升。不同学段家庭生涯教育的主题及内容要求和学校生涯教育内容是一致的，详见第三单元生涯教育的内容体系部分的表述。

表6-3　家庭生涯教育实践主要内容

目标	分类	主要内容
提升家长自身的生涯管理能力和素养	理论知识	生涯学、教育学、心理学、管理学等相关理论。通过这部分内容的学习，了解相关理论，唤醒家长的终生学习意识，树立生涯发展意识
	技能提升	学习自我认知与发展、职业认知与发展、生涯规划与管理、生涯决策与行动等相关知识。通过这部分内容的学习，增进家长对自身生涯发展的认知，提升家长自身的生涯规划与管理能力、生涯适应与行动能力，提高家长的生涯人际能力，更好地完成家长、工作者、公民等生涯角色的任务和职责，以寻求自己与所处环境之间、家庭与工作之间的和谐与平衡，形成对自己生涯发展的合理安排和有效行动，用生涯之学来指导自己的工作提升、生活幸福和子女教育，从而活出自己精彩而卓越的人生

（续表）

目标	分类	主要内容
提升家长的生涯教育和指导能力	理论知识	学习生涯教育相关的理论、生涯教育的重要性、教育改革政策、教育理念，儿童青少年心理发展特点、不同年龄段的生涯发展目标任务等。通过这部分内容的学习，促进家长了解教育改革政策和生涯教育相关理论，认识到生涯教育的重要性和价值，转变家长的教育理念，树立家长生涯教育的主体责任意识
	技能提升	学习生涯实践活动的重要性、实践活动的内容设计、观察与评估技术、倾听与指导技术等内容。通过这部分知识和技能培训，提升家长生涯教育和指导能力，进而促进孩子生涯关注、生涯好奇、生涯控制（自主）、生涯自信、生涯人际、生涯调试等能力的提升，提高孩子的生涯管理素养

五、家庭生涯教育实践的途径和方法

（一）家长自身生涯发展的途径和方法

《中华人民共和国家庭教育促进法》第一章第四条："国家和社会为家庭教育提供指导、支持和服务。"家长可以利用政府、学校、社区、单位、组织等提供的生涯教育相关培训课程、咨询服务、家长课堂、家校互动、社区生涯实践等资源，通过主动学习、个人反思、辅导咨询、家长互助等线上线下结合的形式，学习生涯及生涯教育相关的知识、技能，不断提高自身的生涯管理能力。

（二）家长对孩子进行生涯教育的途径和方法

在家庭的影响中，家长是施加影响的核心角色，影响子女的个人抱负、生涯目标和生涯决策。家庭生涯教育传授的是孩子如何追求自我实现、追求人生幸福，成为一个怎样的"人"，所以，家长通过有效途径和方法实施生涯教育，有利于促进孩子的生涯发展。

家长可以通过对孩子的教养方式、家校合作、生活实践、家庭劳动、社区劳动等途径对孩子进行生涯教育。家庭生活是真实的实践场景,孩子通过观察、模仿和学习而获得的知识和技能可以很好地运用到实践中。因此,家长要积极主动地为孩子提供做家务劳动等实践体验机会,增加孩子的社会经验积累,达成实践性知识和社会性知识的统一。家长在对孩子进行生涯教育时要注意方式方法,可以通过家庭氛围熏陶,相机而教,也可以采用孩子喜闻乐见的劳动实践、职业体验、志愿活动、公益服务、家庭会议、亲子活动等形式进行。

第三节　社区生涯教育实践

社区是社会最基本的组成单位,不仅承担了生涯体验、组织的功能,还承担了非常重要的家庭教育功能,是学校生涯教育实践的重要补充。

一、相关概念

(一) 社区

社区是由聚居在一定地域范围内的人们所组成的社会生活共同体。居住在一个地区内的人群,在一定的社会关系中进行经济、政治和文化活动,组成一个相对独立的区域社会,产生共同的价值观念和归属意识。一般以人口密度、经济活动性质等标准分为农村和城市等社区类型。

(二) 社区生涯教育实践

社区生涯教育实践是指社区开展的面向不同学段学生的生涯教育活动。社区生涯教育实践是家庭、学校、社区协同教育的拓展和延伸。学生的日常生活劳动(包括清洁与卫生、整理与收纳、烹饪与营养、家用器具使用与维护等)、生产劳动(包括农业生产劳动、传统工艺制作、工业生产劳动、新技术体验与应用等)、服务性劳动(包括现代服务业劳动、公益劳动与志愿服务等)各项生涯实践活动的开展与实施,都可以通过社区生涯实践途径辅助完成。

二、立足社区的家校社协同生涯教育策略

（一）发挥社区作为实施者的作用

社区担负了重要的生涯教育功能。社区生涯教育功能体现在：社区能为生涯教育提供人、财、物、场地等资源；在学校或其他机构的协助下，提高社区组织单位及社区成员生涯教育相关的知识储备和技能，以便更好地为学生和家长提供生涯相关的服务；社区内成员可以和学校、家长共同策划、参与和指导学生的生涯学习和实践。

社区开展和实施的生涯教育在一定程度上优于学校：时间上不受工作日限制，节假日和寒暑假都可以进行；内容上更接近社会和真实的工作场景，有利于学生了解真实的社会和职业信息；形式上更适合学生身心发展特点，多采用的是学生喜欢的实践体验形式；管理上更灵活，可以由街道、居委会或村委会等相关工作人员参与管理；资源上更能整合社区的各种资源，能为家庭开展生涯教育提供人、财、物、场地支持等。社区具备的上述优势，更有利于提高生涯教育的效率和质量，有利于提高家长、学生和社区居民的生涯管理能力，是学校和家庭开展生涯教育的重要补充。

（二）发挥社区作为资源衔接中心的作用

社区作为社会资源的衔接中心，可以积极联系家庭、学校与其他社会机构，根据社区内学生所需，制定社区的生涯教育活动方案，组织家长与孩子积极参与。社区居民既是接受生涯服务的受益人，也是提供生涯服务的志愿者，有利于创造社区生涯教育的良性循环和教育生态，让社区的家长和孩子得到精准的生涯教育服务。社区教育机构要主动与学校教育有效衔接和良性互动，要紧密联系大中小学校、青少年校外活动场所、社会组织等，充分利用社区内的各类教育、科普资源，开展校外生涯教育及社会实践活动，为儿童青少年的健康成长和生涯发展提供良好的社区教育环境。

（三）发挥社区作为资源支持的作用

社区为生涯教育提供了非常丰富的物质环境资源支持，主要包括山川河流、动植物及博物馆、信息中心、企事业单位、学校和研究机构等。这为学生的生涯体验和实践类课程提供了丰富的物质环境资源、实习岗位和体验机

会，有利于学生增进对社会环境的认识和了解，培养学生的责任心与社会责任感。

由于我国的地理条件、人口分布及资源条件等复杂多样，社会经济成分、组织形式、就业方式、利益关系和分配方式等日益多样化，人们的价值取向、道德观念、文化生活也日趋多样化，进而形成不同类型的社区及相应的社区文化。因此，社区为学生提供的教育是一种学校和社会密切结合的混合型教育，其知识结构是多样性、实践性、复合性和综合性的，比学校教育和家庭教育具有更强的社会性。这种混合型教育的知识结构对于学生核心素养的形成、生涯管理素养的提高、创新型人才的培养等具有重要的意义。

据粗略统计，学生在学校的时间不足全年的三分之一，其余时间，尤其是节假日都是在社区内度过的。他们需要玩耍，需要朋友，需要观察世界，交流信息、学习、生活等。因此，社区可以积极主动地综合利用区域内的全部教育资源，通过开展多种形式的生涯实践活动，激发学生参与社区生涯实践活动的意识和积极性，提高学生的文明素质和精神生活品质。

（四）发挥社区作为终生生涯教育有效载体的作用

社区是学校教育的大环境，社区教育的深度、广度、宽度影响着学校教育和家庭教育的效果，甚至可以在一定程度上纠正学校教育和家庭教育的偏差。学校一般仅把某一年龄段的社会成员作为教育对象，而社区可以把所有年龄段社会成员都作为教育和服务的对象，比学校教育、家庭教育具有更强的终生性。完善的社区教育可以覆盖人的一生，是终生生涯教育的有效载体，可以在更大的时空范围内提高人的素质。

三、社区生涯教育的内容

社区生涯教育是学校和家庭生涯教育的重要补充，三者的内容体系是一致的，只是在课程的组织者、教学活动形式、评价方式等实施层面有所不同。社区生涯教育的内容围绕培养和提升学生的生涯管理素养这个总目标，涵盖促进学生的生涯认知与自我发展、了解和探索职业生涯与工作世界、培养和发展生涯能力三个维度的内容。社区生涯教育的受众也分为家长、学生和其他居民，因此，社区生涯教育要根据上述内容和不同受众的特点，选择恰当的教学活动内容和教学呈现形式，遵循科学性、教育性、实践性、适用性、趣味性等原则开展（具体的教学主题及内容要求详见第三单元第二章"生涯课程的内容"和本章第二节家庭生涯教育实践的相关内容）。

四、社区生涯教育的途径和方法

社区生涯教育所采用的途径和方法是非常丰富的，主要以生涯实践活动的形式呈现，不同种类、不同受众的生涯实践活动，其途径、方法和组织形式等又有所不同。社区可以结合不同受众的需求、特点、内容等，因地制宜，整合开发本区域的生涯教育资源，为学生及家长提供丰富的生涯实践活动。

（一）观察类

包括社会调查、参观考察、访问、观察等活动形式。社区可以结合本区域内的企事业单位、高校、场馆、自然环境、名人故居、生涯榜样、民俗文化等资源，配合学校和家庭开展此类生涯实践活动。

（二）参与类

包括生产劳动、科学实验、学科实践、教学实习、公益活动、志愿服务、体育赛事、文娱演出、电脑技能、传统节日、纪念日等活动形式。社区可以设计诸如劳动能手、公益大使、爱心志愿者、未来科学家、理财能手、小管家、消防小卫士、未来厨师等丰富多彩的参与式活动，引导、激励学生及家长以参与者的身份直接参加多种生涯实践活动。社区更是为大学生提供丰富的实习、见习机会的重要支持方。

（三）职业体验类

包括见习、实习、军训、学工、学农等活动形式。社区可以开发本区域内的企事业单位、政府组织部门等实际工作岗位资源，或者设计模拟的职业情境，为学生提供实际岗位演练或职业体验的场所和机会；组织学生总结、展示体验成果，交流提炼实践经验，促进学生的生涯行动和知识技能的迁移应用。

（四）身心健康类

包括团队拓展、生存训练、军政训练、勤工助学、红色研学等活动形式。

社区可以借助本区域内团队拓展、生存技能训练、军事技能、研学旅行等方面的专业人士，组织此类促进学生身心健康和培养意志品质的生涯实践活动。科技发展和社会进步带来了家庭物质生活的富裕，也带来了社会竞争的加剧和生活压力的增大，多数学生在家庭和学校中都缺乏艰苦的磨炼和坚毅的心理素质。为此，社区十分有必要发挥自身优势，组织身心健康类生涯实践活动，加强对学生及家长意志的锻炼和磨砺，起到对家庭教育和学校教育纠偏的作用。身心健康类生涯实践可以提高学生的身心素质、抗挫折能力和抗压能力，增强集体主义观念，养成合作意识、吃苦耐劳的精神，磨砺坚韧不拔的意志品质。

总之，社区要发挥自身优势，组织内容丰富、形式多样的生涯实践活动，将社区资源和生涯教育有机结合起来，创新实践育人的形式，深化实践育人的内涵，形成学校引导、社区支持、家庭参与的协同式生涯教育模式，不断提高实践育人的效果。

第四节　企业生涯教育实践

企业是社区重要的组成成分，企业和社区里其他的企事业单位、政府职能部门、社会组织、居民等共同构成社区，因此，严格来讲，企业生涯教育是社区生涯教育中的一部分，但又因为企业与学生的实习、见习、就业、职业等有着更密切的联系，有着更丰富的生涯教育资源，在生涯教育与实践中有着重要的、独特的作用，因此本书单独予以介绍。

《中华人民共和国职业教育法》要求"县级以上人民政府教育行政部门应当鼓励和支持普通中小学、普通高等学校，根据实际需要增加职业教育相关教学内容，进行职业启蒙、职业认知、职业体验，开展职业规划指导、劳动教育，并组织、引导职业学校、职业培训机构、企业和行业组织等提供条件和支持"，"其他学校或者教育机构以及企业、社会组织可以根据办学能力、社会需求，依法开展面向社会的、多种形式的职业培训"。《国家职业教育改革实施方案》提出："发挥企业重要办学主体作用，鼓励有条件的企业特别是大企业举办高质量职业教育，各级人民政府可按规定给予适当支持。"这充分表明，在职业教育、职业体验、生涯实践中，企业在帮助学生明确就业目标、确定职业道路等生涯规划方面具有重要意义。当前，我国生涯教育主要存在两个方面的问题：一是过分注重学生知识的学习和技能的提升，忽视品德塑造和人文素养；二是注重理论知识的灌输和学业与专业的发展，忽视学生个体之间的差异和学生创新能力、就业竞争力等能力的培养。因此，需要加强学生生涯实践，以提升学生的创新能力、创业能力、就业竞争力等，而企业在生涯教育中无疑具有学校和家庭不具备的天然的资源优势和教育教学条件。

一、相关概念

（一）企业生涯实践

企业生涯实践是指企业和学校经过沟通协商，根据不同学段学生的生涯发展目标和任务，由企业方提供相应人员、资金、设备、场地、环境等资源，双方共同设计并实施的符合学生身心发展特征的实践项目或教育活动。

（二）职业体验

职业体验是指学生在实际工作岗位上或模拟情境中见习、实习，体认职业角色的生涯实践过程，如军训、学工、学农等。它注重让学生获得对职业生活的真切理解，发现自己的专长，培养职业兴趣，形成正确的劳动观念和人生志向，提升生涯能力。

二、立足企业的家校社协同生涯教育策略

（一）发挥企业作为生涯实践重要场所的作用

企业的生涯实践对于学生将学科学习的内容或专业知识与技能应用到实践中具有很强的针对性，是学科（专业）核心能力在社会具体背景中的应用和体现，是学生践行学科（专业）知识、发展学科（专业）能力的重要场所。企业为学生呈现了真实的职业和行业领域的工作场景、人际关系、职业素养、职业精神等，这有利于学生从小学开始逐步由浅入深地了解社会和职业世界、认识自我与他人的关系、了解职业知识与职业精神、树立正确的职业价值观。

（二）发挥企业作为开展生涯实践优质资源的作用

企业为学校和家庭弥补了生涯实践中的职业情境资源不足、实际岗位资源缺乏、生涯与就业指导师资不足等问题，有助于将生涯教育的课堂延伸到真实的企业环境。企业生涯实践活动是遵循一定的教育原则和技术路线的，学生通过观察、体验或见习、实习，以真实、具象、生动的方式进行深入实践，并通过总结、反思，交流收获体会。企业为大中小学全学段的学生提供从了解、尝试到体验的由浅入深的实践资源，有助于学生了解真实的工作场景，激发学生的职业兴趣，为学生的生涯决策提供依据；有助于降低学生在学科选择、专业选择或职业选择方面的茫然或困惑。

（三）发挥企业作为职业生涯起始点的作用

企业在组织生涯实践时，通常会以校企合作的方式进行。这是企业在承担职业教育等相应的社会责任；同时，很多学生在企业实习见习等工作中表现出优秀的职业能力和职业素养，有助于企业选聘到生涯目标明晰、职业能力良好、职业素养优秀的人才。这样，一方面，可以降低企业的人才招聘成本和学生的就业应聘成本，提高优秀人才的配置效率；另一方面，也为优秀人才找到了合适的职业生涯起始点，有助于发挥优秀人才的才干、提升其职业认同感和职业幸福感，对推动和建设人力资源大国起到积极的促进作用。

三、企业生涯实践的资源类型

（一）职业环境

企业提供的职业工作环境，是对各行各业工作环境最直接的体现。金融业、制造业、服务业、建筑行业、软件服务行业、机械制造行业等，每个行业都有其相应的工作环境，学生可通过企业生涯实践了解到更多的职业环境。

（二）企业岗位

每个企业都有不同的岗位，销售、研发、管理、产品、策划、财务、设计等不同的岗位有不同的工作内容、工作技能要求、工作方式方法，选择不同的岗位进行观摩、了解、实践，可以让学生通过对岗位内容与技能等方面的了解与体验，更好地了解自我与职业之间的关系。

（三）企业人员

企业各岗位的工作人员均可以成为学生生涯人物访谈的对象或是生涯榜样人物，是行业认知、职业认知、岗位认知、技能认知、职业发展等职业相关内容和信息的重要提供者。

（四）项目与课题

企业拥有大量真实应用项目与课题，可以根据各学段学生的发展水平和需求，拆分成与学业、专业相关的项目、课题、竞赛题目等。

（五）职业精神与职业素养

各行各业都有通用的职业道德、职业精神、工作规范，也有各企业独有的上诉要求，可以通过企业实践、故事分享、案例分享等将其转化为生涯教育的内容。

四、企业生涯实践的实施策略

企业虽然拥有学校所需要的企业生涯实践资源，但由于企业本身为营利性组织或生产单位，日常经营或生产工作繁忙，因此，企业和各学校之间要有相应的沟通联系渠道，积极主动对接、深入挖掘资源，开启长期的、系统的合作。

（一）主动连接企业资源

在国家政策的引导和要求下，会有少量企业主动参与到学生的生涯实践中，但多集中在大学阶段，为中小学开展生涯实践的企业相对较少。因此，需要学校领导和老师主动走出校园，与企业进行沟通、协调，并协助其组织与实施，才能得到更广泛的企业支持。同时，也提倡企业主动承担社会责任，主动与学校联系，充分挖掘企业生涯教育资源，开展生涯实践项目，为国家的人才培养尽到职责。

（二）实行校际企业资源共享

处于相同学段的学校与学校之间可以互相联系、共享企业资源，也提倡和鼓励同一地区学校联合对接企业，开展企业生涯实践工作，减轻企业的负担，提高工作效率。

（三）大中小学共享企业资源

相较于中小学而言，大学拥有更多的企业实践资源，因此，大学可以主动向同区域的中小学输出企业资源，开展大中小一体化联动的企业实践。例如，某高校的大学生与当地的高中学生一起开展前往企业的实地参观活动，在参观走访过程中，全体学生都从企业实践中受益，而且不同学段的学生之间可以互相交流、启发。

（四）充分运用信息手段

近年来，信息技术飞速发展，人工智能、AI 技术的应用为生涯教育提供了跨地域、跨时空的线上实践机会。例如近年来各高校与企业联合开展的"云游企业"活动，有的高校制作的企业实地探访的系列网络微视频，为大中小学生提供了更多的体验内容。

五、企业生涯实践的设计与实施

企业生涯实践是一个系统性的工程，要根据学生成长规律与生涯教育的要求，由专业的师资根据要达成的实践目标选取合适的方式、组织相应的校企人员、设计相应的实践内容，完成实施、评估与评价。企业生涯实践在各学段均由不同的模块组成，每一个模块均有相应的具体目标，每一个模块均包括知识与能力、过程与方法，及情感、态度与价值观。

（一）设计主体

企业生涯实践一般由学校生涯教师或主管领导与企业人力资源或生涯教育专家共同设计。中小学一般由德育主管领导、各年级负责人、生涯老师共同完成；大学一般由就业主管单位领导、各学院学生就业负责领导或生涯指导人员、生涯教师共同完成；企业一般由人力资源部门牵头。

（二）内容设计

内容设计分为框架体系设计与具体实践内容设计。框架体系设计指的是各学段根据学生的认知水平、发展特点、生涯教育的需要，进行该学段整体的模块设计，由浅显到深入、由简单到复杂，并有机衔接下一学段的一系列企业生涯实践模块。具体实践内容指单个企业生涯实践活动的目标、主题、内容、过程、评价等。在内容设计中，尤其要注意如何把职业内容转化为教育内容，如工作所需技能与当下的学科（专业）学习之间的关系，职业素养与当下的良好品质习得之间的关系等。例如，在一次高一学生参观某公司的过程中，同学们对该公司某一款游戏开发很感兴趣，企业工作人员在给同学们讲解时就重点强调，要成为一名优秀的游戏开发程序员，需要具备良好的编程能力，编程能力与同学们现在学的数学、语文、英语、物理等学科有密切的关系；还需要有良好的抗压能力，需要同学们现在锻炼好身体，培养吃苦精神……通过这样的讲解，企业参观的教育元素得到充分释放，并让学生通过具象的岗位内容与自身的道德品质和学业内容相关联，起到良好的生涯实践效果。

（三）过程实施

校企双方执行人员需要提前进行沟通，对如何实现本次企业生涯实践的目标进行沟通，保障实施过程的场地、物料、人员的全部到位，保障各个实施环节的顺畅，保障参与人员的安全。学生是实践的主体，在实施过程中，需要指导学生做好相关的准备。开展前，要指导学生针对企业生涯实践活动，提前查阅资料、收集信息、了解实践目的等，做好实践前的准备；开展过程中，要指导学生在实践过程中学会积极参与、学会方法运用等。

（四）反馈评估

企业生涯实践结束后，实施效果的评价反馈是很重要的一环。对实践活动组织过程的反馈评估，评估主体为组织老师、参与学生和企业组织者；对实践目标达成度的评估，由学校组织者面向参与实践的学生开展评估。可根据实践目标与实践主题，通过心得体会、问卷调查、访谈等方式开展。实践结束后，要增强总结、反思、示范、宣传的力度。

六、企业生涯实践的途径和方法

企业生涯实践的内容丰富多彩，可根据需要与企业进行沟通并定制，根据体验的深入程度和主体的认知、感受程度可以分为：自发性地认识、了解；接触性地了解；深入体会和实际历练。企业生涯实践常见的途径与方法有以下几种：

（一）企业相关的讲座

1. 内容概述

根据不同学生受众，选择相应主题和主讲人，开展生涯发展与就业指导相关讲座，进行相关知识、经验、案例、故事的传播与分享，包括但不限于技术前沿、行业发展、企业文化、企业发展、岗位认知、企业职业发展路径介绍、简历指导、面试指导、企业人物故事等。这是最常用、最便捷的一种方式。讲座可以根据校企双方的具体情况安排在校内或企业现场，还可以邀请企业的技术专家、人力资源专家、不同岗位的员工、本校毕业的校友等来开展。讲座也可以有各种不同的呈现形式，如互动式的讲座、对话式的讲座、沙龙式的讲座等，可根据目标进行设计。

2. 组织实施

学校可根据不同学生群体的需求，与企业进行沟通，按大中小学不同年级阶段（专业方向）形成有体系的、由浅入深的、从生涯认知到就业指导的讲座体系；每次讲座聚焦目标设计主题，并根据主题进一步细化讲座内容、讲座时长、适合的讲座嘉宾等，通过讲座引发学生的生涯兴趣、促进学生对生涯发展的思考、促进相应的生涯行动。

3. 学校职责

学校需要安排相应的负责人进行该学段讲座内容的统筹规划，形成适合不同年级阶段的讲座内容清单，实现讲座内容要达成的目标；对外与不同行业类型的企业做好联系对接，提前审核讲座的课件、稿件等资料，做好学生的组织工作等。

4. 企业职责

根据学校的需求和讲座的目标，选派企业内部适合的人员开展讲座，与学校共同协商讲座合适的方式，用学生能理解的方式设计讲座，并为有需要的学校协调企业场地开展讲座。

5. 注意事项

（1）根据大中小学学生不同的特点设计适合的、有针对性的讲座体系。

（2）在面向中小学学段的学生开展讲座的过程中需要注重广度，让中小学学段的学生广泛地认知不同行业、职业类型，逐步明确自身的职业兴趣；由于大学学段各专业学生即将开启职业生涯，在讲座开展过程中需要注重深度，促进大学生的生涯行动。

（3）在条件许可的情况下，鼓励学校、院系之间共享企业资源。

（4）校企双方提前把关讲座内容，根据学校和企业的要求，对需要报备的内容进行报备。

（5）现场做好组织，注意各项安全事项，做好安全应急预案。

（二）企业参观访问

1. 内容概述

参观原指对各种情况加以比较观察，现指实地观看、访问。企业生涯实践的参观是指通过校企双方提前协商确定参观目的后，组织一定规模的学生到企业现场，对工作环境、工作内容进行实地观察与体验，并对工作需要具备的技能和素养进行直观了解的一种实践方式。

2. 组织实施

由校企双方根据不同学段的生涯目标和实际需求，确定参观内容、参观路线、参观讲解内容与形式，以及参观后的总结与反思。在企业参观访问过程中，指导学生真实了解产业、行业发展趋势，了解企业、岗位的工作环境与工作内容，指导学生将工作所需技能和素养与自身学习、品质培养相结合。

3. 学校职责

学校根据学生的需求，与企业进行沟通，根据大中小学不同的年级阶段形成有体系的、由浅入深的参观访问体系；与企业沟通做好每一次的目标确定以及内容设计、线路设计、讲解设计；做好参观的组织工作、安全工作、后期总结与评价工作，若是面向中小学阶段还应与家长进行沟通反馈。

4. 企业职责

根据不同学段的需求与目标，根据企业内部的规章制度，提前做好接待准备，协调好企业内部的资源与人员，规划企业参观的时间、内容、路线，设计相应的互动、体验、交流、问答环节等，保证参观的安全性、教育性、实效性。

5. 注意事项

（1）根据大中小学学生不同的特点设计适合的、有针对性的企业参观内容体系。

（2）在企业参观实践设计中，中小学学段需要注重广度，大学学段要注意专业与行业的相关度，注重深度。

（3）在条件许可的情况下，鼓励学校之间、院系之间共享企业资源。

（4）参观过程中注意安全问题，包括交通安全、参观过程的操作安全、保密安全、出发返校安全、防疫安全，做好安全应急预案。

（5）提醒和要求学生遵守企业的各项规章制度。

（三）企业生涯实践夏令营

1. 内容概述

夏令营本意是一种兼具教育性及娱乐性的团体活动，通常是为某一特定目的而设立营地、举办活动，因多在夏季开展，故称为"夏令营"。企业生涯实践夏令营一般由校企双方根据不同学段学生生涯实践的目的、为了帮助学生沉浸式体验职业世界设计的，是比参观访问时间长、深度深，比实习实践时间短、深度浅的一种企业生涯实践方式。夏令营一般在暑期进行，时间为一周左右，目前在大学、高职高专、中学阶段开展较多。

2. 组织实施

根据不同学段的生涯目标和实际需求，校企双方共同确定一周的职业体验内容，由学校选拔、组织学生到企业内部，通过熟悉企业环境、校友生涯讲座、人力资源讲座、专家讲座、安排与企业导师一起工作、现场工作体验，及与企业员工同频作息、工作、就餐等方式，帮助学生较为全面地了解职业世界。

3. 学校职责

学校根据学生的需求，与企业进行沟通，确定大学、中学阶段夏令营体验内容；做好学生的组织、选拔、带队、安全教育、总结、反思、分享等工作；做好家长的沟通工作。

4. 企业职责

根据不同学段的需求与目标，根据企业内部的规章制度，企业提前做好餐饮、住宿等接待准备，协调好企业内部的资源与人员，为学生提供实践的完整计划与安排，保障学生实践期间师生的各项安全，做好安全应急预案。

5. 注意事项

（1）根据大学、中学学生的特点设计适合的、有针对性的企业暑期夏令营。

（2）多数企业对生涯实践参与的学生人数有一定限制，学校要做好总结、分享工作，让没有参加的学生通过分享进行间接学习。

（3）在条件许可的情况下，鼓励学校之间、院系之间共享企业资源。

（4）注意安全问题，包括交通安全、操作安全、保密安全、出发返校安全、防疫安全等。

（5）提醒和要求学生遵守企业的各项规章制度，提前购买保险。

（四）企业实习

1. 内容概述

实习一般是指在实践中学习，通常指针对来自大学、高职高专、中职中专等学校和即将走入职场的学生开展的企业生涯实践。为期 1～12 个月不等的企业实习，能够让学生在真实环境中开展工作，对行业前景、企业文化、岗位职责、岗位技能、职业规范、职业素养进行全方位、深度的了解，并将学校所学与企业所需相结合，为即将到来的就业做好充分的准备，缩小学校到企业最后一步的距离，帮助学生做好初入职场的角色过渡，快速适应职场环境。

2. 组织实施

校企双方搭建实习平台，由企业发布实习岗位需求，学校发布信息、推荐学生，或者校企通过协议达成一致，成建制地组织整班或者整个年级相关学生到企业进行实习。双方根据学校要求，可组织 1～12 个月的实习，企业做好相应的岗位、导师、日常工作内容等安排，在学生完成后进行实习成果的验收。

3. 学校职责

学校根据学生的培养计划安排，结合学生的生涯规划，与企业对接，开展成建制或分散式的企业实习工作。学校协助学生负责企业质量的把关、对接，协助学生进行岗位与专业相关性的把关，负责学生的组织、带队或不定期看望学生并收集实习反馈意见，负责学生的企业实习相关教育工作、校内相关手续的办理，负责与企业一起对学生实习成果进行验收。

4. 企业职责

企业根据各专业学生的培养计划安排，结合学生的生涯规划，收集实习岗位信息，与学校对接，明确企业实习需求；负责给学生安排明确的岗位任务；负责给学生安排明确的企业导师带领实习；负责学生实习期间的安全、工资、生活保障等；负责与学校一起对学生实习成果进行验收。

5. 注意事项

（1）校企双方根据学校不同院系专业的特点和企业自身的规模、接待能力，开展专业对口的高质量企业实习工作。

（2）针对企业实习工作和各学校不同院系、专业相关的政策要求做好落实和执行，例如学分兑换政策、家长知情政策等。

（3）学校要提醒学生在企业实习期间严格执行企业的规章制度和安全要求，做好安全应急预案。

（4）做好学生在不同行业、不同类型、不同岗位实习后的总结与分享，让广大学生通过分享了解更多的职业世界信息。

（五）课程嵌入

1. 内容概述

校企双方合作，通过把行业、企业、职业相关的内容嵌入大中小学，尤其是大中专学校的各专业课程、科目内容中，让学生通过课程学习了解到行业、企业、职业相关的知识，明确学习的内容与未来职业的关系，提升学生生涯意识、学科（专业）学习的兴趣和实践应用能力。

2. 组织实施

各学段学校与行业内优质企业深度对接，沟通、交流、挖掘、确认合适的行业、企业、职业相关的内容，加入各专业、各科目的学习内容中，作为学生课程学习的延展和补充。例如，将我国某些行业自力更生的发展史作为课程案例，树立学生正确的生涯价值观；将化工行业、材料行业、通信行业、计算机行业等行业相关的应用案例作为各学段知识点的学习补充材料，激发学生对行业、职业的兴趣。

3. 学校职责

各学段学校根据学科、专业、科目的特点和需求与企业进行对接，协同挖掘素材，贴合学生的课程学习内容，将相关素材有机融入课程学习和生涯学习中，也可在某些课程的前导课或者应用案例讲解中邀请企业专家进行授课。

4. 企业职责

协助学校，共同挖掘素材，撰写内容，或与学校一起参与课程的授课。

5. 注意事项

（1）校企双方需要注意选取的素材和内容与学生课程学习和生涯学习内容相结合，并注重科学性、适切性、生动性；

（2）校企双方需要注意选取的素材和内容对学生职业认知引导的正面性、教育性、安全性。

（六）企业项目课题的研究实践

1. 内容概述

校企双方进行沟通，根据学生的学科学习、专业学习的能力水平和学习内容，将企业真实项目解构为相应学段学生可以完成的课题或项目，并通过安排校企双方导师共同指导、验收、评审等，让学生在项目中了解职业所需的相应技能与目前学业、学科、专业之间的关系，提升学生尤其是大中专学生解决实际问题的能力。

2. 组织实施

各学段学校与行业内优质企业深度对接，沟通、交流、确认企业相关的课题项目中适合该学段学生的课题或者项目，经过双方教（导）师的指导，让学生在解决复杂问题的过程中，了解工作中专业技能所需要的学科知识、专业知识，并进行实际应用；同时也能增强学生与企业导师的交流，了解更多的职业信息。

3. 学校职责

学校根据学科、专业、项目的特点和需求与企业进行对接，协同设计课题、项目，贴合学生的学科、专业课程学习内容。

4. 企业职责

企业在内部收集真实项目，协助学校共同设计成为对应学段学生可以完成的课题、项目，安排企业导师，共同进行评审与验收。

5. 注意事项

（1）校企双方需要注意选取研究内容要符合对应学段学生的学习水平与能力水平；

（2）校企双方需要注意选择合适的项目指导教师进行指导；

（3）校企双方需要注意选取内容应不涉密；

（4）校企双方需要提前设计验收与评审的规则以及激励机制。

（七）职业体验中心的实践

1. 内容概述

目前生涯教育得到社会的广泛关注，各地陆续建起面向大中小学生的职业体验中心。此类职业体验中心分为三类，一类为政府出资建设的职业体验中心，一类为企业独立运营的职业体验中心，一类为职业院校帮助普通高中开展生涯教育的实践基地。各地建设程度不一，但已逐步开展起来。学校可以根据所在地的资源进行对接、联系，有目标、有组织、有规划地开展符合学生需求的生涯教育实践。

2. 组织实施

学校可通过提前考察，了解各职业体验中心的内容设置、环境条件、安全保障后，与职业体验中心进行沟通，设计符合各学段、各年龄层次学生的体验内容，涵盖生涯测评、职业体验、职业指导与职业技能培训等，最终让学生收获相应的生涯知识，以及对不同职业的体验，启发学生对职业的理解，并与自身的学业、学科、专业相联系，逐步树立职业理想，寻找人生方向。

3. 学校职责

学校需要提前认真了解与审核职业体验中心的资质、专业度、软硬件环境，与职业体验基地提前沟通体验的目的，把控实施过程，以达到预期的实践目标。

4. 基地职责

认真与学校进行沟通，围绕体验目标选择合适的体验内容，保障实施的安全。

5. 注意事项

（1）学校和基地双方需要提前沟通，确定体验目标，选择合适的体验项目；

（2）学校和基地双方应共同保障学生实践过程中的安全，做好安全应急预案。

第三章
生涯教育的师资培养

我国生涯教育起步较晚，国家虽出台了不少相关的政策、文件等，但由于多种因素，生涯教育在大中小学之间、各省市之间存在着发展不均衡的情况，高素质高层次的生涯教育专业人员都是严重缺乏的，且专业化建设水平低，并缺乏相应的认证、培养制度、培训课程等。本章将在借鉴国内外生涯教育师资培养方面的经验和做法的基础上，结合国内生涯教育师资发展现状，提出生涯教育师资队伍建设的建议和构想，生涯教师胜任力评价指标体系、准入和认证构想等，旨在为生涯教育工作者提供实践参考，促进生涯教育师资队伍专业化建设水平的提升。

第一节　生涯教育师资发展现状及建议

近年来，生涯教育日益得到社会的普遍重视，国内高校普遍开设了生涯教育必修课或选修课程，部分中小学也以独立课程、选修课或者讲座、实践活动等形式开展了生涯教育。学校生涯教育高质量的开展，离不开高素质的生涯教育师资队伍。因此，组建学校生涯教育师资团队、提高教师生涯教育的专业能力、构建针对性的专业支持系统等，是学校生涯教育师资队伍建设的当务之急。

一、生涯教育师资面临的问题

当前，生涯教育师资队伍建设面临着很多问题，因此，辨明生涯教育师资队伍建设中的困境，厘清生涯教育师资队伍建设的出路很有必要。

（一）制度缺失

制度是生涯教育师资权利与义务的合法表达，是保障生涯教育师资职业身份、专业地位、工作权利的合法依据。当前，制度缺失是制约生涯教育师资队伍建设的首要问题，严重影响生涯教育师资队伍的建设。制度缺失又分别表现在以下几个方面：

1. 职业制度的缺失

职业制度是生涯教育师资职业身份的合法保障，是实现生涯教育师资专业化的前提。随着生涯教育的发展，越来越多的教师投入这项事业当中，但是当前的生涯教师更多的是以一种工作角色存在，而非职业角色。国家层面关于生涯教育的政策基本未涉及生涯教师的身份、地位、岗位、编制和待遇，地方层面制定的生涯教育政策文件也多是提出工作内容或岗位要求，绝少涉及生涯教师的职业身份问题。

国内生涯教育开展较早、做得较好的是高校，目前高校开展生涯教育大多依赖于辅导员、心理健康教师及就业指导部门的有关人员，但这些师资有的职称不高，有的没有岗位执业证书。高校和中等职业学校的生涯教育工作人员把绝大多数重点放在学生就业、招聘、学生档案、户籍转移以及就业离校手续办理等工作上，普遍对生涯教育重视程度不够，投入的精力也远远不足。在人员配备上，我国规定专职就业指导教师和专职工作人员与应届毕业生的比例要保证不低于1∶500，而实际上，大学或中等职业学校从事生涯教育的专职人员与学生的比例远没有达到这个比例，很少有高校会聘请专业的生涯教师。在基础教育阶段，生涯教育主要在高中阶段开展较好，普通高中学校的生涯教育工作人员把大多数精力集中在选课、走班、志愿填报等方面。可以说，当前的生涯教师身份颇显尴尬，普遍非专职、无专门岗位，职业身份无制度保障。

2. 专业标准的缺失

生涯教师专业标准是对生涯教师专业素养要求的制度化，对推动生涯教师工作的专业化、保障生涯教育教学质量有重要的意义。但当前我国尚未从制度层面确定生涯教师必须具备的专业素养，相关领域的研究探讨也不多，个别研究者从教师胜任力的角度出发构建了生涯教师胜任力评价指标体系和模型，但是系统的研究仍然缺乏。生涯教师专业标准的制度化任重道远。

3. 工作制度的缺失

当前的学校生涯教育工作普遍处于非制度化状态，行动模式大多是以校本生涯课程、德育活动或是课题研究为抓手，以学生就业中心或学生发展指导中心负责人、辅导员（班主任）、心理教师等为主导，联合学校其他教师开展相关活动。也有的学校以全员导师制为抓手，从学校层面建立了导师与学生之间的指导与被指导关系。生涯教师的工作主要依赖"缄默的行为规范"，很多学校在校本层面的生涯教师管理、生涯课程管理、生涯实践的校外合作管理等方面缺少正式的制度规定，导致行动模式缺乏稳定性，不利于生涯教育工作的持续有效开展。

（二）人才培养机制缺失

人才培养是师资队伍建设的前提，有人才输入才可能组建专业的师资队伍。我国尚未建立生涯教育师资队伍的人才培养机制，生涯教育专业人才缺乏。

1. 师范教育中缺少对生涯教育人才的培养

我国师范教育缺少对生涯教育专业人才的培养，通过对主要几所重点师范大学的本科生专业、研究生专业和研究方向的分析发现，目前我国在本科阶段尚没有生涯教育相关专业，相近的有开设于管理学院的人力资源管理专业，但是其人才培养目标与生涯教育师资要求相差甚远，无法胜任学校生涯教育工作。在研究生培养阶段，有生涯教育相关专业或者方向的也是少数，有的还不是持续招生。个别高校如北京师范大学在教育学院研究生当中开设了专业必修课"学生生涯发展与教育"，但是距离专业人才的系统培养还有很大距离。

2. 缺少对生涯教师的专业培训和继续教育

当高校没有生涯教育专业的毕业生输入学校时，学校在实践中只能聘用其他学科教师兼职担任生涯教育工作。而实践中能够兼任生涯教育工作的教师也严重不足，即使是以专业领域最为相近的心理教师、辅导员或就业中心的教师等为主导，其数量也是不足的。实际上，无论是在高校还是中小学，心理教师队伍本身就处于人员缺少的困难中，尤其是中小学，全国尚有很大一部分的学校未配备专职的心理教师，因此，生涯教育师资的缺口是严重制约生涯教育开展的亟待解决的突出问题。

由于师资不足，很多学校出于学科融合育人、统整资源等多种原因，让辅导员（班主任）、学科教师、就业指导教师、心理教师等一起承担生涯教育与指导的工作。但在实践中，缺少对担任生涯教育工作的教师进行系统的、持续的、专业的继续教育，导致生涯教育的内容窄化成以指导学生选科、升学、就业为主，无法真正满足学生成长权与选择权的落实。当前，生涯教育师资队伍不稳定、结构性缺少、流动性大，因此，我国生涯教育师资队伍建设面临的问题是很突出的。

（三）专业发展支持不足

1. 专业化程度低

生涯教育师资队伍普遍存在专业化程度低、专业发展支持不足、实践性缺乏、数量配备不足、专业能力欠缺，以及对学科、专业、职业、行业等的认知不够等问题。中小学的生涯教育比高校开展更晚，大部分生涯教师从事相关工作不足五年，有生涯教育专业培训合格证书的教师占比更少。生涯教师总体缺少相关专业知识，工作自我效能感低，信心不足。

2. 专业发展支持不足

当前，各省市在相关文件当中都提及生涯教师专业发展的问题，如上海市强调"配套市、区、校三级生涯指导教师研训制度，定期为教师提供具有针对性的生涯教育相关培训和继续教育，打造专业化中小学生涯教育教师队伍"。但在实际工作中，各省、市生涯教师专业发展路径多为非常态性的区域教研、校本教研、课题研讨、交流学习或自我提升，培训覆盖面小、系统性低、持续性差，对于提升生涯教育师资队伍整体水平的效能不足。生涯教师的专业发展需要的是制度、经费、资源、指导团队等多方面的保障，需要建立全面、系统、可持续的支持体系。

（四）评价缺失

由于生涯教师在学校中属于少数群体，生涯学科不同于语数英等学科可以通过成熟的评价方式进行，因此学校常常忽略对生涯教师工作的评价，甚至无评价，这对生涯教师的工作成效、专业提升和改进方向都不利。评价缺失主要表现为以下三点：

1. 评价目的错位，以结果为导向

很多学校以考试分数、升学率、毕业率、就业率等结果导向的评价方式作为对教师教学工作的评价，但这种评价方式并不完全适用于以过程为导向、实践性强的生涯学科。照搬这种评价方式，既未能关注生涯教师的专业领域

延展，也未能发挥生涯教师的优势与潜能，没能充分发挥生涯教育的价值和功能。

2. 评价内容单一，缺乏评价的广泛性

当前学校的结果导向评价方式，使得评价的内容单一、形式固化。对于承担生涯教育的教师而言，需要评价的是他们对这一新职责、新角色的思想、态度、过程、方法、努力的意愿、实际付出的时间、精力及行为结果等，需要进行广泛的、系统的评价。

3. 评价标准不统一，缺乏科学性和多样性

目前，学校对生涯教师的评价标准不统一、方法单一，缺乏科学性和多样性，未能兼顾过程性、生成性结果，也未能兼顾自评、他评与互评等相互结合，导致评价结果存在偏差。评价目标、评价内容与方法、评价结果与导向始终是学校教师工作绩效评价的痼疾。对生涯教师而言，是否胜任、是否期望胜任，不仅仅是态度、动机，也是知识、技能和行动的多种结果，需要一个较为系统、合理、科学的评价框架。通过自评、他评、互评等方式，一方面让生涯教师更为明晰自己改进和发展的方向，另一方面学校能基于标准的评价结果，为生涯教师提供更灵活多样的、多元赋能的、系统的专业支持。

二、生涯教育师资队伍建设的建议和构想

基于国内外相关生涯教育师资队伍培养的理论和实践经验，本书提出我国生涯教育及师资队伍建设的建议和构想，并将通过试点，在实践中予以检验、完善，最终形成有中国特色的生涯教育师资队伍建设路径。

（一）建设多位一体的制度体系

生涯教育师资制度体系的建设是多位一体的，涉及国家、省、市、县、校级等多级制度的建设，目的在于通过制度"赋权"从而实现教师"增能"。回应师资建设所面临的困境，生涯教育师资制度体系的建设至少要关注以下三方面的问题：

1. 明确生涯教育师资的职业身份

全面普及生涯教育要求生涯教育师资必须从兼职向专职转变、从单一来源向多元构成转变，逐渐建立稳定的、结构合理的生涯教育师资队伍。专职

师资队伍的实现需要教育行政部门将生涯教师视为专门职业，从制度上将生涯教育师资纳入教师队伍当中，通过设立专门的生涯教育师资序列、增加编制，保障正式的职业身份；增设专门岗位，保障职位身份；使生涯教育师资正式成为教师职业当中的重要一员，而非一个缺乏稳定性的工作角色；对各学校的生涯教育师资队伍配备进行明确规定，使学校建立稳定的师资队伍。

生涯教育师资队伍的结构合理同样需要制度予以保障，应以制度的方式确定生涯教育师资队伍的结构、人员、职责，形成科学合理的生涯教育师资队伍。如英国教育部以政策明令规定学校生涯教育师资的设置，英国高中的生涯教育师资队伍有设于校内的专职人员，也有外聘的生涯顾问；对于不同的人员职责也有明确的制度规定，有力地保障了英国生涯教育师资队伍的建设和生涯教育的实施。

2. 建立并完善生涯教育师资序列及专业标准

（1）制定生涯教育师资的专业认证和通用认证序列

根据我国生涯教育师资的工作内容、专业技能要求和胜任力水平的不同，本书提出将生涯教育师资分为专业认证和通用认证两类；根据生涯教育所涉及的专业工作内容和专业技能要求的不同，将生涯教育师资分为生涯教师、生涯规划师、生涯咨询师、生涯培训师、生涯督导师等专业方向。生涯教师主要承担学校内面向全体学生的生涯课程教育教学、团体辅导和指导工作；生涯规划师主要承担校内外面向团体或个体的学业规划、职业规划、升学与就业指导等工作；生涯咨询师主要承担校内外面向团体或个体的生涯辅导和生涯咨询工作；生涯培训师主要承担生涯教师、生涯规划师、生涯咨询师的认证培训，新任的生涯教师、生涯规划师和生涯咨询师的培训和教学示范、晋级考核等工作；生涯督导师主要承担对生涯培训师的培训和指导，对生涯教师、生涯规划师和生涯咨询师进行督导，参与生涯教育师资的准入、晋级考核工作，对学校和区域生涯教育工作进行检查和指导等。每个专业职称根据其胜任力和工作经验、工作成效分为初级、中级、高级三种通用职级认证。限于篇幅，本书只介绍生涯教师的相关标准、准入、评价构想等，其他生涯教育师资的专业标准及评价办法等，将另行介绍。

（2）制定国家层面的生涯教师专业标准

我国有大中小学教师的国家专业标准，可以借鉴此标准，研制国家层面的生涯教师专业标准。生涯教师专业标准的制定需要结合达成生涯教育目标所需的专业知识、专业技能、专业情意等综合品质进行厘清；综合考虑教育实践需求、教育理论研究、教育政策逻辑，发布国家层面生涯教师的专业标准，对生涯教师的专业知识、专业能力、专业态度进行明确规定，为生涯教育人才培养、生涯教师制度的完善、学校生涯教师队伍建设提供专业规范，推动生涯教师职业向更高水平的专业化发展。

（3）制定准入通用标准与特定标准

根据国家对教育的定位和基本要求，结合生涯教师专业标准，制定生涯教师知识、素质、能力等准入通用标准；在此基础上，根据不同学段、不同学校、不同专业的特殊性，制定针对性更强的特定标准，以指导生涯教师的专业发展与职业成长。

（4）制定不同认证途径的生涯教师资格认证标准

可以借鉴国外生涯教育师资认证的成功经验，分别制定从教育系统内部和社会机构、企业申请生涯教育师资的资格准入标准与认证路径。

3. 完善工作制度以实现生涯教师制度化行动

制度化行动是相对于非制度化行动提出的，是指教师在既有制度的框架内，合法地、理性地采取教育教学行动，享受制度所赋予的权利、履行制度规定的义务。与非制度化行动相比，制度化行动具有合法性、稳定性、规范性。实现生涯教师制度化行动是弥补工作制度缺失、构建校本合法行动模式的有效路径，可从三个方面着手。一是建立生涯教师管理制度。每所学校的校情不同，对生涯教师队伍的建设策略不同，无论是何种建设模式，都需要以制度的形式进行明确，赋予生涯教师行动的权利，明确生涯教师行动的义务。二是建立课程管理制度。应当将生涯课程制度化，对课程类型、课程设置、课程实施等从制度层面进行确定，明确课程的授课对象、授课时间与空间，为课程的落实提供制度保障。三是建立校外合作制度。生涯教育需要校外力量的大力支持，实现合作关系的制度化有利于生涯教育校外活动的持续、稳定开展，十分必要。

（二）建立系统有效的人才培养机制

人才短缺必须通过建立有效的人才培养机制予以解决，生涯教育师资队伍的建设面临数量要增、质量要提的问题。

1. 在本科阶段试点建设生涯教育相关专业

在我国师资队伍人才培养主要依托高等院校的情况下，期待更多高校基于需求导向对高等院校生涯教育相关学科专业进行优化、对生涯教育人才培养机制进行试点。一方面要逐步在具备条件的高等院校试点设立"生涯教育/生涯规划指导/学生发展指导"等相关专业，以教育学、管理学、心理学等为学科基础，从本科阶段起培养生涯教育师资队伍后备人才。生涯学科涉及心理学、管理学、教育学和社会学等学科知识，但生涯教育从其本质而言应当首先是一个教育学命题，因此，生涯教育师资队伍人才的培养要以教育学为基础，凸显其教育属性。

2. 建立"三方"联合的职前分阶段培养模式

"三方"是指大学或职业院校、学校或企业、生涯教育师资认证机构。生涯教师申请者，首先要在大学或职业院校接受学历文化课及专业课教育，获得大专以上文凭；其次是要在学校或企业进行过教学实践或专业实践，获得相关实践经验，并且要取得教师资格证书；三是参加生涯教育师资认证机构的培训，并通过理论知识考试和实践能力考核。

这种职前培养模式是分阶段培养的：第一阶段在大学（或职业院校）主修专业理论知识；第二阶段在学校或企业进行专业实践和技能操作；第三阶段在生涯教育师资认证机构主修生涯教育能力。通过这三个阶段的学习，生涯教师不仅能掌握生涯相关的专业理论知识、专业实践和技能操作、教育教学能力，而且能使这三种基本素质融会贯通并形成生涯教师的专业能力体系。

3. 加强和完善在职培训制度

（1）要加强和完善准入培训

借鉴国内外生涯教育师资人才培养的经验，以高等院校为依托，开设生涯教师证书式课程，面向具备大专以上学历、有教师资格证、有实践工作经验、有意愿成为生涯教师的人群开设课程，进行认证且作为职业准入的依据，为生涯教育人才转化提供更多的通道。

（2）提倡多元培训

在继续教育与在职培训的方式上，提倡坚持学习与自我学习、培训与自我培训的统一，通过多平台、宽渠道、广口径的灵活多样的形式展开。比如，通过专题培训、学术会议、交流讲学、课题研究、进修提升、企业锻炼、名师工作室、挂职顶岗、合作研发等多种形式的在职培训与学习，不断提高生涯教师的教学能力、学术水平和实践能力。在学习与培训的内容上，融合教育学、心理学、管理学、社会学等多学科背景知识，注重学科之间知识的融合，加强理论与实践的结合。在学习与培训的效用上，不能为了学而学、为了培训而培训，要把所学所培训的内容与当下工作相关联，坚持学思结合、学用结合、学以致用。

（3）重视生涯教师的在职继续教育

要将生涯教师的在职培训纳入教师专业发展培训规划，明确规定生涯教师的培训课程、培训标准、培训师资、发展目标、教学能力等。学校据此制定实施方法，以确保生涯教师的专业能力持续提升。在培训内容规划上，既要考虑生涯教师知识的通用性，也要考虑不同学校、不同专业（学科）生涯教师的专业特殊性；既要考虑生涯教师培训的理论性，也要考虑其实践性。在培训主体规划上，要由区域教育主管部门或学校邀请或安排生涯培训师或生涯督导师共同指导生涯教师，并制订专业发展规划、发展方向和阶段目标及终极目标。

（三）构建系统的专业发展支持体系

1. 建立经费激励机制和职称晋升机制

生涯教育师资虽然总数在逐年增多，但总体规模尚不能满足学生生涯指导的需求，增加专职生涯教师编制、达到师生比例要求迫在眉睫。首先，建立经费激励机制，加大经费投入力度，专门制定倾斜于生涯教育师资的相关政策，有别于以往主要适用专业教师的政策。其次，建立职称晋升机制，打通生涯教师的职称评审通道，给予专业定位，明确发展方向，满足切身诉求，吸引更多的专职人员加入生涯教育师资队伍。根据生涯教师发展的不同阶段、不同专业水平，设计初级、中级、高级、特级四级职称系列。

2. 构建生涯教师专业成长支持系统

（1）构建专业学习课程资源库

要构建提高生涯教师基础知识、技能、基本方法和指导能力的支持系统。可以针对本校或本专业生涯教育具体内容，提供专题的学习资源库，为生涯教师提供生涯教育基本知识、技能、方法和指导。

（2）建设系列生涯教育和指导培训课程

针对生涯教师在准入、新手、成长和成熟等不同阶段的发展需求，设计科学、系统、分类合理、目标明确的培训课程。

（3）建立生涯教师教研进修制度

定期开展生涯教研活动，制定生涯教研工作计划、工作内容、工作步骤，策划生涯教学活动，讨论生涯教学的策略和方法，研究重难点问题。开展校际、区域内或区域之间的合作教研，组织公开课展示、生涯案例研讨、情境模拟辅导、课题研究等，共同研讨交流，分享生涯教育经验。

（4）建立生涯教学经验分享制度

定期开展经验交流或论坛活动，将先进的生涯教育理念、优秀生涯教师的成功经验、课题研究成果等进行分享展示，促进生涯骨干教师的成长。

（5）构建生涯教育师资培训的专家团队

建立由高校专家、生涯教育专家、实践专家组成的生涯培训师和生涯督导师专业团队。生涯教育专业属于新的专业领域，新手生涯教师在工作实践中缺乏理论基础和实践经验，迫切需要专业团队的指导。学校或者区域通过邀请在生涯教育领域有专攻的高校教师、生涯教育专家、有丰富实践经验的一线学校管理者等，参与生涯教师专业发展的顶层设计，开展师资培训，参与论坛、教研活动，为一线生涯教师提供理论支持和实践指导，指引生涯教师专业发展方向。

（四）建立评价激励机制

1. 建立学校生涯教育工作评价激励机制

结合国家对大中小学学校办学质量评价指南等政策，将学校生涯教育开展情况纳入学校教育质量的评价范畴，通过全方位、多角度、多评价主体的评价，树立生涯教育榜样和典型学校，推广其先进经验，促进学校生涯教育向专业化、深入化发展。

2. 建立生涯教师评价激励机制

将生涯教学和对学生生涯指导的工作纳入生涯教师基本工作量，建立评价激励机制，这是保障生涯教育工作顺利开展、促进生涯教师专业发展的基础保障。例如，中小学学校可以通过质性评价和量化评级相结合的方式，对生涯教师的工作进行考评。质性评价以课堂教学、学生成长手册、指导学生的记录、典型辅导案例评选、工作反思总结等方式进行。量化评价则由学生问卷、家长问卷、学生综合表现评价等方式组成。区域教育主管部门或学校将过程性评价和结果性评价相结合，通过设立专项资金，对优秀生涯教师给予奖励，在职称晋升、荣誉评优中对表现突出的生涯教师予以适当倾斜。高校和职业院校可以建立科学的生涯教育"双师型"教师考核制度，评价内容包括教学能力、实践操作、科研创新等，考核主体包括教学督导、行业企业专家、院系领导（限于听过课或参与生涯教育工作者）、任课班级全体学生等。可每学期评审一次，年底加权评价，以此决定测评等次。对于考核结果，不能简单地与绩效收入挂钩，而应赋予生涯教师职称晋升、企业实践、学术交流、学历提高、技能大赛、课题研究、培训进修等优先权，以引导生涯教师向"双师型"发展。

3. 建立校外生涯教育师资引进、评价激励机制

社会组织机构中的生涯教育工作者具有丰富的生涯教育经验，企事业单位中的职业人员是学生生涯的榜样人物，因此，应建立鼓励和引进社会生涯教育工作者加入学校生涯教育师资队伍的准入机制，并对他们的工作进行评价和激励。一方面，邀请校外的生涯教育工作者与校内生涯教师开展交流合作，帮助校内生涯教师更新知识理念、充实实践经验、了解社会行业与职业发展现状、学习新的生涯指导方法；另一方面，可以邀请校外生涯教育工作者积极配合学校开展生涯实践活动，担任部分生涯课程的授课任务，为学生提供生涯指导、岗位实习、职业体验等。

第二节　生涯教师胜任力指标体系

当今教育改革的目标是要将整个教育系统建设成为中国式的因材施教体系，挖掘和促进各类一流人才的涌现，让每个人在初始阶段都能获得充分优质的教育条件，然后经过系统性的选拔与相应的因材施教培养，在成长过程中不断认识自我，摸索属于自己的目标；激励每个人的自我意识和志趣形成，

不仅为了具有天赋潜力的人才得以施展抱负，更是为了所有人成长出彩——这是建基于大众、惠及所有人，又足以造就拔尖创新人才的中国特色的现代化教育体系。而生涯教师的职责是运用生涯教育的专业知识和技能，因材施教，提升学生生涯管理素养，促进每个学生成长出彩。

鉴于我国生涯教师从数量到质量存在巨大的欠缺，建立生涯教育师资的专业标准是我国生涯教育事业发展要面对的首要问题。在国家尚未出台生涯教育师资专业标准的大背景下，借鉴国内外已有研究成果、结合我国生涯教育实践，探索和研究本土的生涯教师胜任力评价指标体系显得尤为重要。

本书借鉴国内外生涯教育师资队伍建设的实践经验，尝试提出我国生涯教育师资的准入及胜任力评价指标体系，期待通过广大生涯教育的管理者、研究者、从业者的共同努力，最终推动国家层面生涯教师专业标准的制定，提升生涯教师的胜任力，促进我国生涯教育更好地发展，助力人才强国战略。

一、相关概念

胜任力原本是一个管理学的概念，是指一系列影响岗位工作绩效的个人特征要素的组合。这些要素包括人格、动机、知识和技能水平等，是导致员工绩效差异的关键驱动因素，常用于工作分析、人员选拔和绩效考核等领域。

胜任力被运用到教育管理领域，对于教师的培养、工作绩效的提高等起到了重要作用。教师胜任力是指教师的人格特征、知识和在不同教学背景下所需要的教学技巧及教学态度的综合，是教师个体所具备且与成功实施教学有关的专业知识、专业技能、专业态度或价值观。徐建平、张厚粲建立了教师胜任力模型，包括11项基准性胜任特征和11项鉴别性胜任特征。基准性胜任力包括专业知识和专业技能，是教师入职必备品质和基础素质的要求，是作为教师共有的能力要求，是外显部分，常用于教师任职资格标准的制定；鉴别性胜任力包括专业态度或价值观，是区分业绩优秀者和业绩平平者的关键因素，属于区分能力，是内隐部分，常用于制定评优和奖惩标准。经聚类分析，这些特征可分为服务特征、自我特征、成就特征、认知特征、管理特征、个人特质六大胜任特征群。教师胜任力隶属于教师的个体特征，是教师成功教学的必要条件和教师培训机构的主要培养目标。

教师的专业发展是指教师在整个职业生涯中，通过终生专业训练，习得专业知识、技能，表现专业道德，并逐步提高自身从教素质，成为一个良好的教育专业工作者的专业成长过程。在不同成长发展阶段，由于教师的知识、技能、经验、阅历等不同，其胜任力也会不断提高和发展，并在不同时期表现不同特征。一般性教师胜任力是相对稳定的，对教师专业发展的作用是具有一致性的。

二、理论依据

胜任力最为经典的是由斯宾塞等人提出的胜任力冰山模型（如图6-2），该模型将胜任力分为水平面上的外显要素和水平面下的内隐要素，其中外显的知识、技能及其表现出来的行为特征是易于观察和测量的，而内隐的个体特质、态度、价值观等要素则是不易察觉和测量的部分。基于此，本书在建构生涯教师胜任力评价指标体系时，也将从外显的知识、技能、行为以及内隐的态度、价值观念等层面来建构基本框架。

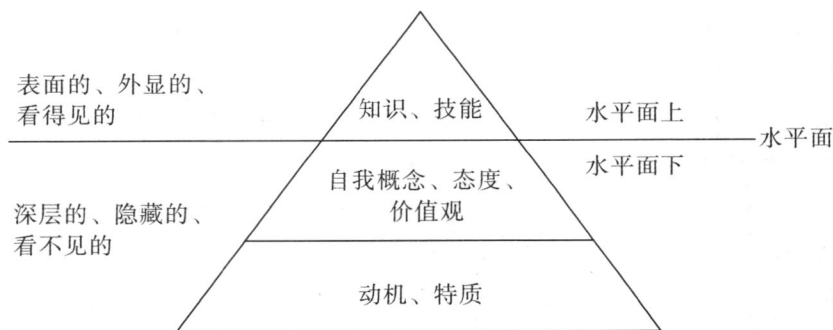

图6-2　胜任力冰山模型

三、国内外相关研究成果

通过对国内外相关生涯教育师资专业标准或认证标准以及胜任力等进行分析，各指标框架归纳如下（见表6-4），将供我国生涯教育实践和本土指标体系建构时参考。

表 6 – 4　生涯教育师资的胜任力/标准的相关指标维度

国家/组织/作者	能力/标准的内涵/维度
美国 ASCA 标准	心态，行为（专业精神、基本技能、提供直接与间接学生服务的能力、管理综合性学校咨询项目、争取学校支持的能力）
美国生涯与技术教育（CTE）教师专业标准	创造一个富有成效的学习环境，促进学生的学习，帮助学生实现向工作和成人角色的过渡，通过专业发展提升教育质量
美国生涯与技术教育协会（ACTE）卓越教师专业标准	教师致力于学生及学生的学习，教师理解这些学科并懂得如何将学科知识传授给学生，教师要对学生的学习管理和监控负责，教师能够系统地反思自己的教学实践并从经验中学习，教师是学习共同体的一员
美国 InTASC 示范核心教学标准	学习者与学习（学生发展、学习差异、学习环境）、教学内容（内容知识、内容应用）、教学实践（评价、教学计划、教学策略）、专业责任（专业学习与伦理实践、领导力与合作）
英国生涯发展学会	职业伦理与反思性实践，使他人掌握生涯管理能力，接受终生学习，使个体获得更加广泛的生涯发展服务，促使和改善生涯发展服务
欧洲生涯指导与咨询创新网络 NICE	生涯咨询与指导能力，生涯教育能力，生涯测评与信息提供能力，生涯服务管理能力，社会系统干预能力，专业精神
朱薇薇	全程教育的能力，指导实践活动的能力，提供"一对一"服务的能力
余新丽，沈延兵	生涯发展理论能力，个别与团体咨询技巧，信息或资源能力，训练、咨询与表现改善的能力，为不同群体提供生涯咨询的能力，研究或评估能力，运用科技的能力
周学辉	核心胜任力：生涯教育授课技巧、生涯规划意识、接纳学生、生涯教育专业知识和技能、生涯引导能力；一般胜任力：工作技能、个性特征、职业态度、自我意识
杨红梅，李正刚	生涯辅导知识、生涯辅导能力（目标管理、评估学生、环境识别与应用、制订与实施计划、反思与改进、职业咨询）

国家/组织/作者	能力/标准的内涵/维度
郑雅君	学科生涯辅导意识态度，学科生涯信息搜集与处理能力，学科生涯咨询能力，融合生涯辅导的学科教学能力，学科学业规划辅导能力
张蔚然	开展生涯教育的基础能力，如生涯发展理论、生涯测评技术等理论知识与实践方法；为学生提供生涯指导与咨询的能力；管理和改进生涯教育的能力；专业精神，如遵守职业伦理、反思性实践和持续专业发展
万恒，王芳	生涯教育教学能力，生涯咨询与指导能力，生涯测评与信息提供能力，生涯服务与管理能力，个性特征与专业精神

四、生涯教师的胜任力评价指标体系

在借鉴、参考和整合国内外生涯教育师资专业标准或胜任力评价指标、教育部关于高等学校辅导员职业能力标准、中小学教师专业标准的基础上，本书提出生涯教师胜任力评价指标体系，供广大生涯教育实践者参考（见表6-5）。

表6-5　生涯教师胜任力评价指标体系（参考）

一级指标	二级指标	三级指标
专业理念与师德	职业理解与认识	·贯彻党和国家教育方针政策，遵守教育法律法规 ·理解生涯教育的重要性和意义，热爱生涯教育，具有职业理想和敬业精神 ·认同生涯教师的专业性和独特性，注重自身专业发展 ·具有良好职业道德修养，为人师表 ·具有团队合作精神，积极开展协作与交流

一级指标	二级指标	三级指标
专业理念与师德	对学生的态度与行为	·关爱学生，重视学生身心健康发展和生涯发展特点，创设充分尊重学生的多样性和差异性的教学氛围 ·尊重学生的独立人格，维护学生的合法权益，公正、公平地对待每一位学生，不讽刺、挖苦、歧视学生 ·尊重学生个体差异，因材施教，树立为每个学生生涯发展服务的意识 ·信任学生，积极创造条件，促进学生的自主发展，提高学生生涯能力
	教育教学的态度与行为	·树立育人为本、德育为先的理念，将学生的生涯知识学习、生涯能力发展与品德养成相结合，重视在学生获得知识的过程中，有效引导学生全面而有个性地发展 ·尊重教育规律和学生身心发展规律，提供适合每个学生的生涯教育和指导 ·创造能促进学生掌握生涯知识的学习实践活动，激发学生的求知欲和好奇心，培养学生的学习兴趣和爱好，营造自主探索、勇于创新的氛围 ·利用多种多样的材料和资源，引导和促进学生自主学习、自强自立，培养良好的思维习惯和生涯能力 ·尊重和发挥好党组织、共青团、少先队组织的教育引导作用，发挥好学生会、各种社团的生涯实践作用
	个人特征与行为	·富有爱心、责任心、耐心、细心和奉献精神 ·乐观向上、热情开朗、有亲和力；善于倾听和观察，有同理心和共情能力 ·善于自我调节情绪，保持平和心态 ·勤于学习，不断进取 ·衣着整洁得体，语言规范健康，举止文明礼貌

（续表）

一级指标	二级指标	三级指标
专业知识	教育知识	·掌握生涯教育的基本原理和主要方法 ·掌握课堂管理的原则与方法 ·掌握教育心理学的基本原理和方法，了解学生身心发展的一般规律与特点，了解不同阶段学生的生涯发展任务 ·了解学生世界观、人生观、价值观形成的过程及其教育方法 ·了解学生生涯能力发展的过程与特点 ·了解学生个体发展的特殊需要、群体文化特点与行为方式，掌握个性化教育的方式方法
	学科知识	·理解生涯学科的知识体系、基本思想、教学方法与技能 ·掌握专业/大学、行业/产业、职业/技术的核心知识，理解职业平等 ·具备将生涯学科与其他学科整合的知识与能力 ·掌握工作世界、劳动力市场、未来工作场所和特定职业/行业、高校招生、多元升学路径等信息
	学科教学知识	·为学生提供情境化的学习环境、独立与合作性的实践及职场模拟练习等活动，促进学生拓展知识、提升技能和自信，并保证学生拥有安全的学习环境 ·掌握生涯课程资源开发与利用、生涯课程群建设的主要方法与策略 ·根据不同学生的特点，进行有效的课堂管理，创造民主的学习环境，营造热爱学习、敢于创新、敢于尝试的学习氛围 ·掌握生涯课堂教学和生涯实践的方法与策略
	通识性知识	·具有相应的自然科学和人文社会科学知识 ·了解中国教育基本情况、国家相关政策 ·具有相应的艺术欣赏与表现知识 ·具有现代化的信息技术知识

（续表）

一级指标	二级指标	三级指标
专业能力	教学设计	·理解生涯教学内容所涉及的核心概念和重难点，科学合理地制订学生个体和集体的教学目标和教学计划 ·合理利用教学资源和多种方法设计教学过程，创造有意义的学习体验，帮助学生掌握生涯知识、发展生涯能力，达成学习目标 ·引导和帮助学生设计个性化的生涯规划
	教学实施	·营造良好的学习环境与氛围，激发与保护学生的学习兴趣 ·有效开展并管理好生涯课堂教学和实践活动，能运用多种方式有效实施教学 ·实施生涯实践活动，引导学生探索自我、了解社会和工作世界、进行学业和职业规划，发展学生生涯能力 ·将现代教育技术手段整合应用到教学中，提高学生生涯信息收集、分类、筛选和利用的能力，提高学生生涯档案管理的效率
	生涯指导与实践活动	·建立良好的师生关系，指导学生建立良好的同伴关系 ·根据学生世界观、人生观、价值观形成的特点，有针对性地为学生提供生涯团体辅导或一对一指导 ·注重结合生涯教学和实践开展育人活动，促进学生自我意识和良好品格的发展；培养学生的创新精神和团队合作能力；发展学生生涯能力，提高学生就业竞争力等 ·针对学生身心发展特点和生涯发展任务，有针对性地设计生涯实践活动 ·为学生提供理想、心理、生活、健康、学业、专业、升学、就业等多方面的指导，促进其生涯发展 ·指导学生开展生涯探索和实践，建立个人的生涯发展档案；帮助学生理解职业世界，树立恰当的职业期待 ·指导学生平衡生活中的角色；指导学生更好地管理个人的经济生活及日常生活；帮助学生为职业生活做好准备

（续表）

一级指标	二级指标	三级指标
专业能力	教育教学评价	・熟练运用系统的、形式多样的生涯评价工具，帮助学生客观地了解和认识自己 ・积极参与多样化的生涯教育评价，更好地收集学生学习和生涯发展的有用信息，了解学生的需求，促进学生对生涯教育的认可和参与 ・科学有效地运用评价结果，多视角、全过程评价学生生涯发展状况，及时调整、改进、优化教学实践 ・引导学生进行自我评价，促进学生反思自己的成长
	沟通与合作	・了解学生，平等地与学生进行沟通交流 ・与其他学科教师、相关单位合作交流，分享经验和资源，共同发展 ・与家长进行有效沟通合作，获得对学生的深度理解；培养家庭参与和支持孩子生涯教育的兴趣，共同促进学生发展 ・与行业、企业、劳动力市场和社区有效沟通，协助学校与社区、企事业单位等建立合作互助的良好关系
	反思与发展	・主动收集分析教与学的相关信息，不断进行反思，改进生涯教育教学工作 ・针对生涯教育教学工作中的现实需要与问题，进行教学探索和科学的研究 ・制定专业发展规划，积极参加专业培训，不断提高自身专业素质 ・积极参与生涯教育改革和实践，为推动生涯教育的落实和发展做出贡献

第三节　生涯教师的准入和认证构想

在我国，要成为一名教师，必须要参加国家统一的教师资格认证考试，并且成绩合格。但这仅仅是一个资格考试，它既不可能反映生涯教育的特殊性和应用性特征，也无法从专业素质、能力及专业化等方面凸显对生涯教育师资的内在要求。因此，还需要成立专门的生涯教育师资胜任力认证机构，制定准入条件、考试内容和认证程序，制定具有专业特征的生涯教育师资任职条件与认证标准。本书根据语数英等学科教师专业胜任力考评模式和生涯教育的实践经验，提出生涯教师准入和认证的构想，供教育行政部门和生涯教育实践者参考。

一、建立专门准入机制，实施灵活认证

（一）建立专门的准入认证标准

根据前述生涯教师胜任力评价指标体系，参考其他学科教师认证方法，建立相应的生涯教师准入认证标准。本书认为，凡是申请成为生涯教师的，需要参加相应的培训，通过生涯教育的理论知识学习且考试合格、参加专业实践且考核合格、有一定工作年限的教学实践经历或企业工作经历、具备生涯教师胜任力者，才能成为担任生涯教学任务的教师。

（二）实施灵活资格认证方式

由于生涯教师是需要符合准入标准的优秀人才，所以，可以采用灵活的资格认证方式。比如，可以采用"教师资格证书＋生涯教育技能培训"的模式：要求申请者必须获得大专及以上学历和教师资格证书，要有几年工作经历，有较强的教学实践技能或有可资证明其经验或能力的支撑材料，还要参加生涯教育教学理论培训，在通过生涯教师认证考试后成为"教学型生涯教师"。还可以采用"社会优秀人才＋生涯教育技能培训"的模式：要求申请者是企事业单位等优秀人才，参加生涯教育教学理论培训和教学实践技能训练，在通过生涯教师认证考试后，成为"实践型生涯教师（导师）"。

（三）建立递进式考核认证机制

如果生涯教师的认证证书只要一经获得便终生有效的话，自然会影响生涯教师自主学习和不断进修提升的意愿。因此，可以借鉴国内教师职称晋级认证的办法，推行生涯教师递进式职级认证机制，比如每五年为一个继续教育的考核、注册、晋级周期。这种考核注册的内容要非常具体、明晰，有利于进行规范化而非形式化考核，并要制定出初级、中级、高级、特级四个级别的递进式、等级式的生涯教师的职级认证标准，以不断促进生涯教师专业发展水平的提升。

二、生涯教师的准入考核评价办法

生涯教师的准入考核评价对于培养、监测和提升从业者的专业能力、促使生涯教师成为一种新的职业岗位乃至职业种类，具有十分重要的作用。在当前国家没有统一的生涯教师准入考核办法的背景下，本书参考国家教师资格证考试的方法，提出了生涯教师准入考核评价的构想。生涯教师的准入考核分为理论知识考试和教学技能考核两部分，主要考查内容和考核的形式构想如下，供有关机构及实践者参考。

（一）理论知识考试

1. 理论知识考试的主要内容

生涯教师准入的理论知识考试采用统一组织的纸笔方式或者网络在线考试。考试的内容主要有生涯教师的职业理解与认识、个人特征与行为、教育知识、生涯相关的理论与实践知识、生涯教学知识（如教学设计、教学组织、教学方法、教学评价、课堂管理、生涯课程资源的开发与利用、教学技能知识）等。

2. 理论知识考核的形式

生涯教师需要掌握生涯及教学实施等方面的理论知识，这部分内容的考核采用客观性测验为主、主观性测验为辅的形式。客观性测验的题目形式主要包括多项选择题、是非判断题、匹配题、填空题等，主观题可以有简答题、论述题等。

（二）教学技能考核

1. 教学技能考核的主要内容

生涯教师准入教学技能考核主要考核申请者的教学设计与实施技能、反思与发展能力等。考核内容涉及教学理念、教育教学态度、对学生的态度与行为、教学实施技能、生涯指导技能、实践活动的设计与实施、课堂教学评价与反馈、沟通与合作能力、反思与发展等教学技能。

2. 教学技能考核形式

教学技能考核重在考查申请者的实际操作，因此更偏向于主观性测试。比如，由申请者提交一节课的教学设计、一节授课（或一节课的录像）、一份教学反思或指导案例等，审核者根据生涯教师胜任力评价标准对上述内容进行考核。主观性测验没有供可选择的答案，可以反映申请者对该问题所涉及的知识的记忆与理解的程度，另外还可以反映申请者的思维水平、言语组织能力、表达能力、知识应用及迁移能力、教学实操能力等。这对测试申请者是否具备生涯教师准入的教学技能是比较恰当的。

参考文献

1. 黄天中. 生涯体验——生涯发展与规划（第 3 版）［M］. 北京：高等教育出版社，2015.

2. 黄天中. 体验式全程生涯规划（第 4 版）［M］. 北京：高等教育出版社，2020.

3. 金树人. 生涯咨询与辅导［M］. 北京：高等教育出版社，2007.

4. 金树人，黄素菲. 华人生涯理论与实践——本土化与多元性视野［M］. 台湾省新北市：心理出版社，2020.

5. 邱美华，董华欣. 生涯发展与辅导［M］. 台湾：心理出版社，1997.

6. 沈之菲. 开启未来之路　中小学生涯教育实施指南［M］. 上海：华东师范大学出版社，2019.

7. 杨朝祥. 生计辅导——终生的辅导历程［M］. 台北：行政院青年辅导委员会，1989.

8. 付文科. 孔子庄子生涯发展思想比较研究［M］. 杭州：浙江工商大学出版社，2015.

9. 李宝元. 职业生涯管理：原理·方法·实践［M］. 北京：北京师范大学出版社，2007.

10. 张添洲. 学习规划与生涯发展［M］. 台北：五南图书出版公司，2007.

11. 钟思嘉，黄蕊. 生涯咨询实战手册［M］. 北京：中国轻工业出版社，2021：10.

12. 陈波. 人类教育终生化与陶行知的终生教育思想［J］. 丽水师范专科学校学报，2000（04）：31 – 35，48.

13. 陶行知. 陶行知全集：第 1 卷，第 3 卷，第 6 卷［M］. 成都：四川教育出版社，2005.

14. 潘黎，孙莉. 国际生涯教育研究的主题、趋势与特征［J］. 教育研究，2018，39（11）：144 – 151.

15. 顾雪英，魏善春．新高考背景下普通高中生涯教育：现实意义、价值诉求与体系建构［J］．江苏高教，2019，No.220（06）：44－50.

16. 付文科．先秦生涯发展思想论纲——以孔子、庄子为例［J］．齐齐哈尔大学学报（哲学社会科学版），2012（04）：20－23.

17. 冯大奎．中国古代生涯发展哲学思想探微［J］．河南教育（中旬），2010（06）：63－64.

18. 尤敬党，吴大同．生涯教育论［J］．江苏教育学院学报（社会科学版），2003（01）：12－16.

19. 王亚歌，谢利民．基础教育生涯发展课程实施初探［J］．宁波大学学报（教育科学版），2008，No.132（02）：11－15.

20. 王丹，郑晓明．无边界职业生涯时代大学生生涯发展探析［J］．社会科学战线，2020（12）：276－280.

21. 王乃弋，王晓，严梓洛，蒋建华．生涯发展的系统理论框架及其应用评析［J］．比较教育研究，2020，42（03）：89－96，104.

22. 侯悍超，侯志瑾，杨菲菲．叙事生涯咨询——生涯咨询的新模式［J］．中国临床心理学杂志，2014，22（03）：555－559.

23. 杨洋．美国生涯教育课程构建的特点与启示［J］．教学与管理，2022（03）：105－108.

24. 李蕾，陈鹏．发达国家职业启蒙教育的经验与启示［J］．职教论坛，2017（21）：90－96.

25. 阮娟．后现代生涯理论视野下的高校生涯教育改革［J］．江淮论坛，2017（06）：127－131.

26. 何美龙，黄梦杰．普通高中生涯导师专业能力与支持系统构建［J］．上海教育科研，2022，No.416（01）：60－65.

27. 杨燕燕．普通高中生涯教育：问题、经验与策略［J］．杭州师范大学学报（社会科学版），2018，40（06）：126－133.

28. 杨林．生涯规划的要素初探［J］．教学与管理，2006.

29. 陈德明．近十年我国生涯辅导研究回顾与前瞻［J］．教育与职业，2011（21）：83－84.

30. 陈宛玉，叶一舵．积极心理学取向的生涯辅导：契合、理念、方法及工作启示［J］．福建师范大学学报（哲学社会科学版），2018（01）：137－145.

31. 何树彬．高校生涯咨询的理念创新与实践路径［J］．思想理论教育，2018（04）：92－96．

32. 陶西平．教育评价辞典［M］．北京：北京师范大学出版社，1998．

33. 祁春芳．基于高考改革的普通高中生涯教育体系研究［D］．宁波大学，2017．

34. 詹一览．构建高校大学生职业生涯规划教育体系研究［J］．中国多媒体与网络教学学报（上旬刊），2022（05）：161－164．

35. 王书恬．中职学校职业生涯规划教育体系研究［D］．南京师范大学，2019．

36. 王依多．初中生涯教育体系研究［D］．河北师范大学，2020．

37. 李海涛．"大中小学一体化"职业生涯教育体系构建：价值、困境与路径［J］．中国职业技术教育．2021．（36）：39－43，58．

38. 张蔚然．英美两国中学阶段生涯教育的比较研究［D］．华东师范大学，2020．

39. 田静，石伟平．英国生涯教育：新动向、核心特征及其启示［J］．中国职业技术教育，2019（18）：83－88．

40. 丁黎，李娜，姜君．英国国家生涯服务平台的职能、特点及启示［J］．职业教育研究，2021（12）：82－88．

41. 中华人民共和国教育部．普通高中课程方案（2017年版，2020年修订）［M］．北京：人民教育出版社，2020．

42. 中华人民共和国教育部．义务教育课程方案（2022年版）［M］．北京：北京师范大学出版社，2022．

43. 陈建文．健康人格教育的理论透视［J］．高等教育研究，2010，31（03）：81－87．

44. 李春秋．中国小学教学百科全书·品德卷［M］．沈阳：沈阳出版社，1993．

45. 许思安，张积家．儒家君子人格结构探析［J］．教育研究，2010，31（08）：90－96．

46. 朱仲敏．教育转型背景下普通高中生涯教育内容设计与实施路径研究［J］．教育发展研究，2017，37（06）：77－82．

47. 中华人民共和国教育部．中等职业学校思想政治课程标准（2020年版）［S］．北京：高等教育出版社，2020．

48．郑雪．健康人格的理论探索［J］．华南师范大学学报（社会科学版），2006（05）：141－147，160．

49．葛明贵．健全人格的内涵及其教育［J］．安徽师范大学学报（人文社会科学版），2003（04）：469－473．

50．索桂芳．核心素养背景下普通中学生涯教育的几点思考［J］．课程·教材·教法，2018，38（05）：122－127．

51．刘义．核心素养视角下生涯发展教育的本土化路径研究［J］．四川轻化工大学学报（社会科学版），2020，35（01）：68－84．

52．卫善春，杨薛雯．核心素养视域下的高校生涯教育［J］．科教导刊，2021（21）：166－168．

53．肖金昕，王乃弋．核心素养背景下小学生涯教育目标体系及实施途径［J］．中小学心理健康教育，2020（28）：34－37．

54．纪竞垚．我国老年人退休适应及影响因素研究［J］．老龄科学研究，2016，4（03）：71－80．

55．高靓，王学男．我国培育"时代新人"理念下的生涯教育反思与实践［J］．国家教育行政学院学报，2021（04）：81－87，95．

56．石伟平，林玥茹．新技术时代职业教育人才培养模式变革［J］．中国电化教育，2021（01）：34－40．

57．程姝，徐欧露．在细化与新生中重构——透视40年职业变迁［J］．瞭望，2018（48）：16－20．

58．朱凌云．生涯适应力：青少年生涯教育与辅导的新视角［J］．全球教育展望，2014，43（09）：92－100．

59．邹笃锋．简论中国古代社会的职业观［J］．中国石油大学胜利学院学报，1997（02）：51－55．

60．张佳．将中华传统文化融入叙事生涯咨询的研究［J］．东华大学学报（社会科学版），2016（04），16：177－182．

61．张启成．论中国哲学人生［J］．贵州文史丛刊，2009（04）：1－4．

62．洪云，吴沙．生涯观的儒家文化本位思想研究［J］．心理学探新，2011，31（05）：397－402．

63．付文科．先秦生涯发展思想论纲——以孔子、庄子为例［J］．齐齐哈尔大学学报，2012（04）：20 – 23.

64. 徐勇刚. 述论中国古代职业教育的产生及发展［J］. 现代职业教育，2019（33）：122 – 123.

65. 李晨希. 中国古代职业教育探究［J］. 西安文理学院学报（社会科学版），2014（01）：92 – 95.

66. 何治清.《易经》命运观与学校德育文化［J］. 当代教育论坛，2011（12）：39 – 41.

67. 李秋丽，王贻社. 生存与境遇——论《周易》"时"的智慧［J］. 管子学刊，2003（01）：59 – 62.

68. 谢丽芳. 习近平用典育人的生成、内蕴、方法和价值［J］. 太原理工大学学报（社会科学版），2022，40（04）：25 – 32.

69. 高桥，王辉. 大学生职业发展与就业指导教学指南［M］. 北京：现代教育出版社，2008：16 – 17.

70. 赖大仁. 佛教人生哲学的认识与评价［J］. 社会科学战线，1989（03）：105 – 109，173.

71. 吴菲. 佛教精神的现实人生意义［J］. 牡丹，2016，No. 322（04）：154 – 155.

72. 李太平，黄洪霖. 方法论的思考：宋明理学道德教育论及其启示［J］. 湖北大学学报（哲学社会科学版），2017，44（03）：148 – 153，161.

73. 张舜清，时万祥. 论习近平治国理政思想对儒学的继承和发展［J］. 汉江师范学院学报，2019，39（01）：94 – 99.

74. 庞春敏. 70 年回眸：新中国普通高中生涯教育的发展之路与未来走向［J］. 当代教育科学，2019（06）：61 – 64.

75. 马舒宁，李莉. 几种职业生涯规划理论的比较研究［J］. 新课程研究（中旬刊），2017（04）：4 – 8.

76. 方伟. 构建中国特色大学生职业生涯发展教育理论体系探析［J］. 国家教育行政学院学报，2022（07）：10 – 18.

77. 彭永新，龙立荣. 国外职业抉择理论模式的研究进展［J］. 教育研究与实验，2000（05）：45 – 49.

78. 周巍巍，王秀梅. 近二十年国外职业生涯决策理论新进展［J］. 职业时空，2007，No. 65（22）：48 – 49.

79. 王献玲，常小芳．职业生涯辅导"混沌理论"与"人职匹配"之比较［J］．职教论坛，2017（26）：31－34.

80. 缴润凯，刘立立，孙蕾．社会认知生涯理论中的学习经验及其影响因素［J］．东北师大学报（哲学社会科学版），2016（06）：245－253.

81. 王梦，姜英虹，范为桥．人格、职业兴趣和职业信心对高中生专业意向影响的比较［J］．心理学通讯，2018，1（03）：209－215.

82. 魏榕，陈宛玉．基于社会认知生涯理论的高中生涯教育策略［J］．江苏教育，2021（08）：32－34.

83. 关翩翩，李敏．生涯建构理论：内涵、框架与应用［J］．心理科学进展，2015，23（l2）：2177－2186.

84. 朱士蓉．生涯混沌理论综述［J］．商丘师范学院学报，2019，35（08）：25－30.

85. 曾维希．生涯混沌理论与生涯不确定性管理［M］．北京：科学出版社，2015.

86. 陈宛玉，叶一舵．生涯混沌理论及其对青少年生涯辅导的启示［J］．南京航空航天大学学报（社会科学版），2018，20（02）：96－100.

87. 王岚，温馨．无边界和易变职业生涯研究的知识演变和展望［J］．华南理工大学学报（社会科学版），2021，23（02）：58－72.

88. 赵小云．大学生生涯适应力研究——结构、特点以及与相关因素的关系［D］．南京：南京师范大学，2011.

89. 赵小云，谭顶良，郭成．大学生生涯适应力问卷的编制［J］．中国心理卫生杂志，2015，29（06）：463－469.

90. 于海波，郑晓明．生涯适应力的作用：个体与组织层的跨层面分析［J］．心理学报，2013，45（6）：680－693.

91. 吴淑琬．大学生生涯适应力量表编制及其相关研究［D］．嘉义：国立嘉义大学，2008.

92. 林崇德．发展心理学（第3版）［M］．北京：人民教育出版社，2021.

93. 徐冬晨．人体发育学［M］．南京：南京大学出版社，2020.

94. 刘梅．儿童发展心理学［M］．北京：清华大学出版社，2015.

95. 王卫平，孙锟，常立文．儿科学（第9版）［M］．北京：人民卫生出版社，2018.

96. 曾维芳. 中枢神经系统的发育［J］. 安徽农学通报, 2007（04）: 171, 192.

97. 陈会昌. 中国学前教育百科全书 心理发展卷［M］. 沈阳: 沈阳出版社, 1995.

98. 王新良, 侯红艳. 青春期篇——儿童健康红宝书［M］. 北京: 军事医学出版社, 2008.

99. 朱智贤. 儿童心理学［M］. 北京: 人民教育出版社, 2009.

100. 陈晓蕾, 单常艳, 田云平. 当代大学生身心发展特点和规律［J］. 科教导刊（上旬刊）, 2011, No. 76（03）: 15, 17.

101. 林明榕, 等. 学习科学大辞典［M］. 北京: 新华出版社, 1998.

102. 张敏, 雷开春, 王振勇. 四至六年级小学生学习动机的结构分析［J］. 心理科学, 2005（1）: 183－185.

103. 贾小娟, 胡卫平, 武宝军. 小学生学习动机的培养: 五年追踪研究［J］. 心理发展与教育, 2012（2）: 184－192.

104. 董奇, 林崇德. 中国6—15岁儿童青少年心理发育关键指标与测评［M］. 北京: 科学出版社, 2011.

105. 林崇德, 姜璐, 王德胜. 中国成人教育百科全书 心理·教育［M］. 海口: 南海出版公司, 1994.

106. 沈之菲. 生涯心理辅导［M］. 上海: 上海教育出版社, 2000.

107. 贾彦琪. 新高考改革背景下普通高中生涯课程建设的价值定位与路径选择［J］. 重庆高教研究, 2018, 6（06）: 60－71.

108. 刘海霞, 苏永昌. 美国生涯教育课程理念及其启示［J］. 当代职业教育, 2020（01）: 42－48.

109. 杨燕燕, 何秋玥. 国际经验及启示: 生涯管理素养的内涵解读与实践样态［J］. 教育导刊, 2018（08）: 87－93.

110. 丁一冰, 宋国萍. 生涯胜任力研究综述［J］. 人类工效学, 2015, 21（05）: 84－87.

111. 李敏, 潘晨. 美国纽约州小学和初中阶段生涯教育研究［J］. 河北师范大学学报（教育科学版）. 2015, 17（06）: 83－87.

112. 黄红亚, 刘丹. 日本小学职业生涯教育及对我国的启示［J］. 西北成人教育学院学报. 2018（04）: 26－31.

113. 聂洋溢. 高考改革背景下的高中生涯规划课程建设——基于国际学生发展核心素养的视角 [J]. 全球教育展望, 2019, 48 (02): 40 – 54.

114. 石中英. 关于当前我国普通高中教育任务的再认识 [J]. 清华大学教育研究, 2015, 36 (01): 8.

115. 郑晓明. "就业能力"论 [J]. 中国青年政治学院学报, 2002 (03): 91 – 92.

116. 温晓年, 唐志风, 梁淑锰. 新时代高校大学生劳动素养评价体系的建构 [J]. 宿州教育学院学报, 2022, 25 (01): 9 – 13, 36.

117. 马灿. 生涯建构视角下的大学生职业承诺形成机制研究 [J]. 中国大学生就业, 2022 (08): 31 – 38.

118. 杨建, 程路伟, 从文奇. 基于"胜任力"视角的大学生职业生涯规划研究 [J]. 赤峰学院学报 (自然科学版), 2016, 32 (17): 219 – 221.

119. 王张宇泽. 大学生就业准备评估量表的编制及信效度检验 [J]. 牡丹江师范学院学报 (社会科学版), 2022, No. 232 (06): 82 – 90.

120. 奥斯本, 赞克. 生涯测评结果分析与应用 [M]. 阴军莉译. 北京: 中国劳动社会保障出版社, 2014.

121. 戴海琦. 心理测量学 [M]. 北京: 高等教育出版社, 2015.

122. 车文博. 心理咨询大百科全书 [M]. 杭州: 浙江科学技术出版社, 2001.

123. 彭聃龄. 普通心理学 [M]. 北京: 北京师范大学出版社, 2019.

124. 王伟. 人格心理学 (第2版) [M]. 北京: 人民卫生出版社, 2013.

125. 杨丽珠. 中国儿童青少年人格发展与培养研究三十年 [J]. 心理发展与教育, 2015, 31 (01): 9 – 14.

126. 范为桥. 自我、家庭和学校: 学生生涯发展的有效管理 [J]. 生涯发展教育研究, 2014, 9 (03): 1 – 6.

127. 朱智贤. 心理学大词典 [M]. 北京师范大学出版社, 1989.

128. 王晓林, 朱建军. 人格测量方法综述 [J]. 山西师大学报 (社会科学版), 2006 (S1): 182 – 184.

129. 陈仲庚. 艾森克人格问卷的项目分析 [J]. 心理学报, 1983 (02): 211 – 218.

130. 钱铭怡, 武国城, 朱荣春, 张莘. 艾森克人格问卷简式量表中国版

（EPQ－RSC）的修订［J］．心理学报，2000（03）：317－323.

131．彭利群．MBTI 测评实务应用［J］．人力资源，2023，No. 527（02）：24－25.

132．徐蕊，宋华森，苗丹民．卡特尔16种人格因素（中国版）构念效度的验证［J］．第四军医大学学报，2007（08）：744－746.

133．霍华德·加德纳著，沈致隆译．多元智能新视野［M］．杭州：浙江教育出版社，2021.

134．张厚粲，余嘉元．中国的心理测量发展史［J］．心理科学，2012，35（03）：514－521.

135．陈方．学业能力倾向测验及其国内研究进展［J］．亚太教育，2015（30）：266，241.

136．张月娟，龚耀先．中学生学业能力倾向测验的初步编制［J］．中国临床心理学杂志，2004（01）：1－5，12.

137．郭靖．小学生（四～六年级）学习能力倾向测验的初步编制［D］．长沙：中南大学，2004.

138．于海波，郑晓明，许春燕，晏常丽．大学生可就业能力与主客观就业绩效：线性与倒U型关系［J］．心理学报，2014，46（06）：807－822.

139．郑日昌．心理测量学［M］．长沙：湖南教育出版社，1987.

140．时蓉华．社会心理学词典［M］．成都：四川人民出版社，1988.

141．孙小傅，况小雪．成就动机研究综述［J］．教育教学论坛，2020，No. 452（06）：84－85.

142．黄希庭，简明心理学辞典［M］．安徽人民出版社，2004.

143．张林，李玉婵，邢方．兴趣发展四阶段模型的研究述评［J］．宁波大学学报（教育科学版），2010，032（002）：25－29.

144．张宇，魏青，李红，王宇中，Terence J. G. Tracey．个人球形职业兴趣量表简版（PGI－S）中文版信效度检验［J］．应用心理学，2015（1）：39－48.

145．郑文忠，林培玲，方舒婷，练建斌，陈春玉．霍兰德职业兴趣理论及其应用研究［J］．兰州教育学院学报，2019，35（12）：165－167.

146．贺荟中，连福鑫．价值观测量方法综述［J］．教育理论与实践，2011，31（06）：35－38.

147．赵小云，薛桂英．大学生生涯适应力现状及其与生涯决策风格的关系［J］．现代教育管理，2010，No. 247（10）：119－122.

148. 梅晓菁．生涯决策平衡单［J］．中小学心理健康教育，2017，No. 340（29）：41－44.

149. 杜睿，龙立荣．大学生职业决策困难问卷的初步研究［J］．中国临床心理学杂志，2006（03）：237－239.

150. 李西营．大学生职业决策困难问卷的修订［J］．中国临床心理学杂志，2007（05）：467－469.

151. 侯志瑾．父母对子女职业的期望、亲子关系对北京中学生职业抱负和决策的影响［D］．香港中文大学，2002.

152. 赵小云，郭成．国外生涯适应力研究述评［J］．心理科学进展，2010，18（09）：1503－1510.

153. 赵小云，谭顶良，郭成．大学生生涯适应力问卷的编制［J］．中国心理卫生杂志，2015，29（06）：463－469.

154. 莱恩·斯佩里．心理咨询与治疗译丛：心理咨询的伦理与实践［M］．北京：中国人民大学出版社，2012.

155. 李欣忆，徐晋波，凌翔．职业生涯规划的困境与反思——基于自我概念的文化差异［J］．创新与创业教育，2015，6（01）：52－53，56.

156. 肖慧欣，王卫平．解构与建构：大学生职业能力的性别差异及其成因分析［J］．中国职业技术教育，2017（17）：24－29.

157. 中国心理学会临床心理学注册工作委员会标准制订工作组．中国心理学会临床与咨询心理学工作伦理守则（第二版）［J］．心理学报，2018，50（011）：1314－1322.

158. 王道俊，郭文安．教育学（第七版）［M］．北京：人民教育出版社，2016.

159. 裴娣娜．主体教育的实践生成与发展［J］．教育研究，2022，43（11）：18－30.

160. 冯建军．主体教育研究40年：中国特色教育学建设的案例与经验［J］．中国教育科学（中英文），2021，4（04）：8－19.

161. 李耀新．课堂教学的组织与管理［M］．广州：暨南大学出版社，2005.

162. 裴娣娜．主体教育理论研究的范畴及基本问题［J］．教育研究，2004（06）：13－15.

163. 施良方. 课程理论：课程的基础、原理与问题［M］. 北京：教育科学出版社，2017：128－134，145－146.

164. 艾伦·奥恩斯坦，弗朗西斯·P. 亨金斯. 课程：基础、原理和问题（第七版）［M］. 上海：华东师范大学出版社. 2021.

165. 朱凌云. 中小学生涯教育理论与方法［M］. 北京：北京师范大学出版社，2015.

166. 张焕庭. 教育辞典［M］. 南京：江苏教育出版社，1989.

167. 谢新观. 远距离开放教育词典［M］. 北京：中央广播电视大学出版社，1999.

168. 陆雄文. 管理学大辞典［M］. 上海：上海辞书出版社，2013.

169. 杨燕燕，蒋晗. 学校生涯教育实施策略：基于杜威对职业教育的理解［J］. 教育观察，2019，8（26）：6－8.

170. 梁妍娇，王平，梁英. 基于OBE理念的大学生职业生涯规划课程改进探究［J］. 大学，2022（04）：156－159.

171. 阮娟. 后现代生涯理论及其对大学生职业发展教育的启示［J］. 东南学术，2016（4）：240－245.

172. 郭建鹏. 翻转课堂教学模式：变式与统一［J］. 中国高教研究，2019（6）：8－14.

173. 刘雪梅，叶政，杨雪梅. 实践教学法在就业指导课堂教学中的运用［J］. 才智，2012（30）：78.

174. 林娜，陈南坤，邓琳. 大学生职业生涯规划课程教学改革研究综述［J］. 高教学刊，2020（34）：6－10.

175. 李德显. 课堂秩序论［M］. 南宁：广西师范大学出版社，2000.

176. 马斯洛. 动机和人格［M］. 北京：华夏出版社，1987.

177. 陶威. 学习动机理论及研究综述［J］. 遵义师范学院学报，2012，14（01）：76－78.

178. 张大均. 教育心理学（第三版）［M］. 北京：人民教育出版社，2015.

179. 齐冰. 教学中促进学习迁移的策略研究［J］. 现代教育科学，2007，（12）：11－12.

180. 刘电芝. 学习策略研究［M］. 北京：人民教育出版社，2001.

181. 俞国良. 社会心理学［M］. 北京：北京师范大学出版，2015.

182. 宋书文. 管理心理学词典［M］. 兰州：甘肃人民出版社，1989.

183. 萧浩辉. 决策科学辞典［M］. 北京：人民出版社，1995.

184. 王嘉才，杨式毅，于倩，等. 课程集群化建设的研究与实验［J］. 北京理工大学学报（社会科学版），2001（02）：71－73，86.

185. 陈玉琨. 教育评价学［M］. 北京：人民教育出版社，2007.

186. 罗祖兵，郭超华. 新中国成立70年课堂教学评价标准的回顾与展望［J］. 中国教育学刊，2020，No.321（01）：55－61.

187 刘本固. 教学评价的理论与实践［M］. 杭州：浙江教育出版社，2000.

188. 唐晓杰，等. 课堂教学与学习成效评价［M］. 南宁：广西教育出版社，2010.

189. 刘志军. 课堂评价论［M］. 桂林：广西师范大学出版社，2002.

190. 吴晓英，黄甫全. 面向决策素养提升的高中生涯教育学习评价系统设计［J］. 教育理论与实践，2020，40（14）：17－21.

191. 陈丽翠，杨来恩.《新西兰中学生涯教育自我评估标准》述评［J］. 基础教育，2013（10）：107－112.

192. 赵海娟，王浩. 生涯辅导工具在高职学生生涯辅导中的应用——以生涯九宫格为例［J］. 机械职业教育，2018（01）：38－41.

193. 方丽. 角色扮演教学法及其有效策略的研究［D］. 南京师范大学，2016.

194. 张珏. 上海市奉贤区"新成长"理念指导下的初中生涯教育探析［J］. 现代教学，2021（08）：52－55.

195. 吴刚平，李茂森，闫艳. 课程资源论［M］. 北京：北京师范大学出版社，2014.

196. 拉尔夫·泰勒. 课程与教学基本原理［M］. 北京：人民教育出版社，1994.

197. 姜国富，赵美荣，林欣，林红玲. 基于生涯规划课程开发的区域教师专业发展共同体建设［J］. 科教导刊，2022（12）：51－53.

198. 陈宛玉，张文龙，叶一舵. 数字化时代生涯教育的理念转型与路径革新［J］. 苏州大学学报（教育科学版），2019，7（02）：55－61.

199. 彭永新. 职业生涯教育资源开发现状与启示［J］. 教育研究与实验，2018（05）：92 – 96.

200. 余艳梅. 香港中学生涯规划教育及其启示［J］. 生涯发展教育研究，2014（02）：54 – 60.

201. 曹新美，李浩英. 学校生涯教育指南［M］. 北京：教育科学出版社，2019.

202. 周玲玉. 职业体验活动：性质、价值与实施［J］. 当代教育评论，2022（07）：150 – 154.

203. 顾明远. 教育大辞典［M］. 上海：上海教育出版社，1998.

204. 乔志宏. 中学生涯学科融合的理论与实践［DB/OL］. 中国教育干部网络学院数字图书馆，（2020—03）.

205. 徐继存，段兆兵，陈琼. 论课程资源及其开发与利用［J］. 学科教育，2002（02）：1 – 5，26.

206. 黄秀英. 生涯教育"学科化"的路径探索［N］. 中国教师报，2020 – 9 – 2（6）.

207. 塞缪尔. H. 奥西普，路易丝. F. 菲茨杰拉德. 生涯发展理论［M］. 顾雪英，姜飞月，译. 上海：上海教育出版社，2010.

208. 张俊，吴重涵，王梅雾，等. 面向实践的家校合作指导理论——交叠影响域理论综述［J］. 教育学术月刊，2019，No. 322（05）：3 – 12.

209. 骆郁廷，史姗姗. 论马克思主义实践育人的德育思想及其现实价值［J］. 马克思主义研究，2013，No. 160（10）：136 – 145.

210. 爱普斯坦. 学校、家庭和社区合作伙伴：行动手册［M］. 南昌：江西教育出版社，2013.

211. 曾汶婷. 美国基础教育阶段家校社协同育人模式及其启示［J］. 教学与管理，2022（16）：80 – 84.

212. 李潮海，徐文娜，康健. 新时代中小学家校合作共育的理论基础与策略创新［J］. 现代教育管理，2019，No. 356（11）：12 – 17.

213. 杨天平，孙孝花. 近20年来美国家长参与学校教育管理的角色［J］. 学术研究，2007（2）：149 – 150.

214. 车广吉，丁艳辉，徐明. 论构建学校、家庭、社会教育一体化的德育体系——尤·布朗芬布伦纳发展生态学理论的启示［J］. 东北师大学报

（哲学社会科学版），2007，No. 228（04）：155-160.

215. 李鹤，范梦栩. 澳大利亚生涯教育融入课程的实践对我国的启示 [J]. 中国职业技术教育，2019（21）：36-43.

216. 吴磊，杨琳，汤锦春. 社区教育与学校教育协同发展策略探析 [J]. 江西社会科学，2007，No. 246（05）：211-216.

217. 马璨婧. 日本高校教育质量保障体系下的 PDCA 循环理论应用及启示 [J]. 江苏高教，2021（08）：110-113.

218. 埃文斯，林赛. 质量管理与质量控制 [M]. 北京：中国人民大学出版社，2010.

219. 李贞刚，王红，陈强. 基于 PDCA 模式的质量保障体系构建 [J]. 高教发展与评估，2018（2）：32-40，104.

220. 温亚，顾雪英. 升学就业辅导到生涯规划教育的转型——香港中学的经验及启示 [J]. 中国教育学刊，2019（7）：49-53.

221. 欧健. 青少年生涯教育理论与实践 [M]. 重庆：西南大学出版社，2021.

222. 莫晶. 在家庭教育中开展生涯教育的几点思考 [J]. 中小学心理健康教育，2021（30）：66-67.

223. 陈豪，任美洁. 画一棵家庭职业树 [J]. 今日中学生，2021，No. 941，No. 944（Z1）：74-75.

224. 魏鹏. 高中生父母教养方式、生涯决策自我效能感与生涯成熟度的关系 [D]. 西北师范大学，2018.

225. 范伟祁，占勇，李清煜. 家庭教育指导服务模式：国际经验与启示 [N]. 中国社会科学报，2022—5—6（4）.

226. 王秋蕴，王乃弋. 父母教养方式与中学生生涯适应力的关系 [J]. 中小学心理健康教育，2018（1）：31.

227. 周琳. 新高考背景下提升家庭生涯教育能力的研究——以上海市一所高中家校生涯教育实践为例 [J]. 教育参考，2021（1）：47.

228. 程永琛. 浦东新区中小学校生涯教育社会资源开发路径探索 [J]. 现代教学（3），2021：16-18.

229. 孙延芳，孙杨，夏鹏国，梁宗锁. 如何把企业资源应用到高校人才培养 [J]. 中国培训，2017（3）：25.

230. 王红丽，杨碧君. 生涯指导 36 问——给高中教师的生涯指导建议 [M]. 北京：中国少年儿童出版社，2017.

231. 秦昌明，郑铁，李欣则. 构建 PDCA 模式的地方高校校外实践基地质量监控体系 [J]. 实验技术与管理，2019（07）：219－221.

232. 《上海市中小学生职业体验活动示范性基地标准》研究课题组. 上海中小学生职业体验活动基地建设研究 [J]. 生涯发展教育研究，2015（3）：20－24.

233. 庞春敏. 普通高中生涯教育师资队伍建设的困境与出路 [J]. 教学与管理，2019，No. 787（30）：64－66.

234. 史可可. 生涯规划指导师资若干瓶颈问题及解决思路——基于教师专业发展视角 [J]. 继续教育研究，2021（08）：22－24.

235. 程兆宇. 高职院校职业生涯规划教师胜任力模型构建探析——以太原旅游职业学院为例 [J]. 吕梁教育学院学报，2014，31（02）：14－16.

236. 万恒，王芳. 普通高中教师生涯指导胜任力评价指标体系的构建 [J]. 教师教育研究，2021，33（02）：95－101.

237. 周学辉. 高中生涯指导教师胜任力模型初步构建 [D]. 山东师范大学，2017.

238. 庞春敏，张伟民，劳汉生. 基于"盖茨比标准"的生涯教育改革——英国新一轮生涯教育改革与启示 [J]. 外国中小学教育，2018（10）：35－44.

239. 翟志华. 美国职业教育教师培养标准化研究及启示 [J]. 武汉交通职业学院学报，2020，22（04）：35－43.

240. 白智童. 英国高等职业院校教师培养对我国高职"双师型"教师培养的启示 [D]. 长春：东北师范大学，2008.

241. 徐建平，张厚粲. 中小学教师胜任力模型：一项行为事件访谈研究 [J]. 教育研究，2006（01）：57－61，87.

242. 孙翠香. 美国 CTE 教师专业标准述评 [J]. 职业技术教育，2012，33（28）：83－88.

243. 王彦琦，张海，吴立刚，姜淑媛. 美国生涯与技术教育卓越教师标准及启示 [J]. 中国信息技术教育，2020（08）：77－81.

244. 刘正伟，李玲. 美国中小学教师国家专业标准改革评述 [J]. 比较教育研究，2016（1）：52-58.

245. 朱薇薇．浅谈高校职业指导教师的能力［J］．成都电子机械高等专科学校学报，2006（2）：60-62.

246. 余新丽，沈延兵．胜任力：高校就业指导教师研究的新视角［J］．高等工程教育研究，2007（1）：70-72.

247. 郑雅君．高中教师学科生涯辅导能力的现状及影响机制研究［D］．华东师范大学，2020.

248. 杨红梅，李正刚．高中教师开展生涯教育的现状调查与改进对策——以上海市静安区为例［J］．中小学心理健康教育，2018（12）：22-26，30.

249. 中华人民共和国教育部．关于全面深化课程改革 落实立德树人根本任务的意见：教基二〔2014〕4号［A/OL］．（2014-04-08）［2023-10-01］．http：//www.moe.gov.cn/srcsite/A26/jcj_ kcjcgh/201404/t20140408_ 167226.html.

250. 中华人民共和国教育部．关于印发《义务教育学校管理标准》的通知：教基〔2017〕9号［A/OL］．（2017-12-05）［2023-10-01］．http：//www.moe.gov.cn/srcsite/A06/s3321/201712/t20171211_ 321026.html.

251. 中华人民共和国教育部．关于印发《中小学心理健康教育指导纲要（2012年修订）》的通知：教基一〔2012〕15号［A/OL］．（2012-12-11）［2023-10-01］．http：//www.moe.gov.cn/srcsite/A06/s3325/201212/t20121211_ 145679.html.

252. 教育部 国家体育总局．关于实施《国家学生体质健康标准》的通知：教体艺〔2007〕8号［A/OL］．（2007-04-04）［2023-10-01］．http：//www.moe.gov.cn/srcsite/A17/moe_ 943/moe_ 947/200704/t20070404_ 80275.html.

253. 中华人民共和国教育部．关于印发《大中小学劳动教育指导纲要（试行）》的通知：教材〔2020〕4号［A/OL］．（2020-07-09）［2023-10-01］．http：//www.moe.gov.cn/srcsite/A26/jcj_ kcjcgh/202007/t20200715_ 472808.html.

254. 教育部办公厅．关于印发《大学生职业发展与就业指导课程教学要求》的通知：教高厅〔2007〕7号［A/OL］．（2007-12-28）［2023-10-01］．https：//www.sxit.edu.cn/rwzx/info/1034/2075.htm.

255. 中华人民共和国教育部. 关于印发《普通高中学校办学质量评价指南》的通知：教基〔2021〕9 号〔A/OL〕.（2022－01－05）〔2023－10－01〕. http：//www. moe. gov. cn/srcsite/A06/s3732/202201/t20220107_ 593059. html.

256. 中华人民共和国教育部. 关于印发《中小学综合实践活动课程指导纲要》的通知：教材〔2017〕4 号〔A/OL〕.（2017－09－27）〔2023－10－01〕. http：//www. moe. gov. cn/srcsite/A26/s8001/201710/t20171017_ 316616. html.

257. 中华人民共和国教育部. 关于印发《高等学校辅导员职业能力标准（暂行）》的通知：教思政〔2014〕2 号〔A/OL〕.（2014－03－27）〔2023－10－01〕. http：//www. moe. gov. cn/srcsite/A12/s7060/201403/t20140327_ 167113. html.

258. 中华人民共和国教育部. 关于印发《幼儿园教师专业标准（试行）》《小学教师专业标准（试行）》和《中学教师专业标准（试行）》的通知：教师〔2012〕1 号〔A/OL〕.（2012－09－13）〔2023－10－1〕. http：//www. moe. gov. cn/srcsite/A10/s6991/201209/t20120913_ 145603. html.